Энергетические субсидии в странах Восточного партнерства ЕС

OECD
ЛУЧШАЯ ПОЛИТИКА
ДЛЯ ЛУЧШЕЙ ЖИЗНИ

Данная работа публикуется под ответственность генерального секретаря ОЭСР. Изложенные в ней мнения и приводимая аргументация могут не отражать официальных взглядов правительств стран – членов ОЭСР.

Настоящий документ и любые содержащиеся в нем данные и карты не затрагивают статуса территорий и их суверенитета, делимитацию государственных границ и пограничных линий, а также названия территорий, городов и областей.

При цитировании просьба ссылаться на настоящую публикацию:
OECD (2018), *Энергетические субсидии в странах Восточного партнерства ЕС*, OECD Publishing, Paris.
https://doi.org/10.1787/9789264046566-ru

ISBN 978-92-64-04655-9 (печатное издание)
ISBN 978-92-64-04656-6 (PDF)

Статистические данные по Израилю предоставлены компетентными органами Израиля под их ответственность. Использование Этих данных ОЭСР не является отражением предвзятого отношения к статусу Голанских высот, Восточного Иерусалима и Израильских поселений на Западном берегу согласно нормам международного права.

Сведения об авторах фото:
см. обложку © mika48/Shutterstock.com.

Исправления к публикациям ОЭСР можно найти в Интернете по адресу: *www.oecd.org/about/publishing/corrigenda.htm.*

Предисловие

Организация экономического сотрудничества и развития (ОЭСР) предприняла исследование существующих энергетических субсидий в странах Восточного партнерства (ВП) Европейского Союза (ЕС) с целью содействия правительствам этих стран в улучшении понимания масштаба таких субсидий, а также их экономических, социальных и экологических последствий в регионе. Целью исследования является первое систематическое и комплексное описание энергетических субсидий в странах ВП, которое будет способствовать увеличению прозрачности в данном вопросе и послужит надежной аналитической базой для обоснования необходимости реформ в данном регионе.

В исследование включены шесть стран ВП ЕС – Азербайджан, Армения, Беларусь, Грузия, Молдова и Украина. Анализ опирается на методы, используемые ОЭСР для выявления и количественной оценки государственной поддержки производства и потребления ископаемых видов топлива в 35 странах – членах ОЭСР и нескольких крупнейших странах с быстро растущей экономикой, входящих в «Большую Двадцатку» (Бразилия, Индия, Индонезия, Китай, Российская Федерация и ЮАР). Кроме того, в исследовании использован метод ценовой разницы, разработанный Международным энергетическим агентством (МЭА).

Представленный в исследовании анализ охватывает субсидии как на потребление, так и на производство угля, нефти и нефтепродуктов, природного газа, а также электрической и тепловой энергии, производимой на основе этих видов ископаемого топлива. Также кратко рассмотрены меры поддержки ВИЭ и энергоэффективности. Кроме того, обсуждаются вопросы ценообразования и налогообложения в энергетике стран ВП. Исследование, основанное на разнообразных источниках, находящихся в открытом доступе, дает анализ общего контекста, современного состояния и механизмов постоянно меняющегося комплекса энергетических субсидий в странах региона. Данные и информация, использованные для анализа, охватывают период до конца 2015 года, если не указано иное.

В основе исследования лежит широкий круг источников, находящихся в открытом доступе, включая данные о государственных расходах, официальные документы, касающиеся мониторинга субсидий, а также планирования и исполнения бюджета, методики расчета тарифов, научная литература и материалы СМИ. Кроме того, были использованы материалы консультаций с заинтересованными сторонами, проведенные в каждой из стран ВП в течение 2016 года.

Помимо докладов, посвященных отдельным странам, исследование содержит сравнительный обзор субсидий в странах региона, в котором также кратко изложены основные выводы анализа для каждой страны. Исследование переведено на русский язык, а главы, посвященные отдельным странам – на национальные языки каждой из стран. Все эти материалы доступны на сайте ОЭСР.

Исследование подготовлено в рамках проекта «Экологизация экономики стран Восточного партнерства» (EaP GREEN) при финансовой поддержке ЕС и координации с правительствами стран ВП. Проект «EaP GREEN» выполняется совместно с партнерами из системы ООН: Европейской экономической комиссией ООН (ЕЭК ООН), Программой ООН по окружающей среде и Организацией ООН по промышленному развитию (ЮНИДО). Работа по Молдове была также поддержана правительством Норвегии через Министерство иностранных дел этой страны.

Мнения, выраженные в данном исследовании, никоим образом не могут рассматриваться в качестве официальной позиции Европейского Союза.

Выражение признательности

Этот доклад представляет собой результат совместной работы многих лиц. Анализ подобной сложности не мог бы быть выполнен без упорной и самоотверженной работы основной группы исполнителей проекта. Проект был осуществлен Глобальной инициативой по субсидиям (ГИС) Международного института устойчивого развития (МИУР) при поддержке Sigra Group (Норвегия). Иветта Герасимчук осуществляла руководство проектом со стороны ГИС/МИУР и сформировала группу экспертов, которые заслуживают особой благодарности. Подготовка и редактирование глав, посвященных странам, были выполнены следующими экспертами:

- **Армения** – глава подготовлена Тиграном Секояном (Армения) и Даниэлем Фьертофтом под редакцией Вибхути Гарг и Иветты Герасимчук (ГИС/МИУР);
- **Азербайджан** – глава подготовлена Ахмадом Алили, Вугаром Байрамовым (Центр экономического и социального развития, Азербайджан) и Даниэлем Фьертофтом (Sigra Group) под редакцией Иветты Герасимчук (ГИС/МИУР);
- **Беларусь** – глава подготовлена Андреем Молочко (Белорусский теплоэнергетический институт или БелТЭИ) и Юлией Огаренко (ГИС/МИУР) под редакцией Иветты Герасимчук (ГИС/МИУР);
- **Грузия** – глава подготовлена Георгием Мухигулишвили, Мурманом Маргвелашвили (World Experience for Georgia) и Даниэлем Фьертофтом (Sigra Group) под редакцией Вибхути Гарг и Иветты Герасимчук (ГИС/МИУР);
- **Молдова** – глава подготовлена Михаем Роскованом (Business Consulting Institute, Молдова) и Рафалом Станеком (SST-Consult, Польша) при поддержке Ольги Дрига и под редакцией Нелли Петковой (ОЭСР);
- **Украина** – глава подготовлена Юлией Огаренко (ГИС/МИУР) под редакцией Иветты Герасимчук (ГИС/МИУР).

Ларс Лунден и Мартин Яэр, старшие научные сотрудники Sigra Group, оказали методическую поддержку при применении метода ценовой разницы для оценки энергетических субсидий в странах.

Алексей Шаповалов подготовил вставку о Евразийском экономическом союзе и его влиянии на энергетические рынки, особенно в Армении и Беларуси.

Проект был разработан Нелли Петковой (Директорат по охране окружающей среды ОЭСР, Отдел «зеленого роста» и глобальных отношений или отдел ЗРГО), которая руководила его выполнением, а также скомпоновала окончательный вариант доклада и подготовила его к публикации.

Мы особенно признательны коллегам из Директората по торговле и сельскому хозяйству (ДТСХ) ОЭСР, которые вдохновили нас и проложили путь, которым мы следовали при выполнении нашего анализа. Наша работа следует методике ОЭСР для анализа государственной поддержки производства и потребления ископаемых видов топлива, разработанной нашими коллегами из ДТСХ. Группа экспертов ДТСХ под руководством Рональда Стинблика, в состав которой входили Жеан Соваж, Христина Тимилиотис и Федерико де Лука, прокомментировала ранние варианты доклада, оказав нам неоценимую поддержку.

Проекты глав, посвященных отдельным странам, были обсуждены с заинтересованными сторонами в каждой из стран в течение 2016 года. Обсуждения были проведены в следующих городах:

- **Ереван**, **Армения**, апрель 2016 года, организовано Министерством энергетики и природных ресурсов (позднее переименованным в Министерство энергетической инфраструктуры и природных ресурсов);
- **Баку**, **Азербайджан**, октябрь 2016 года, в форме индивидуальных консультаций с представителями основных заинтересованных ведомств;
- **Минск**, **Беларусь**, апрель 2016 года, организовано Министерством экономики;
- **Тбилиси**, **Грузия**, май 2016 года, организовано Министерством энергетики;
- **Кишинев**, **Молдова**, ноябрь 2016 года, организовано Государственной канцелярией Молдовы;
- **Киев**, **Украина**, апрель 2016 года, организовано Комитетом по вопросам топливно-энергетического комплекса, ядерной политики и ядерной безопасности Верховной Рады Украины.

В обсуждении приняли участие представители важнейших подразделений правительств, министерств энергетики, экономики, финансов, окружающей среды и труда, органов, отвечающих за регулирование энергетики, а также члены парламентов и ключевые участники энергетических рынков стран. В обсуждениях также участвовали представители высших учебных заведений, научно-исследовательских организаций и гражданского общества. Кроме того, в мероприятиях приняли участие представители таких международных организаций, как Азиатский банк развития, Европейский банк реконструкции и развития (ЕБРР), делегации Европейского Союза (ЕС) в соответствующих странах, Международный валютный фонд (МВФ), Исламский банк развития, Программа ООН по окружающей среде и Организация ООН по промышленному развитию (ЮНИДО), Агентство США по международному развитию (USAID) и Всемирный банк. Группа проекта благодарна им за содержательные комментарии, сделанные в ходе обсуждений, открытость и готовность обсуждать такую политически чувствительную тему, как энергетические субсидии.

Группа проекта признательна многим лицам, содействовавшим подготовке доклада. Перечислить всех, кто оказал нам помощь, невозможно, но лица, оказавшие наиболее существенную помощь при подготовке глав по отдельным странам, названы ниже. В Армении благодарности заслуживают Эмиль Залинян (консультант Всемирного банка), Людовик Цеханувский (Делегация ЕС в Армении), Амалия Амбарцумян (президент экологической НКО «Хазер») и Арам Габриэлян (Рамочная конвенция ООН об изменении климата, национальный координатор в Армении). В Азербайджане группа тесно сотрудничала с Асафом Рзаевым (Министерство энергетики), Рауфом Гурбановым и его коллегами (Государственное агентство по альтернативным и возобновляемым источникам энергии), а также Эльчином Мамедовым (Министерство экологии и природных ресурсов) и крайне признательна за оказанную ими помощь. В Беларуси ценные комментарии предоставили Вячеслав Чекуров (начальник Главного экономического управления Министерства энергетики), Андрей Зорич (начальник Управления стратегического развития и внешнего инвестиционного сотрудничества Министерства энергетики) и Владимир Рак (начальник отдела стратегии Государственного предприятия «Институт энергетики Академии наук Беларуси»). В Грузии неоценимую помощь оказала Мариам Валишвили, заместитель министра энергетики, поделившаяся ценными соображениями о функционировании энергетических рынков. Группа благодарна Лилии Палий и ее коллегам из Государственной канцелярии Молдовы, Александру Урсу (Национальное агентство по регулированию в энергетике Молдовы) и Александру Дарра (Делегация ЕС в Молдове) за их вклад в подготовку главы, посвященной Молдове.

Авторы выражают признательность членам и сотрудникам аппарата Комитета по вопросам топливно-энергетического комплекса, ядерной политики и ядерной безопасности Верховной Рады (парламента) Украины, в особенности Александру Домбровскому (депутат, и. о. главы Комитета), Алексею Рябчину (депутат, глава подкомитета по вопросам энергосбережения и энергоэффективности Комитета), а также Елене Байде (помошник-консультант Алексея Рябчина) за содействие в подготовке главы, посвященной Украине. Особой благодарности заслуживают коллеги из НАК «Нафтогаз Украины» за свою открытость, предоставление данных и информации, а также конструктивные комментарии к проекту доклада. В частности, Сергей Коновец (заместитель председателя правления «Нафтогаза»), Юрий Войтович (глава департамента энергоэффективности) и Алексей Хабатюк (заместитель главы департамента энергоэффективности) тесно сотрудничали с группой экспертов ОЭСР в процессе анализа.

Многие сотрудники ОЭСР принимали участие в проекте на разных стадиях его осуществления. Авторы выражают благодарность Куми Китамори (глава отдела ЗРГО Директората по охране окружающей среды) и Кшиштофу Михалаку (старший руководитель программы отдела ЗРГО) за их поддержку и терпение. Инмакулада Валенсия обеспечивала общую административную поддержку проекта, Ирина Белькайя оказывала содействие в сборе данных, подготовке иллюстраций и других элементов доклада, а Джейн Кинастон подготовила доклад к верстке. Вадим Виниченко перевел доклад на русский язык, а Юлия Огаренко (ГИС/МИУР) отредактировала его русскую версию. Авторы также хотели бы поблагодарить Викторию Эллиотт за редактирование окончательного английского текста и Петера Фогельпуля за его помощь в подготовке макета, а также Жанин Тревес и Люпиту Джохансон за содействие в подготовке доклада к публикации.

Выполнение проекта было бы невозможным без финансовой поддержки со стороны Европейской комиссии, оказанной в рамках проекта «EaP GREEN», а также Норвегии.

Мы благодарны всем перечисленным лицам и организациям, внесшим вклад в публикацию доклада.

Содержание

Сокращения и акронимы 17

Исполнительное резюме 23

Глава 1. **Обзор энергетических субсидий в странах Восточного партнерства ЕС** 27

Почему энергетические субсидии имеют значение? 28
Энергетические субсидии в странах Восточного партнерства Европейского союза 28
Методика выявления и количественной оценки субсидий 30
Государственная поддержка производства и потребления ископаемых видов топлива 39
Государственная поддержка мер по повышению энергоэффективности и ВИЭ 44
Политическая экономия и реформа энергетических субсидий 45
Макроэкономическая ситуация в странах ВП 52
Энергетический сектор и основные направления его реформирования 56
Политика ценообразования в энергетическом секторе 59
Основные элементы политики налогообложения в энергетическом секторе 61
Цели в сфере климатической политики 63
Список источников 65

Глава 2. **Энергетические субсидии в Армении** 69

Основные выводы 70
Обзор макроэкономической ситуации и энергетического сектора 72
Определение и обсуждение энергетических субсидий 85
Государственная поддержка ископаемых видов топлива 86
Государственная поддержка энергоэффективности 91
Государственная поддержка ВИЭ 91
Приложение 2.A1. Субсидии на ископаемые виды топлива в Армении 93
Приложение 2.A2. Государственная поддержка ВИЭ 99
Приложение 2.A3. Национальная методика определения тарифов на электроэнергию и природный газ 100
Приложение 2.A4. Осуществляемые и планируемые инвестиции доноров в проекты по повышению энергоэффективности и развитию ВИЭ в Армении 103
Примечания 106
Список источников 107

Глава 3. **Энергетические субсидии в Азербайджане** 111

Основные выводы 112
Обзор макроэкономической ситуации и энергетического сектора 113
Определение и обсуждение энергетических субсидий 129
Государственная поддержка ископаемых видов топлива 132
Государственная поддержка энергоэффективности и ВИЭ 142
Приложение 3.A1. Субсидии на ископаемые виды топлива в Азербайджане 143
Примечания 147
Список источников 147

Глава 4. **Энергетические субсидии в Беларуси** 155

Основные выводы 156
Обзор макроэкономической ситуации и энергетического сектора 157
Определение и обсуждение энергетических субсидий 169
Государственная поддержка ископаемых видов топлива 171
Государственная поддержка энергоэффективности 178
Государственная поддержка ВИЭ 179
Приложение 4.A1. Субсидии на ископаемые виды топлива 182
Приложение 4.A2. Субсидии в сфере повышения энергоэффективности и развития ВИЭ . . . 187
Список источников 189

Глава 5. **Энергетические субсидии в Грузии** 193

Основные выводы 194
Обзор макроэкономической ситуации и энергетического сектора 196
Определение и обсуждение энергетических субсидий 211
Государственная поддержка ископаемых видов топлива 212
Меры государственной поддержки в электроэнергетике, преимущественно в отношении возобновляемых источников 218
Государственная поддержка мер по повышению энергоэффективности 221
Приложение 5.A1. Субсидии на ископаемые виды топлива в Грузии 222
Приложение 5.A2. Количественная оценка субсидий на электроэнергию, преимущественно из возобновляемых источников 227
Приложение 5.A3. Национальная методика расчета тарифов на электроэнергию в Грузии . . . 229
Приложение 5.A4. Тариф на закупку электроэнергии, произведенной на Худони ГЭС 231
Примечания 232
Список источников 232

Глава 6. **Энергетические субсидии в Республике Молдова** 237

Основные выводы 238
Обзор макроэкономической ситуации и энергетического сектора 239
Определение и обсуждение энергетических субсидий 256
Государственная поддержка ископаемых видов топлива 257
Государственная поддержка повышения энергоэффективности и ВИЭ 267
Приложение 6.A1. Субсидии на ископаемые виды топлива в Молдове 271
Приложение 6.A2. Государственная поддержка мер по повышению энергоэффективности и освоению возобновляемых источников энергии 277
Примечания 279
Список источников 280

Глава 7. **Энергетические субсидии в Украине** 285

Основные выводы 286
Обзор макроэкономической ситуации и энергетического сектора 287
Определение и обсуждение энергетических субсидий в Украине 299
Государственная поддержка ископаемых видов топлива 301
Государственная поддержка мер по повышению энергоэффективности 316
Государственная поддержка производителей энергии на основе ВИЭ 317
Приложение 7.A1. Методические подходы, использованные для количественной оценки основных энергетических субсидий в Украине 319
Приложение 7.A2. Субсидии на ископаемые виды топлива в Украине 320
Приложение 7.A3. Государственная поддержка производителей электроэнергии на основе ВИЭ 327
Список источников 328

Рисунки

Рисунок 1.1 «Матрешка» определения субсидий и область, охватываемая настоящим исследованием . . . 32
Рисунок 1.2 Дефицит государственного бюджета и количественная оценка субсидий на ископаемое топливо как доля ВВП (%), 2014 год . . . 41
Рисунок 1.3 Количественная оценка субсидий на ископаемое топливо в странах ВП в разбивке по типу энергоресурсов, 2014 год, млн долл. США . . . 42
Рисунок 1.4 Комплексный подход к реформе энергетических субсидий . . . 49
Рисунок 1.5 Влияние повышения ставки НДС на тепловую энергию – доля затрат на отопление в доходе домохозяйств при различных сценариях в Молдове . . . 51
Рисунок 1.6 Взаимодополняющие решения по управлению эффектами реформы энергетических субсидий . . . 51
Рисунок 1.7 Структура экономики, % ВВП в 2015 году . . . 55
Рисунок 1.8 ВВП на душу населения (в текущих долл. США, ППС) . . . 56
Рисунок 1.9 Общее предложение первичной энергии в странах ВП в 2014 году, млн т нефтяного эквивалента . . . 57
Рисунок 1.10 Энергопроизводительность в странах ВП, ВВП на единицу потребленной энергии, постоянные долл. США 2011 г. (ППС) на кг нефтяного эквивалента . . . 58
Рисунок 1.11 Розничные цены на бензин и дизельное топливо в странах ВП в середине ноября 2014 года . . . 61
Рисунок 1.12 Выбросы CO2 на душу населения в странах ВП, т CO_2/чел. . . . 63
Рисунок 2.1 Общее предложение первичной энергии, 1990-2014 гг. . . . 74
Рисунок 2.2 Структура предложения первичной энергии в 2014 г. . . . 74
Рисунок 2.3 Производство электроэнергии с разбивкой по источникам, 1990-2014 гг., ГВт-ч . . . 75
Рисунок 2.4 Производство электроэнергии с разбивкой по источникам, 2014 г. . . . 75
Рисунок 2.5 Структура электроэнергетического и газового секторов Армении . . . 77
Рисунок 2.6 Среднегодовые тарифы для производителей электроэнергии в Армении, 2011-2015 гг., драмов за 1 кВт-ч . . . 80
Рисунок 2.7 Что включается в определение субсидий в национальном законодательстве Армении? . . . 85
Рисунок 3.1 Существующие и проектируемые нефте- и газопроводы из Азербайджана . . . 114
Рисунок 3.2 Производство энергии в 1990-2014 гг. . . . 115
Рисунок 3.3 Общее предложение первичной энергии в 1990-2014 гг. . . . 115
Рисунок 3.4 Структура предложения первичной энергии в 2014 г. . . . 115
Рисунок 3.5 Структура производства электроэнергии в 1990-2014 гг. . . . 116
Рисунок 3.6 Структура производства электроэнергии в 2014 г. . . . 116
Рисунок 3.7 Структура энергетического сектора в Азербайджане . . . 117
Рисунок 3.8 Финансовые потоки в рамках СРП проекта Азери–Чираг–Гюнешли . . . 125
Рисунок 3.9 Что включается в определение субсидий в национальном законодательстве Азербайджана? . . . 130
Рисунок 3.10 Цены на дизельное топливо в середине ноября 2014 года, долл./л . . . 135
Рисунок 3.11 Цены на бензин в середине ноября 2014 года, долл./л . . . 135
Рисунок 4.1 Общее предложение первичной энергии, 1990-2013 гг. . . . 159
Рисунок 4.2 Структура предложения первичной энергии по видам топлива в 2013 г. . . . 159
Рисунок 4.3 Производство электроэнергии с разбивкой по источникам, ГВт-ч . . . 159
Рисунок 4.4 Производство электроэнергии, ГВт-ч, с разбивкой по источникам, в 2013 г. . . . 159
Рисунок 4.5 Структура энергетического сектора Беларуси . . . 161
Рисунок 4.6 Перекрестное субсидирование в тепловом секторе Беларуси . . . 164
Рисунок 4.7 Что включается в определение субсидии в республиканском законодательстве Беларуси? . . . 169
Рисунок 4.8 Распределение субсидий на теплоснабжение в Беларуси в 2012 г., доля населения . . . 170
Рисунок 5.1 Общее предложение первичной энергии в 1990-2014 гг. . . . 198
Рисунок 5.2 Структура предложения первичной энергии в 2014 г. . . . 198
Рисунок 5.3 Структура производства электроэнергии в 1990-2014 гг. . . . 198

Рисунок 5.4 Структура производства электроэнергии в 2014 г. 198
Рисунок 5.5 Структура электроэнергетического и газового секторов Грузии 201
Рисунок 5.6 Участие компаний в сегментах производства, передачи и распределения электроэнергии 202
Рисунок 5.7 Что включается в определение субсидий в национальном законодательстве Грузии? 211
Рисунок 6.1 Общее предложение первичной энергии в 1990-2014 гг.. 241
Рисунок 6.2 Структура предложения первичной энергии в 2014 году 241
Рисунок 6.3 Производство и импорт электроэнергии в 1997–2013 гг. 242
Рисунок 6.4 Структура производства и импорта электроэнергии в 2013 г. 242
Рисунок 6.5 Производство электроэнергии в Молдове в 2001–2015 гг., млн кВт-ч. 243
Рисунок 6.6 Структура производства электроэнергии в Молдове в 2015 г. 243
Рисунок 6.7 Общее потребление конечной энергии, тыс. т н. э. 244
Рисунок 6.8 Структура энергетического сектора Молдовы. 245
Рисунок 6.9 Схема электроэнергетического рынка Молдовы 246
Рисунок 6.10 Схема рынка природного газа в Молдове. 247
Рисунок 6.11 Установление тарифов на электрическую и тепловую энергию на основе нормативных актов 253
Рисунок 6.12 Что включается в определение субсидий в национальном законодательстве Молдовы? 256
Рисунок 6.13 Оценка субсидий на потребление энергии в Молдове 267
Рисунок 7.1 Общее предложение первичной энергии, 1990-2013 гг.. 289
Рисунок 7.2 Структура предложения первичной энергии по видам топлива в 2013 г.. 290
Рисунок 7.3 Производство электроэнергии с разбивкой по источникам, ГВт-ч 290
Рисунок 7.4 Производство электроэнергии, ГВт-ч, с разбивкой по источникам, в 2013 г.. . . 291
Рисунок 7.5 Что включается в определение субсидий в национальном законодательстве Украины? 299
Рисунок 7.6 Бюджетные трансферты для компенсации потерь поставщиков энергоресурсов и коммунальных услуг 305
Рисунок 7.7 Увеличение уставного капитала Национальной акционерной компании «Нафтогаз Украины» с использованием механизма эмиссии государственных облигаций для покрытия дефицита компании. 306
Рисунок 7.8 Вливание капитала в НАК «Нафтогаз Украины» 307
Рисунок 7.9 Упущенная выгода внутренних производителей газа. 307
Рисунок 7.10 Перекрестное субсидирование в электроэнергетике 309
Рисунок 7.11 Меры государственной поддержки в угольном секторе 311
Рисунок 7.12 Целевые субсидии малообеспеченным семьям и льготы отдельным категориям потребителей 314
Рисунок 7.13 Государственная поддержка производителей электроэнергии на основе ВИЭ и внедрения мер по энергоэффективности 317

Таблицы

Таблица 1.1 Типология субсидий 34
Таблица 1.2 Что включается в определение субсидий в национальном законодательстве стран ВП? 37
Таблица 1.3 Количественные оценки субсидий на ископаемые виды топлива в странах ВП, млн долл. США 40
Таблица 1.4 Оценка методом ценовой разницы субсидий на потребление природного газа в странах ВП в 2015 году. 43
Таблица 1.5 Субсидирование энергоэффективности и ВИЭ в странах ВП, млн долл. США. . . 44
Таблица 1.6 Основные экономические показатели стран ВП в 2015 году 52
Таблица 1.7 Основные характеристики политики ценообразования в странах ВП 60
Таблица 1.8 Ставки НДС и акциза на потребление энергии в странах ВП (начало 2017 года). . 62
Таблица 1.9 Обязательства стран ВП в сфере изменения климата, принятые в преддверии Парижской конференции РКИК ООН 2015 года 64

Таблица 2.1 Макроэкономические показатели . . . 73
Таблица 2.2 Среднегодовой обменный курс . . . 73
Таблица 2.3 Ценовая политика для различных энергоносителей в Армении . . . 81
Таблица 2.4 Налогообложение в энергетическом секторе Армении. . . 83
Таблица 2.5 Обзор субсидий . . . 86
Таблица 2.6 Оценка субсидий на потребление газа в Армении в 2015 г. методом ценовой разницы (долл. США 2015 г. в номинальном выражении) . . . 87
Таблица 2.7 а Оценка основных субсидий на ископаемые виды топлива в Армении, млн драмов . . . 88
Таблица 2.7 б Оценка основных субсидий на ископаемые виды топлива в Армении, млн долл. США . . . 88
Таблица 2.8 Методы, использованные для количественной оценки субсидий на ископаемое топливо в Армении . . . 89
Таблица 2.A1.1 Компенсация за повышение тарифов на электроэнергию . . . 93
Таблица 2.A1.2 Компенсация затрат на природный газ для малообеспеченных семей. . . 94
Таблица 2.A1.3 Социальная поддержка приграничных общин Республики Армения . . . 95
Таблица 2.A1.4 Освобождение от НДС на дизельное топливо . . . 96
Таблица 2.A1.5 Освобождение импортируемого природного газа от акцизного налога . . . 97
Таблица 2.A1.6 Освобождение сжатого природного газа от акцизного налога . . . 98
Таблица 2.A2.1 Тарифы для производителей, использующих ВИЭ, в сравнении с тарифами для традиционных источников энергии . . . 99
Таблица 2.A2.2 Средние тарифы для производителей электроэнергии на основе традиционных источников в Армении, 2011-2015 гг. (драмов, с НДС) . . . 99
Таблица 2.A3.1 Методика расчета предельной цены электроэнергии в Армении . . . 102
Таблица 3.1 Макроэкономические показатели . . . 113
Таблица 3.2 Среднегодовой обменный курс . . . 114
Таблица 3.3 Политика ценообразования на различные энергоносители в Азербайджане по состоянию на начало 2016 года . . . 120
Таблица 3.4 Общегосударственная налоговая система в энергетическом секторе Азербайджана . . . 123
Таблица 3.5 Расходы ГНФАР на развитие нефтегазовой отрасли (млрд манатов) . . . 125
Таблица 3.6 Оценки субсидий на потребление ископаемых видов топлива в Азербайджане, выполненные МЭА методом ценовой разницы, млрд долл. США . . . 131
Таблица 3.7 Обзор субсидий . . . 131
Таблица 3.8 Оценка методом ценовой разницы субсидий на потребление ископаемых видов топлива в Азербайджане в 2014 году . . . 133
Таблица 3.9 Оценка субсидий на потребление природного газа для различных групп потребителей методом ценовой разницы, 2014 год . . . 133
Таблица 3.10 Оценка полной приведенной стоимости электроэнергии для ГТКЦ в Азербайджане . . . 137
Таблица 3.11 Затраты ГНФАР на финансирование нефтегазовой инфраструктуры, млн манатов . . . 139
Таблица 3.12 Инвентаризация государственной поддержки ископаемых видов топлива в Азербайджане . . . 140
Таблица 3.A1.1 Бюджетные трансферты ОАО «Азерэнержи» . . . 143
Таблица 3.A1.2 Бюджетные трансферты ОАО «Азеригаз» . . . 144
Таблица 3.A1.3 Бюджетные трансферты ОАО «Азеристиликтеджхизат». . . 145
Таблица 3.A1.4 Регулируемые тарифы на природный газ . . . 145
Таблица 3.A1.5 Регулируемые тарифы на электроэнергию . . . 146
Таблица 4.1 Макроэкономические показатели . . . 158
Таблица 4.2 Средневзвешенный курс. . . 158
Таблица 4.3 а Ценовая политика . . . 165
Таблица 4.3 б Повышение тарифов на энергоносители для населения с 1.07.2015 г. по 1.07.2016 г. с учетом отмены освобождения от НДС на природный газ, электрическую и тепловую энергию с 1.01.2016 г. . . . 166

Таблица 4.4 Налогообложение в энергетическом секторе Беларуси. 168
Таблица 4.5 Обзор субсидий 171
Таблица 4.6 Оценка субсидий на потребление газа в Беларуси в 2015 г. методом ценовой разницы в номинальном выражении. 172
Таблица 4.7 Оценки субсидий на ископаемые виды топлива в Республике Беларусь, млрд белорусских рублей 173
Таблица 4.8 Оценки субсидий на ископаемые виды топлива в Республике Беларусь, млн долл. США 174
Таблица 4.9 Методы, использованные для количественной оценки основных субсидий на ископаемые виды топлива в Беларуси. 175
Таблица 4.10 Фактические объемы бюджетного финансирования Республиканской программы энергосбережения за период 2011-2015 гг., млн долл. США 178
Таблица 4.11 Оценки государственной поддержки ВИЭ в Беларуси, млрд белорусских рублей в номинальном выражении 180
Таблица 4.12 Оценки государственной поддержки ВИЭ в Республике Беларусь, млн долл. США в номинальном выражении 180
Таблица 4.A1.1 Регулируемые цены на теплоэнергию для населения 182
Таблица 4.A1.2 Регулируемые цены на природный газ для населения 183
Таблица 4.A1.3 Регулируемые цены на электроэнергию для населения 184
Таблица 4.A1.4 Освобождение от НДС на природный газ, тепло- и электроэнергию для населения 186
Таблица 4.A1.5 Финансирование строительства (реконструкции) объектов инженерной инфраструктуры для районов жилой застройки для энерго- и газоснабжающих организаций. 186
Таблица 4.A2.1 Финансирование проектов в сфере повышения энергоэффективности 187
Таблица 4.A2.2 Стимулирующий «зеленый» тариф для ВИЭ. 188
Таблица 5.1 Макроэкономические показатели 196
Таблица 5.2 Средневзвешенный обменный курс 197
Таблица 5.3 Ценовая политика для различных энергоносителей в Грузии 206
Таблица 5.4 Налогообложение в энергетическом секторе Грузии 209
Таблица 5.5 Обзор субсидий 212
Таблица 5.6 Оценка субсидий на потребление газа в Грузии в 2015 г. методом ценовой разницы (млн долл. США) 213
Таблица 5.7 Расчет цены газа, импортированного в Грузию в 2015 году 214
Таблица 5.8 а Оценки основных субсидий в нефтегазовом секторе Грузии, млн лари. 215
Таблица 5.8 б Оценки основных субсидий в нефтегазовом секторе Грузии, млн долл. США . . 215
Таблица 5.9 Методы количественной оценки субсидий в нефтегазовом секторе Грузии . . . 216
Таблица 5.10 а Оценки основных субсидий в электроэнергетике Грузии, млн лари 220
Таблица 5.10 б Оценки основных субсидий в электроэнергетике Грузии, млн долл. США . . . 220
Таблица 5.A1.1 Поставки природного газа по ценам ниже рыночных для ТЭС и распределительных компаний, обслуживающих население 222
Таблица 5.A1.2 Прямая субсидия на потребление природного газа населением высокогорных муниципалитетов Казбеги и Душети 224
Таблица 5.A1.3 Освобождение от НДС импортируемого природного газа, используемого в качестве топлива тепловыми электростанциями 225
Таблица 5.A1.4 Освобождение некоторых операций, связанных с нефтью и газом, от НДС, налога на импорт, налога на имущества и акциза 226
Таблица 5.A2.1 Ваучеры на электроэнергию для бытовых потребителей Тбилисского муниципалитета 227
Таблица 5.A2.2 Государственная поддержка строительства ГЭС, льготный (стимулирующий) тариф на закупку электроэнергии, производимой на Худони ГЭС 228
Таблица 6.1 Макроэкономические показатели 240
Таблица 6.2 Средневзвешенные обменные курсы 241
Таблица 6.3 Ценовая политика в отношении различных категорий энергоносителей в Молдове, 2015 г. 252
Таблица 6.4 Налогообложение в энергетическом секторе Молдовы 254

Таблица 6.5	Обзор субсидий	257
Таблица 6.6	Оценка субсидий на потребление природного газа методом ценовой разницы	258
Таблица 6.7	Оценка объема субсидий на потребление природного газа в Молдове в 2011–2015 гг. в результате применения пониженной ставки НДС, млн номинальных долл. США 2015 г.	260
Таблица 6.8	Оценка объема субсидий в результате освобождения «Молдовагаза» от налога на импорт, млн номинальных долл. США 2015 г.	260
Таблица 6.9	Оценка вторичных трансфертов в секторе природного газа Молдовы, обусловленных уровнем тарифов, в 2011–2015 гг., млн номинальных долл. США 2015 г.	262
Таблица 6.10	Оценка субсидий на потребление за счет освобождения от экологических платежей в 2015 г., млн номинальных долл. США 2015 г.	263
Таблица 6.11	Оценка субсидий на потребление в секторе природного газа Молдовы в 2011–2015 гг., млн номинальных долл. США 2015 г.	263
Таблица 6.12	Оценка субсидий на потребление в электроэнергетическом секторе Молдовы в 2011–2015 гг., млн номинальных долл. США 2015 г.	264
Таблица 6.13	Оценка субсидий в пользу производителей электроэнергии на основе ВИЭ в Молдове в 2011-2015 гг., млн номинальных долл. США 2015 г.	265
Таблица 6.14	Оценка субсидий на потребление в секторе тепловой энергии Молдовы в 2011-2015 гг., млн номинальных долл. США 2015 г.	265
Таблица 6.15	Оценка субсидий на потребление энергии в Молдове в 2011–2015 гг., млн леев	266
Таблица 6.16	Оценка субсидий на потребление энергии в Молдове в 2011–2015 гг., млн номинальных долл. США 2015 г.	266
Таблица 6.17	Поддержка проектов по повышению энергоэффективности и освоению ВИЭ в 2010–2015 гг.	270
Таблица 6.А1.1	Компенсация затрат на энергоресурсы населению Кишинева	271
Таблица 6.А1.2	Пониженная ставка НДС на природный газ, потребляемый населением	272
Таблица 6.А1.3	Пониженная ставка НДС на электроэнергию, потребляемую населением	272
Таблица 6.А1.4	Пониженная ставка НДС на тепловую энергию, потребляемую населением	273
Таблица 6.А1.5	Вторичный (косвенный) трансферт за счет отсутствия адекватного расчета тарифов на природный газ	273
Таблица 6.А1.6	Освобождение от экологических платежей (платы за загрязнение атмосферы)	274
Таблица 6.А1.7	Освобождение «Молдовагаза» от налогов	274
Таблица 6.А1.8	Государственные инвестиции в развитие газотранспортных и электрических сетей	275
Таблица 6.А1.9	Реструктуризация задолженности энергетических компаний	276
Таблица 6.А2.1	Государственная поддержка (софинансирование) внутренних и международных источников финансирования проектов в области энергоэффективности и возобновляемых источников энергии	277
Таблица 6.А2.1	Льготные тарифы на закупку электроэнергии, произведенной из возобновляемых источников	278
Таблица 7.1	Макроэкономические показатели	288
Таблица 7.2	Средневзвешенный курс	288
Таблица 7.3	Ценовая политика	296
Таблица 7.4	Налогообложение в энергетическом секторе Украины	298
Таблица 7.5	Обзор субсидий	300
Таблица 7.6	Оценки субсидий на потребление ископаемых видов топлива в Украине, выполненные МЭА методом ценовой разницы, млрд реальных долл. США 2013 г.	301
Таблица 7.7	Оценка субсидий на потребление газа в Украине в 2015 году методом ценовой разницы (номинальных долл. США 2015 г.)	302
Таблица 7.8 а	Оценки основных энергетических субсидий в Украине, млн грн.	303
Таблица 7.8 б	Оценки основных энергетических субсидий в Украине, млн долл. США	303
Таблица 7.9 а	Основные меры государственной поддержки в газовом секторе, млн грн.	308
Таблица 7.9 б	Основные меры государственной поддержки в газовом секторе, млн долл. США	308

Таблица 7.10 а Перекрестное субсидирование в электроэнергетике, млн грн. 310
Таблица 7.10 б Перекрестное субсидирование в электроэнергетике, млн долл. США 310
Таблица 7.11 а Государственная поддержка угольного сектора в Украине, млн грн. 313
Таблица 7.11 б Государственная поддержка угольного сектора в Украине, млн долл. США . . 313
Таблица 7.12 а Целевые субсидии малообеспеченным семьям, млн грн. 315
Таблица 7.12 б Целевые субсидии малообеспеченным семьям, млн долл. США 315
Таблица 7.13 а Государственная поддержка мер по повышению энергоэффективности, млн грн. 316
Таблица 7.13 б Государственная поддержка мер по повышению энергоэффективности, млн долл. США 316
Таблица 7.14 а Государственная поддержка производителей электроэнергии на основе ВИЭ, млн грн. 318
Таблица 7.14 б Государственная поддержка производителей электроэнергии на основе ВИЭ, млн долл. США 318
Таблица 7.A2.1 Увеличение уставного капитала Национальной акционерной компании «Нафтогаз Украины». 320
Таблица 7.A2.2 Требование к национальным производителям газа, находящимся в государственной собственности, о продаже газа по регулируемым ценам для удовлетворения потребностей населения 321
Таблица 7.A2.3 Компенсация потерь поставщиков коммунальных услуг. 321
Таблица 7.A2.4 Государственная поддержка угледобывающих предприятий с целью частичной компенсации затрат на производство готовой товарной угольной продукции. 322
Таблица 7.A2.5 Государственная поддержка реструктуризации угольной и торфодобывающей промышленности. 323
Таблица 7.A2.6 Целевые субсидии малообеспеченным семьям 324
Таблица 7.A2.7 Целевые субсидии малообеспеченным семьям 325
Таблица 7.A2.8 Перекрестное субсидирование в электроэнергетическом секторе 326
Таблица 7.A3.1 Льготный тариф для производителей электроэнергии на основе ВИЭ. 327

Вставки

Вставка 1.1 Основные подходы к количественной оценке субсидий. 38
Вставка 1.2 Трансформация субсидий в инвестиции в повышение энергоэффективности – опыт Украины 47
Вставка 1.3 Реформа энергетических субсидий и ценовая доступность энергии в Молдове 50
Вставка 1.4 Евразийский экономический союз (ЕАЭС) и его значение для энергетических рынков Армении и Беларуси 53
Вставка 1.5 Топливно-энергетический баланс в странах ВП 57
Вставка 6.1 Задолженность «Молдовагаза» перед «Газпромом» 247

Сокращения и акронимы

АТЭС	Азиатско-Тихоокеанское экономическое сотрудничество
АЭС	Атомная электростанция
б.д.	Без даты
БТД	Баку–Тбилиси–Джейхан (нефтепровод)
ВБ	Всемирный банк
ВВП	Валовой внутренний продукт
ВИЭ	Возобновляемые источники энергии
ВЭС	Ветровая электростанция
ВТО	Всемирная торговая организация
ВП	Восточное партнерство ЕС
ГТКЦ	Газовая турбина комбинированного цикла
ГИС	Глобальная инициатива по субсидиям
ГИС/МИУР	Глобальная инициатива по субсидиям Международного института устойчивого развития
ГЭС	Гидроэлектростанция
ГЭФ	Глобальный экологический фонд
долл. США	Доллар США
ЕАБР	Евразийский банк развития
ЕАЭС	Евразийский экономический союз
ЕБРР	Европейский банк реконструкции и развития
ЕК	Европейская комиссия
ЕС	Европейский союз
ЕЭК ООН	Европейская экономическая комиссия Организации Объединенных Наций
ЖКХ	Жилищно-коммунальное хозяйство
ЗИЗЛХ	Землепользование, изменения в землепользовании и лесное хозяйство
КПГ	Компримированный (сжатый) природный газ
МВФ	Международный валютный фонд

МЭА	Международное энергетическое агентство
МФК	Международная финансовая корпорация
НАК	Национальная акционерная компания
НДС	Налог на добавленную стоимость
НИОКР	Научно-исследовательские и опытно-конструкторские работы
н.д.	Нет данных
н.п.	Неприменимо
н.р.	Нет расчетов
ОКПЭ	Общее конечное потребление энергии
ОНОВ	Ожидаемый национально определенный вклад
ОППо	Оценка поддержки потребителей
ОППр	Оценка поддержки производителей
ОППЭ	Общее предложение первичной энергии
ОРЭ	Оптовый рынок электроэнергии
ОЭСР	Организация экономического сотрудничества и развития
ПВЭОЗ	Полное возмещение экономически обоснованных затрат
ПГ	Парниковые газы
ППС	Паритет покупательной способности
ПРООН	Программа развития Организации Объединенных Наций
РНД	Реальная норма доходности
СНГ	Сжиженный нефтяной газ
СКМ	Субсидии и компенсационные меры
СМИ	Средства массовой информации
СППС	Соглашение с правительством принимающей стороны
ССКМ	Соглашение по субсидиям и компенсационным мерам
СРП	Соглашение о разделе продукции
РКИК ООН	Рамочная конвенция ООН об изменении климата
ТЭС	Тепловая электростанция
ТЭЦ	Теплоэлектроцентраль
уППСЭ	Упрощенная полная приведенная стоимость электроэнергии
ФЭЭ	Фонд энергоэффективности
ЮНИДО	Организация Объединенных Наций по промышленному развитию
ADB	Asian Development Bank (Азиатский банк развития)
CAPEX	Capital expenditure (капитальные затраты)

CIF	Climate Investment Funds (Климатические инвестиционные фонды)
COP	Conferences of the Parties (Конференция сторон РКИК ООН)
EaP GREEN	Project «Greening Economies in the EU's Eastern Neighbourhood» (Проект «Экологизация экономики стран Восточного партнерства»)
ECS	Energy Charter Secretariat (Секретариат Энергетической хартии)
EFF	Extended Fund Facility (расширенная программа кредитования МВФ)
GIZ	Deutsche Gesellschaft für Internationale Zusammenarbeit (German Development Cooperation, Германское общество международного сотрудничества)
IISD	International Institute for Sustainable Development (Международный институт устойчивого развития)
IGU	International Gas Union (Международный газовый союз)
IMF	International Monctary Fund (Международный валютный фонд)
LEDS	Low-emission development strategy (Стратегия низкоуглеродного развития)
NIF	Neighbourhood Investment Facility (Инвестиционная программа Соседства ЕС)
SDG	Sustainable development goal (цели устойчивого развития)
UNDP	United Nations Development Programme (Программа развития Организации Объединенных Наций)
USAID	United States Agency for International Development (Агентство США по международному развитию)

Единицы измерения

БТЕ	британская тепловая единица
Гкал	гигакалория
ГВт	гигаватт
ГВт-ч	гигаватт-час
кВ	киловольт
кВА	киловольт-ампер
кВт	киловатт
кВт-ч	киловатт-час
кг н. э.	килограмм нефтяного эквивалента
км	километр
МВт	мегаватт
МВт-ч	мегаватт-час
млн	миллион

млн т	миллион тонн
млн т н. э.	миллион тонн нефтяного эквивалента
млн т CO_2	миллион тонн CO_2
млрд	миллиард
л	литр
$м^3$	кубический метр
ПДж	петаджоуль
т	тонна
т н. э.	тонна нефтяного эквивалента
ТВт-ч	тераватт-час
тыс. т н. э.	тысяча тонн нефтяного эквивалента

Загрязняющие вещества

CO	монооксид углерода
CO_2	диоксид углерода
NO_2	диоксид азота
SO_2	диоксид серы

Сокращения по странам

Армения

ЗАО	Закрытое акционерное общество
КРОУ	Комиссия по регулированию общественных услуг
РКЭА	Регулирующая комиссия по энергетике Армении
ФАР	Французское агентство развития
ЭСА	Компания «Электрические сети Армении»

Азербайджан

АЧГ	Азери–Чираг–Гюнешли (группа нефтяных месторождений в Азербайджане)
ГААВИЭ	Государственное агентство по альтернативным и возобновляемым источникам энергии Азербайджана
ГНКАР	Государственная нефтяная компания Азербайджанской Республики
ГНФАР	Государственный нефтяной фонд Азербайджанской Республики
ЕСГС	Единая система газоснабжения (Российской Федерации)
ман.	Азербайджанский манат

СЭЗ	Специальная экономическая зона
ЮКТ	Южно-Кавказский трубопровод (ЮКТ)

Беларусь

ГПО	Государственное производственное объединение
ЖКУ	Жилищно-коммунальные услуги
руб.	Белорусский рубль

Грузия

ГГК	Грузинская газотранспортная компания
ГГЭ	Грузинская государственная электросистема
Геостат	Национальное статистическое бюро Грузии
ГНГК	Государственная Грузинская нефтегазовая корпорация
ГРМ	Гарантированный резерв мощности
КОЭС	Коммерческий оператор электроэнергетической системы
НКРЭВГ	Национальная комиссия по регулированию энергетики и водоснабжения Грузии
ФСК ЕЭС	Федеральная сетевая компания Единой энергетической системы (Российской Федерации)
ЮКТ	Южно-Кавказский трубопровод
GNIA	Georgian National Investment Agency (Национальное инвестиционное агентство Грузии)
SGGAS	SOCAR Georgia Gas
WEG	World Experience for Georgia (аналитический центр в Грузии)

Молдова

АЭЭ	Агентство по энергоэффективности
МСК	Муниципальный совет Кишинева
НАРЭ	Национальное агентство по регулированию в энергетике
НБМ	Национальный банк Молдовы
НБС	Национальное бюро статистики
ОРС	Оператор распределительных сетей
ПМ	Парламент Молдовы
ПрМ	Правительство Молдовы
СО	Системный оператор
ССО	Специальные социальные обязательства

УЖКХ	Управление жилищно-коммунального хозяйства
ФЭЭ	Фонд энергоэффективности
ЭБМ	«Энергия и биомасса в Молдове» (проект)
MoREEF	Moldovan Residential Energy Efficiency Financing Facility (Программа финансирования энергоэффективности в жилищном секторе Молдовы)
MoSEFF	Moldovan Sustainable Energy Financing Facility (Программа финансирования устойчивой энергетики в Молдове)

Украина

ГАЭЭ	Государственное агентство по энергоэффективности и энергосбережению
грн.	Украинская гривна
НАК	Национальная акционерная компания
НКРЭ	Национальная комиссия по регулированию электроэнергетики
НКРЭКУ	Национальная комиссия по государственному регулированию в сфере энергетики и коммунальных услуг
НЭК	Национальная энергетическая компания
ОРЭ	Оптовый рынок электроэнергии
ТКЭ	Теплокоммунэнерго (местные компании теплоснабжения)

Исполнительное резюме

Общие сведения

Правительства давно используют энергетические субсидии в качестве инструмента достижения конкретных целей экономического развития или в качестве противовеса «провалам рынка». Наиболее распространенный аргумент в пользу энергетических субсидий – возможность их использования в интересах таких важных целей национальной политики, как развитие сельского хозяйства и промышленности, создание рабочих мест, обеспечение доступа к энергетическим услугам, энергетическая безопасность и независимость, а также снижение уровня бедности.

Однако за все эти предполагаемые блага приходится платить высокую цену в виде значительных расходов государственного бюджета. При этом энергетические субсидии ослабляют потенциал экономического роста и способствуют расточительному использованию энергоресурсов. Согласно результатам различных исследований, наибольшую выгоду от энергетических субсидий получают не нуждающиеся, а наиболее богатые и влиятельные члены общества, что способствует увеличению прибыли привилегированных инвесторов и отраслей. Субсидирование ископаемых видов топлива стимулирует их чрезмерное потребление и тормозит развитие возобновляемых источников энергии (ВИЭ), что во многих случаях способствует увеличению выбросов диоксида углерода и других парниковых газов.

Организация экономического сотрудничества и развития (ОЭСР) инициировала проведение регионального исследования энергетических субсидий в странах Восточного партнерства Европейского Союза (Армении, Азербайджане, Беларуси, Грузии, Республике Молдова и Украине) чтобы помочь правительствам этих стран улучшить понимание масштаба таких субсидий, а также их экономических, социальных и экологических последствий в регионе. Исследование подготовлено в рамках финансируемого ЕС проекта «Экологизация экономики стран Восточного партнерства» (EaP GREEN), направленного на содействие шести странам Восточного партнерства (ВП) в укреплении аналитической базы, инструментов политики и потенциала, необходимых для экологизации экономики.

Представленный анализ охватывает субсидии как на потребление, так и на производство угля, нефти и нефтепродуктов (в особенности в транспортном секторе), природного газа, а также электрической и тепловой энергии, производимой на основе этих видов ископаемого топлива. Также рассмотрены меры поддержки энергоэффективности и ВИЭ. Анализ опирается на методы, используемые ОЭСР для выявления и количественной оценки государственной поддержки производства и потребления ископаемых видов топлива. На протяжении ряда лет ОЭСР вела масштабную работу по анализу мер государственной поддержки в странах – членах ОЭСР, а также нескольких крупнейших странах с быстро растущей экономикой, входящих в «Большую двадцатку» (Бразилия, Индия, Индонезия, Китай, Российская Федерация и ЮАР).

Результатом исследования является первое систематическое и комплексное описание энергетических субсидий в странах ВП, которое должно привести к большей прозрачности в данном вопросе и способствовать формированию прочной аналитической базы для аргументов в пользу дальнейших реформ в регионе. Представленная информация адресована как лицам, ответственным за формирование политики, так и широкой общественности.

Подходы к количественной оценке субсидий: метод ценовой разницы и инвентаризация «снизу вверх»

Два основных подхода к количественной оценке субсидий – оценка «сверху вниз», основанная на принципе ценовой разницы, и инвентаризация «снизу вверх», опирающаяся на оценку каждого вида субсидий по отдельности. Каждый из подходов имеет свои преимущества и ограничения, так что они могут дополнять друг друга. Эта взаимная дополнительность особенно полезна в условиях ограниченной доступности данных и отчетности о субсидиях. При инвентаризации мер поддержки энергетического сектора с неизбежностью приходится иметь дело как с субсидиями, допускающими денежную оценку, так и с выявленными мерами поддержки, количественная оценка которых затруднительна. Группе исследователей, работавшей в рамках проекта, удалось собрать данные, необходимые для достаточно подробной инвентаризации энергетических субсидий в Армении, Грузии, Молдове и Украине.

Основные результаты и выводы исследования

В ходе настоящего исследования субсидии на производство и потребление ископаемых видов топлива были выявлены во всех странах ВП. Эти субсидии подробно обсуждаются в главах, посвященных отдельным странам. Используя сочетание метода ценовой разницы и инвентаризации субсидий «снизу вверх», авторы исследования смогли количественно оценить часть выявленных субсидий, тогда как количественная оценка других субсидий оказалась невозможной в силу недостатка данных.

В результате исследования были сделаны следующие основные выводы:

- С момента получения независимости все страны ВП провели значительные реформы энергетики и энергетических субсидий (часто характеризуемые как «реформы ценообразования на энергоресурсы»). Во всех странах ВП сохраняется регулирование тарифов на природный газ, электрическую и тепловую энергию для потребителей и часто для производителей. В наименьшей степени государственным регулированием затронут рынок жидких нефтепродуктов. Политика ценообразования, включая конкретные методики, структуру тарифов и процедуры регулирования, продолжает эволюционировать. Система налогообложения в данной сфере была рационализирована и упрощена, что привело к увеличению налоговых поступлений.
- С точки зрения **абсолютного объема** государственной поддержки ископаемых видов топлива первое место занимает Украина. В 2015 году объемы субсидирования ископаемого топлива в этой стране составили около 7 млрд долл. США, существенно снизившись по сравнению с уровнем 2014 года

– около 17 млрд долл. США (что составляло около 13% ВВП страны). Столь значительное сокращение стало результатом ряда реформ, предпринятых правительством Украины в последние годы. Субсидии на ископаемое топливо в Беларуси постепенно возросли с 2010 года до 1,6 млрд долл. США в 2014, почти достигнув уровня субсидирования энергии в Азербайджане (1,7 млрд долл. США). Объемы субсидирования ископаемого топлива в Грузии и Молдове были значительно меньше, но увеличились за анализируемый период до уровня 228 и 182 млн соответственно в 2014 году. Годовой объем субсидий в Армении был значительно ниже, чем в других пяти странах, и на протяжении анализируемого периода колебался от 37 до 42 млн долл. США.

- Анализ **относительного объема** субсидий показывает, что в 2014 году в Азербайджане, Молдове и Украине общий размер количественно оцененных субсидий, выраженный как доля ВВП, превышал дефицит государственного бюджета соответствующей страны. Это указывает на наличие возможностей для дальнейшей оптимизации субсидий в этих странах и получения дополнительного дохода для правительства, который можно более эффективно перераспределить, в частности, на социальные потребности.
- **Основной объем субсидий** приходится на природный газ, а также тепловую и электрическую энергию. Это неудивительно, поскольку природный газ преобладает в структуре топливно-энергетического баланса стран ВП и используется для производства тепла и электроэнергии.
- **Большая часть субсидий на ископаемое топливо предоставляется в интересах бытовых потребителей**. Установление цен на энергоресурсы для населения на уровне ниже рыночного является наиболее значительной формой энергетических субсидий в странах ВП. Кроме того, в Беларуси, Грузии и Украине все еще имеет место перекрестное субсидирование одной категории потребителей за счет другой. Во многих случаях правительства и население рассматривают такие субсидии в качестве меры социальной поддержки.
- В то же время уровень государственной поддержки мер по повышению энергоэффективности и развития ВИЭ остается крайне незначительным по сравнению с поддержкой потребления и производства ископаемых видов топлива.

Результаты исследования показывают, что в 2015-2016 годах несколько стран региона использовали возможности, связанные с низкими мировыми ценами на энергоресурсы, для реформирования субсидий на ископаемое топливо. Эти реформы продолжают развиваться практически во всех странах региона.

Наиболее важным выводом из анализа опыта реформирования энергетических субсидий является необходимость тщательной подготовки реформы. Хотя это может показаться очевидным, страны нередко приступают к реформе под давлением внезапного кризиса или по требованию международных организаций и в результате оказываются неспособны обеспечить внутреннюю координацию, глубокий анализ ситуации и общественную поддержку, необходимые для решительных и действенных изменений.

Подготовка правительств к реформе энергетических субсидий должна носить целостный, комплексный характер. Как правило, энергетические субсидии представляют собой долгосрочную проблему структурного характера и, как следствие, требуют структурных решений. Реформа энергетических субсидий всегда требует исследований, консультаций и усилий со стороны как различных государственных ведомств, так и других заинтересованных сторон. Это особенно актуально в отношении прогнозирования прямых и косвенных последствий реформы и выработки мер по управлению ими.

В этом контексте и в интересах повышения прозрачности энергетических субсидий (в частности, в отношении того, кто получает выгоды от субсидий, каковы связанные с ними затраты государственного бюджета и к какому воздействию на окружающую среду они приводят), правительства стран ВП могут рассмотреть возможность следующих действий:

- Анализ и улучшение определения субсидий, используемого в национальном законодательстве и бюджетных документах. Четкое определение, соответствующее международно признанным подходам, должно послужить основой для дальнейшего адекватного анализа субсидий.
- Регулярная оценка выпадающих доходов бюджета в результате налоговых льгот, предоставляемых отдельным группам и отраслям, и подготовка докладов для информирования законодателей и общества о влиянии подобных льгот на состояние бюджета. Страны ОЭСР ежегодно готовят общедоступные доклады такого рода.
- Регулярный анализ меняющегося положения в сфере энергетических субсидий и поддержание базы данных по видам субсидий, которая может быть особенно полезна при принятии решений о реформировании энергетических субсидий.

Глава 1

Обзор энергетических субсидий в странах Восточного партнерства ЕС

В данной главе кратко изложены основные результаты анализа существующих схем энергетических субсидий в шести странах Восточного партнерства ЕС. Описана применяемая методика выявления и количественной оценки мер государственной поддержки производства и потребления ископаемого топлива, а также мер поддержки энергоэффективности и возобновляемых источников энергии. В главе также обсуждаются основные элементы политики ценообразования на энергоресурсы и их налогообложения в шести странах, лежащие в основе мер государственной поддержки. Кроме того, представлено обсуждение возможных выгод от реформ энергетических субсидий и препятствий для их осуществления.

Почему энергетические субсидии имеют значение?

Правительства давно используют энергетические субсидии в качестве инструмента достижения конкретных целей экономического развития или в качестве противовеса «провалам рынка». Наиболее распространенный аргумент в пользу энергетических субсидий – возможность их использования для достижения таких важных целей национальной политики, как развитие сельского хозяйства и промышленности, обеспечение доступа к энергетическим услугам, энергетическая безопасность и независимость, а также снижение уровня бедности.

Однако за все эти предполагаемые блага приходится платить высокую цену в виде значительных расходов государственного бюджета. При этом энергетические субсидии ослабляют потенциал экономического роста и способствуют расточительному использованию энергоресурсов. Согласно результатам различных исследований, непропорционально большую выгоду от энергетических субсидий получают не нуждающиеся, а наиболее богатые и влиятельные члены общества. Это еще больше увеличивает прибыль привилегированных инвесторов и отраслей. Стимулируя использование ископаемых видов топлива и препятствуя развитию низкоуглеродных источников энергии, субсидии на ископаемые виды топлива могут привести к увеличению выбросов диоксида углерода и других выбросов парниковых газов.

Эмпирический анализ показывает, что устранение субсидий, стимулирующих расточительное энергопотребление, может привести к существенному сокращению выбросов парниковых газов, а также благоприятно сказаться на состоянии окружающей среды и социально-экономическом развитии. В 2009 году руководители стран «Большой двадцатки» и Азиатско-Тихоокеанского экономического сотрудничества (АТЭС) приняли обязательство «устранить, в среднесрочной перспективе, неэффективное субсидирование ископаемого топлива, стимулирующее расточительное использование энергии», обеспечив при этом защиту уязвимых групп населения от возможных отрицательных последствий таких реформ (G-20, 2009; APEC, 2009). С этого момента руководители стран «Большой двадцатки» и АТЭС ежегодно подтверждают данное обязательство и начали процесс добровольной взаимной экспертизы субсидий (Gerasimchuk et al., 2017). В дальнейшем аналогичные формулировки были использованы в Коммюнике по вопросам реформы субсидий на ископаемое топливо, подписанное более чем 40 странами, включая Молдову (FFFSR, 2015).

Энергетические субсидии в странах Восточного партнерства Европейского союза

Страны Восточного партнерства ЕС – Армения, Азербайджан, Беларусь, Грузия, Молдова и Украина – не являются исключением из мирового опыта в области энергетических субсидий и их реформ. Однако уровень прозрачности в отношении реформы энергетических субсидий в странах ВП является относительно невысоким. Кроме того, обсуждение отрицательных последствий государственной поддержки ископаемых видов топлива и возможных выгод от реформирования энергетических субсидий занимает относительно незначительное место в общественных дискуссиях, ведущихся в этих странах.

Организация экономического сотрудничества и развития (ОЭСР) инициировала проведение исследования энергетических субсидий в странах Восточного партнерства (ВП) ЕС с тем, чтобы помочь правительствам стран улучшить понимание масштаба таких субсидий, а также их экономических, социальных и экологических последствий в регионе. Это исследование проводилось в рамках финансируемого ЕС проекта «Экологизация экономики в странах Восточного партнерства ЕС» (EaP GREEN), который содействует шести странам Восточного партнерства в усилении аналитической базы, инструментов государственной политики и создает предпосылки для перехода к «зеленой» структуре экономики.

Представленный анализ охватывает субсидии как на потребление, так и на производство угля, нефти и нефтепродуктов (в частности в транспортном секторе), природного газа, а также электрической и тепловой энергии, производимой на основе этих видов ископаемого топлива. Также рассмотрены меры поддержки энергоэффективности и возобновляемых источников энергии (ВИЭ). Анализ опирается на методы, используемые ОЭСР для выявления и количественной оценки государственной поддержки производства и потребления ископаемых видов топлива. На протяжении ряда лет ОЭСР вела масштабную работу по анализу мер государственной поддержки в странах – членах ОЭСР, а также нескольких крупнейших странах с быстро растущей экономикой, входящих в «Большую двадцатку» (Бразилия, Индия, Индонезия, Китай, Российская Федерация и ЮАР).

Данное исследование является первым систематическим и комплексным описанием энергетических субсидий в странах ВП, которое должно привести к большей прозрачности в данном вопросе и способствовать формированию прочной аналитической базы для аргументов в пользу дальнейших реформ в регионе. Представленная информация адресована как лицам, ответственным за формирование политики, так и широкой общественности. Предполагается, что исследование поможет правительствам стран региона внедрить международные передовые подходы, включающие следующие элементы:

- систематическая отчетность об энергетических субсидиях для целей подготовки бюджетов налоговых расходов и уведомлений ВТО;
- участие в добровольных взаимных экспертизах субсидий на ископаемое топливо, которые в настоящее время проводятся в рамках «Большой двадцатки» и АТЭС, но потенциально не ограничены странами – членами этих организаций;
- обеспечение информационной прозрачности и консультаций с заинтересованными сторонами по вопросам эффективности энергетических субсидий, их следствий, а также разрабатываемых правительствами планов их реформирования.

Цели в области устойчивого развития ООН, применимые ко всем государствам, включая страны Восточного партнерства, также предусматривают реформу субсидий на ископаемое топливо. Эта проблематика имеет непосредственное отношение к задаче 12.с: «Рационализировать отличающееся неэффективностью субсидирование использования ископаемого топлива, ведущее к его расточительному потреблению, посредством устранения рыночных диспропорций с учетом национальных условий, в том числе путем реорганизации налогообложения и постепенного отказа от вредных субсидий там, где они существуют, для учета их экологических последствий, в полной мере принимая во внимание особые потребности и условия развивающихся стран и сводя к минимуму возможные негативные последствия для их развития таким образом, чтобы защитить интересы нуждающихся и уязвимых групп населения» (UN SDKP, 2015).

Объемы субсидирования ископаемого топлива также являются предметом отчетности по вопросам достижения целей ООН в области устойчивого развития.

Это требование применимо ко всем государствам, включая страны Восточного партнерства, поскольку задача 12.c призывает все страны «Рационализировать отличающееся неэффективностью субсидирование использования ископаемого топлива, ведущее к его расточительному потреблению, посредством устранения рыночных диспропорций с учетом национальных условий, в том числе путем реорганизации налогообложения и постепенного отказа от вредных субсидий там, где они существуют, для учета их экологических последствий, в полной мере принимая во внимание особые потребности и условия развивающихся стран и сводя к минимуму возможные негативные последствия для их развития таким образом, чтобы защитить интересы нуждающихся и уязвимых групп населения» (UN SDKP, 2015).

Методика выявления и количественной оценки субсидий

Сфера энергетических субсидий всегда отличалась сложностью и значительными масштабами перераспределяемых средств. В исследовании ОЭСР «Инвентаризация мер поддержки добычи и потребления ископаемых видов топлива», опубликованном в 2015 году, было оценено, что совокупная поддержка производства и потребления ископаемого топлива правительствами стран ОЭСР и стран БРИИКС (Бразилия, Российская Федерация, Индия, Индонезия, Китай и Южная Африка) составляет от 160 до 200 млрд долл. США в год. Большая часть поддержки предоставляется в форме бюджетных трансфертов и налоговых льгот (в исследовании ОЭСР выявлено около 800 таких мер). Это фактически означает, что правительства по-прежнему выделяют миллиарды на поощрение добычи и сжигания ископаемого топлива за счет налогоплательщиков. При суммировании субсидий на потребление, по оценкам Международного энергетического агентства (МЭА), общий объем субсидий и других форм поддержки на ископаемое топливо возрастает до 500-600 млрд долл. США в год (OECD, 2015a).

Однако как глубина понимания субсидий, так и их количественные оценки зависят от принятых определений и методики анализа. В следующих разделах кратко охарактеризованы различные подходы к выявлению и количественной оценке субсидий и описана методика, использованная в данном исследовании.

Определение и классификация субсидий

Определения

Для целей выявления субсидий настоящее исследование использует наиболее широко принятое определение, приведенное в Соглашении по субсидиям и компенсационным мерам (ССКМ) (WTO, 1996) Всемирной торговой организации (ВТО). ССКМ подписано 164 странами, включая Армению, Грузию, Молдову и Украину (Азербайджан и Беларусь на момент подготовки данного отчета находились на разных стадиях процесса присоединения к ВТО).

Статья 1 ССКМ определяет четыре формы субсидирования, которые могут применяться к любому виду экономической деятельности (энергетика является лишь одним из таких видов):

i. правительство практикует прямой перевод средств или принимает на себя обязательства по переводу средств (например, гарантии по займам);

ii. правительство отказывается от взимания или не взимает причитающиеся ему доходы;

iii. правительство предоставляет или закупает товары и услуги на условиях более выгодных, чем рыночные условия;

iv. правительство осуществляет поддержку доходов или цен.

Статья 2 ССКМ уточняет, что субсидия должна быть специфичной для определенной компании или отрасли (или группы компаний или отраслей). Критерий специфичности важен при предварительной оценке мер политики и принятия решения о том, являются ли они субсидиями. Например, в Грузии от налога на добавленную стоимость (НДС) освобождается природный газ, потребляемый тепловыми электростанциями, но не другими потребителями этого топлива. Это позволяет квалифицировать данную меру как субсидию в соответствующей главе доклада.

Однако определение, даваемое ССКМ, является лишь одним из многих существующих определений субсидий. Кроме того, при его разработке не учитывались такие особенности энергетической отрасли, как, например, различные уровни налогообложения в разных странах, а также ресурсная рента, которую правительства с той или иной степенью успеха стремятся взимать с добывающих компаний, в особенности в нефтегазовом секторе.

Например, Международное энергетическое агентство (МЭА) определяет энергетические субсидии как «любые действия государственных органов, ведущие к снижению затрат на производство энергии, повышению отпускных цен производителей энергии или снижению цен для потребителей энергии» (IEA, 2006). Это определение охватывает прямой перевод средств и обязательства по такому переводу, налоговые льготы, меры ценовой и рыночной поддержки, а также любые другие нормативные акты и меры политики, предоставляющие преимущество ископаемым видам топлива. Используя метод ценовой разницы, МЭА получило оценку субсидирования ископаемого топлива в мировом масштабе на уровне 325 млрд долл. США в 2015 году, причем данная оценка учитывает лишь субсидии на потребление, и только в развивающихся странах (IEA 2016b, стр. 97). При этом МЭА оценивает объемы субсидирования возобновляемых источников энергии в мировом масштабе в том же году на уровне 150 млрд долл. США (IEA 2016b, стр. 97).

Международный валютный фонд (МВФ) исходит из гораздо более широкого понимания субсидий, предполагая, что отсутствие адекватного налогообложения, способного скомпенсировать экстерналии, связанные с выбросами парниковых газов, автомобильными пробками и отрицательным воздействием на здоровье, также является формой субсидирования ископаемых видов топлива (IMF, 2013; IMF, 2015). Исходя из этого понимания, МВФ оценивает общие объемы субсидирования ископаемых видов топлива как в развивающихся, так и в развитых странах в 2015 году на уровне 5,3 трлн долл. США (после вычета налогов) или 10 млн долл. США в минуту (IMF, 2015). Существуют и другие оценки объемов субсидирования ископаемых видов топлива как на мировом, так и национальном уровнях, хотя оценка субсидий на стороне производителя является гораздо более трудоемкой и требует большей прозрачности.

Существующие элементы согласия и разногласий относительно определения субсидий можно проиллюстрировать с помощью модели концентрических кругов (OECD, 2010a). В центральном круге находятся общепризнанные формы субсидий, тогда как внешние круги, отражающие все более широкое понимание субсидий, включают спорные элементы, являющиеся предметом разногласий, тем более острых, чем шире соответствующий круг. Эта модель может быть представлена в виде нескольких кукол-матрешек, вложенных друг в друга, как показано на рис. 1.1.

Центральная матрешка соответствует прямому **переводу бюджетных средств** производителям и потребителям энергии. Эта категория также включает обязательства по прямому переводу средств, предполагающие **передачу рисков** производителей или потребителей энергии государственным органам. Такие субсидии включают, например, предоставление кредитов по ставкам ниже рыночных, предоставление кредитных гарантий, а также принятие государством на себя затрат на предотвращение или ликвидацию ущерба окружающей среде.

Следующая матрешка представляет собой все виды **выпадающих доходов бюджета** в результате отказа от сбора или неполного сбора любых налогов на производство и потребление энергии. Иными словами, стоимостная оценка данного вида поддержки включает все случаи снижения общенациональных уровней налога на прибыль, имущество, земельные ресурсы, добычу полезных ископаемых и платежей за пользование инфраструктурой для производителей, а также все случаи освобождения от НДС, акцизов и других возможных налогов на энергоресурсы или льгот по этим налогам для потребителей.

Недавние реформы субсидий во многих странах были направлены именно на виды государственной поддержки, соответствующие двум этим внутренним матрешкам. Обязательства стран «большой двадцатки» и Азиатско-Тихоокеанского

Рисунок 1.1. **«Матрешка» определения субсидий и область, охватываемая настоящим исследованием**

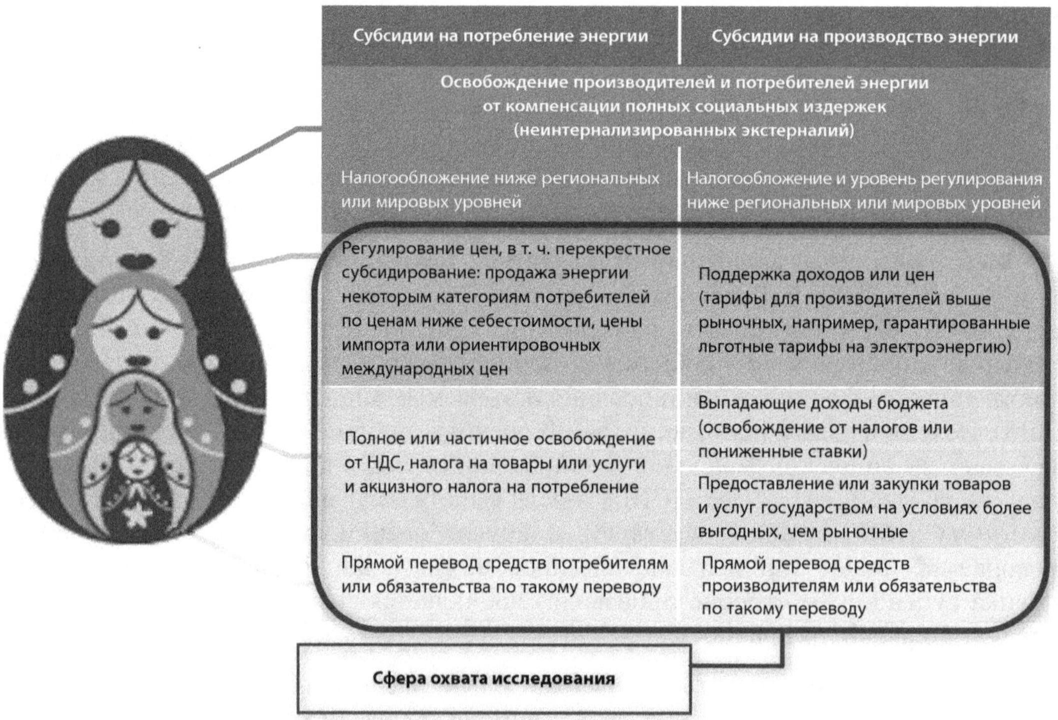

Источник: Gerasimchuk, I. et al. (2012), Gerasimchuk, I. (2014), OECD (2013a), IMF (2015).

экономического сотрудничества (АТЭС) также относятся, главным образом, к этим видам субсидий. Основной причиной этого является очевидная нагрузка на бюджет, связанная с применением подобных мер. Две внутренние матрешки, соответствующие прямому переводу бюджетных средств и выпадающим доходам бюджета, являются предметом количественной оценки в широко известном исследовании ОЭСР «Инвентаризация мер поддержки добычи и потребления ископаемых видов топлива» (OECD, 2015a).

Третья матрешка, представляющая шаг в направлении расширения определения субсидий, включает **вторичные трансферты** в пользу потребителей или производителей энергии в результате регулирования цен или рынков. В данном случае прямой перевод средств из бюджета отсутствует, и затраты на субсидирование потребителей несут, например, энергоснабжающие компании (хотя их потери в дальнейшем могут быть возмещены из бюджета). В оценках МЭА эта категория субсидий, предоставляемая потребителям в форме продажи энергоресурсов по ценам ниже рыночных, является крупнейшей по объему и значительно превосходит другие виды субсидий. Однако эта категория может включать и перекрестное субсидирование, в рамках которого в тарифы для одной категории потребителей (например, промышленных предприятий) включается надбавка, компенсирующая затраты поставщика на снабжение другой категории потребителей (например, населения) по ценам ниже себестоимости.

Элементы, представленные в четвертой, внешней матрешке, являются предметом наибольших разногласий, поскольку они предполагают сравнение национальных уровней налогообложения с уровнями в других странах или такими уровнями, которые обеспечили бы компенсацию экстерналий и полных социальных издержек, связанных с производством и потреблением энергии (например, адекватный налог на выбросы парниковых газов). Такие международные организации, как МЭА и МВФ, опубликовали некоторые оценки ориентировочных уровней налогообложения на региональном и мировом уровнях, в частности, для налогов на потребление ископаемых видов топлива. Обсуждение этих вопросов включено также в исследование ОЭСР «Налогообложение потребления энергии» (OECD, 2015b). Однако при оценке экстерналий (внешних эффектов) обоснование ориентировочных уровней является более проблематичным. Так, ОЭСР практически полностью исключает экстерналии из своих работ по количественной оценке субсидий, за исключением освобождения от налогов на выбросы природных газов, установленных для других отраслей промышленности. В отличие от ОЭСР, МВФ утверждает, что неспособность или нежелание государственных органов обеспечить компенсацию полных социальных издержек производителями или потребителями энергии представляет собой форму субсидии. Именно включение четвертой, самой большой матрешки объясняет, почему уровень субсидий по оценке МВФ (5,3 трлн долл. США после вычета налогов в 2015 году) настолько превышает оценки МЭА (325 млрд долл. США) или другие оценки самого МВФ (333 млрд долл. США до вычета налогов) за тот же год (IEA, 2016b; IMF, 2015).

Предметом настоящего исследования являются три внутренние матрешки – прямой перевод бюджетных средств или обязательства по такому переводу, выпадающие доходы бюджета и вторичные трансферты. Оценка экстерналий и сравнение с международными уровнями налогообложения вынесены за рамки исследования вследствие трудности определения ориентиров и других разногласий методического характера между ведущими экспертными организациями. Однако эта четвертая матрешка может стать предметом дальнейших исследований.

Классификации

Существуют различные типологии субсидий. Наиболее распространенный подход предполагает разделение на субсидии, предоставляемые в интересах потребителей и производителей энергии соответственно. Еще один прямолинейный подход предполагает классификацию субсидий по виду топлива или энергоносителя. Так, МЭА отдельно оценивает объемы субсидирования нефти, природного газа, угля и электроэнергии, хотя и не выполняет аналогичных оценок для тепловой энергии.

Еще один вариант классификации исходит из механизма субсидирования, что сближает классификацию с обсуждавшейся выше схемой «матрешек». В частности, настоящее исследование опирается на классификацию ОЭСР, которая выделяет следующие четыре группы энергетических субсидий (OECD, 2013a). Эти группы представлены ниже, а развернутая характеристика каждой из этих категорий приведена в табл. 1.1:

- **прямой перевод** бюджетных средств производителям и потребителям энергии (например, дотации, субсидии на потребление энергии для малообеспеченных групп населения);
- **налоговые расходы и другие формы выпадающих доходов бюджета** (в частности, налоговые льготы или освобождение от определенных налогов, например, от НДС и акцизов на потребляемые энергоресурсы);
- **вторичные трансферты** (импортные тарифы, продажа электрической или тепловой энергии по ценам ниже рыночных, перекрестное субсидирование в электроэнергетике);
- **передача рисков** государственным органам (например, льготные кредиты и кредитные гарантии).

Таблица 1.1. **Типология субсидий**

Прямой перевод денежных средств (direct transfer of funds)	**Прямое финансирование (direct spending)**	• **Государственное целевое финансирование деятельности (earmarks and agency appropriations):** прямые целевые расходы бюджетов различного уровня на поддержание и развитие сектора, в том числе по ведомственным программам • **Государственное финансирование НИОКР (research and development support):** финансирование программ НИОКР • **Контракты и государственные закупки (contracts and government procurement)** энергоресурсов по ценам выше рыночных
	Государственная собственность на предприятия в энергетическом секторе и связанных отраслях в случаях, когда это дает преимущества для бизнеса по сравнению с условиями частной собственности (government ownership of energy-related enterprises if on terms and conditions more favourable for business than in case of private ownership)	• **Вливание капитала в компании энергетического сектора за счет бюджета (equity injection in the energy sector from government budgets)** • **Государственная собственность на стратегические и другие энергетические активы, которые в других условиях не были бы рентабельными (government ownership of strategic and other energy assets that otherwise would not be viable):** стратегические запасы нефти; компании, ведущие разведку и разработку запасов ископаемого топлива; электростанции; системы транспортировки, передачи и распределения газа, электрической и тепловой энергии; компании, осуществляющие экспорт и импорт энергоресурсов

Таблица 1.1. **Типология субсидий** *(продолжение)*

Налоговые расходы и другие выпадающие доходы бюджета (tax expenditure and other government revenue foregone)	**Налоговые льготы (tax breaks)**	• **Налоговые расходы (tax expenditures):** налоговые расходы представляют собой доходы, недополученные в бюджет государства, в результате применения в специально оговоренных случаях освобождения от налогов, налоговых вычетов, пониженных ставок, возврата налогов, налоговых кредитов и отсрочек по уплате налогов, приводящих к уменьшению суммы налогов, которая была бы уплачена в отсутствие этих мер • **Снижение общего налогового бремени на отрасль:** предельные ставки налогообложения ниже, чем для других отраслей, например, в результате неприменения НДС или налога на товары и услуги • **Освобождение от акцизных и специальных налогов:** неприменение акцизных налогов на топливо или специальных налогов, установленных для энергетической отрасли (например, экологических платежей или налогов на непредвиденную прибыль)
	Выпадающие доходы от энергоресурсов в собственности государства (foregone revenue from government-owned energy resources)	• **Процедура предоставления запасов энергоресурсов в пользование (for energy resource leasing):** предоставление лицензии на разработку участков месторождений без конкурсов/аукционов • **Снижение ставок роялти и других налогов на добычу полезных ископаемых (royalty relief or reductions in other taxes due on extraction):** применение пониженных или нулевых ставок роялти, а также отсрочки по их выплате • **Процедуры выплаты роялти (process of paying royalties due):** принятые методы оценки и начисления роялти на объемы нефти и газа, добытых из государственных запасов
	Выпадающие доходы от прочих природных ресурсов и земель в собственности государства (foregone revenue from non-energy government-owned natural resources or land)	• **Предоставление доступа к пользованию природными ресурсами, находящимися в собственности государства, включая земельные и водные (access to government-owned natural resources such as water and land):** бесплатно или на льготных условиях
	Выпадающие доходы от объектов инфраструктуры в собственности государства (foregone revenue from government-owned infrastructure)	• **Предоставление в пользование объектов инфраструктуры, находящихся в собственности государства (use of government-provided infrastructure):** бесплатно или на льготных условиях
	Выпадающие доходы от товаров и услуг, поставляемых государством (foregone revenue from other government-provided goods or services)	• **Товары и услуги, поставляемые государством по ценам ниже рыночных (government-provided goods or services at below-market rates)**
Вторичные трансферты: поддержка доходов или цен (induced transfers: income or price support)	**Поддержка доходов или цен и регулирование рынков (income or price support and market regulation)**	• **Законодательно установленные минимальные объемы потребления и надбавки к тарифам (consumption mandates and mandated feed-in tariffs):** фиксированные доли определенных источников энергии в энергопотреблении • **Тарифные и нетарифные ограничения экспорта и импорта (border protection or restrictions):** тарифные и нетарифные меры, ведущие к несправедливому преимуществу определенных производителей • **Установление регулируемых цен на уровне ниже рыночных (regulated prices set at below-market rates):** в интересах потребителей (в т.ч. в случае, когда пониженные цены не субсидируются государством) • **Установление регулируемых цен на уровне выше рыночных (regulated prices set at above-market rates):** в интересах производителей • **Перекрестное субсидирование в электроэнергетическом секторе (cross-subsidies in the electricity sector)**

Таблица 1.1. **Типология субсидий** *(продолжение)*

Передача рисков государству (transfer of risk to government)	**Поддержка в сфере кредитования (credit support)**	• **Государственные кредиты (government loans):** кредитование на льготных условиях предприятий – поставщиков или потребителей энергии, включая экспортеров энергоресурсов • **Гарантии по кредитам (loan guarantees):** на льготных условиях
	Страхование и возмещение ущерба (insurance and indemnification)	• **Страхование и возмещение ущерба государством (government insurance/ indemnification):** оказание услуг по управлению рисками и передаче рисков на рыночных или льготных условиях • **Установленные законодательно максимальные размеры ответственности коммерческих предприятий (statutory caps on commercial liability):** эквиваленты значительным субсидиям бизнесу в случаях, если они установлены намного ниже размеров возможного ущерба в результате деятельности компаний
	Охрана труда и промышленная безопасность (occupational health and accidents)	• **Принятие государством ответственности по возмещению ущерба в результате несчастных случаев и аварий на производстве (assumption of occupational health and accident liabilities)**
	Охрана окружающей среды (environmental costs)	• **Принятие государством ответственности за риски, возникающие после завершения коммерческой эксплуатации месторождений и инфраструктуры (responsibility for closure and post-closure risks):** возможные расходы по выводу из эксплуатации промышленных объектов, ликвидации накопленного ущерба, рекультивации земель, долгосрочному мониторингу, восстановлению природных объектов, выплате возможных компенсаций по судебным искам • **Расходы государства по управлению отходами и компенсации экологического ущерба:** освобождение компаний от платежей за управление отходами, освобождение от компенсации ущерба и затрат на восстановление природных объектов

Источник: адаптировано из Lang (2010), Герасимчук (2012), OECD (2013a).

Наконец, следует отметить, что в последнее время все более широкое распространение получает термин «государственная поддержка», в том числе и в материалах ОЭСР. Этот термин не имеет отрицательных коннотаций, связанных с понятием «субсидии», которое иногда трактуется как «бесплатная раздача» ресурсов за счет государства. Кроме того, понятие «государственной поддержки» может применяться к более широкому кругу мер политики, направленных на поддержку различных видов энергоресурсов. В данном исследовании термины «субсидии» и «государственная поддержка» используются как взаимозаменяемые синонимы.

Национальные определения субсидий в странах Восточного партнерства

Наряду с международными концепциями субсидий, в каждой из стран ВП приняты собственные законодательные нормы и системы понятий в области ценообразования на энергоресурсы и их налогообложения. Эти нормы закрепляют официальные определения и трактовку понятия «субсидии» в каждой из стран.

В главах, посвященных отдельным странам, рассмотрены определения понятия «субсидии» или отсутствие таких определений в законодательстве каждой страны. Вне зависимости от наличия или отсутствия официального определения, использование термина «субсидии» и его синонимов в документах, публикуемых государственными органами стран и другими заинтересованными сторонами, может быть весьма вольным и неточным. Во многих случаях субсидии понимаются в узком смысле – как безвозвратные выплаты из бюджета («бесплатная раздача» в представлении общественности). В то же время официальные лица могут использовать связанные с субсидиями термины, являющиеся переводами соответствующих международных терминов, например, «выпадающие доходы бюджета» (government revenues foregone), «бюджетные потери» (budget revenue shortfall), «налоговые расходы» (tax expenditures) и т.д., даже если эти термины не имеют официального определения в национальном законодательстве (Герасимчук, 2012).

Стороны, заинтересованные в различных аспектах энергетической политики, и эксперты в странах Восточного партнерства хорошо осведомлены о проблемах возмещения производственных затрат в энергетических системах, принятых методиках расчета тарифов и существующих механизмах перекрестного субсидирования. Однако отнесение этой проблематики к области субсидий нехарактерно для региона.

По мере того, как страны Восточного партнерства гармонизируют свое законодательство с нормами ЕС, в них могут получать распространение термины «государственная поддержка» («господдержка») или «государственная помощь», также охватывающие некоторые виды субсидий. В табл. 1.2 приведена сводка сходств и различий между подходами разных стран ВП к определению субсидий. В то время, как все страны считают прямые бюджетные трансферты разновидностью субсидий, законодательство ни одной страны не считает вторичные трансферты в результате регулирования цен формой господдержки.

Таблица 1.2. **Что включается в определение субсидий в национальном законодательстве стран ВП?**

■ Включено в национальные определения «субсдий» и «господержки»

▒ Включено только в национальное определение «господержки»

□ Не включено в национальные определения «субсдий» и «господержки»

Страна ВП	Прямые бюджетные трансферты	Выпадащие доходы бюджета	Вторичные трансферты (регулирование цен)	Передача риска государству
Армения	■			
Азербайджан	■	■		
Беларусь	■	▒		
Грузия	▒	▒		■
Молдова	■			
Украина	■	▒		

Источник: подготовлено на основе глав настоящего доклада, посвященных отдельным странам.

Два подхода к количественной оценке субсидий: метод ценовой разницы и инвентаризация «снизу вверх»

Существует два основных подхода к количественной оценке субсидий: оценка «сверху вниз», основанная на принципе ценовой разницы, и инвентаризация «снизу вверх», опирающаяся на оценку каждого вида субсидий по отдельности. Каждый из подходов имеет свои преимущества и ограничения, так что они могут дополнять друг друга. Эта взаимная дополнительность особенно полезна в условиях ограниченной доступности данных и отчетности о субсидиях. В частности, только одновременное использование обоих методов сделало возможной количественную оценку энергетических субсидий во всех странах ВП в рамках настоящего исследования. Кроме того, совместное использование двух методов делает возможной перекрестную проверку результатов.

Однако во многих случаях официальные оценки объемов тех или иных видов субсидий отсутствуют или недоступны. В таких случаях для количественной оценки используются, главным образом, элементы методики ОППр-ОППо (Оценка поддержки производителей – Оценка поддержки потребителей), первоначально разработанной ОЭСР для сельскохозяйственного сектора. В каждом конкретном случае оценка опирается на рекомендации соответствующих методических публикаций и руководств (OECD, 2010b; OECD, 2013a; Jones, D. and R. Steenblik, 2010). На практике результатом инвентаризации мер поддержки производства и потребления энергии всегда является сочетание денежной оценки некоторых видов субсидий и перечня выявленных субсидий, количественная оценка которых оказалась невозможной. В целом, группа авторов данного исследования смогла собрать данные, необходимые для достаточно полной инвентаризации субсидий в Армении, Грузии, Молдове и Украине.

Вставка 1.1. **Основные подходы к количественной оценке субсидий**

Метод ценовой разницы является основным методом количественной оценки субсидий, используемым МЭА и МВФ. В основе метода лежит определение «ценовой разницы» – разницы между ценой данного вида энергоресурсов на внутреннем рынке и его базовой ценой. Если внутренняя цена ниже базовой, считается, что имеет место субсидирование потребления данного вида энергоресурсов. Для стран – нетто-импортеров ископаемого топлива МЭА и МВФ используют в качестве базовой цену импортного паритета: цену продукта на ближайшем международном хабе, при необходимости скорректированную с учетом различий в качестве топлива, с добавлением затрат на транспортировку до страны-импортера и страхование, а также затрат на распределение и сбыт внутри страны и любого применяемого налога на добавленную стоимость (НДС). Другие налоги, в том числе акцизные, не включаются в базовую цену. Для стран – нетто-экспортеров ископаемого топлива в качестве базовой используется цена экспортного паритета: цена продукта на ближайшем международном хабе, при необходимости скорректированная с учетом различий в качестве топлива, за вычетом затрат на транспортировку из страны-экспортера и страхование, а также с добавлением затрат на распределение и сбыт внутри страны и любого применяемого налога на добавленную стоимость (НДС). Для нетто-экспортеров оценка объема субсидий, полученная таким образом, отражает не прямые затраты на поддержание низких внутренних цен, а упущенную выгоду в результате отказа от возможного альтернативного использования топлива – продажи на международном рынке по более выгодным ценам. Базовая цена для электроэнергии рассчитывается исходя из затрат на ее производство, передачу и распределение в конкретных странах.

Сильной стороной метода ценовой разницы является возможность межстранового сравнения в условиях, когда основными формами поддержки являются административное регулирование цен или ограничение экспорта, но этому методу присущи и некоторые недостатки (Koplow 2009). В частности, предположения, используемые для определения базовой цены, часто уязвимы для критики. Например, правительства некоторых стран – нетто-экспортеров топлива утверждают, что цена альтернативного использования энергоресурсов (продажи на международном рынке) не должна использоваться в качестве базовой цены, и для демонстрации отсутствия субсидий достаточен уровень внутренних цен, позволяющий окупить затраты на производство топлива. В случае стран – нетто-импортеров критике могут быть подвергнуты

Вставка 1.1. **Основные подходы к количественной оценке субсидий** *(продолжение)*

любые предположения относительно ставок НДС, а также затрат на транспортировку, страхование, распределение и сбыт, использованные при определении базовой цены. Предположения о себестоимости производства, транспортировки и распределения электроэнергии также могут быть предметом разногласий. Кроме того, метод ценовой разницы не позволяет учесть субсидии в интересах производителей, предоставляемые в условиях, когда их деятельность нерентабельна и приводит к убыткам при существующих ценах, а также субсидии на потребление энергии, предоставляемые, например, в форме топливных ваучеров или прямых выплат малообеспеченным семьям (Koplow 2009). Наконец, в случае применения метода ценовой разницы на уровне рынка в целом, а не отдельных групп потребителей, этот метод может не выявить имеющихся объемов перекрестного субсидирования, например, бытовых потребителей за счет промышленных.

В настоящем исследовании метод ценовой разницы использован для оценки субсидий на потребление природного газа во всех странах ВП, а также для количественной оценки ряда других субсидий в конкретных странах, в том числе субсидий на потребление ископаемых видов топлива в Азербайджане и Беларуси, а также мер поддержки ВИЭ в форме гарантированных льготных тарифов в ряде стран ВП.

Метод инвентаризации «снизу вверх» является основным подходом к количественной оценке субсидий, применяемым ОЭСР, а также Глобальной инициативой по субсидиям (ГИС) Международного института устойчивого развития. Этот метод предполагает инвентаризацию конкретных механизмов субсидирования производства и потребления энергии, количественную оценку поддержки в рамках каждого механизма и суммирование полученных величин для оценки общего объема субсидий.

Первым этапом инвентаризации субсидий всегда является заполнение стандартных таблиц, содержащих основные характеристики каждой субсидии (такие таблицы приведены в приложении к каждой из глав, посвященных отдельным странам). Наиболее предпочтительным и простым способом количественной оценки каждой субсидии является использование официальных данных, публикуемых государственными органами соответствующей страны. Такие данные могут быть получены из законов о бюджете, отчетов об исполнении бюджета, документов о налоговых расходах, пояснительных записок министерств финансов и других официальных документов.

Источник: резюме авторов.

Государственная поддержка производства и потребления ископаемых видов топлива

В процессе подготовки настоящего исследования субсидии на производство и потребление ископаемых видов топлива были выявлены во всех странах ВП. Эти субсидии обсуждаются более подробно в главах, посвященных отдельным странам. Используя сочетание метода ценовой разницы и инвентаризации субсидий «снизу вверх», авторы исследования смогли количественно оценить часть выявленных субсидий, тогда как количественная оценка объемов других субсидий оказалась невозможной в силу недостатка данных.

Количественная оценка субсидий на ископаемые виды топлива в странах ВП

Хотя в силу недостатка данных оказалось невозможным оценить субсидии во всех странах в каждом году указанного периода, результаты свидетельствуют о том, что Украина является страной с наивысшим объемом субсидирования. В 2014 энергетические субсидии достигли 17 млрд долл. США, но в 2015 значительно сократились в результате проведения реформы. Субсидии на ископаемое топливо в Беларуси постепенно возросли с 2010 года до 1,6 млрд долл. США в 2014, почти достигнув уровня субсидирования энергии в Азербайджане (1,7 млрд долл. США). Объемы субсидирования ископаемого топлива в Грузии и Молдове были значительно меньше, но увеличились за анализируемый период до уровня 228 и 182 млн в 2014 году. Годовой объем субсидий в Армении был значительно ниже, чем в других пяти странах, и на протяжении анализируемого периода колебался от 37 до 42 млн долл. США. В табл. 1.3 приведены общие оценки объемов тех видов субсидий, количественная оценка которых оказалась возможной, за период 2010–2015 годов.

Таблица 1.3. **Количественные оценки субсидий на ископаемые виды топлива в странах ВП, млн долл. США**

	2010	2011	2012	2013	2014	2015
Армения	н.р.	37	41	42	42	37
Азербайджан	н.р.	н.р.	н.р.	н.р.	1 700	1 700
Беларусь	1 039	1 117	1 469	1 384	1 562	н.р.
Грузия	122	218	233	205	228	н.р.
Молдова	н.р.	141	175	165	182	48
Украина	н.р.	н.р.	15 626	14 379	17 064	7 041

Примечания: оценки зависят от наличия данных за различные годы, курсов обмена валют и международных цен на топливо, использованных в методе ценовой разницы; **н.р.** – нет расчетов.

Источник: сводные таблицы в главах, посвященных отдельным странам.

Эти результаты позволяют получить дополнительную информацию для анализа оценок полученных МЭА. В частности, МЭА оценивает объемы субсидирования ископаемых видов топлива 2014 году в Азербайджане на уровне 1,5 млрд долл. США (что соответствует 2% ВВП), а в Украине – 6,4 млрд долл. США (4,9% ВВП) (IEA 2016a). Эти оценки включают субсидирование природного газа (0,7 млрд и 3,7 млрд в Азербайджане и Украине соответственно), нефти, угля и тепловой энергии, но не электроэнергии. МЭА не выявило субсидий на ископаемое топливо в других странах ВП.

Даже без учета проблем с наличием данных точность оценок, приведенных в табл. 1.3, ограничена в связи с тем, что оценки, выраженные в долларах США, чувствительны к колебаниям валютных курсов, а курсы национальных валют стран ВП значительно снизились в последние годы. Наконец, следует отметить, что количественные оценки субсидий для разных стран не являются непосредственно сопоставимыми, поскольку каждая страна имеет свои собственные уровни налогообложения (OECD, 2013a).

На рис. 1.2 представлены количественные оценки субсидий на ископаемые виды топлива как доля ВВП, а сравнение оценок годовых объемов субсидирования ископаемого топлива с величиной дефицита государственного бюджета стран ВП в 2014 году (последнем году, для которого были доступны необходимые данные).

На рис. 1.2 продемонстрировано, что субсидии на ископаемое топливо достигли в Украине ошеломляющих 12,8% ВВП, в Беларуси, Азербайджане и Молдове составляют 2,1-2,3%, а в Грузии – 1,4%. В Азербайджане, Молдове и Украине объемы субсидирования ископаемого топлива превышают дефицит национального бюджета. В Армении на субсидии приходилась гораздо меньшая доля ВВП (0,4%) по сравнению с дефицитом бюджета (1,9%).

Рисунок 1.2. **Дефицит государственного бюджета и количественная оценка субсидий на ископаемое топливо как доля ВВП (%), 2014 год**

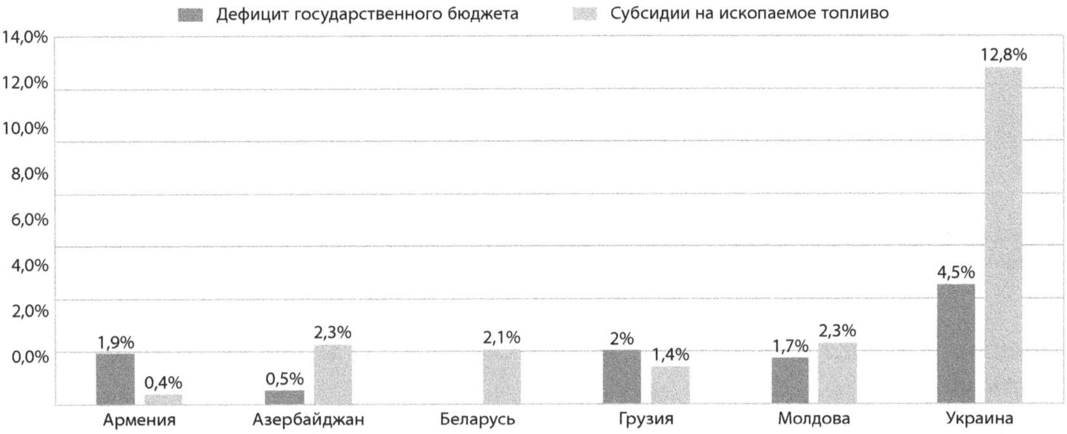

Источник: подготовлено авторами на основе сводных таблиц в главах, посвященных отдельным странам, и данных Евростата (Eurostat, 2016).

Все страны ВП продолжали реформы в сфере ценообразования и налогообложения энергоресурсов в 2016-2017 годах, и, как следствие, оценки объемов субсидий в 2014 и 2015 годах не обязательно отражают современную ситуацию, которая продолжает меняться. Так, например, с января 2016 года Беларусь прекратила действие положений об освобождении от НДС тепловой энергии, электроэнергии и природного газа, отменив тем самым субсидию с ежегодным объемом 200 млн долл. США. Армения с мая 2016 года отменила положение об освобождении от акцизного налога КПГ (около 9 млн долл. США в год). Вследствие конфликта на востоке страны Украина фактически прекратила субсидирование угледобывающей отрасли, а новое правительство страны в апреле 2016 года приняло решение о повышении тарифов на природный газ до уровня окупаемости. Это привело к существенному снижению объемов субсидирования ископаемого топлива в Украине.

Наибольший объем субсидий приходится на природный газ, а также на тепловую энергию и электроэнергию. Это неудивительно, поскольку природный газ преобладает в структуре топливно-энергетического баланса и является основным топливом для производства электрической и тепловой энергии в странах ВП. Цены на нефтепродукты регулируются лишь в Беларуси и Азербайджане. За период, охваченный исследованием, субсидирование угля в сколько-нибудь существенных объемах наблюдалось лишь в Украине. На рис. 1.3 представлены субсидии на ископаемое топливо в странах ВП в 2014 году в разбивке по типу энергоресурсов.

Рисунок 1.3. **Количественная оценка субсидий на ископаемое топливо в странах ВП в разбивке по типу энергоресурсов, 2014 год, млн долл. США**

Источник: подготовлено авторами на основе сводных таблиц в главах, посвященных отдельным странам.

Оценка субсидий на потребление природного газа методом ценовой разницы

Принимая во внимание значение субсидий на природный газ для региона, авторы исследования предприняли оценку субсидий на потребление природного газа во всех странах региона в 2015 году методом ценовой разницы с тем, чтобы сравнить результаты инвентаризации «снизу вверх». Эта оценка следует логике аналогичной оценки МЭА и допускает прямое сравнение результатов между странами ВП. В частности, МЭА оценивает объемы субсидирования природного газа на уровне 0,7 млрд и 3,7 млрд в Азербайджане и Украине соответственно.

Результаты наших собственных оценок субсидий на потребление природного газа с использованием метода ценовой разницы представлены в табл. 1.4. В целом, наши результаты согласуются с выводами МЭА (более подробные сведения о методике расчетов приведены в главах, посвященных конкретным странам). Мы обнаружили значительные субсидии на потребление природного газа в Азербайджане (1,7 млрд долл. США) и Украине (3,1 млрд долл. США). Метод ценовой разницы не обнаружил субсидий на общенациональном уровне в Армении, Беларуси, Грузии и Молдове. Однако в Беларуси и Грузии цены на природный газ для населения поддерживаются на уровне ниже рыночных за счет коммерческих потребителей с помощью механизмов перекрестного субсидирования.

Действительно, из всех категорий субсидий, определяемых с точки зрения механизма и выгодополучателей, регулируемые цены на энергоресурсы, устанавливаемые на уровне ниже рыночных в интересах потребителей, являются наиболее значительной формой субсидирования в странах ВП. Перекрестное субсидирование в интересах определенных категорий как производителей, так и потребителей энергии является еще одним широко распространенным механизмом. Например, в Грузии производители поставляют электроэнергию в сеть по дифференцированным тарифам, обеспечивающим низкие цены для потребителей, причем фактически имеет место перекрестное субсидирование газовых ТЭС с их относительно высокими затратами за счет дешевой гидрогенерации. Еще

Таблица 1.4. **Оценка методом ценовой разницы субсидий на потребление природного газа в странах ВП в 2015 году**

	Общая оценка методом ценовой разницы, млн долл. США	Базовая цена, долл. США за 1 000 м³ (включая НДС, но без учета затрат на транспортировку и распределение)	Освобождение от НДС	Средневзвешенная цена (включая НДС, скорректированная в случае освобождения от НДС)	Примечания
Армения	-204 (нет субсидий)	198 (цена импорта 165 долл. +20% НДС)	Нет	295	Весь природный газ импортируется из России. Дифференцированный тариф в зависимости от категории потребителей.
Азербайджан[a]	1 700 (субсидии)	267 (цена альтернативного использования при экспорте 226 долл. США + 18% НДС)	Нет	120	Весь природный газ добывается внутри страны. Цена альтернативного использования – цена экспорта на европейский рынок.
Беларусь	-593 (нет субсидий)	209 (цена импорта 174,4 долл. + 20% НДС)	Для населения, отменено с 1 января 2016 г.	238	Весь природный газ импортируется из России. Перекрестное субсидирование населения за счет повышенных тарифов для коммерческих потребителей.
Грузия	-64 (нет субсидий)	191 (цена импорта 162 долл. +18% НДС)	Для ТЭС	236	Природный газ импортируется из Азербайджана и России. Перекрестное субсидирование ТЭС и населения за счет повышенных тарифов для коммерческих потребителей.
Молдова	-22 (нет субсидий)	307 (цена импорта 256 долл. + 20% НДС)	Льготная ставка НДС для населения (8% вместо 20%)	386	Весь природный газ импортируется из России. Дифференцированный тариф в зависимости от категории потребителей.
Украина	3 137 (субсидии)	332 (цена импорта 277 долл. + 20% НДС)	Нет	195-201	Некоторое количество природного газа добывается в стране, остальной газ импортируется. Цена импорта по данным «Нафтогаза Украины». Диапазон внутренних цен вследствие расхождения в данных по тарифам для промышленных потребителей.

Примечания: Все оценки за 2015 год, за исключением Азербайджана, для которого приведена оценка за 2014 год.

a. Данные о затратах на страхование, транспортировку и распределение конечным пользователям не были доступны для всех стран, поэтому они были исключены из базовых цен, приводимых в таблице. Поэтому оценки, полученные методом ценовой разницы, должны рассматриваться как нижняя граница субсидий на потребление природного газа. Дополнительная информация приведена в соответствующих таблицах в главах, посвященных отдельным странам. Однако для некоторых стран были выполнены упрощенные расчеты без учета НДС, что учтено в данной сводной таблице.

Источник: подготовлено авторами на основе сводных таблиц в главах, посвященных отдельным странам.

одним примером является Беларусь, где тарифы для коммерческих потребителей природного газа, электроэнергии и тепла содержат надбавку, позволяющую субсидировать тарифы на эти энергоресурсы для населения. Кроме того, тарифы на тепловую энергию для населения субсидируются не только за счет коммерческих потребителей, но и за счет тарифов на электроэнергию, поскольку значительная часть тепла производится на когенерационных установках вместе с электроэнергией. Хотя количественная оценка подобных субсидий сопряжена со значительными методическими трудностями, полученные оценки дают достаточно доводов в пользу того, что перекрестное субсидирование добавляет дополнительный уровень сложности к ситуации, еще более искажая конкурентную среду для различных источников энергии в регионе ВП.

К наименее прозрачным механизмам субсидирования в регионе, количественная оценка которых оказалась невозможной, относятся различные налоговые льготы для производителей ископаемых видов топлива. Такие льготы предоставляются, в частности, в рамках соглашений о разделе продукции (СРП) и соглашений с правительством принимающей стороны (СППС), устанавливающих специальные режимы налогообложения для крупных международных проектов по разработке нефтегазовых месторождений, а также строительству трубопроводов в Азербайджане и Грузии.

Государственная поддержка мер по повышению энергоэффективности и ВИЭ

Правительства стран ВП оказывают поддержку мер по повышению энергоэффективности и освоению ВИЭ в значительно меньших объемах по сравнению с субсидиями на ископаемые виды топлива. Из всех стран региона только Беларусь и Украина оказывают соответствующую поддержку в пределах 285 млн долл. США и 364 млн долл. США, соответственно, включая национальные программы повышения энергоэффективности и льготные тарифы для производителей электроэнергии на основе ВИЭ. Незначительные объемы государственной поддержки ВИЭ до некоторой степени объясняются ограниченным использованием энергии ветра, солнца и биомассы в настоящее время. Гидроэнергия, в том числе используемая на малых ГЭС, остается основным видом ВИЭ, используемым в странах Кавказа. Однако в этих странах данный сектор рассматривается в качестве источника дешевой энергии, которая может использоваться для перекрестного субсидирования ТЭС, а не в качестве возможного получателя поддержки. В табл. 1.5 представлены

Таблица 1.5. **Субсидирование энергоэффективности и ВИЭ в странах ВП, млн долл. США**

	2011	2012	2013	2014	2015	Основные механизмы субсидирования
Армения	Нет количественной оценки субсидий					Гарантии закупок и льготные тарифы для электроэнергии на основе ВИЭ
Азербайджан	Нет количественной оценки субсидий					Освобождение от НДС и таможенных пошлин для проектов в области энергоэффективности и ВИЭ, дифференцированные тарифы для ГЭС и ВЭС
Беларусь	259	364	358	285	н.р.	Государственная программа энергосбережения, льготные тарифы и налоговые льготы для ВИЭ
Грузия	Нет количественной оценки субсидий					Фиксированные тарифы и налоговые льготы для гидроэнергетики
Молдова	н.р.	н.р.	0,14	0,8	0,39	Льготные тарифы для электроэнергии на основе ВИЭ
Украина	н.р.	441	802	364	294	Государственная целевая программа энергоэффективности, льготные тарифы для электроэнергии на основе ВИЭ, нулевая ставка акциза для биоэтанола. Остальные налоговые льготы для ВИЭ были отменены в 2015 г.

Примечание: **н.р.** – нет расчетов.

Источник: подготовлено авторами на основе сводных таблиц в главах, посвященных отдельным странам.

сведения о механизмах субсидирования энергоэффективности и ВИЭ, включая как те, для которых была выполнена количественная оценка, так и остальные выявленные механизмы. Дополнительная информация о государственной поддержке энергоэффективности и ВИЭ приведена в главах, посвященных отдельным странам.

В этих условиях реализация проектов в области энергоэффективности и ВИЭ в регионе в значительной степени зависит от международного сотрудничества и, в частности, от кредитов, предоставляемых многосторонними банками развития. Важнейшую роль в данной сфере играют Всемирный банк, Европейский банк реконструкции и развития, германский KfW и Азиатский банк развития. Примеры проектов, профинансированных этими организациями, приведены в главах, посвященных отдельным странам.

Политическая экономия и реформа энергетических субсидий

В качестве средства повышения энергоэффективности и снижения выбросов парниковых газов реформа энергетических субсидий может быть охарактеризована, как низко висящий, но «колючий» плод (Gerasimchuk et al. 2017). Этот плод является легко доступным, поскольку прекращение субсидирования ископаемых видов топлива не требует специальных затрат. Оно одновременно приводит к сокращению бюджетных расходов и непосредственным результатам в области климата в результате усиления ценовых стимулов для повышения энергоэффективности и развития ВИЭ.

В то же время «сорвать» этот плод не так просто из-за ряда проблем и препятствий, связанных с политической экономией энергетических субсидий. И это справедливо как для стран ОЭСР, так и для стран не входящих в ОЭСР. Одной из ключевых проблем является высокая чувствительность с точки зрения влияния реформы энергетических субсидий на социально уязвимые группы. Например, различные стратегические документы, принимавшиеся в Украине и Беларуси на протяжении многих лет, включали планы реформирования энергетических субсидий, однако правительства старались отложить практическую реализацию этих трудных решений на длительное время. В некоторые годы тарифы на электроэнергию, газ и тепло для населения не пересматривались для учета инфляции, роста международных цен на энергоресурсы и затрат энергоснабжающих компаний.

Однако субсидирование не обеспечивает снижения стоимости энергоресурсов для общества в целом – оно в любом случае вынуждено оплачивать соответствующие затраты, хотя и другим способом. Такая ситуация может отвечать краткосрочным политическим приоритетам, но не является устойчивой в долгосрочной перспективе. Кто-то обязательно платит – в виде налогов, отказа от расходов, займов на международном рынке или недостаточных инвестиций в энергетическую инфраструктуру и обеспечение качества услуг. При этом неэффективность субсидий ведет к фактическому увеличению затрат общества в целом. Существует лишь один способ реального уменьшения затрат на энергоресурсы – обеспечение баланса спроса и предложения при устранении факторов, искажающих действие рыночных механизмов.

Более того, как продемонстрировано в исследованиях ОЭСР, Всемирного банка, МЭА, МВФ, ГИС и других организаций, в большинстве случаев энергетические субсидии не позволяют достичь таких заявленных целей политики, как снижение уровня бедности и повышение конкурентоспособности национальной промышленности. При этом основные выгоды, как правило, получают не те группы, в интересах которых официально вводятся и поддерживаются субсидии. То же справедливо и в случае субсидий на производство энергоресурсов, которые могут приводить к снижению эффективности энергетических компаний, в том числе государственных (Victor, 2009).

Выявленные в этом исследовании субсидии, в том числе оцененные количественно, искажают эту среду в пользу ископаемых видов топлива, таким образом препятствуя повышению энергоэффективности и развитию ВИЭ. Этот вывод указывает на необходимость реформ для устранения этих искажений.

Представленная в настоящем докладе базовая информация сама по себе недостаточна для подготовки подробных рекомендаций относительно политики соответствующих реформ. Кроме того, следует отметить, что страны ВП находятся в постоянном процессе разработки и реализации реформ ценообразования на энергоресурсы, даже если эти реформы не всегда позиционируются и обсуждаются как реформы энергетических субсидий. В то же время на международном уровне накоплен значительный объем знаний по проблеме энергетических субсидий, и некоторые элементы опыта других стран могут быть полезны и для региона ВП.

Выводы предоставленные ниже основаны на материалах консультаций с заинтересованными сторонами, проведенных в каждой из стран ВП, передовых международных подходах в области реформирования субсидий, а также результатах масштабной исследовательской работы Глобальной инициативы по субсидиям МИУР (Beaton, C. et al., 2013) и ОЭСР.

Выгоды от реформирования энергетических субсидий

В 2014-2015 годах несколько десятков стран использовали возможности, связанные с низкими мировыми ценами на энергоресурсы, для реформирования субсидий на ископаемое топливо (IEA, 2016b). Поэтому в настоящее время накапливается все больше материала, демонстрирующего выгоды от реформы этих субсидий.

Во-первых, устранение субсидий на ископаемое топливо высвобождает бюджетные средства, которые правительства могут использовать для более целенаправленной поддержки уязвимых групп населения и для других целей – от выплаты государственного долга до улучшения системы здравоохранения или повышения энергоэффективности. Пример перенаправления субсидий в проекты по повышению энергоэффективности в Украине представлен ниже (вставка 1.2).

Во-вторых, анализ ряда исследований, посвященных воздействию на экономику реформы субсидий на потребление ископаемого топлива, позволяет предположить, что устранение таких субсидий приведет к увеличению мирового дохода или ВВП в реальном исчислении, в особенности для стран – нетто-импортеров энергии (Burniaux, J. M. and J. Chateau, 2014; Whitley, S. and L. van der Burg, 2016). Этот рост является результатом более эффективного распределения ресурсов, высвобожденных в результате реформы субсидий.

В-третьих, есть основания ожидать положительных эффектов для здоровья населения и состояния окружающей среды в результате реформирования субсидий на ископаемые виды топлива. Анализ, выполненный МЭА на основе данных этой организации о субсидиях на потребление ископаемого топлива в развивающихся странах, показывает, что устранение этих субсидий в период с 2011 по 2020 годы привело бы к снижению выбросов в атмосферу таких загрязняющих веществ, как SO_2 и NO_x, а также взвешенных частиц, наносящих ущерб здоровью населения и окружающей среде (IEA/OPEC/OECD/World Bank, 2010). Исследование, недавно выполненное ГИС на основе моделирования энергетических систем 20 стран, показывает, что устранение субсидирования ископаемого топлива в период с настоящего момента до 2020 года может привести к сокращению объемов выбросов стран примерно на 11%. По оценке авторов того же исследования, направление 30% средств, сэкономленных в результате отмены субсидий, на повышение энергоэффективности и развитие ВИЭ способно довести средние национальные показатели снижения выбросов до 18% (Merrill, L. et al., 2015).

Вставка 1.2. **Трансформация субсидий в инвестиции в повышение энергоэффективности – опыт Украины**

В Украине Министерство регионального развития, строительства и ЖКХ при поддержке Германии и Европейского союза в настоящее время осуществляет реформу энергоэффективности в жилищно-коммунальном секторе. Реформа носит комплексный характер, однако ее центральным элементом является трансформация неэффективных субсидий в инвестиции в повышение энергоэффективности, что также позволяет частично удовлетворить огромные потребности сектора в инвестиционных ресурсах. Средства, сэкономленные в результате сокращения социальных энергетических субсидий после повышения энергоэффективности, формируют финансовый поток, который аккумулируется во вновь созданном Фонде энергоэффективности. Недавно Верховная Рада (парламент Украины) приняла Закон «О Фонде энергоэффективности» (2017). ЕС и Германия уже согласились поддержать деятельность фонда на начальном этапе с тем, чтобы запустить цикл инвестиций и экономии, а Международная финансовая корпорация согласилась создать Многосторонний технический фонд для управления средствами доноров. Украина осознала, что существенное повышение энергоэффективности является необходимой предпосылкой обеспечения энергетической независимости страны.

Источник: подготовлено по материалам (Duhr, 2017).

Необходимость прозрачности в отношении энергетических субсидий в странах ВП

Стороны, заинтересованные в различных аспектах энергетической политики, и эксперты в странах Восточного партнерства хорошо осведомлены о проблемах возмещения производственных затрат в энергетических системах и существующем перекрестном субсидировании. Однако отнесение этой проблематики к области субсидий нехарактерно для региона, а перекрестное субсидирование часто остается «невидимым» для общества в целом.

Настоящее исследование представляет собой первую попытку систематического представления информации об энергетических субсидиях в регионе, а также перекрестного субсидирования (Беларусь, Грузия, Украины). Эта информация может использоваться как лицами, ответственными за формирование политики, так и широкой общественностью.

В этом контексте и в целях повышения прозрачности различных энергетических субсидий правительствам ВП могли бы рассмотреть, в частности, следующие подходы:

- Анализ и улучшение определения субсидий, используемого в национальном законодательстве и бюджетных документах. Четкое определение, соответствующее международно признанным подходам, должно послужить основой для дальнейшего адекватного анализа субсидий.
- Регулярная оценка выпадающих доходов бюджета в результате налоговых льгот, предоставляемых отдельным группам и отраслям, и подготовка докладов для информирования законодателей и общества о влиянии подобных льгот на состояние бюджета. Страны ОЭСР ежегодно готовят общедоступные доклады такого рода.
- Регулярный анализ меняющегося положения в сфере энергетических субсидий и поддержание базы данных по видам субсидий, которая может быть особенно полезна при принятии решений о реформировании энергетических субсидий.

Элементы подготовки к реформе энергетических субсидий и влияние на ценовую доступность энергии

Наиболее важным выводом из анализа международного опыта реформирования энергетических субсидий является необходимость тщательной подготовки реформы. Это может показаться очевидным. Но часто страны приступают к реформе без достаточной подготовки в условиях внезапного кризиса или по требованию международных организаций и в результате оказываются неспособны обеспечить внутреннюю координацию, глубокий анализ ситуации и общественную поддержку, необходимые для решительных и действенных изменений. Поэтому надлежащая подготовка к реформе является критически важной.

Как отражено в названии одного из исследований Всемирного банка – «Обеспечение баланса» (World Bank, 2013), реформирование энергетических субсидий представляет собой сложную задачу, предполагающую создание благоприятных условий для устойчивого функционирования энергетической системы, с одной стороны, и целевую защиту уязвимых групп населения, которые могут пострадать от реформы, с другой.

Подготовка правительств к реформе энергетических субсидий должна носить целостный, комплексный характер. Как правило, энергетические субсидии представляют собой долгосрочную проблему структурного характера и, как следствие, требуют структурных решений. Многие страны формулируют реалистичные планы по устранению конкретного вида субсидий, но при этом могут упускать из вида более глубокие проблемы. Каковы глубинные причины энергетических субсидий, и как можно повлиять на эти причины? ГИС предлагает комплексный подход к реформе энергетических субсидий, включающий три основных направления (см. рис. 1.14):

- обеспечение адекватных цен;
- обеспечение поддержки реформы;
- управление последствиями реформы.

Конкретные рекомендации относительно темпов и структуры требуемых изменений ценообразования на энергию и ее налогообложения, информационной стратегии и мер по смягчению отрицательных эффектов реформы зависят от условий данной страны. При этом реформа энергетических субсидий всегда требует исследований, консультаций и усилий со стороны как различных государственных ведомств, так и других заинтересованных сторон. Это особенно актуально применительно к прогнозированию прямых и косвенных эффектов реформы и выработки мер по управлению ими.

Рисунок 1.4. **Комплексный подход к реформе энергетических субсидий**

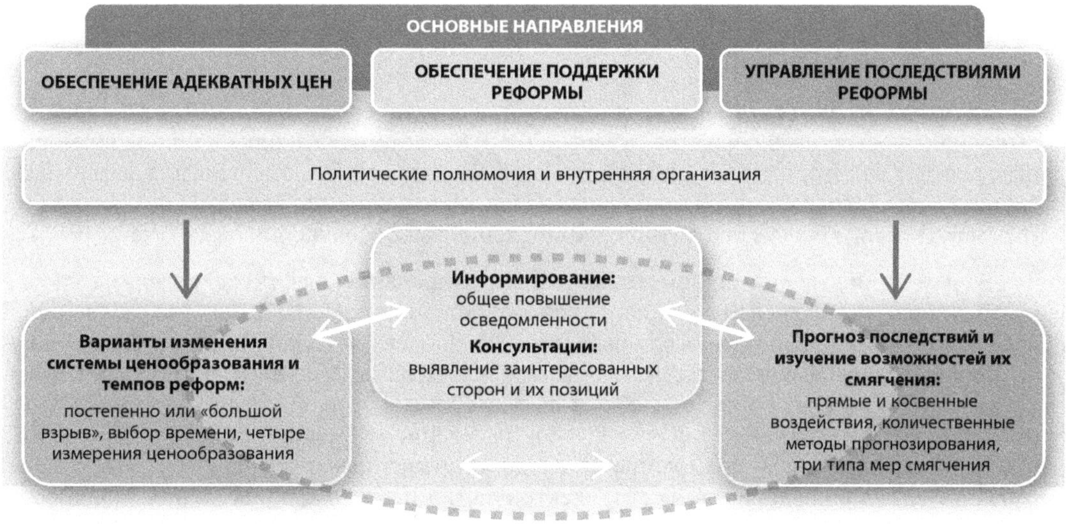

Источник: адаптировано с Beaton, C. et al. (2013).

Ценовая доступность энергии

Обеспечение ценовой доступности энергии является одной из основных проблем для лиц, принимающих решения, при планировании реформы энергетических субсидий. Хотя нет общепринятого определения ценовой доступности, как и нет единого индикатора для ее измерения, существуют некоторые международно признанные практики, которые помогают оценить ценовую доступность и энергетическую бедность (например, правило «10%», а также индикатор относительной черты бедности). Повышение цен на энергоресурсы может быть оправданным с экономической и экологической точек зрения, но не должно вести к ухудшению ценовой доступности энергии при комплексном планировании реформы. Например, использование части дополнительного дохода, полученного за счет более высоких налогов, позволит избежать риска ухудшения ценовой доступности энергии и даже уменьшить ее, если достаточные ресурсы будут выделены для поддержки уязвимых потребителей.

В сотрудничестве с правительством Молдовы для проведения анализа фискальных, социальных и экологических последствий возможной реформы двух крупнейших схем субсидирования энергии, которые были определены в рамках данного исследования, ОЭСР стремилась поддержать молдавские власти в их усилиях по продвижению реформы энергетических субсидий. Анализ показывает, какие группы проиграют, а какие выиграют от реализации реформы, каковы будут последствия реформы для государственного бюджета, влияние на располагаемый доход домохозяйств, какие социальные меры могут быть предприняты для защиты уязвимых групп, которые будут затронуты в результате реформы. Эта работа также демонстрирует, каким образом можно подойти к планированию исследования (рассмотренные вопросы, данные) и практического его осуществления в сотрудничестве с различными правительственными органами и другими заинтересованными сторонами в стране (вставка 1.3).

Вставка 1.3. **Реформа энергетических субсидий и ценовая доступность энергии в Молдове**

Опираясь на результаты инвентаризации энергетических субсидий в Молдове и выполняя просьбу правительства страны, ОЭСР предприняла анализ влияния возможных реформ некоторых схем субсидирования на доступность энергии для уязвимых групп. Кроме того, в исследовании представлен анализ влияния реформы на состояние государственного бюджета и возможное снижение выбросов парниковых газов.

В рамках исследования выполняется моделирование эффектов реформы двух крупнейших схем господдержки – пониженной ставки НДС на потребляемый населением природный газ и освобождения от НДС электрической и тепловой энергии, потребляемой населением. Стандартная ставка НДС в Молдове составляет 20%, тогда как НДС на газ составляет 8%, а на электрическую и тепловую энергию – 0% (в случае потребления этих энергоресурсов населением). Реформирование этих форм субсидий предполагает повышение НДС до стандартного уровня 20%. Это будет означать повышение тарифов на газ, электричество и тепло для населения Молдовы, что представляет собой серьезную проблему для правительства страны. В отсутствие адекватных политических мер по защите малообеспеченных потребителей реализация реформы может быть сопряжена с проблемами социального характера. В исследовании ОЭСР рассмотрены 5 различных схем социальной защиты (5 сценариев) и оценены соответствующие затраты для государственного бюджета.

Результаты анализа показывают, что повышение ставки НДС на электроэнергию будет наименее сложной составляющей реформы, поскольку оно окажет лишь незначительное влияние на доходы и энергопотребление домохозяйств. С другой стороны, повышение ставки НДС на тепловую энергию окажется весьма болезненным, поскольку оно приведет к значительному росту расходов домохозяйств. Как видно из приведенного ниже рис. 1.5, группы с низким уровнем доходов (до 1 000 леев в месяц на душу населения) особенно сильно пострадают в результате такого повышения. В случае повышения ставки НДС до стандартного уровня затраты таких домохозяйств на отопление превысят 20% их располагаемых доходов. В этом случае правительство должно будет разработать и внедрить определенный компенсационный механизм для социальной защиты этих уязвимых групп.

Основной причиной столь сильного воздействия реформы НДС на данные группы потребителей является то, что большое количество представителей этих групп (43%) проживает в двух крупнейших городах Молдовы, Кишиневе и Бельцах, которые являются единственными городами в стране с системой центрального отопления. Различные схемы компенсации, проанализированные в рамках исследования, предполагают различные затраты как для потребителей, так и для государственного бюджета.

Вставка 1.3. **Реформа энергетических субсидий и ценовая доступность энергии в Молдове** *(продолжение)*

Рисунок 1.5. **Влияние повышения ставки НДС на тепловую энергию – доля затрат на отопление в доходе домохозяйств при различных сценариях в Молдове**

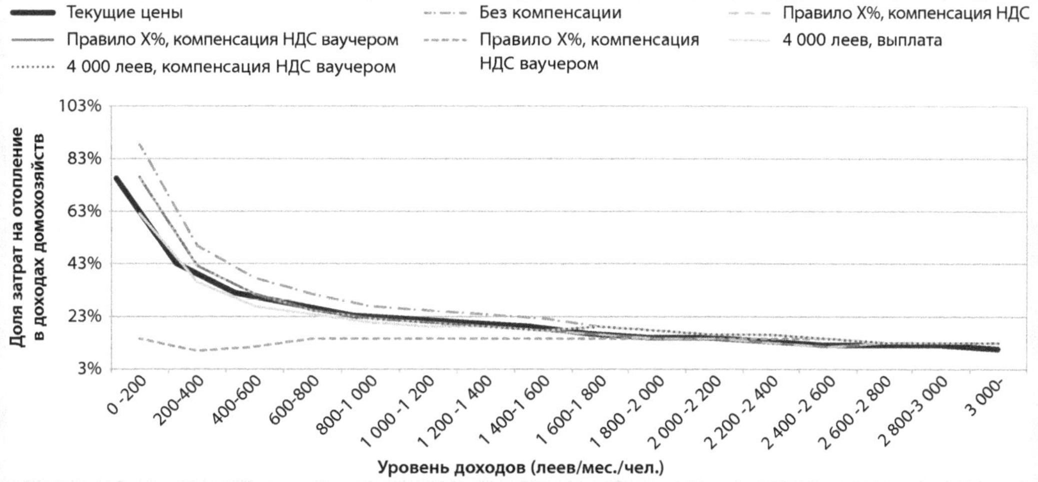

Источник: OECD (2018).

Управление эффектами реформ требует взаимодополняющих политических решений, затрагивающих макроэкономику, социальную сферу, промышленность и бизнес, энергетику, транспорт, финансовый сектор и природоохранную деятельность. (см. рис. 1.6). На рис. 1.6. представлено резюме примеров решений, которые могут рассматриваться как часть плана реформ.

Рисунок 1.6. **Взаимодополняющие решения по управлению эффектами реформы энергетических субсидий**

Промышленность/бизнес	**Социальная сфера**	**Энергия**
• Поддержка реструктурируемых отраслей, напр., программы переподготовки • Повышение энергоэффективности • Инвестиции в инфраструктуру	• Денежная помощь: (без)условная • Социальная защита, пенсии, мед. страхование • Повышение (минимальной) зарплаты • Расходы бюджета в интересах малообеспеченных групп	• Инвестиции в ВИЭ, электрификацию сельских районов и т.д. • Политика в области энергосбережения, энергоэффективности и энергетической безопасности
Макроэкономика	**Банковский сектор**	**Транспорт**
• Меры ограничения инфляции • Укрепление рыночных механизмов и поддержка конкуренции	• Содействие в финансировании денежной помощи • Кредитные линии, напр., для малого и среднего бизнеса, микрокредиты	• Расширение систем общественного транспорта • Альтернативные формы грузоперевозок (ж/д и речной транспорт) • Поддержка таксистов в переходный период

Источник: адаптировано из Beaton et al. (2013).

Несмотря на сложность реформы энергетических субсидий и связанные с ней политические проблемы, можно без преувеличения сказать, что она является одним из центральных элементов перехода к устойчивому и низкоуглеродному развитию. Страны ВП уже накопили значительный опыт реформы энергетических субсидий, который может быть полезен при дальнейшем движении по этому трудному, но неизбежному пути.

Реформы энергетических субсидий не происходят в пустоте. Макроэкономическая ситуация, а также существующие законодательно-правовые рамки (политика ценообразования в энергетическом секторе, налоговая политика, климатическая политика) будут напрямую влиять на темпы и масштабы реформы. Во многих странах, в том числе в регионе Восточного партнерства, реформы в области субсидирования энергии являются неотъемлемой частью реформы энергетического сектора. В остальной части этой главы обсуждается каким образом экономические и законодательно-правовые рамки обусловливают темпы и обширность реформы энергетических субсидий в странах ВП.

Макроэкономическая ситуация в странах ВП

Шесть стран региона ВП различаются с точки зрения численности населения, размера экономики, а также уровня экономического развития. Так, Украина намного превосходит все страны по размеру ВВП. За ней следуют Азербайджан и Беларусь с примерно одинаковыми размерами ВВП, а за ними – Грузия, Армения и Молдова (табл. 1.6). Общая численность населения стран ВП составляла около 75 млн чел. в 2015 году.

Таблица 1.6. **Основные экономические показатели стран ВП в 2015 году**

	Численность населения, млн чел.	Годовой прирост ВВП	ВВП в текущих ценах, млрд долл. США
Армения	3,0	3,0%	10,5
Азербайджан	9,7	1,1%	53,0
Беларусь	9,5	-3,9%	54,6
Грузия	3,7	2,8%	14,0
Молдова	3,6	-0,5%	6,6
Украина	45,2	-9,9%	90,6

Source: World Bank (2017).

Для обеспечения сопоставимости между странами в настоящей главе используются открытые данные Всемирного банка и другие международные источники статистической информации. Следует также отметить, что обменные курсы валют шести стран испытывали сильные колебания в 1991-2017 годах. В частности, поскольку курс валют большинства стран региона по отношению к доллару США упал в 2015 году, их ВВП в долларовом выражении снизился несмотря на рост экономики в реальном выражении.

Несмотря на многие различия между ними, шесть стран имеют ряд сходных преимуществ, включая наличие квалифицированной рабочей силы, а также продолжающийся процесс открытия их экономик для новых торговых и инвестиционных возможностей. Армения, Грузия, Молдова и Украина являются членами

ВТО, тогда как Азербайджан и Беларусь ведут переговоры о вступлении в эту организацию. По состоянию на март 2017 года, все шесть стран ВП подписали такое важное соглашение в сфере торговли энергоресурсами и инвестиций в энергетическом секторе, как Договор к Энергетической хартии, и позднее ратифицировали его, за исключением Беларуси, которая применяет положения договора на временной основе (IEC, б.д.). Армения и Беларусь являются также членами Евразийского экономического союза (ЕАЭС) и связанного с ними Таможенного союза (см. вставку 1.4), что предполагает дальнейшую интеграцию энергетических систем этих стран с системами других членов ЕАЭС.

Вставка 1.4. **Евразийский экономический союз (ЕАЭС) и его значение для энергетических рынков Армении и Беларуси**

Евразийский экономический союз (ЕАЭС) был создан в 2014 году в развитие ряда механизмов экономической интеграции стран бывшего Советского Союза, в частности, Единого экономического пространства, в которое входили Российская Федерация, Беларусь и Казахстан (ЕАЭС, 2014). Договор о Евразийском экономическом союзе является основополагающим документом организации, в состав которой по состоянию на февраль 2017 года входили Армения, Беларусь, Казахстан, Кыргызстан и Российская Федерация. Те же пять стран были членами Таможенного союза и Зоны свободной торговли, но в состав последней входил также Вьетнам, тогда как несколько стран, не являвшихся бывшими советскими республиками, вели переговоры о присоединении к ней.

Из пяти стран – членов ЕАЭС Казахстан и Россия являются нетто-экспортерами энергии, тогда как Армения, Беларусь и Кыргызстан являются нетто-импортерами. Договор о ЕАЭС провозглашает создание общих рынков электроэнергии, природного газа, нефти и нефтепродуктов, а также совместное развитие инфраструктуры и координацию тарифной политики. Договор также предусматривает единые правила доступа к услугам естественных монополий в сфере электроэнергетики (распределение и управление), а также природного газа, нефти и нефтепродуктов (транспортировка и транзит). Функционирование общих рынков должно быть основано на прогнозных балансах энергоресурсов. Одним из основных приоритетов ЕАЭС является удовлетворение внутренних потребностей стран-членов в электроэнергии и других энергоресурсах. Согласно договору, общий электроэнергетический рынок должен начать функционировать не позднее 1 июня 2019 года. Предполагается, что общие рынки природного газа, нефти и нефтепродуктов начнут функционировать с 1 января 2025 года.

Согласно Договору о ЕАЭС, тарифы на услуги государственных монополий устанавливаются и регулируются национальными органами управления с учетом государственных субсидий и других форм господдержки. Цены на общем рынке энергоресурсов не должны превышать соответствующие цены на внутренних рынках государств – членов ЕАЭС. Свободный доступ к услугам газотранспортной системы предоставляется только для газа, происходящего с территории государств – членов ЕАЭС.

Рынок электроэнергии

В настоящее время каждая страна ЕАЭС имеет собственную государственную компанию, занимающуюся экспортом и импортом электроэнергии. В среднесрочной перспективе государства-члены намерены предпринять попытку гармонизации рынков на основе российской модели (выбранной в силу того, что эта модель предусматривает рынки мощности и системных услуг, а также обеспечивает достаточный уровень безопасности). С технической точки зрения формирование общего рынка электроэнергии не должно представлять значительных трудностей, поскольку унаследованные от советского

Вставка 1.4. **Евразийский экономический союз (ЕАЭС) и его значение для энергетических рынков Армении и Беларуси** *(продолжение)*

периода энергосистемы стран работают на одной и той же частоте 50 Гц и синхронизированы друг с другом (за исключением энергосистемы Армении, синхронизация которой предполагается в ближайшем будущем). Создание общего рынка электроэнергии, несомненно, повлияет на контрактные цены в странах ЕАЭС, поскольку цены на электроэнергию в Российской Федерации в целом ниже, чем в других государствах-членах.

Рынки природного газа, нефти и нефтепродуктов

В настоящее время торговля природным газом, нефтью и нефтепродуктами между странами ЕАЭС регулируется двусторонними межправительственными соглашениями. В частности, российский «Газпром» в настоящее время является монопольным поставщиком природного газа в Армению и Беларусь. В результате создания общего рынка природного газа в ЕАЭС «Газпром», вероятно, утратит монопольные позиции в Армении и Беларуси, поскольку эти страны получат возможность закупать казахстанский газ.

Важно, что торговля природным газом, нефтью и нефтепродуктами в пределах Таможенного союза ЕАЭС освобождена от экспортных и импортных налогов, в силу чего стоимость энергоресурсов, импортируемых из Российской Федерации и Казахстана, на рынках Армении, Беларуси и Казахстана оказывается ниже по сравнению с импортом из других стран. Эти правила распространяются только на импорт энергоресурсов для внутреннего потребления в странах ЕАЭС. Объемы внутреннего потребления определяются на основе балансов, подписываемых ежегодно на межправительственном уровне. Реэкспорт сырья, освобожденного от экспортного налога, запрещается. При создании общего рынка нефти и нефтепродуктов странам ЕАЭС придется отказаться от практики регулирования внутренних цен на нефтепродукты (которая пока сохраняется в Беларуси и Казахстане) и унифицировать экспортные налоги, применимые к поставкам нефти и нефтепродуктов за пределы ЕАЭС (или даже отказаться от них).

Однако на практике процесс унификации экспортного налога оказывается сопряжен с трудностями. Например, Российская Федерация не взимает экспортного налога (пошлины) с нефти и нефтепродуктов, поставляемых в Беларусь, тогда как Беларусь взимает экспортную пошлину при поставках продуктов дальнейшей переработки российского сырья за пределы ЕАЭС. Поэтому Российская Федерация настаивала на унификации применяемых Беларусью экспортных пошлин с российскими. До 2014 года соответствующие налоги уплачивались Беларусью в бюджет Российской Федерации, по крайней мере, частично. Однако эта практика была прекращена в 2014 году, когда Российская Федерация перенесла налоговую нагрузку с пошлин на экспорт нефтепродуктов на внутренний налог на добычу полезных ископаемых (нефти). В настоящее время Российская Федерация рассматривает пошлины, взимаемые Беларусью с экспортируемых нефтепродуктов, в качестве субсидии из российского бюджета в пользу бюджета Беларуси (т.е. выпадающих доходов российского бюджета, собираемых в Беларуси). Ежегодный объем этой субсидии может быть оценен, как минимум, на уровне 2,1 млрд долл. США при цене на нефть 45 долл. за баррель (Маненок Т., 2017). В условиях, когда Российская Федерация планирует дальнейшее снижение экспортных пошлин на нефть за счет увеличения налога на ее добычу, вопрос унификации экспортных пошлин будет оставаться серьезной проблемой для Беларуси.

Источник: сводка, подготовленная Алексеем Шаповаловым.

Для всех стран ВП характерна сходная макроэкономическая динамика, для которой характерен резкий спад ВВП в первые годы после распада Советского Союза в 1991 году, сменившийся восстановлением экономического роста в результате реструктуризации и модернизации экономики в конце 1990-х и в 2000-е годы. В целом, с 1991 по 2015 годы экономика всех шести стран выросла в реальном исчислении (World Bank, 2017). Все страны сформировали крупный сектор услуг, на который приходится половина и более добавленной стоимости в экономике каждой из стран ВП (см. рис. 1.7). Однако экономическая активность в шести странах существенно зависит от периодов оживления и спада на международных рынках (в особенности в случае Азербайджана, единственного нетто-экспортера энергоресурсов в регионе), а также экономических связей внутри региона.

Рисунок 1.7. **Структура экономики, % ВВП в 2015 году**

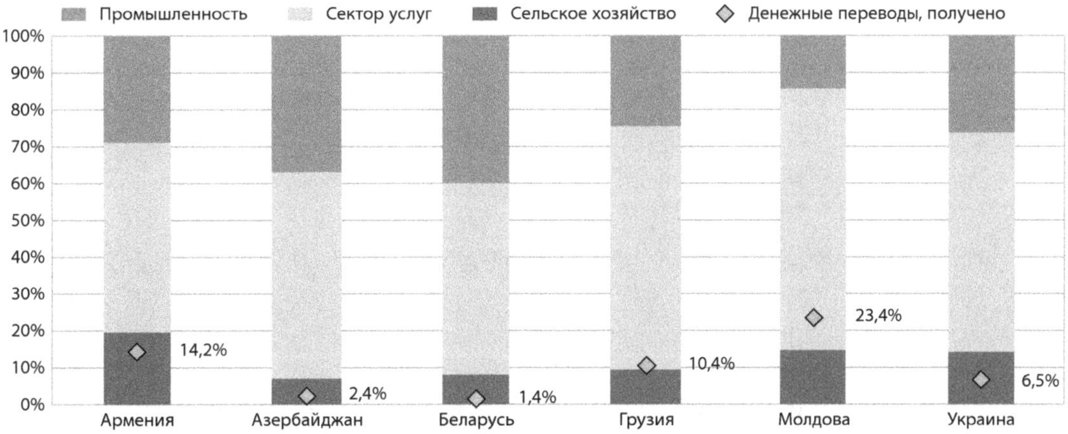

Источник: World Bank (2017), http://data.worldbank.org.

Российская Федерация и Европейский союз являются крупнейшими торговыми партнерами стран ВП и основными источниками денежных переводов гражданам этих стран. В этих условиях глобальный финансово-экономический кризис, начавшийся в 2008 году, экономическая рецессия в Российской Федерации и Украине, вызванная падением мировых цен на сырье, а также конфликт вокруг Крыма и на востоке Украины отрицательно сказались на состоянии экономики стран региона (более подробная информация приведена в главах, посвященных отдельным странам). Армения, Молдова и Украина испытывали снижение ВВП на протяжении большего количества лет и имели более низкий уровень ВВП на душу населения в 2015 году (см. рис. 1.8 и главы, посвященные отдельным странам) по сравнению с Азербайджаном, Беларусью и Грузией. Все страны ВП испытывают существенную нагрузку на бюджет: в 2015 году дефицит центрального бюджета варьировал от 0,5% в Азербайджане до 4,8% в Армении, тогда как Беларусь была единственной страной региона с профицитом бюджета (1,4%) (Eurostat, 2016).

Влияние неблагоприятных внешних факторов было усугублено структурными проблемами, сохраняющимися в экономике многих стран ВП. Примерами таких проблем являются, в частности, значительный неформальный сектор экономики, высокая доля денежных переводов в национальном доходе Армении, Грузии и Молдовы, кризис 2015 года в финансовом секторе Молдовы, а также усиление зависимости Украины от международных финансовых организаций. Укрепление макроэкономической стабильности, поддержка дальнейшего экономического роста и повышение уровня жизни населения являются важнейшими приоритетами для всех стран ВП. Для решения этих задач правительства стран продолжают предпринимать усилия в направлении модернизации и диверсификации национальной экономики, реформы социально-экономической политики, а также внедрения мировых стандартов и передовых подходов.

Рисунок 1.8. **ВВП на душу населения (в текущих долл. США, ППС)**

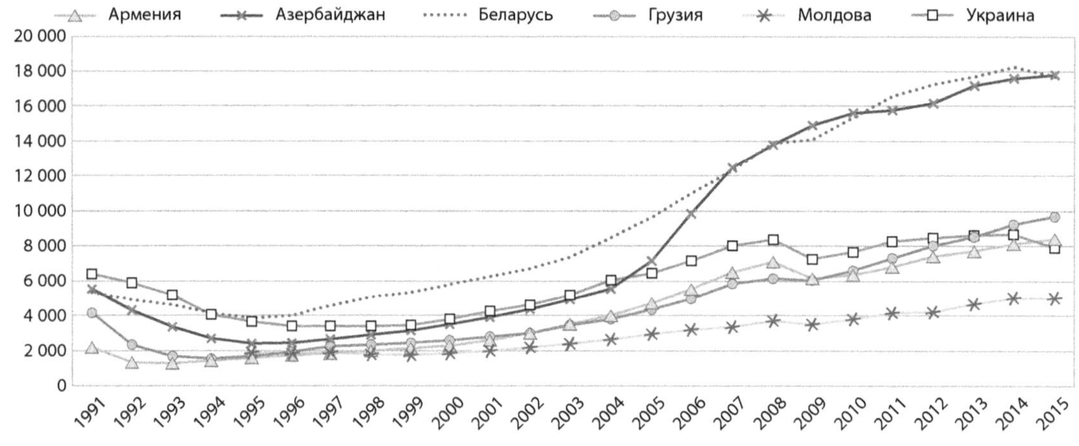

Источник: World Bank (2017), http://data.worldbank.org.

Энергетический сектор и основные направления его реформирования

Энергетические системы стран ВП прошли через несколько этапов реформирования и реструктуризации, которые были частью общего политического и экономического перехода от центрального планирования к рыночным принципам. Характер этих процессов, которые все еще продолжаются в странах региона, определялся несколькими основными факторами.

Во-первых, получившие независимость страны должны были привести в соответствие с новыми политическими реалиями свои взаимосвязи и элементы взаимозависимости в энергетическом и других секторах. Эти взаимосвязи были унаследованы от Советского Союза, где пятнадцать новых государств функционировали как составляющие единой экономической системы, планируемой из центра. Так, Армения оказалась в крайне сложной ситуации в силу значительной зависимости от импортируемого топлива. При этом установленные генерирующие мощности в электроэнергетике превышали собственные потребности страны и, как следствие, оставались частично незагруженными.

Во-вторых, все страны ВП за исключением Азербайджана являются нетто-импортерами энергоресурсов (см. рис. 1.9). При этом основными поставщиками энергоресурсов в страны региона являются Российская Федерация, Азербайджан и, в некоторой степени, государства Центральной Азии. В то же время страны ВП занимают стратегически выгодное географическое положение между значительными экспортерами энергоресурсов – Российской Федерацией и странами Центральной Азии, с одной стороны, и Европейским союзом – крупным потребителем природного газа и нефти, с другой.

Вставка 1.5. **Топливно-энергетический баланс в странах ВП**

С точки зрения топливно-энергетического баланса, структура производства и потребления энергии в странах ВП за время их независимого существования изменилась в значительно меньшей степени. Ископаемые виды топлива сохраняют господствующие позиции в энергетике региона. Во всех странах ВП, за исключением Украины, имело место увеличение доли природного газа в общем предложении первичной энергии. В случае Азербайджана это объясняется увеличением собственного производства природного газа, тогда как в случае Беларуси, Армении, Молдовы и, до некоторой степени, Грузии основным фактором стала возможность импорта природного газа по приемлемым ценам, главным образом, из России. Дополнительные сведения о структуре предложения и потребления энергии в регионе приведены в главах, посвященных отдельным странам.

Роль возобновляемых источников энергии остается незначительной во всех странах региона за исключением Грузии, в электроэнергетике которой преобладает гидрогенерация. Беларусь, Украина и Молдова также используют биомассу и биотопливо в качестве источников энергии. Армения и Украина имеют атомные электростанции, тогда как в Беларуси первая в стране АЭС находится на стадии строительства.

Источник: сводка, составлено авторами.

Рисунок 1.9. **Общее предложение первичной энергии в странах ВП в 2014 году, млн т нефтяного эквивалента**

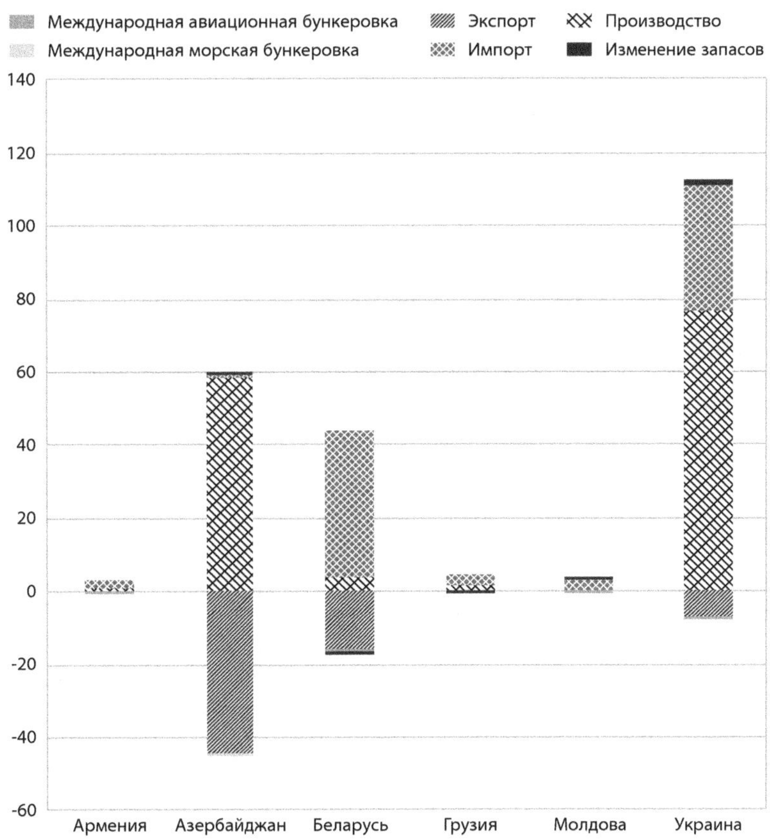

Источник: статистика МЭА по энергетическим балансам (IEA Energy Balances Statistics, б.д.).

В третьих, в процессе перехода от плановой экономики и бартерных расчетов к рыночной системе страны столкнулись с проблемой недостатка доходов и капитала для поддержания энергетической инфраструктуры в адекватном состоянии и ее модернизации. До настоящего времени основу энергетической инфраструктуры стран ВП составляют унаследованные от советского периода изношенные активы, результатом чего является высокая энергоемкость экономики региона. Как показано на рис. 1.10, энергопроизводительность (количество ВВП на единицу потребленной энергии, величина, обратная энергоемкости) всех стран ВП выросла с 1990 по 2014 годы, однако ее прирост различается от страны к стране. Так, изменения в Украине было относительно незначительными по сравнению с Беларусью, Грузией и в особенности Арменией, которая смогла радикально изменить свой подход к использованию энергии.

Рисунок 1.10. **Энергопроизводительность в странах ВП, ВВП на единицу потребленной энергии, постоянные долл. США 2011 г. (ППС) на кг нефтяного эквивалента**

Источник: World Bank (2017), http://data.worldbank.org.

Эти факторы предопределили потребность стран ВП в новых структурах управления и источниках финансирования, эволюция которых продолжается до настоящего времени. После распада Советского Союза каждая из стран региона создала специализированные министерства, ответственные за энергетическую политику, а также вертикально интегрированные национальные энергетические компании.

Структура собственности

После этого траектории стран региона разошлись. В Азербайджане и Беларуси существующие энергетические активы были сохранены в государственной собственности. Частные, в том числе иностранные, инвестиции допускались лишь в новые энергетические активы, включая разработку новых шельфовых месторождений нефти и газа в Азербайджане и строительство новых электростанций в Беларуси.

Однако в Армении, Грузии, Молдове и Украине вертикально интегрированные энергетические активы были, как минимум, частично разукрупнены, коммерциализованы и приватизированы. Этот процесс происходил параллельно с другим типом изменений в структуре собственности – государственные компании из

Российской Федерации, Казахстана и Азербайджана создавали совместные предприятия с правительствами стран региона и получали контроль над рядом важных активов в сфере производства, транспортировки и распределения энергоресурсов. Это происходило либо в результате урегулирования задолженности за поставки энергоресурсов, либо в процессе приватизации. По состоянию на начало 2017 года российской компании «Интер РАО» принадлежали генерирующие активы в Грузии и Молдове. Как азербайджанская ГНКАР, так и казахстанский «КазМунайГаз» играли существенную роль в газовом секторе Грузии. Дочерние компании «Газпрома» были активны в газовом секторе и электроэнергетике Армении, а сам «Газпром» играл важную роль в газовом секторе Молдовы и Беларуси, в частности, контролируя транзитные газопроводы, соединяющие Россию со странами ЕС. В Азербайджане консорциумы иностранных инвесторов с миноритарным участием ГНКАР сооружали новые экспортные нефте- и газопроводы. Единственным государством ВП, сохранившим полный контроль над газовой инфраструктурой является Украина. Такое положение дел спровоцировало многочисленные споры между Российской Федерацией и Украиной, связанных с задолженностью Украины, ценами на природный газ и политической напряженностью.

По мере того, как Российская Федерация и другие экспортеры энергии во все большей степени переходили на международные рыночные цены в расчетах со странами ВП, для последних все более актуальной становилась задача мобилизации финансовых ресурсов за счет реформирования политики как в области ценообразования, так и в области налогообложения энергоресурсов.

Политика ценообразования в энергетическом секторе

Чаще всего для описания механизмов ценообразования на энергоресурсы в странах ВП используется термин «тарифное регулирование». Сам этот термин указывает на то, что цены на энергоресурсы в странах ВП до сих пор в значительной степени регулируются государством. Это регулирование рассматривается как критически важная предпосылка решения приоритетных задач национальной политики – социальной защиты малообеспеченных групп населения, обеспечения конкурентоспособности промышленности и ограничения инфляции. Вопросы либерализации цен на энергоресурсы остаются чувствительными с социальной и политической точек зрения. В таблице 1.7 представлен обзор основных характеристик политики ценообразования на энергоносители в странах ВП. Они тесно связаны с политикой в области налогообложения и субсидий, которая обсуждается ниже в этой главе.

За исключением Беларуси, где регулируемые тарифы готовятся Министерством экономики и публикуются Советом Министров, все страны ВП создали специальные органы, ответственные за установление тарифов на энергоресурсы. Однако степень, в которой эти органы стали действительно независимыми регуляторами, варьирует в зависимости от стран и конкретного этапа реформ. Практика вмешательства государственных органов и государственных энергетических компаний была и остается весьма распространенной, что приводит к неполному возмещению производственных затрат энергетического сектора.

Тарифы на природный газ, тепловую и электрическую энергию регулируются во всех странах ВП для потребителей, а во многих случаях и для производителей. Как правило, для различных групп потребителей и производителей устанавливаются дифференцированные тарифы. Официальные методики определения тарифов на большинство видов энергоресурсов находятся в открытом доступе и основаны на так называемом принципе «затраты-плюс», по крайней мере, теоретически. Однако, хотя методики «затраты-плюс» обеспечивают возмещение операционных затрат, во многих случаях соответствующие тарифы недостаточны для возмещения долгосрочных затрат на замещение выбывающих мощностей или расширение мощностей, необходимое для удовлетворения растущего спроса.

Таблица 1.7. **Основные характеристики политики ценообразования в странах ВП**

<table>
<tr><th></th><th>Армения</th><th>Азербайджан</th><th>Беларусь</th><th>Грузия</th><th>Молдова</th><th>Украина</th></tr>
<tr><td>Орган, за установление тарифов</td><td>Комиссия по регулированию общественных услуг</td><td>Тарифный совет</td><td>Совет Министров (публикует тарифы, подготовленные Министерством экономики)</td><td>Национальная комиссия по регулированию энергетики и водоснабжения Грузии</td><td>Национальное агентство по регулированию в энергетике</td><td>Национальная комиссия по регулированию в сфере энергетики и коммунальных услуг</td></tr>
<tr><td>Природный газ</td><td rowspan="2">Регулируемые цены</td><td rowspan="5">Регулируемые цены</td><td rowspan="3">Регулируемые цены, перекрестное субсидирование</td><td rowspan="2">Главным образом, регулируемые цены, элементы перекрестного субсидирования и свободного ценообразования</td><td rowspan="3">Регулируемые цены</td><td>Регулируемые цены для населения, нерегулируемые для промышленности</td></tr>
<tr><td>Электроэнергия</td><td>Регулируемые цены, перекрестное субсидирование</td></tr>
<tr><td>Тепловая энергия</td><td>н.п.</td><td>н.п.</td><td>Регулируемые цены</td></tr>
<tr><td>Жидкие нефтепродукты</td><td rowspan="2">Нерегулируемые цены</td><td rowspan="2">Регулируемые цены</td><td colspan="3" rowspan="2">Нерегулируемые цены</td></tr>
<tr><td>Уголь и другое твердое топливо</td></tr>
</table>

Примечание: **н.п.** – неприменимо.

Источник: подготовлено авторами на основе сводных таблиц в главах, посвященных отдельным странам.

В наименьшей степени государственным регулированием затронут рынок жидких нефтепродуктов. На рис. 1.11 представлено сравнение розничных цен на бензин и дизельное топливо на бензоколонках в странах ВП, основанное на результатах исследования GIZ, выполненного в середине ноября 2014 года. Различия между ценами в разных странах обусловлены четырьмя факторами: *i*) освобождением от пошлин экспорта нефти и нефтепродуктов из Российской Федерации в Беларусь в связи с членством этих стран в ЕАЭС (см. вставку 1.5); *ii*) сохранением практики регулирования цен в Азербайджане и Беларуси; *iii*) различиями в режиме налогообложения топлива между странами ВП; *iv*) различиями в затратах на нефтепереработку и транспортировку.

Политика ценообразования, включая конкретные методики, структуру тарифов и процедуры регулирования, продолжает эволюционировать в регионе ВП. Некоторые изменения имели место в процессе подготовки настоящего исследования, и в главах, посвященных отдельным странам, указано, на какую дату была актуальной приводимая информация. Несомненно, политика ценообразования в странах ВП продолжит меняться на протяжении следующего десятилетия.

Рисунок 1.11. **Розничные цены на бензин и дизельное топливо в странах ВП в середине ноября 2014 года**

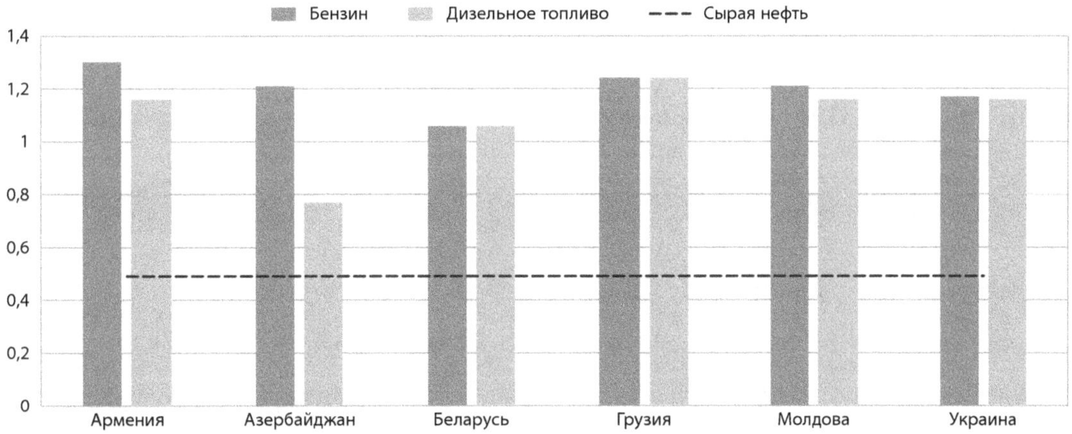

Источник: GIZ (2015).

Основные элементы политики налогообложения в энергетическом секторе

На протяжении двух последних десятилетий страны ВП предпринимали усилия по рационализации своих налоговых систем, первоначально весьма громоздких, стремясь снизить административные барьеры, упростить требования к налогоплательщикам и повысить собираемость налогов. В настоящее время основные налоги во всех странах ВП включают налог на добавленную стоимость (НДС), налог на прибыль организаций, налог на доходы физических лиц, налог на имущество, земельный налог, а также единый налог для субъектов малого предпринимательства. Все эти налоги установлены на общенациональном уровне законодательными актами соответствующего парламента. В большинстве стран установлены также дополнительные местные налоги, дорожный налог и платежи за загрязнение окружающей среды. Ни в одной из стран ВП не введен налог на выбросы парниковых газов, кроме Украины где ставка налога крайне низкая.

В добывающем секторе три страны, добывающие существенные объемы ископаемого топлива – Азербайджан, Беларусь и Украина – взимают налог на добычу полезных ископаемых (промысловый налог), ставки которого зависят от типа месторождения. Кроме того, в Азербайджане и Грузии существуют специальные режимы налогообложения для крупных энергетических проектов, реализуемых международными инвесторами (разработки месторождений или строительства трубопроводов), установленные в рамках соглашений о разделе продукции (СРП) или соглашений с правительством принимающей стороны (СППС).

Импорт и экспорт энергетических продуктов облагается таможенными пошлинами. Кроме того, потребление бензина и дизельного топлива во всех странах ВП, а также потребление компримированного (сжатого) природного газа (КПГ) в Армении, Беларуси, Грузии и Украине облагается акцизным налогом (см. табл. 1.8). В соответствии с международной практикой, ставки акцизного налога устанавливаются правительством и пересматриваются относительно часто для учета колебаний международных цен на энергоресурсы и обеспечения достаточных доходов национального бюджета. В Азербайджане, Беларуси и Украине установлены дифференцированные ставки акцизного налога в зависимости от конкретного сорта бензина и дизельного топлива, тогда как в Армении, Грузии и Молдове действует единая ставка акциза на бензин и единая ставка акциза на дизельное топливо. Природный газ, электроэнергия и тепловая энергия не облагаются акцизным налогом в странах ВП.

Таблица 1.8. **Ставки НДС и акциза на потребление энергии в странах ВП (начало 2017 года)**

	Армения	Азербайджан	Беларусь	Грузия	Молдова	Украина
Бензин						
Ставка НДС	20%	18%	20%	18%	20%	20%
Ставка акциза	Не дифференцирована в зависимости от сорта	Дифференцирована в зависимости от сорта	Дифференцирована в зависимости от сорта	Не дифференцирована в зависимости от сорта	Не дифференцирована в зависимости от сорта	Дифференцирована в зависимости от сорта
Дизельное топливо						
Ставка НДС	0%	18%	20%	18%	20%	20%
Ставка акциза	Не дифференцирована в зависимости от сорта	Дифференцирована в зависимости от сорта	Дифференцирована в зависимости от сорта	Не дифференцирована в зависимости от сорта	Не дифференцирована в зависимости от сорта	Дифференцирована в зависимости от сорта
КПГ						
Ставка НДС	20%	18%	20%	18%	20%	20%
Ставка акциза	С мая 2016 г.	Нет	Да	Да	Нет	Да
Природный газ						
Ставка НДС	20%	18%	20% для всех потребителей (0% для населения до января 2016 г.)	18%, освобождение от НДС на газ, потребляемый ТЭС	8% для населения, 20% для других потребителей	20%
Электроэнергия						
Ставка НДС	20%	18%	20% для всех потребителей (0% для населения до января 2016 г.)	18%	0% для населения, 20% для других потребителей	20%
Тепловая энергия						
Ставка НДС	20%	18%	20% для всех потребителей (0% для населения до января 2016 г.)	18%	0% для населения, 20% для других потребителей	20%

Источник: подготовлено авторами на основе информации приведенной в главах, посвященных отдельным странам.

НДС и акцизные налоги входят в состав конечных цен на энергетические продукты и, как следствие, имеют значение в более широком контексте регулирования цен на энергию в странах ВП (см. предыдущий раздел). Освобождение от налогообложения (например, освобождение дизельного топлива от НДС в Армении) и регулирование ставок акцизного налога относятся к числу инструментов, используемых правительствами стран ВП для снижения потребительских цен на энергоресурсы. Налоговые льготы также используются в регионе в качестве меры стимулирования инвестиций и, до некоторой степени, стимулирования мер по повышению энергоэффективности и развития ВИЭ. Все случаи освобождения от установленных налогов и предоставления налоговых льгот представляют собой формы субсидирования и, как таковые, обсуждаются в главах, посвященных отдельным странам.

Цели в сфере климатической политики

Все страны ВП принимают участие в глобальных усилиях по борьбе с изменением климата и адаптации к его последствиям. После распада Советского Союза страны ВП, пережившие резкий промышленный спад и глубокие изменения в структуре экономики, значительно снизили выбросы парниковых газов по сравнению с уровнем 1990 года (который часто используется в качестве базового года в различных инициативах и процессах Рамочной конвенции ООН об изменении климата – РКИК ООН). В настоящее время годовые выбросы CO_2 на душу населения в большинстве стран ВП ниже, чем среднее значение для стран ЕС (6,7 т): 6 т в Украине, 3,8 т в Азербайджане, 2 т в Грузии, 1,8 т в Армении и 1,4 т в Молдове (выбросы CO_2 из всех источников, последние доступные данные за 2013год). В Беларуси выбросы находятся на том же уровне, что и в ЕС – 6,7 т на душу населения (World Bank, 2017). На рис. 1.12 представлена более подробная информация о динамике выбросов CO_2 на душу населения в регионе. На рисунке показаны только выбросы от сжигания топлива по данным МЭА (IEA Energy Balances Statistics, б.д.). Эти данные показывают, что выбросы CO_2 в энергетическом секторе стран ВП оставались на стабильном уровне в 2004-2014 годах. Однако в отсутствие существенных структурных изменений повышение уровня жизни в регионе может привести к росту потребления энергии и, как следствие, выбросов.

Рисунок 1.12. **Выбросы CO_2 на душу населения в странах ВП, т CO_2/чел.**

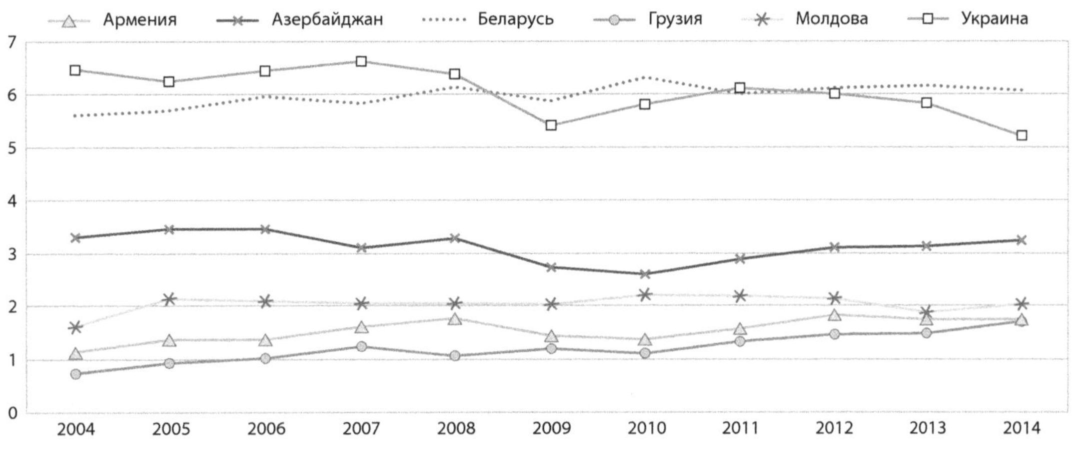

Примечание: выбросы только от сжигания ископаемого топлива.

Источник: статистика МЭА по энергетическим балансам (IEA Energy Balances Statistics, б.д.).

В преддверии Парижской конференции РКИК ООН (2015 год) все страны ВП, как и другие государства, представили свои Ожидаемые национально определенные вклады (ОНОВ) с указанием целевых показателей снижения выбросов парниковых газов (см. табл. 1.9). Большинство стран приняли целевые показатели на уровне ниже, чем их выбросы в 1990 году, но выше, чем выбросы в настоящее время, таким образом «оставляя пространство для экономического роста» в соответствии с принципом «общей, но дифференцированной ответственности».

Таблица 1.9. **Обязательства стран ВП в сфере изменения климата, принятые в преддверии Парижской конференции РКИК ООН 2015 года**

	Выбросы, млн т CO_2-экв., без ЗИЗЛХ [а]		Обязательства в рамках Ожидаемых национально определенных вкладов (ОНОВ)	
	1990	2030	Безусловные	Условные (в случае заключения глобального соглашения о техническом сотрудничестве и доступе к дешевым финансовым ресурсам)
Армения [б]	-	-	Ограничение выбросов среднегодовым уровнем 5,4 т/чел. в 2015-2050 гг. (в 2010 г. выбросы Армении составляли 2,14 т/чел.)	-
Азербайджан	73,3	47,6	Как минимум, на 35% ниже уровня 1990 г.	-
Беларусь	139,2	100,2	Как минимум, на 28% ниже уровня 1990 г.	-
Грузия	48,0	32,7	Как минимум, на 15% ниже уровня «инерционного» сценария	Как минимум, на 25% ниже уровня «инерционного» сценария
Молдова	43,4	15,6	Как минимум, на 64-67% ниже уровня 1990 г.	Как минимум, на 78% ниже уровня 1990 г.
Украина	944,4	566,6	Как минимум, на 40% ниже уровня 1990 г.	-

Примечания: а. Землепользование, изменения в землепользовании и лесное хозяйство.

б. Армения не приводит данных по выбросам за 1990 год, а также предполагаемого объема выбросов в 2030 году в своем ОНОВ.

Источник: РКИК ООН (UNFCCC, 2015), http://www4.unfccc.int/submissions/INDC/Submission%20Pages/submissions.aspx.

В то же время страны ВП располагают значительным потенциалом повышения энергоэффективности и, следовательно, снижения выбросов. Экономия энергоресурсов может быть достигнута в различных секторах, включая, в частности, центральное отопление, производство, передачу и распределение электроэнергии, промышленность и здания (IEA, 2015).

Развитие ВИЭ представляет собой еще одно важное направление политики стран региона по борьбе с изменением климата. В частности, страны Кавказа располагают значительным потенциалом для развития малой гидроэнергетики, тогда как Украина и Беларусь могут производить дешевую биомассу и биотопливо. Кроме того, регион располагает значительным потенциалом солнечной и ветровой энергии, пригодным для освоения.

В странах региона развивается нормативная правовая база в области повышения энергоэффективности и освоения ВИЭ, в том числе за счет гармонизации национальных стандартов и подходов с соответствующими практиками ЕС. Однако существенное повышение энергоэффективности требует значительных инвестиций, которые, в свою очередь, зависят от энергетической политики стран ВП. В частности, регулирование цен на энергоресурсы (форма субсидирования потребления) действует в качестве отрицательного стимула для инвестиций в электроэнергетику и теплоснабжение, поскольку в настоящее время эти отрасли сталкиваются с трудностями при возмещении даже операционных затрат в отдельных странах региона и долгосрочных предельных затрат, включая стоимость капитала, в большинстве стран ВП (вопросы достаточности розничных цен с точки зрения окупаемости обсуждаются в главах, посвященных отдельным странам).

Список источников

Герасимчук, И. (2012), *Государственная поддержка добычи нефти и газа в России: какой ценой?* Международный институт устойчивого развития и Всемирный фонд дикой природы, Женева–Москва. https://www.iisd.org/sites/default/files/publications/ffs_awc_russia_ru.pdf.

ЕАЭС (2014), *Договор о Евразийском экономическом союзе*, Евразийский экономический союз. http://docs.cntd.ru/document/420205962.

Маненок, Т. (2017), «*Черный» сценарий для белорусской нефтянки: отменит ли Россия экспортные пошлины на нефть и нефтепродукты?*», Белрынок, TUT.BY, 5 января. https://news.tut.by/economics/526403.html.

APEC (2009), *APEC Summit. Leaders' Declaration – Sustaining Growth, Connecting the Region*, Asia-Pacific Economic Cooperation, Singapore. www.apec.org/Meeting-Papers/Leaders-Declarations/2009/2009_aelm.aspx.

Beaton, C. et al. (2013), *A Guidebook to Fossil-Fuel Subsidy Reform for Policy-Makers in Southeast Asia*, International Institute for Sustainable Development – Global Subsidies Initiative, Geneva. www.iisd.org/gsi/fossil-fuel-subsidies/guidebook.

Burniaux, J. M. and J. Chateau (2014), *Greenhouse Gases Mitigation Potential and Economic Efficiency of Phasing-Out Fossil Fuel Subsidies*, International Economics, 71-88.

Duhr, S. (2017), *Turning Subsidies into Energy Efficiency Investments*, Presentation Made at the Conference «Unlocking Private Finance for Greener, Low-Carbon Growth and Energy Efficiency in the Eastern Partnership and Central Asia», Brussels, 29-30 June 2017, Organisation for Economic Co-operation and Development, Paris.

Eurostat (2016), *European Neighbourhood Policy–East–Economic Statistics*, Eurostat, Luxembourg. http://ec.europa.eu/eurostat/statistics-explained/index.php/European_Neighbourhood_Policy_-_East_-_economic_statistics.

FFFSR (2015), *Fossil Fuel Subsidies Reform Communiqué, 2015*, Friends of Fossil Fuel Subsidies Reform. http://fffsr.org/communique.

Gerasimchuk, I. (2014), *A Crash Course on Subsidy Definition by Dante, Shakespeare and Russian Folklore*, International Institute for Sustainable Development – Global Subsidies Initiative, Geneva. www.iisd.org/gsi/news/crash-course-subsidy-definition-dante-shakespeare-and-russian-folklore.

Gerasimchuk, I. et al. (2017), *Zombie Energy: Climate Benefits of Ending Subsidies to Fossil Fuel Production*, International Institute for Sustainable Development and Global Subsidies Initiative, Geneva and London. www.iisd.org/library/zombie-energy-climate-benefits-ending-subsidies-fossil-fuel-production.

Gerasimchuk, I. et al. (2012), *State of Play on Biofuel Subsidies: Are Policies Ready to Shift?*, International Institute for Sustainable Development and Global Subsidies Initiative, Geneva. www.iisd.org/gsi/sites/default/files/bf_stateplay_2012.pdf.

GIZ (2015), *International Fuel Prices 2014, Data Preview*, Deutsche Gesellschaft für Internationale Zusammenarbeit, Eschborn, Germany. https://www.giz.de/expertise/downloads/giz-2015-en-ifp2014.pdf.

G-20 (2009), *Pittsburgh Summit. Leaders' Statement, G-20.* www.g20.utoronto.ca/2009/2009communique0925.html.

IEA (2016a), *Energy Subsidies Database 2012-2014*, International Energy Agency, Paris. www.worldenergyoutlook.org/resources/energysubsidies/.

IEA (2016b), *World Energy Outlook 2016*, International Energy Agency, Paris.

IEA (2015), *Eastern Europe, Caucasus and Central Asia – Energy Policies beyond IEA Countries*, Organisation for Economic Co-operation and Development/ International Energy Agency, Paris.

IEA (2006), *Carrots and Sticks: Taxing and Subsidising Energy*, International Energy Agency, Paris. www.iea.org/publications/freepublications/publication/oil_subsidies.pdf.

IEA (б.д.), *Energy Balances Statistics*, International Energy Agency, Paris. www.iea.org/statistics/topics/energybalances/.

IEA/OPEC/OECD/World Bank (2010), *Analysis of the Scope of Energy Subsidies and Suggestions for the G-20 Initiative*, *Joint Report*, International Energy Agency, Organisation of the Petroleum Exporting Countries, Organisation for Economc Co-opearion and Development, World Bank. www.oecd.org/env/45575666.pdf.

IEC (б.д.), *The Energy Charter Treaty*, International Energy Charter, Brussels. www.energycharter.org/process/energy-charter-treaty-1994/energy-charter-treaty/.

IMF (2015), *How Large are Global Energy Subsidies*?, International Monetary Fund, Washington, DC. www.imf.org/external/pubs/cat/longres.aspx?sk=42940.0.

IMF (2013), *Energy Subsidy Reform: Lessons and Implications*, International Monetary Fund, Washington, DC. https://www.imf.org/external/np/pp/eng/2013/012813.pdf.

Jones, D. and R. Steenblik (2010), *Subsidy Estimation: A Survey of Current Practice*, International Institute for Sustainable Development, Geneva. www.iisd.org/publications/pub.aspx?id=1293.

Koplow, D. (2009), *Measuring Energy Subsidies Using the Price-Gap Approach: What Does It Leave Out?*, International Institute for Sustainable Development, Geneva. www.iisd.org/pdf/2009/bali_2_copenhagen_ff_subsidies_pricegap.pdf.

Lang, K. (2010), *Defining Fossil-Fuel Subsidies for the G-20: Which Approach is Best?*, International Institute for Sustainable Development and Global Subsidies Initiative, Geneva. www.iisd.org/gsi/sites/default/files/pb5_defining.pdf.

Merrill, L. et al. (2015), *Tackling Fossil Fuel Subsidies and Climate Change: Levelling the Energy Playing Field*, International Institute for Sustainable Development and Global Subsidies Initiative, Geneva. http://norden.diva-portal.org/smash/get/diva2:860647/FULLTEXT02.pdf.

OECD (2018), *Assessing Energy Affordability and Environmental Impacts of Reforming Major Energy Subsidy Schemes in the Republic of Moldova*, OECD Publishing, Paris.

OECD (2015a), *Inventory of Support Measures for Fossil Fuels*, Paris, Organisation for Economic Co-operation and Development, Paris.

OECD (2015b), *Taxing Energy Use 2015 – OECD and Selected Partner Economies*, Organisation for Economic Co-operation and Development, Paris.

OECD (2013a), *Analysing Energy Subsidies in the Countries of Eastern Europe, Caucasus and Central Asia*, Organisation for Economic Co-operation and Development, Paris. www.oecd.org/env/outreach/energy_subsidies.pdf

OECD (2013b), *Inventory of Estimated Budgetary Support and Tax Expenditures Relating to Fossil Fuels*, Organisation for Economic Co-operation and Development, Paris. www.oecd.org/site/tadffss/publication.

OECD (2010a), *Measuring Support to Energy, Version 1.0*, Organisation for Economic Co-operation and Development, Paris.

OECD (2010b), *OECD's Producer Support Estimate and Related Indicators of Agricultural Support – Concepts, Calculations, Interpretation and Use (The PSE Manual)*, Trade and Agriculture Directorate, Organisation for Economic Co-operation and Development, Paris.

The Economist (2015), *Pump Aligning*, The Economist, 17 January 2015, London. www.economist.com/news/finance-and-economics/21639589-few-countries-are-taking-advantage-lower-oil-prices-cut-subsidies-pump.

UNFCCC (2015), *Intended Nationally Determined Contributions of the EaP Countries*, United Nations Framework Convention on Climate Change Secretariat, Bonn. http://www4.unfccc.int/submissions/INDC/Submission%20Pages/submissions.aspx.

UN SDKP (2015), *UN Sustainable Development Goals – SDG 12: Ensure Sustainable Consumption and Production Patterns*, United Nations Sustainable Development Knowledge Platform, New York. https://sustainabledevelopment.un.org/sdg12.

Victor, D. (2009), *The Politics of Fossil Fuel Subsidies*, International Institute for Sustainable Development and Global Subsidies Initiative, Geneva. https://www.iisd.org/gsi/sites/default/files/politics_ffs.pdf.

Whitley, S. and L. van der Burg (2016), *Fossil Fuel Subsidy Reform: From Rhetoric to Reality*, Overseas Development Institute, London. http://newclimateeconomy.report/2015/wp-content/uploads/sites/3/2016/04/Fossil-fuel-subsidy-reform_from-rhetoric-to-reality.pdf.

World Bank (2017), *World Bank Open Data*, World Bank, Washington, DC. http://data.worldbank.org.

World Bank (2013), *Balancing Act – Cutting Energy Subsidies while Protecting Affordability*, World Bank, Washington, DC. https://openknowledge.worldbank.org/bitstream/handle/10986/12296/9780821397893.pdf?sequence=7.

WTO (1996), *Agreement on Subsidies and Countervailing Measures*, World Trade Organization, Geneva. https://www.wto.org/english/docs_e/legal_e/24-scm_01_e.htm.

Глава 2

Энергетические субсидии в Армении

В данной главе определены, задокументированы и представлены оценки субсидий в Армении в отношении производства и потребления угля, нефти и нефтепродуктов, природного газа, а также электро- и тепловой энергии, полученной на основе этих ископаемых топлив. В данной главе также кратко рассматриваются субсидии на поддержку мер по повышению энергоэффективности и развитию возобновляемых источников энергии. Глава начинается с обзора энергетического сектора страны для определения контекста рассмотренных мер поддержки. Кроме того, в главе также обсуждаются ценообразование и налоговая политика в энергетическом секторе Армении. В главе предоставляется анализ общего контекста, современного состояния и механизмов постоянно изменяющегося комплекса энергетических субсидий в стране.

Основные выводы

В силу сочетания ряда геополитических и экономических факторов Армения не имела другого выбора, кроме реформы энергетической системы и ликвидации большей части субсидий, унаследованных от советского периода. В ходе инвентаризации мер государственной поддержки методом «снизу вверх» были обнаружены лишь крайне ограниченные объемы субсидий, которые, как представляется, не оказывают существенного искажающего влияния на рыночное поведение потребителей энергии. Совокупный объем шести выявленных типов субсидий на ископаемые виды топлива в Армении в 2015 году составил 37 млн долл. США (17,7 млрд драмов). Эта величина является низкой по сравнению с другими странами региона и согласуется с результатами оценки методом ценовой разницы. Основным топливом, используемым в Армении, является природный газ, поставляемый, главным образом, из Российской Федерации. Анализ методом ценовой разницы не выявил признаков субсидирования природного газа, поскольку цена приобретения газа у «Газпрома» значительно выше, чем в некоторых других странах региона.

Низкие объемы субсидирования в энергетическом секторе Армении могут до некоторой степени служить объяснением того, что проблема энергетических субсидий в стране практически не обсуждается. Вместо этого, лица, ответственные за формирование политики и заинтересованные стороны, как правило, говорят о реформе тарифов. Тарифы для потребителей устанавливаются на основе принципа полного возмещения экономически обоснованных затрат (ПВЭОЗ). Однако вопрос о том, способны ли производители электроэнергии окупить свои затраты с учетом изменений в ценах на топливо, потерь при передаче и распределении и т.д., нуждается в уточнении. Кроме того, необходимо изучить, не являются ли импортные цены на газ и пониженные тарифы на значительные объемы потребления факторами, снижающими заинтересованность потребителей в повышении энергоэффективности и энергосбережении.

Представляется, что структура налогообложения является наиболее острой проблемой энергетической системы Армении, занимающей центральное место в обсуждениях государственной поддержки и реформы тарифов. Освобождение от НДС на дизельное топливо, а также освобождение от акциза импортируемого природного газа призваны обеспечить сокращение транспортных расходов, а также снижение себестоимости электроэнергии, производимой на основе природного газа, и, как следствие, ограничение потребительских тарифов.

При решении этой проблемы Комиссия по регулированию общественных услуг (КРОУ), национальный независимый регулятор, столкнется с необходимостью дальнейшего постепенного повышения потребительских тарифов на электроэнергию для возмещения растущих затрат производителей и обеспечения их потребности в капитальных инвестициях. При этом в Армении уже сейчас действуют одни из самых высоких тарифов на энергию в регионе, причем тарифы на газ и электроэнергию выше для населения, чем для промышленных производителей, что отражает более высокие затраты на распределение энергоресурсов в жилищном секторе. В отличие от некоторых других стран региона, в Армении отсутствует перекрестное субсидирование между различными группами потребителей. Любая дальнейшая реформа в электроэнергетическом секторе серьезно затронет интересы потребителей и будет сопряжена с трудностями. Недавняя попытка повышения потребительских тарифов на электроэнергию в 2015 году привела к масштабным общественным протестам в стране и введению новой целевой субсидии для малообеспеченных потребителей. В связи с пересмотром потребительских тарифов в сторону понижения с августа 2016 года правительство, отказалось от предоставления субсидий малообеспеченным потребителям электроэнергии.

В целом, три из шести видов энергетических субсидий, выявленных в результате инвентаризации, относятся к категории целевой поддержки социально уязвимых групп, что должно быть неотъемлемым элементом любой реформы энергетических субсидий. Хотя эти меры могут рассматриваться в качестве энергетических субсидий, их основной целью является социальная защита населения.

Три других выявленных вида субсидий представляют собой потенциальные налоговые доходы бюджета, выпадающие в результате освобождения от НДС на дизельное топливо, а также освобождения природного газа и КПГ от акциза. Однако дизельное топливо облагается относительно высоким акцизом, а положение об освобождении КПГ от акциза утратило силу с 1 мая 2016 года. Кроме того, правительство планирует отказаться от нормы об освобождении от НДС на дизельное топливо в рамках нового налогового кодекса, который должен вступить в силу с 2018 года. Таким образом, в топливном секторе шаги по дальнейшей рационализации налогообложения могут включать отмену нормы об освобождении НДС на дизельное топливо, а также пересмотр ставок акцизов на все виды топлива.

Представляется, что государственная поддержка ВИЭ в Армении крайне ограничена. Тариф, установленный для малых ГЭС, значительно ниже тарифов для населения, а также тарифов для других технологий генерации, включая газовые ТЭС. Для генерации на основе энергии ветра и биогаза установлены относительно высокие льготные тарифы. Однако в силу крайне низкой доли энергии ветра и биогаза в топливном балансе страны, объем господдержки, предоставленный этим секторам, незначительный. Льготный тариф для солнечных установок был установлен только в 2015 году. Можно ожидать, что это положит начало процессу подключения к сетям существующих автономных установок, генерирующих электроэнергию для собственных нужд производителя.

В то же время, большинство программ по повышению энергоэффективности и развитию ВИЭ получают поддержку таких международных доноров, как Всемирный банк и Международная финансовая корпорация (МФК), Европейский банк реконструкции и развития (ЕБРР), Немецкий государственный банк развития KfW, Глобальный экологический фонд (ГЭФ) и Европейский Союз (ЕС). Можно предположить, что продолжение подобных программ международной поддержки будет критически важным фактором дальнейшего повышения энергоэффективности и развития генерации на основе ВИЭ в Армении.

Армения должна создать благоприятную среду, обеспечивающую стимулы для развития возобновляемой энергетики в значительных масштабах. Во всем мире себестоимость такой генерации, в особенности на основе энергии солнца и ветра, снижается в результате технических инноваций. Однако проблемой остается интеграция в сети подобных источников, отличающихся непостоянством. Правительство должно выработать систему мер государственной политики для того, чтобы обеспечить возможность продажи такой энергии с использованием рыночных механизмов. Такие меры могут включать свободный доступ производителей к сетям, а также нетто-учет, позволяющий производителям поставлять излишки энергии в сеть по рыночным расценкам. Кроме того, Армения может поддерживать дальнейшие меры на стороне потребителя, вводя стимулы для повышения энергоэффективности и снижения энергопотребления. Одной из важнейших предпосылок широкого применения ВИЭ и мер по повышению энергоэффективности является доступность дешевого финансирования. Государственная поддержка в форме государственных гарантий или долгосрочных соглашений о приобретении электроэнергии способна помочь производителям привлечь необходимые средства на рынках.

В результате отказа от субсидирования ископаемых видов топлива сэкономленные бюджетные средства могут быть направлены на развитие более чистых альтернативных источников энергии и мер по повышению энергоэффективности. При этом социальные эффекты повышения цен на топливо и электроэнергию могут быть смягчены посредством целевой поддержки незащищенных групп населения. Однако для обеспечения политической поддержки реформы тарифов и субсидий на электроэнергию важнейшее значение будет иметь кампания по продвижению такой реформы, осуществляемая на основе продуманной коммуникационной стратегии. Эта стратегия должна предусматривать разработку национальной информационной кампании, посвященной необходимости реформы субсидий и тарифов на электроэнергию, а также формирование партнерств и альянсов с неправительственными организациями для широкого информирования об основных фактах, касающихся реформы субсидий и тарифов на электроэнергию.

Армения является хорошо известным на международном уровне примером снижения выбросов парниковых газов до четверти их объема в 1990 году. Реформа субсидий на ископаемые виды топлива, проведенная в рамках общей реформы энергетики, внесла вклад в декарбонизацию экономики Армении. Контекст этих реформ, в особенности энергетический кризис начала 1990-х годов, является уникальным. Серьезная зависимость Армении от импорта топлива, а также устаревшие передающие и распределительные сети без надлежащего технического обслуживания привели к рискам нарушения энергоснабжения, резких колебаний цен и отключения потребителей. В этих условиях Армения смогла не только изменить энергетическую политику, но и пройти через гораздо более сложный и глубокий процесс трансформации экономики и менталитета населения. Некоторые технические аспекты проведенных в Армении реформ могут рассматриваться в качестве опыта, заслуживающего применения в других странах Восточной Европы, Кавказа и Центральной Азии.

Обзор макроэкономической ситуации и энергетического сектора

Экономика Армении претерпела существенную трансформацию с момента получения страной независимости в 1991 году. После распада Советского Союза ВВП страны сократился на 53% всего за три года – с 1990 по 1993 год (World Bank, 2015). Это был период гиперинфляции и высокого уровня безработицы, которые привели к значительному оттоку трудоспособного населения и резкому росту бедности (IMF, 2001).

В этой ситуации Армения приступила к решительным экономическим реформам, которые включали более жесткую денежную и фискальную политику, а также ряд структурных и институциональных преобразований. В результате реформ, а также притока иностранных инвестиций, денежных переводов и донорского финансирования начался процесс экономического восстановления (World Bank, 2014). В период с 1994 по 1999 годы среднегодовые темпы роста ВВП составили 5,3%, а в 2000-2008 годах этот показатель достиг 11,2%. Мелкое сельскохозяйственное производство, сектор услуг, ювелирная промышленность и другие виды производства, востребованные рынком, заменили тяжелую промышленность, унаследованную от Советского Союза и пришедшую в упадок в первые годы независимости (World Bank, 2014).

Глобальный финансовый кризис привел к снижению ВВП Армении на 14,2% в 2009 году, однако с 2010 года среднегодовые темпы экономического роста составляли 4,2% (World Bank, 2015). В 2014 году прирост ВВП снизился до 3,4%, а в 2015 и 2016 годах ожидалось дальнейшее снижение роста, связанное с продолжающейся слабостью российской экономики в сочетании с неблагоприятной для национального экспорта динамикой мировых цен на продукцию горнодобывающей и металлургической промышленности (World Bank, 2014). В таблицах 2.1 и 2.2 приведены основные макроэкономические показатели Армении, основанные на материалах национальной и международной статистики[1].

Таблица 2.1. **Макроэкономические показатели**

		Международная статистика		Национальная статистика	
Показатель	**Единицы**	**Год**	**Значение**	**Год**	**Значение**
Численность населения	*млн чел.*	2014	2,97	2015	3,01
ВВП	*млрд долл. США*	2014	10,27	2014	11,65
ВВП на душу населения	*долл. США*	2014	3 159	2014	3 869
Производство энергии	*млн т н. э.*	2013	0,81	2014	0,81
Чистый импорт энергии	*млн т н. э.*	2013	2,21	2014	2,33
Общее предложение первичной энергии (ОППЭ)	*млн т н. э.*	2013	2,97	2014	3,04
ОППЭ на душу населения	*т н. э.*	2013	1,00	2014	1,01
Потребление электроэнергии	*ТВт-ч*	2013	5,46	2014	5,35
Потребление электроэнергии на душу населения	*МВт-ч/чел.*	2013	1,84	2014	1,78
Выбросы CO_2[a]	*Млн т CO_2*	2013	5,42	2012	5,3
Выбросы CO_2[a] на душу населения	*т CO_2*	2013	1,83	2012	1,76

Примечание: а. Выбросы CO_2 только от сжигания топлива.

Источник: составлено авторами по данным IEA (2015), World Bank (2015), Армстат (2015a), Министерство энергетики и природных ресурсов Армении, или МЭПР (2015), UNDP & GEF (2015).

Таблица 2.2. **Среднегодовой обменный курс**

	2012	**2013**	**2014**	**2015**
Среднегодовой обменный курс, драмов за 1 долл. США	401,74	409,54	415,77	477,85

Источник: Центральный банк Армении по данным Rate.Am (Rate.Am, 2015).

Предложение энергии

Общее предложение первичной энергии (ОППЭ) Армении резко снизилось после распада Советского Союза, когда поставки нефтепродуктов упали на 90%, а поставки природного газа сократились вдвое. Даже в 2014 году, после более чем десяти лет экономического роста, ОППЭ было на 61% ниже уровня 1990 года (рис. 2.1). Однако в течение 20 лет предпринимались усилия по модернизации энергетики Армении. С 2002 по 2014 годы ОППЭ Армении выросло на 62%, главным образом, за счет увеличения поставок природного газа на 128%, а также 20%-ного прироста генерации в гидроэнергетике (IEA, 2015; UNDP & GEF, 2015).

Как показано на рис. 2.2, в настоящее время в топливно-энергетическом балансе Армении преобладает природный газ, доля которого выросла до 64% в 2014 году с 46% в 2002 году. Доля нефти и нефтепродуктов в 2014 году составляла 9,3%, тогда как на атомную энергию и гидроэнергию в том же году приходилось 20,5% и 5,5% соответственно. Отходы животноводства и дрова используются в качестве топлива, главным образом, в сельских районах Армении; в 2014 году их доля в ОППЭ составляла 1,1%. Примечательно полное отсутствие угля в топливно-энергетическом балансе страны. Поскольку в Армении не добываются ископаемые виды топлива, страна удовлетворяет 75% общих потребностей в энергии за счет импорта нефти и газа (IEA, 2015). В 2014 году Армения импортировала нефти, газа и других видов минерального топлива на 814 млн долл. США. Из этого количества 75% было поставлено из Российской Федерации, 12,5% – из Ирана (в рамках схемы по бартерному обмену иранского газа на армянское электричество, подробнее см. ниже), остальной объем – из других стран.

Рисунок 2.1. **Общее предложение первичной энергии, 1990-2014 гг.**

Рисунок 2.2. **Структура предложения первичной энергии в 2014 г.**

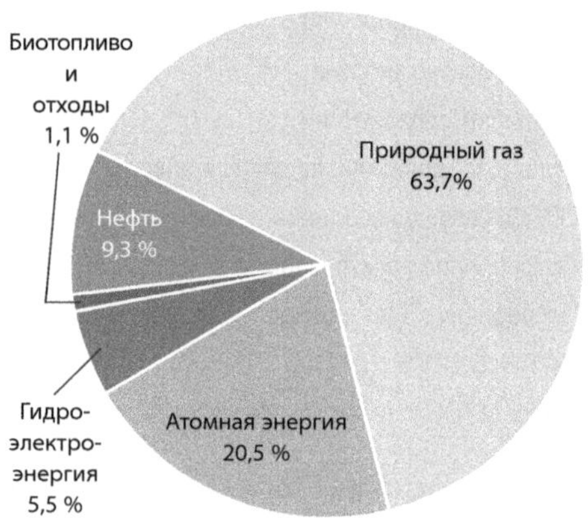

Источник: составлено авторами по данным IEA (2015), МЭПР (2015).

В 2014 году производство электроэнергии оставалось на 25% ниже уровня 1990 года, однако с 2002 по 2014 годы общий объем генерации вырос на 40%, главным образом, за счет увеличения поставок природного газа и расширения генерирующих мощностей, использующих этот вид топлива. Общее производство электроэнергии в 2014 году составило 7 750 ГВт-ч. В топливном балансе электроэнергетики около 26% приходилось на гидроэнергию, 32% – на атомную энергию и 42% – на природный газ (см. рис. 2.3 и рис. 2.4).

Установленная мощность (рабочая мощность) в электроэнергетике Армении в 2014 году составляла 4 147 (3 206) МВт, включая 2 476 (1 521) МВт газовых тепловых электростанций (ТЭС), 1 252 (1 252) МВт ГЭС и 407 (407) МВт АЭС (IEA, 2015). В настоящее время общая установленная мощность в электроэнергетике Армении превышает максимальные требования по пиковым нагрузкам. Это создает экономические предпосылки для схемы бартерного обмена с Ираном, в рамках которой Армения поставляет 3 кВт-ч электроэнергии за 1 м^3 иранского природного газа.

Несмотря на значительный потенциал ВИЭ, составляющий, согласно оценкам, 4 300 МВт, установленная мощность (рабочая мощность) ветровых и биогазовых электростанций в 2014 году составляла незначительную величину – 3,7 (3,7) МВт, мощность когенерационных установок (мини ТЭЦ) – 14,1 (8) МВт, тогда как мощность солнечных фотоэлектрических установок оставалась пренебрежимо малой. В ближайшие годы страна столкнется с необходимостью модернизации и замещения генерирующих мощностей, обусловленной планами правительства по выводу из эксплуатации старейшей ТЭС страны к 2017 году. Кроме того, в 2007 году правительство Армении официально согласилось вывести из эксплуатации Мецаморскую (Армянскую) АЭС мощностью 407 МВт в 2016 году. Однако в дальнейшем срок эксплуатации АЭС был продлен на 10 лет вследствие недостатка замещающих мощностей. Российская Федерация согласилась предоставить Армении кредит в объеме 270 млн долл. и грант в объеме 30 млн долл. на продление срока эксплуатации Мецаморской АЭС до 2026 года. Кредит будет предоставлен на 15 лет с пятилетней отсрочкой погашения по ставке 3% в год (ARKA News Agency, 2015). Первоначально правительство Армении планировало построить новую АЭС мощностью 1 000 МВт к 2026 году для замещения выбывающих мощностей, однако по итогам углубленного анализа предпочтение было отдано строительству реактора мощностью 600 МВт как варианту, допускающему более гибкие условия эксплуатации и технического обслуживания. Тем не менее, финансирование строительства новой АЭС остается проблемой, и к настоящему времени в данной области не достигнуто конкретных результатов (Финансовый портал АрмИнфо, 2016).

Рисунок 2.3. **Производство электроэнергии с разбивкой по источникам, 1990-2014 гг., ГВт-ч**

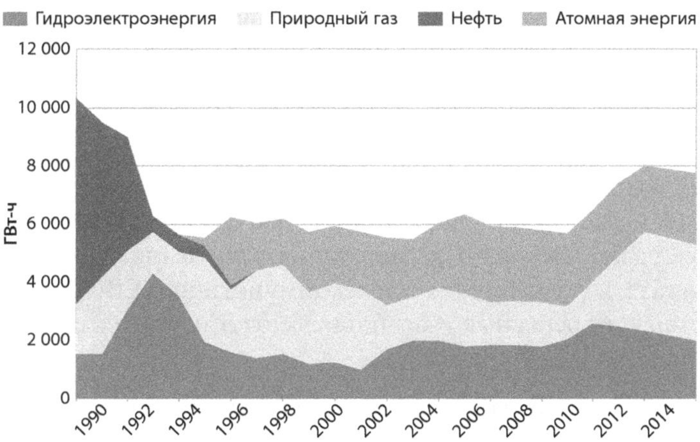

Рисунок 2.4. **Производство электроэнергии с разбивкой по источникам, 2014 г.**

Источник: составлено авторами по данным IEA (2015), МЭПР (2015).

В последние годы наблюдалось беспрецедентное расширение газораспределительной сети. К 2015 году уровень газификации в Армении достиг 95%. В условиях постоянного роста цен на электроэнергию население переходит на использование природного газа для отопления и приготовления пищи там, где это возможно (Sargsyan et al., 2006).

Процессами газификации охвачен и транспортный сектор, где 70% использования топлива в 2014 году пришлось на сжатый (компримированный) природный газ (КПГ). Сжатый природный газ, будучи в 2,5 раза дешевле бензина, рассматривается также в качестве более чистого топлива и основного вида топлива для развития общественного транспорта.

В то же время, система централизованного отопления практически исчезла в Армении после распада Советского Союза и энергетического кризиса начала 1990-годов. Концепция автономного отопления (строительство газовых мини-котельных, обеспечивающих теплом одно или несколько зданий) также не получила распространения. В настоящее время наиболее удобным и современным методом отопления квартир в Армении считаются настенные газовые котлы.

Потребление энергии

Наибольшая доля общего конечного потребления энергии (ОКПЭ) в Армении приходится на жилищно-коммунальный сектор – 36,5% в 2014 году. За ним следуют транспорт (29%), промышленность (18,5%), а также коммерческий и государственный секторы (16%).

На природный газ, используемый во всех секторах конечного потребления и в качестве топлива для производства электроэнергии, в 2014 году приходилось около 62% ОКПЭ. Около 22% ОКПЭ приходится на электроэнергию, потребляемую населением, коммерческим сектором и промышленностью, тогда как нефть и нефтепродукты, на которые приходится 16% ОКПЭ, используются на транспорте, в промышленности и коммерческом секторе (МЭПР, 2015).

Государственное управление и структура собственности в энергетическом секторе

Министерство энергетики и природных ресурсов вырабатывает государственную политику Армении в области энергетики и является основным государственным органом, ответственным за национальный энергетический сектор. За непосредственное регулирование деятельности сектора отвечает Комиссия по регулированию общественных услуг (КРОУ), созданная в 1997 году указом Президента Армении. КРОУ является самостоятельным регулирующим органом; вмешательство других государственных органов в деятельность комиссии не допускается. Комиссия, в состав которой входят несколько членов, отвечает за регулирование в сфере электроэнергетики, природного газа, водоснабжения и телекоммуникаций (EBRD, б.д.). На рис. 2.5 схематически представлены основные участники электроэнергетического и газового секторов Армении.

Электроэнергетический сектор состоит из компаний, независимых друг от друга в правовом и финансовом отношении. Однако его деятельность регулируется на основе модели «единого закупщика» и принципа полного возмещения экономически обоснованных затрат (ПВЭОЗ).

Генерирующий сектор частично приватизирован. По состоянию на март 2016 года в государственной собственности оставались только Ереванская ТЭС и Мецаморская АЭС. Введение тарифов, основанных на принципе ПВЭОЗ (информация о методике расчета представлена в приложении 2.А3) в электроэнергетике дало толчок масштабным инвестициям в генерацию и сети, что привело к значительному повышению надежности электроснабжения (IEA, 2015). Помимо традиционной большой генерации (с использованием природного газа, крупных ГЭС и атомной энергии), в последние годы малая генерация (главным образом, малые ГЭС) пользуется значительным вниманием политических и регулирующих органов, стремящихся повысить разнообразие источников энергоснабжения Армении. Для малых электростанций установлены упрощенные процедуры согласования проектов (МЭПР, 2015).

Распределительная компания ЭСА («Электрические сети Армении») не только приватизирована, но и успела сменить собственников за время, прошедшее с момента приватизации. По итогам приватизации собственником ЭСА стала британская компания «Midland Resources Holding Limited», зарегистрированная в офшорной юрисдикции. В 2005 году «Midland Resources» продала ЭСА российской государственной компании «Интер РАО» (PanARMENIAN, 2005; Aravot, 2015). Позднее «Интер РАО» продала 100% акций ЭСА частной Группе «Ташир», зарегистрированной в России и принадлежащей армянскому бизнесмену.

ЭСА приобретает электроэнергию непосредственно у генерирующих компаний и продает ее потребителям. Поэтому компания имеет три отдельных договора со следующими компаниями: ЗАО «Высоковольтные электрические сети», ЗАО «Расчетный центр» и ЗАО «Оператор электроэнергетической системы» (см. рис. 2.5). Передача электроэнергии остается в государственной собственности: государственное ЗАО «Высоковольтные электрические сети» взимает плату за услуги по передаче в соответствии с тарифами, установленными КРОУ.

Рисунок 2.5. **Структура электроэнергетического и газового секторов Армении**

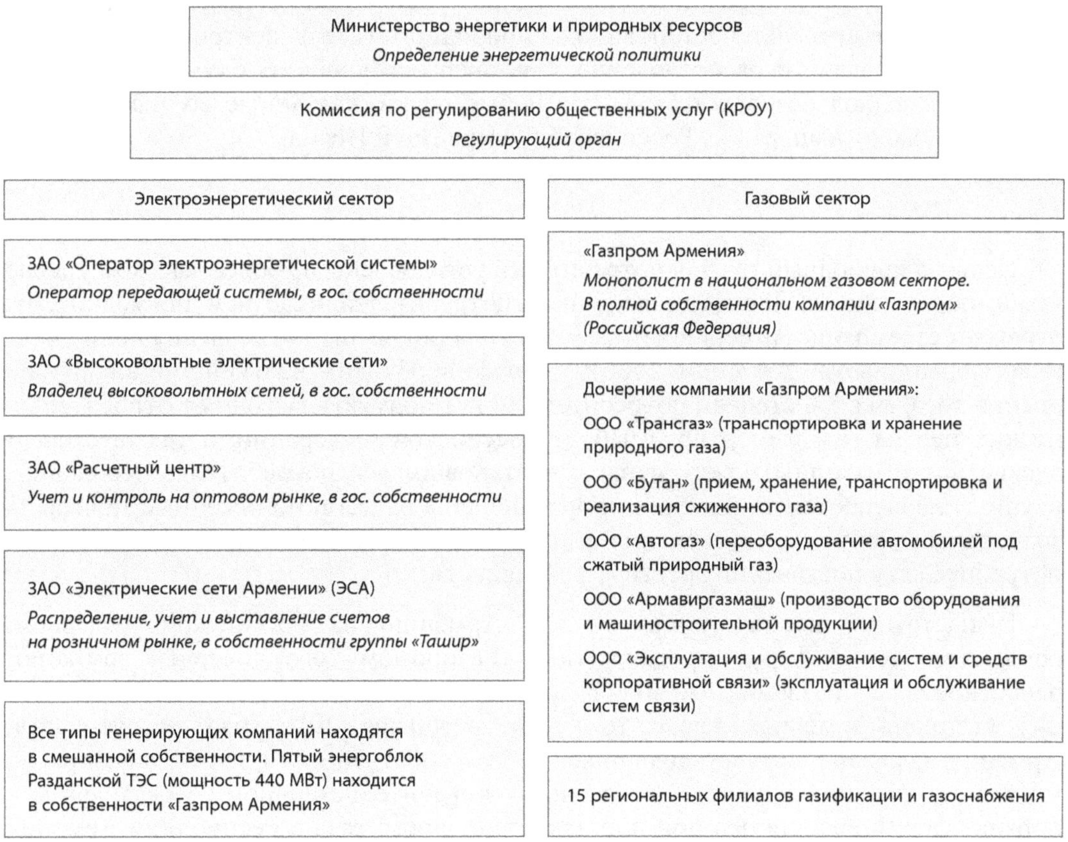

Источник: составлено авторами по данным IEA (2015), Газпрома Армении (2015).

Однако пятилетний срок, на который компании ЭСА было предоставлено исключительное право использования распределительных сетей, истек. Согласно Решению КРОУ 20-А от 20 февраля 2016 года, ЭСА обязана обеспечить доступ других держателей прав на торговлю электроэнергией к распределительным сетям при наличии технической возможности.

Газовая отрасль Армении остается консолидированной и регулируемой; в настоящее время она полностью принадлежит российскому государственному газовому монополисту «Газпром». Правительство Армении использовало остававшиеся в его собственности пакеты акций газовых активов, а именно компании «АрмРосГазпром» и пятого энергоблока Разданской ТЭС (парогазовой установки комбинированного цикла), для погашения задолженности перед «Газпромом» в январе 2014 года. После перехода в полную собственность «Газпрома» компания «АрмРосГазпром» сменила название на «Газпром Армения».

Либерализации рынка природного газа или функционального разделения действующих на нем компаний не предполагается (IEA, 2015). Рынки дизельного топлива и бензина не регулируются. Армения не располагает собственными нефтеперерабатывающими заводами. Импортом дизельного топлива и бензина в страну занимаются 5-6 частных компаний.

Политика ценообразования в энергетическом секторе

Комиссия по регулированию общественных услуг (КРОУ) Армении регулирует цены для потребителей и постановщиков природного газа и электричества, а также тарифы на передачу и распределение этих энергоресурсов. В случае природного газа такой подход позволяет смягчать любые риски, связанные со значительной зависимостью от импорта из Российской Федерации и Ирана.

Природный газ

Цены на природный газ для потребителей установлены на более высоком уровне, чем импортные цены. Тарифы для крупных потребителей ниже, чем для мелких, что отражает стремление Армении к отказу от субсидирования потребления природного газа (Правительство Армении, 2006)[2]. Однако необходим дальнейший анализ для оценки того, в какой степени потребители могут получать выгоду от относительно низких цен на газ, импортируемый из Российской Федерации, а также степени адекватности разницы между ценами постановщика и потребителя. Необходимо изучить, не являются ли низкие импортные цены на газ и пониженные тарифы на значительные объемы потребления факторами, снижающими заинтересованность потребителей в повышении энергоэффективности.

В настоящее время импорт газа в Армению из Российской Федерации осуществляется в форме продажи газа «Газпромом» его дочерней компании, ранее носившей название «АрмРосГазпром». Компания изменила свое название на «Газпром Армения» после того, как в январе 2014 года правительство Армении передало 20% остававшихся в его собственности акций «Газпрому» в счет задолженности. Ранее, согласно межправительственному Соглашению о порядке формирования цен при поставке природного газа в Республику Армения, Российская Федерация отказалась от взимания 30-процентной экспортной пошлины на газ, поставляемый в Армению с 1 апреля 2013 года. Это привело к снижению импортной цены с 270 до 189 долл. США за 1 000 м^3, а в сентябре 2015 года цена снизилась до 165 долл. за 1 000 м^3 (IEA, 2015). В апреле 2016 года импортная цена на газ была вновь пересмотрена в сторону понижения – до 150 долл. за 1 000 м^3 (PanARMENIANet, 2016). Однако наличие и размер потенциальных «международных» субсидий должны оцениваться в контексте возможной упущенной выгоды «Газпрома». Обсуждение этого вопроса продолжается в последующих разделах в контексте выбора базовой цены для оценки субсидий на газ в Армении методом ценовой разницы.

Рост цен на электричество (см. следующий раздел) привел к расширению газораспределительной сети и переходу населения к использованию газа для отопления и приготовления пищи там, где это было возможно (Sargsyan et al., 2006). Природный газ остается источником энергии, относительно доступным с ценовой точки зрения, хотя правительство предоставляет поддержку некоторым социальным группам, включая приграничные общины и малоимущие семьи, частично компенсируя их расходы на газ.

Сжатый (компримированный) природный газ (КПГ)[3] играет важную роль в качестве топлива в транспортном секторе Армении, однако необходимы дальнейшие исследования для уточнения уровней цен и механизмов ценообразования.

Электроэнергия

Электроэнергетический сектор Армении является хорошо известным примером решительной реформы тарифов, последовавшей за распадом Советского Союза и энергетическим кризисом начала 1990-х годов. В конце 1996 года правительство Армении (при поддержке международных доноров) приняло меры, призванные продемонстрировать потребителям связь между качеством услуг и их оплатой. Тарифы на электроэнергию для промышленных, коммерческих и бытовых потребителей были установлены на одинаковом уровне, что стало началом процесса перехода к сбалансированным тарифам и устранения перекрестного субсидирования. В 1997 году Армения встала на путь приватизации электроэнергетики, продав несколько малых ГЭС. Основным источником потерь в существовавшей системе была распределительная компания, отвечавшая за поставку электроэнергии потребителям и сбор платежей. Первые серьезные шаги в направлении приватизации распределительной компании были сделаны в 1998 году. В качестве независимого регулирующего органа была создана Комиссия по регулированию общественных услуг (ранее носившая название Регулирующая комиссия по энергетике Армении, РКЭА). В дальнейшем Закон «Об органе по регулированию общественных услуг» распространил полномочия комиссии на другие секторы, включая водоснабжение, водоотведение и телекоммуникации. При существенной поддержке международных доноров правительство Армении приступило к устранению источников двух основных проблем национального электроэнергетического сектора: коммерческих потерь и неплатежей.

Переустановка приборов учета[4], призванная снизить потери, улучшить сбор платежей и создать условия для внедрения тарифов, основанных на принципе ПВЭОЗ, привела к повышению энергоэффективности, побудив пользователей к инвестициям в более эффективные технологии. Однако в августе 2015 года, стремясь защитить потребителей от нового повышения тарифов, правительство Армении установило тарифы ниже рыночного уровня для уязвимых социальных групп, компенсируя соответствующие потери ЭСА за счет прямых бюджетных трансфертов (см. дополнительную информацию ниже и в таблице 2.A1.1).

В настоящее время тарифы установлены на более высоком или низком уровне для потребителей, подключенных по линиям низкого или высокого напряжения соответственно, причем максимальные тарифы установлены для населения. Такая структура цен отражает более высокие затраты на распределение при низких напряжениях (вследствие более высоких потерь). Таким образом, в отличие от ряда других стран Восточного партнерства ЕС и Центральной Азии, в Армении отсутствует перекрестное субсидирование населения за счет промышленных потребителей.

Цены для поставщиков электроэнергии устанавливаются в индивидуальном порядке. Наивысшие тарифы установлены для тепловой генерации[5] (около 40 драмов за 1 кВт-ч в 2014 г.). Крупные ГЭС и АЭС поставляют электроэнергию по самым низким тарифам (около 10 драмов за 1 кВт-ч), тогда как тарифы для малых ГЭС установлены на промежуточном уровне (около 22 драмов за 1 кВт-ч). Динамика цен для различных производителей существенно различается. Так тариф, установленный для Международной энергетической корпорации («МЭК Гидро») вырос на 21% с 2014 по 2015 годы, тогда как тариф для ГЭС Воротанского каскада снизился на 4% за тот же период. Тариф для энергоблока комбинированного цикла Ереванской ТЭС вырос на 77% с 2013 по 2015 годы, тогда как тариф для Разданской ТЭС за тот же период был повышен всего на 23%. ЭСА приобретает электроэнергию у производителей по индивидуальным тарифам, а при установлении тарифов для потребителей усредняет затраты. Тарифы для различных производителей представлены на рис. 2.6 (численные значения приведены в приложении 2.A2). Такой подход, основанный на усреднении низких затрат в гидроэнергетике и высоких затрат в тепловой генерации, позволяет снизить среднюю цену на электроэнергию и, как следствие, тарифы для потребителей.

Рисунок 2.6. **Среднегодовые тарифы для производителей электроэнергии в Армении, 2011-2015 гг., драмов за 1 кВт-ч**

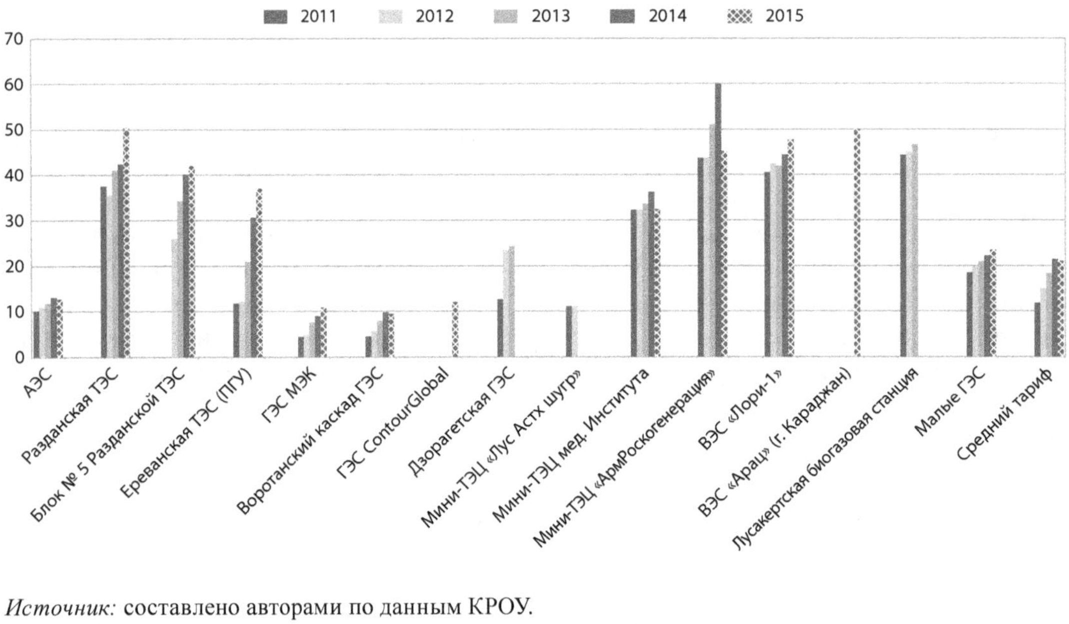

Источник: составлено авторами по данным КРОУ.

Кроме того, эта схема позволяет организовать перекрестное субсидирование электростанций, использующих энергию ветра и биомассы, а также ТЭЦ «АрмРосКогенерация», единственную в Армении когенерационную станцию, поставляющую тепло для жилищного сектора и функционирующую лишь часть года[6]. Например, в 2014 году среднегодовой закупочный тариф для «АрмРосКогенерации» составлял 60,1 драмов за 1 кВт-ч, тогда как максимальный потребительский тариф составлял лишь 41,85 драмов кВт-ч (установленный с 1 августа 2014 года дневной тариф для потребителей, получающих электроэнергию по линии напряжением 380 В, включая бытовых потребителей).

Однако необходим дальнейший анализ затрат на передачу и распределение электроэнергии для установления того, достаточны ли потребительские тарифы для окупаемости деятельности производителей с высокими затратами, или же эти производители получают часть потенциальных доходов производителей с низкими затратами. С учетом крайне низких закупочных тарифов на электроэнергию, установленных для крупных ГЭС Армении, не исключено, что тарифы для производителей организованы таким образом, чтобы использовать потенциальную природно-ресурсную ренту в гидроэнергетическом секторе для снижения средних потребительских тарифов. Такой анализ выходит за рамки задач данного доклада.

Нефтепродукты

Цены на бензин и дизельное топливо в Армении не регулируются. Однако Государственная комиссия по защите экономической конкуренции осуществляет мониторинг цен на бензин и дизельное топливо с целью предотвращения картельного ценообразования и извлечения сверхприбыли в любом сегменте рынка. По данным GIZ (2015), в середине ноября 2014 года средние цены на бензин и дизельное топливо на заправочных станциях Армении составляли 1,25 и 1,15 долл. США за литр соответственно. Этот уровень превышает «зеленый» порог (уровни цен в США), что означает, что потребление топлива в стране скорее облагается налогом, чем субсидируется (см. обсуждение налогообложения энергетического сектора в следующем разделе). В то же время, нефтепродукты не являются основным видом моторного топлива, используемым в Армении. Как отмечено выше, в 2014 году на сжатый природный газ (КПГ) приходилось 70% потребления топлива дорожным транспортом.

Таблица 2.3. **Ценовая политика для различных энергоносителей в Армении**

Энергоноситель	Ценовая политика	Ценовые категории	Уровни цен
Природный газ	Регулируемые цены, метод «затраты плюс». Необходим дальнейший анализ ценообразования на сжатый природный газ.	Цена импорта определяется двусторонним соглашением с Российской Федерацией. Установлены дифференцированные тарифы для потребления <10 000 м³/месяц (включая население) и потребления ≥10 000 м³/месяц (в основном крупные промышленные потребители).	Цена импортируемого газа 189 долл. США за 1 000 м³ с 2013 по 2015 гг. В декабре 2015 г. цена пересмотрена до 165 долл. за 1 000 м³, а в апреле 2016 г. – до 150 долл. за 1 000 м³. С 2013 г. тариф для населения и потребителей <10 000 м³/месяц был установлен на уровне 156 тыс. драмов за 1 000 м³ включая НДС (326,5 долл. по среднему обменному курсу за 2015 г.). С января 2017 г. тариф установлен на уровне 139 тыс. драмов за 1 000 м³. Для потребителей с потреблением ≥10 000 м³/месяц (крупные потребители) тариф с 2013 г. был установлен на уровне 276,98 долл. США за 1 000 м³ (132,4 тыс. драмов по среднему обменному курсу за 2015 г.). С января 2017 г. тариф установлен на уровне 242,1 долл. США за 1 000 м³ и 212 долл. США за 1 000 м³ для сектора по производству консервов, напитков, молочных продуктов.

Таблица 2.3. **Ценовая политика для различных энергоносителей в Армении** *(продолжение)*

Энергоноситель	Ценовая политика	Ценовые категории	Уровни цен
Электричество	Регулируемые цены, метод «затраты плюс».	Закупочные тарифы включают плату за мощность и поставленную электроэнергию; ставки для производителей устанавливаются на индивидуальной основе. Система льготных тарифов для ВИЭ (кроме крупных ГЭС). Тарифы для потребителей дифференцированы в зависимости от времени суток; группы потребителей определяются в зависимости от напряжения энергоснабжения и типа (только население).	Среднегодовые тарифы для производителей в 2015 г. в диапазоне от 9,4 до 50,48 драмов за 1 кВт-ч, включая НДС. Тарифы для потребителей по состоянию на 1 августа 2016 г. в диапазоне от 30,7 (ночной тариф, 110 кВ) до 46,2 (дневной тариф, 380 В) драмов за 1 кВт-ч, включая НДС. Начиная с 1 февраля 2017 года цены для потребителей (дневные тарифы, напряжение 380 В) были пересмотрены и установлены на уровне 44,98 драмов за кВт-ч.
Жидкие нефтепродукты	Не регулируются.	Не регулируются.	Цены на бензин и дизельное топливо на заправочных станциях 1,25 и 1,15 долл. США за литр соответственно в ноябре 2014 г. (GIZ, 2015).

Источник: составлено авторами по данным IEA (2015), МЭПР (2015), КРОУ (2015a).

Налоговая политика

Налоговая система Армении предусматривает семь основных налогов: налог на добавленную стоимость (НДС), налог на прибыль, подоходный налог, налог на имущество, земельный налог, акцизы и т.н. упрощенный налог для малых предприятий и индивидуальных предпринимателей. НДС установлен на уровне 20% облагаемого оборота для всех видов продукции и услуг, включая энергоносители, за исключением дизельного топлива (см. ниже). В таблице 2.4 представлены основные элементы налогообложения в энергетическом секторе по видам деятельности. Ограниченные запасы природных ресурсов являются разумным объяснением отсутствия налогов, ориентированных на обложение ресурсной ренты (например, налога на добычу полезных ископаемых или специального налога на прибыль). В большой гидроэнергетике, единственном секторе, где можно ожидать значительной ресурсной ренты, получение ренты производителями ограничено вследствие низких закупочных тарифов.

В наибольшей степени облагаются налогами бензин, нефтепродукты и нефтяные газы, к которым применимы как НДС, так и акциз.

Дизельное топливо является единственным видом топлива, освобожденным от НДС. В то же время, дизельное топливо облагается акцизом по ставке 10%, но не меньше, чем 35 тыс. драмов за 1 т. Дизельное топливо широко применяется в сельском хозяйстве и некоторых отраслях промышленности, в т.ч. малыми и средним предприятиями. Однако освобождение дизельного топлива от НДС может создавать искаженные стимулы для потребителей и рассматриваться как потенциальная субсидия (выпадающие доходы государственного бюджета в соответствии с методологией ОЭСР) (OECD, 2013). Национальное собрание Армении планирует отменить положение об освобождении дизельного топлива от НДС в рамках нового Налогового кодекса, который должен вступить в силу с 2018 года. Однако, чтобы смягчить воздействие на сельское хозяйство в результате роста цен на топливо, планируется снизить ставку акциза с существующего уровня 35 тыс. драмов за 1 т до 13 тыс. драмов за 1 т.

Как отмечено выше, для всех видов продукции установлена единая ставка НДС (20%), однако ставка акциза варьирует в зависимости от вида топлива (см. табл. 2.4). Акцизом не облагаются два вида топлива: природный газ, который является основным топливом национальной электроэнергетики, и сжатый природный газ (КПГ). С мая 2016 года КПГ, играющий важную роль в транспортном секторе Армении, также будет облагаться акцизом. Соответствующие изменения в законодательство об акцизах были внесены в октябре 2015 года. Акциз на КПГ будут платить компании, осуществляющие заправку транспортных средств сжатым природным газом по ставке 8 330 драмов за 1 000 м^3.

Таблица 2.4. **Налогообложение в энергетическом секторе Армении**

Субъекты налогообложения	Основные налоги: НДС, налог на прибыль, налог на имущество, земельный налог, упрощенный налог	Акциз
«Газпром Армения» как импортер газа и потребители газа	Применяется в установленном порядке	Освобождены от акциза на импортируемый природный газ
Компании, осуществляющие заправку транспортных средств КПГ	Применяется в установленном порядке	Акциз будет взиматься с мая 2016 г. по ставке 8330 драмов за 1 000 м^3
Импортеры и потребители углеводородных продуктов	Все виды топлива, за исключением дизельного, облагаются НДС по ставке 20%	На 2016 г. установлены ставки: • бензин: 25 тыс. драмов за 1 т[a] • дизельное топливо: 10%, но не менее 35 тыс. драмов за 1 т • сжиженный газ: 1 тыс. драмов за 1 т

Примечание: a. Если сумма установленного акциза за 1 т бензина и НДС, исчисленного в соответствии с законодательством, составляет менее 120 тыс. драмов, акцизный налог будет увеличен до такой величины, чтобы сумма акцизного налога и НДС для 1 т бензина составляла 120 тыс. драмов.

Источник: составлено авторами на основе Закона «О налогах» (Министерство финансов, 1997) и Законе «Об акцизном налоге» (Министерство финансов, 2000).

Освобождение импортируемого природного газа от акциза и дифференцированные ставки акциза на другие виды топлива могут оказывать влияние на рыночное поведение потребителей. Необходим дальнейший анализ структуры рынка и механизмов ценообразования для ответа на вопрос, приводит ли существующая практика установления акцизов к искажению рыночных сигналов и в достаточной ли степени эти акцизы учитывают экологические и другие экстерналии (внешние эффекты).

Выбросы парниковых газов и политика в области изменения климата

В 2012 году общие выбросы диоксида углерода в Армении, связанные с производством и потреблением энергии, составили 5,3 млн т. Эта величина составляет лишь четверть выбросов страны в 1990 году. Столь резкое сокращение может быть объяснено снижением потребления энергии и изменениями в топливном балансе, последовавшими за распадом Советского Союза и политическими реформами, включая повышение тарифов на энергию. В Армении 31% выбросов CO_2, связанных с производством и потреблением энергии, приходится на электроэнергетику, за которой следуют транспорт (23%), жилой сектор (20%), промышленное производство (12%), сельское хозяйство (8%) и сектор коммерческих и прочих услуг (6%).

Армения ратифицировала Киотский протокол в 2002 году в качестве Стороны, не включенной в Приложение I, что не предполагает количественных обязательств по сокращению выбросов парниковых газов (ПГ) в период осуществления Протокола. Тем не менее, Армения поддерживает цели Рамочной конвенции ООН об изменении климата (РКИК ООН), и действия по снижению выбросов ПГ соответствуют национальным целям страны в области экономики, энергетики и охраны окружающей среды.

В последние годы Армения приняла ряд законов и подзаконных актов, а также разработала и осуществляла национальные и отраслевые программы, призванные содействовать переходу к устойчивому развитию и модели развития с пониженными выбросами ПГ. Рамочные документы в данной области включают Ожидаемый национально определенный вклад Республики Армения в рамках РКИК ООН (Правительство Армении, 2015), Концепцию обеспечения энергетической безопасности Республики Армения (принята в 2013 году), Инвестиционный план для Программы по наращиванию использования возобновляемых источников энергии (SREP, принят в 2014 году), План действий в области энергетической безопасности (принят в 2014 году) и План развития энергетики Армении с минимальными затратами (2015 год).

Основные правовые акты, имеющие отношение к данной сфере, включают:

- Закон Республики Армения «Об охране атмосферного воздуха» (1994 год, с поправками, принятыми в 2008 году);
- Закон Республики Армения «Об энергетике» (2001 год, с поправками, принятыми в 2014 году, новые поправки включены в повестку дня Национального собрания);
- Закон Республики Армения «Об энергосбережении и возобновляемой энергетике» (2004 год, с поправками, принятыми в 2011 году, новые поправки включены в повестку дня Национального собрания);
- Закон Республики Армения «Об отходах» (2004 год);
- Лесной кодекс Республики Армения (2005 год).

Армения планирует и реализует дальнейшие мероприятия по борьбе с изменением климата. Основной предусмотренной мерой по снижению выбросов является строительство новой атомной электростанции мощностью 600 МВт к 2026 году. Другие существенные реализованные, реализуемые или планируемые меры включают следующие проекты и инициативы (см. приложение 2.A4):

- Повышение энергоэффективности в муниципальном теплоснабжении (реализовано, проект ПРООН-ГЭФ «Устранение барьеров для повышения энергоэффективности в муниципальном теплоснабжении и горячем водоснабжении», грант ГЭФ, грант Всемирного банка, местные бюджеты);
- Проект по повышению энергоэффективности (Всемирный банк, фонд R2E2, грант ГЭФ, дополняющий ресурсы правительства Армении, и кредитование из револьверного фонда R2E2);
- Повышение энергоэффективности зданий (Министерство охраны природы, Министерство градостроительства, ПРООН, проект ПРООН-ГЭФ «Повышение энергоэффективности зданий», грант ГЭФ);
- Городское зеленое освещение (проект ПРООН-ГЭФ «Городское зеленое освещение», грант ГЭФ, правительство Армении, органы местного самоуправления);

- Проект по модернизации системы уличного освещения Еревана (ЕБРР, Министерство охраны природы, муниципалитет Еревана, суверенный кредит ЕБРР);
- Фонд зеленого роста (кредитное соглашение по укреплению кредитного потенциала Банка Республики Армения в сфере поддержки проектов по повышению энергоэффективности на уровне малого и среднего бизнеса);
- Проект Европейской комиссии «Поддержка участия городов стран Восточного партнерства и Центральной Азии в Соглашении мэров».

Определение и обсуждение энергетических субсидий

Законодательство Армении не содержит какого-либо развернутого определения субсидий. Тем не менее, следующая краткая формулировка, приведенная в Постановлении правительства № 1937-Н (Правительство Армении, 2003), является примером кодификации субсидий в национальном законодательстве:

> «Возмещение ущерба (или его части), понесенного компанией вследствие того, что цена продукции, экспорта, импорта, работ и услуг находится на уровне ниже минимальной цены, обеспечивающей рентабельность, в результате государственного задания и/или установления цены государственными органами… Субсидия не должна выделяться для приобретения капитальных активов или увеличения уставного капитала, а также увеличения дохода компании от ее текущей деятельности.»

Определяя меры поддержки сельского хозяйства в контексте членства во Всемирной торговой организации (ВТО), Постановление правительства № 2310-Н (2005) определяет субсидию как «безвозмездный бюджетный трансферт субъектам экономической деятельности» и упоминает такие механизмы, используемые в других странах, как фиксированные закупочные цены, ценовая поддержка посредством импортных квот и пошлин, поддержка обработки земель и поддержка приобретения средств производства.

С оговоркой о неполноте информации, доступной в настоящее время, представляется, что в практике законодательной и регулирующей деятельности в Армении понятие субсидий используется лишь в простейшей форме: прямые трансферты (см. рис. 2.7). В то же время, понятия «государственной поддержки»

Рисунок 2.7. **Что включается в определение субсидий в национальном законодательстве Армении?**

Включено в национальные определения «субсидии» и «господдержки»

Включено только в национальное определение «господдержки»

Не включено в национальные определения «субсидии» и «господдержки»

Прямые бюджетные трансферты	Выпадающие налоговые доходы	Вторичные трансферты	Передача рисков государству	Источники информации
				Постановление № 1937-Н, 2003; Постановление № 2310-Н, 2005

Источник: составлено авторами.

и «государственной помощи» применительно к энергетическому сектору также не используются с достаточной степенью ясности.

Правительство Армении не публикует собственных оценок субсидий на ископаемые виды топлива. Имеются два международных исследования по данной теме, затрагивающих Армению: публикация Всемирного банка *«Проведение реформ энергетических субсидий – опыт развивающихся стран»* (Vagliasindi, 2013) и анализ государственных расходов, также выполненный Всемирным банком (World Bank, 2014b).

В докладе INOGATE «Обзор тарифов на энергию в странах – партнерах INOGATE» (июнь 2015 года) также высказано предположение о том, что неявное субсидирование может иметь место в рамках сделки с Ираном по обмену электроэнергии на газ. Однако этот вопрос нуждается в дальнейшем исследовании и подтверждении выводов (при этом анализ подобных трансграничных субсидий выходит за рамки задач данного доклада).

В таблице 2.5 приведена сводка результатов ранее выполненных исследований и наилучших знаний, имеющихся на данный момент, организованных по типу субсидий. Эта сводка является отправной точкой для анализа в последующих разделах.

Таблица 2.5. **Обзор субсидий**

Энергетические субсидии	Основные результаты
Прямой перевод бюджетных средств и обязательства по такому переводу	• Включено в национальное определение субсидий (за исключением обязательств) • Уязвимые социальные группы оплачивают энергию по пониженным тарифам, а энергетические компании получают компенсацию за понесенные в результате этого убытки; перечень семей, имеющих право на такие льготы, утверждается правительством, которое также ежемесячно учитывает выделяемые средства
Налоговые расходы (выпадающие налоговые доходы)	• Не включены в национальное определение субсидий • Оценки выпадающих налоговых доходов не публикуются правительством Армении • Дизельное топливо не облагается НДС, а природный газ освобожден от акциза • Правительство Армении приняло решение отменить норму об освобождении КПГ от акциза с 1 мая 2016 года
Вторичные (косвенные) трансферты (поддержка доходов или цен в интересах производителей или потребителей, закрепленная в различных нормативных документах)	• Не включены в национальное определение субсидий • Оценки методом ценовой разницы не выполнялись МЭА и другими международными организациями
Передача рисков государству	• Не включена в национальное определение субсидий • Вопрос не обсуждается в сколько-нибудь значительной степени

Источник: составлено авторами.

Государственная поддержка ископаемых видов топлива

Объемы энергетических субсидий в Армении ограничены по сравнению с некоторыми сопоставимыми странами в регионе Восточного партнерства ЕС и Центральной Азии. В целом, политика Армении не направлена на субсидирование ни потребления, ни производства энергии. Однако сочетание инвентаризации субсидий методом «снизу вверх» (оценки отдельных видов субсидий с последующим суммированием) и анализа методом ценовой разницы позволяет выявить несколько видов субсидий на ископаемые виды топлива, применяемых в Армении.

Оценка субсидий на потребление методом ценовой разницы

Хотя Международное энергетическое агентство (МЭА) публикует выполненные методом ценовой разницы оценки субсидий конечным потребителям ископаемых видов топлива и электроэнергии для большинства стран, для Армении подобные оценки отсутствуют. Основной причиной этого является отсутствие таких субсидий в Армении, что подтверждается расчетами в данном докладе. Тем не менее, в интересах сопоставимости мы приводим краткое обсуждение возможного применения метода ценовой разницы к ценообразованию на природный газ в Армении. Это обсуждение следует той же логике, что и анализ для других стран Восточного партнерства.

Ценовая разница = Базовая цена – Нетто-тариф

Субсидия = Ценовая разница × Объем потребления

С учетом того, что Армения является нетто-импортером энергоресурсов, в качестве базовой цены принята цена импортируемого газа (табл. 2.6). Средневзвешенный тариф на газ в Армении выше базовой цены (отсюда отрицательные значения в результатах расчетов), что означает отсутствие субсидирования внутреннего потребления газа.

Таблица 2.6. **Оценка субсидий на потребление газа в Армении в 2015 г. методом ценовой разницы (долл. США 2015 г. в номинальном выражении)**

Группы потребителей	Доля	Нетто-тариф, за 1 000 м³	Брутто-тариф, за 1 000 м³	Объем, млрд м³	Закупочная цена, за 1 000 м³	Ценовая разница, за 1 000 м³	Субсидия, млн долл.
Население	37%	272	326	0,927129	165	-107	-99
Промышленность и транспорт	63%	231	277	1,594481	165	-66	-105
Всего				**2,52161**			**0**
Средневзвешенное значение			**295**			**-81**	

Источник: оценки авторов по данным World Bank (2015), КРОУ (2015), Rate.Am (2015).

Однако вопросы, связанные с налогообложением природного газа и его адекватностью, находятся за рамками метода ценовой разницы; для их анализа лучше использовать инвентаризацию субсидий методом «снизу вверх», которая обсуждается в следующем разделе.

Инвентаризация мер государственной поддержки ископаемых видов топлива методом «снизу вверх»

В табл. 2.7а и 2.7б перечислены выявленные в Армении шесть типов субсидий на ископаемые виды топлива. Более подробное описание каждой схемы приведено в приложении 2.А1. В табл. 2.8 приведены сведения о методиках, использованных для количественной оценки каждого вида субсидий.

Таблица 2.7 а. **Оценка основных субсидий на ископаемые виды топлива в Армении, млн драмов**

Субсидия	Вид субсидии	2011	2012	2013	2014	2015
Компенсация населению за повышение тарифов на электроэнергию	Субсидия на потребление, прямой бюджетный трансферт	н.п.	н.п.	н.п.	н.п.	3450 [a]
Компенсация затрат на оплату природного газа для малообеспеченных семей	Субсидия на потребление, прямой бюджетный трансферт	544	516	1 053	646	нет данных
Социальная поддержка приграничных общин	Субсидия на потребление, прямой бюджетный трансферт	н.п.	н.п.	н.п.	н.п.	928
Освобождение от НДС на дизельное топливо	Субсидия на потребление, выпадающие налоговые доходы	8 932	10 919	10 585	10 932	7 613
Освобождение от акциза на импортируемый природный газ [б]	Субсидия на потребление, выпадающие налоговые доходы	1 448	1 719	1 653	1 716	1 660
Освобождение от акциза на сжатый природный газ [б]	Субсидия на потребление, выпадающие налоговые доходы	3 018	3 482	3 790	4 013	4 037
Общая количественная оценка субсидий		**13 943**	**16 636**	**17 081**	**17 306**	**17 688**

Примечания: а. Оценка за август – декабрь 2015 г.

б. В данном случае существует возможность двойного счета, поскольку акциз взимается лишь один раз – он не может сначала взиматься с импортируемого газа, а затем с доли импорта, используемой в качестве топлива в виде КПГ. Однако ставки акциза существенно варьируют в зависимости от вида продукции и ее использования. Базовая ставка акциза на импортируемый природный газ, используемая в этих расчетах, значительно ниже, чем ставка акциза на КПГ, которая будет применяться в Армении с 1 мая 2016 года. В выполняемых ОЭСР оценках методом «снизу вверх» обычно допускается возможность двойного счета и не принимается мер по ее полному устранению.

н.п. – неприменимо.

Источник: расчеты авторов на основе данных предоставленных МЭПР и Армстат (2011, 2012, 2013, 2014, 2015б).

Таблица 2.7 б. **Оценка основных субсидий на ископаемые виды топлива в Армении, млн долл. США**

Субсидия	Вид субсидии	2011	2012	2013	2014	2015
Компенсация населению за повышение тарифов на электроэнергию	Субсидия на потребление, прямой бюджетный трансферт	н.п.	н.п.	н.п.	н.п.	7,22 [a]
Компенсация затрат на оплату природного газа для малообеспеченных семей	Субсидия на потребление, прямой бюджетный трансферт	1,46	1,28	2,57	1,55	нет данных
Социальная поддержка приграничных общин	Субсидия на потребление, прямой бюджетный трансферт	н.п.	н.п.	н.п.	н.п.	1,94
Освобождение от НДС на дизельное топливо	Субсидия на потребление, выпадающие доходы бюджета	23,98	27,18	25,85	26,29	15,93
Освобождение от акциза на импортируемый природный газ [б]	Субсидия на потребление, выпадающие доходы бюджета	3,89	4,28	4,04	4,13	3,47
Освобождение от акциза на сжатый природный газ [б]	Субсидия на потребление, выпадающие доходы бюджета	8,10	8,67	9,25	9,65	8,45
Общая количественная оценка субсидий		**37**	**41**	**42**	**42**	**37**

Примечания: а. Оценка за август – декабрь 2015 г.

б. В данном случае существует возможность двойного счета, поскольку акциз взимается лишь один раз – он не может сначала взиматься с импортируемого газа, а затем с доли импорта, используемой в качестве топлива в виде КПГ. Однако ставки акциза существенно варьируют в зависимости от вида продукции и ее использования. Базовая ставка акциза на импортируемый природный газ, используемая в этих расчетах, значительно ниже, чем ставка акциза на КПГ, которая будет применяться в Армении с 1 мая 2016 года. В выполняемых ОЭСР оценках методом «снизу вверх» обычно допускается возможность двойного счета и не принимается мер по ее полному устранению.

н.п. – неприменимо.

Источник: расчеты авторов на основе данных предоставленных МЭПР и Армстат (2011, 2012, 2013, 2014, 2015б).

Таблица 2.8. **Методы, использованные для количественной оценки субсидий на ископаемое топливо в Армении**

Схема субсидий	Метод количественной оценки
Компенсация населению за повышение тарифов на электроэнергию	Использованы данные об объеме субсидий из официальных правительственных источников (Министерство энергетики и природных ресурсов Республики Армения)
Компенсация затрат на оплату природного газа для малообеспеченных семей	Использованы данные об объеме субсидий из официальных правительственных источников (Министерство энергетики и природных ресурсов Республики Армения)
Социальная поддержка приграничных общин	Использованы данные об объеме субсидий из официальных правительственных источников (Министерство территориального управления и по чрезвычайным ситуациям Республики Армения)
Освобождение от НДС на дизельное топливо	Расчеты авторов: применение стандартной ставки НДС (20%) к общей стоимости импортируемого дизельного топлива
Освобождение от акциза на импортируемый природный газ [a]	Расчеты авторов: применение соответствующей ставки акциза (1 000 драмов/т, коэффициент пересчета для газа 0,7 кг на 1 м^3) к общему объему импортируемого газа
Освобождение от акциза на сжатый природный газ[a]	Расчеты авторов: ретроспективное применение ставки, действующей с 1 мая 2016 года (8330 драмов за 1 000 м^3) к объемам КПГ, потребленным в предшествующие периоды

Примечание: a. В данном случае существует возможность двойного счета, поскольку акциз взимается лишь один раз – он не может сначала взиматься с импортируемого газа, а затем с доли импорта, используемой в качестве топлива в виде КПГ. Однако ставки акциза существенно варьируют в зависимости от вида продукции и ее использования. Базовая ставка акциза на импортируемый природный газ, используемая в этих расчетах, значительно ниже, чем ставка акциза на КПГ, которая будет применяться в Армении с 1 мая 2016 года. В выполняемых ОЭСР оценках методом «снизу вверх» обычно допускается возможность двойного счета и не принимается мер по ее полному устранению.

Источник: составлено авторами.

Обобщенно, выявленные субсидии можно разделить на две основные категории: поддержка социально незащищенных групп населения в форме прямых бюджетных трансфертов (предоставляемых не самим потребителям, а энергетическим компаниям в качестве компенсации за поставку энергоресурсов по льготным ценам) и выпадающие налоговые доходы бюджета в результате пониженного налогообложения топлива. Выгодоприобретателями во всех случаях являются потребители.

Правительство Армении реализует три схемы субсидирования, ориентированные на поддержку социально незащищенных групп: компенсация за повышение тарифов на электричество (с августа 2015 года – семьям, потребляющим 250 кВт-ч электроэнергии в месяц, и субъектам малого предпринимательства, потребляющим до 500 кВт-ч в месяц), частичная компенсация затрат на оплату природного газа малообеспеченным семьям и поддержка приграничных сообществ.

Во всех случаях субсидии адресованы потребителям по спискам, утвержденным соответствующими государственными органами. Согласно официальным данным, одна пятая населения Армении живет за чертой бедности (IMF, 2011), а по неофициальным оценкам этот показатель значительно выше. Повышение цен на электричество и природный газ, а также вызванный им рост цен на продукты питания и предметы первой необходимости способны усилить недовольство правительством. Хотя формально субсидии предназначены для поддержки потребления энергии, можно утверждать, что данные три схемы представляют собой скорее меры социальной защиты населения, чем инструменты стимулирования энергопотребления.

В 2015 году правительство осуществляло компенсацию населению за повышение тарифов на электроэнергию в форме прямых бюджетных трансфертов. Однако правительство Армении отказалось от этой формы субсидий одновременно со снижением тарифа на электроэнергию с 1 августа 2016, обусловленным снижением цены на импортируемый газ. Снижение тарифа свело к минимуму воздействие отмены субсидий на потребителей.

Правительство Армении недополучает бюджетные доходы в результате отказа от налогообложения некоторых видов топлива: освобождение от НДС (стандартная ставка которого составляет 20%) на импортируемое дизельное топливо, а также от акцизов на импортируемый природный газ и на сжатый природный газ (к другим видам топлива применяются различные ставки акциза).

Освобождение от НДС на дизельное топливо значительно опережает по объему другие виды энергетических субсидий, предоставляемых в Армении – в период, охваченный исследованием, общий объем данной субсидии составлял около 25 млн долл. в год. Дизельное топливо является основным видом топлива, используемым в сельской местности, и его освобождение от НДС рассматривается в качестве инструмента поддержки развития сельских районов. При этом освобождение от НДС на дизельное топливо частично компенсируется за счет более высокого акциза на это топливо. Однако в рамках подготовки нового Налогового кодекса, который должен вступить в силу с 2018 года, обсуждается возможность отмены нормы об освобождении от НДС на дизельное топливо. При этом для компенсации последствий повышения цен для сельского хозяйства акциз на дизельное топливо будет снижен с 35 тыс. драмов до 13 тыс. драмов за 1 т. В целом, представляется, что освобождение от НДС на дизельное топливо не создает существенных искажений на национальном рынке моторного топлива, поскольку на этом рынке преобладает КПГ.

Природный газ используется в качестве топлива для производства электроэнергии, приготовления пищи и отопления, а также моторного топлива (в виде КПГ). Поэтому освобождение от акциза отвечает интересам всех этих секторов и групп потребителей. Армения уже приступила к реформе данного вида субсидий, введя акциз на наиболее «экономически выгодное» применение природного газа – использование КПГ в качестве моторного топлива. С 1 мая 2016 к КПГ будет применяться акциз по ставке 8 330 драмов за 1 000 $м^3$.

В Армении не выявлены субсидии для производителей и другие формы субсидий для потребителей, помимо перечисленных выше. В то же время схемы импорта и экспорта с участием Российской Федерации и Ирана, а также льготные кредиты, предоставляемые многосторонними банками развития, могут оказывать косвенное влияние на конечные цены на топливо в Армении. Этот вопрос требует дальнейших исследований, которые выходят за рамки задач данного доклада.

Направлением внешней торговли, заслуживающим особого внимания, является импорт топлива из Российской Федерации. И Армения, и Российская Федерация являются членами Евразийского экономического союза и Таможенного союза. По этой причине Российская Федерация не облагает экспортной пошлиной топливо, поставляемое в Армению и Беларусь. Тем не менее, тарифы на газ для армянских потребителей, хотя и ниже, чем в европейских странах, заметно превышают аналогичные тарифы в соседних странах. Компания «Газпром Армения» является крупнейшим налогоплательщиком в стране.

Цена продажи газа, импортируемого в Армению (на границе), до некоторой степени является внутренним вопросом «Газпрома», который поставляет газ компании «Газпром Армения» – своему дочернему предприятию, находящемуся в полной собственности. Однако Министерство энергетики регулирует цену импорта. Кроме того, недавнее снижение цены импортируемого газа на границе не оказало влияния на конечных потребителей, что позволяет рассматривать данную ситуацию как дополнительные инвестиции в собственный бизнес компании, а не субсидирование потребления.

Кроме того, энергетический сектор Армении традиционно пользуется поддержкой многосторонних банков развития. В частности, 19 февраля 2016 года правительство Армении объявило о получении кредита в размере 30 млн долл. США от Всемирного банка на льготных условиях. Средства будут предоставлены государственным электростанциям – Мецаморской АЭС и Ереванской ТЭС для погашения краткосрочных кредитов, предоставленных армянскими коммерческими банками. По сообщению бывшего министра энергетики, срок погашения кредита, предоставленного по льготной ставке (1,5% годовых), составит 30 лет. Средства на погашение части задолженности, образовавшейся в результате неплатежей со стороны ЭСА за электроэнергию, производимую Мецаморской АЭС и Ереванской ТЭС (22,4 млрд драмов или 45,2 млн долл. США), были включены в новые тарифы на электроэнергию, действующие с 1 августа 2015 года, и выплачиваются ежемесячно. Задолженность перед Мецаморской АЭС и Ереванской ТЭС должна быть полностью погашена к 31 июля 2016 года (Harutyunyan, 2016).

Государственная поддержка энергоэффективности

В ходе данного исследования не было выявлено никаких мер государственной поддержки энергоэффективности в Армении, которые подпадали бы под определение субсидий. В то же время Армения реализовала ряд программ по повышению энергоэффективности при поддержке международных доноров, включая Всемирный банк и Международную финансовую корпорацию, Немецкий государственный банк развития KfW, Глобальный экологический фонд, Европейский банк реконструкции и развития и Азиатский банк развития. Несколько таких программ реализуются или планируются в настоящее время (см. приложение 2.A4).

Государственная поддержка ВИЭ

В Армении предусмотрены как гарантии закупок, так и льготные закупочные тарифы на электроэнергию, произведенную малыми ГЭС, ветровыми установками, малыми солнечными (фотоэлектрическими) установками и биогазовыми станциями.

Законом «Об энергетике» установлена норма о гарантированной закупке 100% электроэнергии, производимой на основе ВИЭ, по тарифам, устанавливаемым КРОУ, в течение первых пятнадцати лет эксплуатации соответствующих установок. В целях дальнейшего стимулирования использования ВИЭ, поправки к закону «Об энергетике», принятые в 2014 году, продлили период гарантированной закупки с 15 до 20 лет. Эта норма, наряду с целевыми программами кредитования, осуществляемыми местными банками при поддержке Всемирного банка, ЕБРР, ЮНЕП/ГЭФ и KfW, создает стимулы для развития генерации на основе энергии ветра, солнца, биомассы и геотермальной энергии в Армении.

Однако устанавливаемые тарифы для ГЭС заметно ниже, чем тарифы для населения и закупочные тарифы для тепловых электростанций. На практике низкая себестоимость гидрогенерации используется для снижения средней стоимости электроэнергии. Напротив, тарифы для ветровых и биогазовых станций установлены на относительно высоком уровне. Это позволяет утверждать, что льготный тариф является источником субсидий в форме косвенного трансферта в пользу этих двух видов ВИЭ (см. приложение 2.А2). Однако на данный момент доля ветра и биогаза в общей структуре топливного баланса Армении остается крайне незначительной.

Льготный тариф для солнечных установок устанавливается только с 2015 года. В настоящее время большинство производителей электричества с использованием энергии солнца являются автономными, т.е. производят электроэнергию для собственных нужд. Ожидается, что с установлением льготных тарифов некоторые из этих производителей начнут поставлять электроэнергию в сеть. Однако в настоящее время эти тарифы установлены на уровне, составляющем лишь около 50% от уровня тарифов, ежемесячно устанавливаемых КРОУ для различных групп потребителей.

Приложение 2.A1

Субсидии на ископаемые виды топлива в Армении

Таблица 2.A1.1. **Компенсация за повышение тарифов на электроэнергию**

Категория субсидии	Субсидирование потребления, прямой бюджетный трансферт компании «Электрические сети Армении» (ЭСА), с 1 августа 2015 года
Стимулируемые виды деятельности	Потребление электроэнергии малообеспеченными семьями, потребляющими менее 250 кВт-ч в месяц, и субъектами малого предпринимательства, потребляющими до 500 кВт-ч в месяц
Наименование субсидии	**Возмещение затрат на поставку электроэнергии семьям, потребляющим менее 250 кВт-ч в месяц, и субъектам малого предпринимательства, потребляющим до 500 кВт-ч в месяц**
Административный уровень	Национальный
Законодательный акт/орган	Министерство энергетики и природных ресурсов Республики Армения
Цель государственной политики	Частичная компенсация малообеспеченным семьям за повышение тарифов на электроэнергию
Конечные получатели субсидии	Семьи (604 000 из 766 889 бытовых абонентов, или около 79%), потребляющие до 250 кВт-ч электроэнергии в месяц, или субъекты малого предпринимательства, потребляющие до 500 кВт-ч в месяц
Период применения	С 1 августа 2015 года в течение 1 года (предварительное решение)
Краткая справка	Единая распределительная компания Армении, «Электрические сети Армении» (ЭСА), обратилась к Комиссии по регулированию общественных услуг (КРОУ) с официальной просьбой о повышении тарифов на электроэнергию на 40% (17,08 драмов за кВт-ч, включая НДС, для населения). Это повышение цен вызвало массовые протесты; в частности, протестующие заблокировали главную улицу в Ереване, столице Армении. Однако КРОУ решила повысить тариф для населения на 6,93 драмов за кВт-ч (16,5%). Это решение вступило в силу 1 августа 2015 г. Для компенсации потерь ЭСА в результате поставок энергии малообеспеченным потребителям по регулируемым тарифам, правительство осуществляет ежемесячные бюджетные трансферты компании. Средства выделяются из государственного бюджета после утверждения Министерством энергетики и природных ресурсов, которое ежемесячно рассчитывает размер компенсации на основе данных, предоставленных ЭСА. Затраты на реализацию данной схемы будут покрыты за счет средств, полученных от приватизации Воротанского каскада ГЭС.
Размер предоставленной субсидии	Август 2015 г.: 1 008,10 млн драмов или 2,10 млн долл. США Сентябрь 2015 г.: 923,80 млн драмов или 1,92 млн долл. США Октябрь 2015 г.: 558,00 млн драмов или 1,18 млн долл. США Ноябрь 2015 г.: 509,4 млн драмов или 0,94 млн долл. США Декабрь 2015 г.: 451,1 млн драмов или 0,93 млн долл. США Всего (август – декабрь 2015 г.): 3 450,4 млн драмов или 7,07 млн долл. США
Источники информации	Данные предоставлены Министерством энергетики и природных ресурсов Республики Армения

Таблица 2.A1.2. **Компенсация затрат на природный газ для малообеспеченных семей**

Категория субсидии	Субсидирование потребления, прямой бюджетный трансферт компании «Газпром Армения» (ранее – ЗАО «АрмРосГазпром»)
Стимулируемые виды деятельности	Потребление природного газа малообеспеченными семьями
Наименование субсидии	**Частичная компенсация затрат на поставки природного газа для малообеспеченных семей**
Административный уровень	Национальный
Законодательный акт/орган	Постановление правительства Республики Армения от 15 сентября 2011 г. № 1327-А «О частичной компенсации тарифов на природный газ, поставляемый малообеспеченным семьям, подлежащих уплате ЗАО "АрмРосГазпром"» (с 2015 года компания носит название «Газпром Армения»)
	Постановление правительства РА: 29 декабря 2011 г., № 1888-А Постановление правительства РА: 31 марта 2011 г., № 335-Н Постановление правительства РА: 22 марта 2012 г., № 331-А Постановление правительства РА: 14 июня 2012 г., № 743-А Постановление правительства РА: 20 сентября 2012 г., № 1186-А Постановление правительства РА: 27 декабря 2012 г., № 1651-А Постановление правительства РА: 7 марта 2013 г., № 213-А Постановление правительства РА: 6 июня 2013 г., № 574-А Постановление правительства РА: 17 апреля 2014 г., № 425-А
Цель государственной политики	Мера социальной защиты малообеспеченных семей
Конечные получатели субсидии	Список малообеспеченных семей утверждается Министерством труда и социальных вопросов
Период применения	2011 – настоящее время. Конкретные периоды и объемы компенсаций устанавливаются в каждом постановлении правительства
Краткая справка	Согласно официальным данным, одна пятая населения Армении живет за чертой бедности (IMF, 2011), тогда как неофициальные оценки значительно выше. Малообеспеченные семьи платят за потребляемый природный газ по сниженному тарифу. Список семей, на которые распространяется данная льгота, утверждается правительством. В последние годы малообеспеченные семьи Армении платят всего 100 драмов за 1 м^3 природного газа, тогда как полный тариф составлял 132 драма за 1 м^3 в 2012-2013 годах и был повышен до 156 драма за 1 м^3 (0,38 долл. США) в 2014 году. Правительство компенсирует компании «Газпром Армения» разницу между себестоимостью газа и регулируемыми тарифами для малообеспеченных семей в форме ежемесячных бюджетных трансфертов. Средства выделяются из государственного бюджета после утверждения Министерством энергетики и природных ресурсов, которое ежемесячно рассчитывает размер компенсации на основе данных, предоставленных «Газпром Армения».
Размер предоставленной субсидии	2011 г.: 543,5 млн драмов или 1,5 млн долл. США 2012 г.: 516,0 млн драмов или 1,3 млн долл. США 2013 г.: 1 053,0 млн драмов или 2,6 млн долл. США 2014 г.: 646,2 млн драмов или 1,6 млн долл. США 2015 г.: нет данных. Всего (2011-2015 гг.): 2 758,7 млн драмов или 6,9 млн долл. США
Источники информации	Данные предоставлены Министерством энергетики и природных ресурсов Республики Армения

Таблица 2.A1.3. **Социальная поддержка приграничных общин Республики Армения**

Категория субсидии	Субсидирование потребления, прямой бюджетный трансферт
Стимулируемые виды деятельности	Потребление электроэнергии и природного газа в приграничных сообществах
Наименование субсидии	**Социальная поддержка семей в приграничных общинах Республики Армения**
Административный уровень	Национальный
Законодательный акт/орган	Закон Республики Армения 203-Н от 1 декабря 2014 года «О социальной поддержке приграничных общин» (действует с 01.01.2015 по 01.01.2018)
Цель государственной политики	Социальная поддержка
Конечные получатели субсидии	Потребители в приграничных общинах
Период применения	С 1 января 2015 года по 31 декабря 2017 года
Краткая справка	Армянское население приграничных общин является наименее защищенной группой населения вследствие военных действий на границе. Правительство стремится в достаточной степени защитить их от повышения тарифов на электроэнергию и природный газ. Правительство Армении компенсирует потребителям из приграничных общин, как минимум, 50% стоимости потребленной электроэнергии и природного газа, что способствует сокращению бедности в сельских районах. Список потребителей из приграничных общин утверждается Министерством труда и социальных вопросов и Министерством территориального управления и развития.
Размер предоставленной субсидии	2015 г.: 928 млн драмов или 1,94 млн долл. США
Источники информации	Данные предоставлены Министерством энергетики и природных ресурсов Республики Армения

Таблица 2.A1.4. **Освобождение от НДС на дизельное топливо**

Категория субсидии	Субсидирование потребления, выпадающие налоговые доходы
Стимулируемые виды деятельности	Потребление дизельного топлива в сельском хозяйстве и другой деятельности
Наименование субсидии	**Освобождение от НДС на дизельное топливо**
Административный уровень	Национальный
Законодательный акт/орган	Закон Республики Армения «О налоге на добавленную стоимость» (ЗР-118 14.05.1997, с дополнениями и изменениями согласно 26.12.97 ЗР-177, 28.12.98 ЗР-276, 26.12.00 ЗР-126, 14.12.01 ЗР-288, 11.12.02 ЗР-478-Н, 27.11.06 ЗР-189-Н, 21.08.08 ЗР-146-Н, 26.12.08 ЗР-246-Н, 08.12.10 ЗР-192-Н, 22.12.10 ЗР-208-Н, 15.04.11 ЗР-126-Н, 06.12.11 ЗР-334-Н, 19.12.12 ЗР-240-Н, 12.11.13 ЗР-111-Н, 21.06.14 ЗР-129-Н, 07.05.15 ЗР-41-Н, и др.) Статья 15. Операции по импорту и реализации дизельного топлива освобождаются от НДС
Цель государственной политики	Укрепление экономической и продовольственной безопасности, развитие сельских территорий и сельского хозяйства
Конечные получатели субсидии	Все пользователи
Период применения	В законе не указан конкретный период действия нормы
Краткая справка	Импортируемое дизельное топливо освобождается от НДС. Для всех остальных видов продукции НДС взимается по ставке 20%. Общий объем субсидии может быть рассчитан как 20% от стоимости дизельного топлива, импортируемого в Армению в данном году. Дизельное топливо является основным топливом, используемым в сельском хозяйстве, и данная норма призвана создать дополнительные условия для сокращения бедности в сельских районах и укрепления продовольственной безопасности.
Размер предоставленной субсидии	2011 г.: 8 932,4 млн драмов или 23,98 млн долл. США 2012 г.: 10 918,8 млн драмов или 27,18 млн долл. США 2013 г.: 10 585,1 млн драмов или 25,85 млн долл. США 2014 г.: 10 931,7 млн драмов или 26,29 млн долл. США 2015 г.: 7 612,6 млн драмов или 15,93 млн долл. США Всего (2011-2015 гг.): 48 980,68 млн драмов или 119,23 млн долл. США
Источники информации	Армстат (2015б), Внешняя торговля Республики Армения за 2015 г., www.armstat.am/file/article/f._t-2015-10-nish-5.pdf Армстат (2014), Внешняя торговля Республики Армения за 2014 г., www.armstat.am/file/article/ft_8nish_2015_5.pdf Армстат (2013), Внешняя торговля Республики Армения за 2013 г., www.armstat.am/file/article/ft_8nish_2014_5.pdf Армстат (2012), Внешняя торговля Республики Армения за 2012 г., www.armstat.am/file/article/ft_8nish_2013_5.pdf Армстат (2011), Внешняя торговля Республики Армения за 2011 г., www.armstat.am/file/article/ft_8nish_12_5.pdf

Таблица 2.A1.5. **Освобождение импортируемого природного газа от акцизного налога**

Категория субсидии	Субсидирование потребления, выпадающие налоговые доходы
Стимулируемые виды деятельности	Потребление природного газа по пониженным ценам населением, в электроэнергетике, промышленности, на транспорте и в других видах деятельности
Наименование субсидии	**Освобождение импортируемого природного газа от акцизного налога**
Административный уровень	Национальный
Законодательный акт/орган	Закон РА «Об акцизном налоге» (ЗР-79 07.07.2000, с изменениями и дополнениями согласно 14.12.01 ЗР-280, 25.12.03 ЗР-64-Н, 26.12.08 ЗР-28-Н, 07.10.10 ЗР-126-Н, 19.12.12 ЗР-250-Н, 22.05.14 ЗР-24-Н, 29.10.15 ЗР-116-Н и др.) Статья 5. Ставки акцизного налога 1. Акцизный налог уплачивается по следующим ставкам: код продукции по ТН ВЭД: 2 711 (за исключением 2 711 11 и 2 711 21), наименование группы товаров: нефтяные газы и прочие газообразные углеводороды (за исключением природного газа), единица базы налогообложения: 1 тонна; ставка акцизного налога (в драмах): 1 000
Цель государственной политики	Снижение конечных тарифов на природный газ для населения, электроэнергетики, промышленности, транспорта и других потребителей
Конечные получатели субсидии	Практически все группы потребителей
Период применения	С советского периода до настоящего времени. Закон «Об акцизном налоге» (2000 г.) не предусматривает конкретного периода действия нормы
Краткая справка	Природный газ используется практически во всех секторах конечного потребления и в качестве топлива при производстве электроэнергии; в 2014 году на него пришлось 62% общего конечного потребления энергии. Весь природный газ, потребляемый в стране, импортируется. В условиях постоянного роста тарифов на электроэнергию многие семьи перешли на использование природного газа для отопления и приготовления пищи. В последние годы наблюдается беспрецедентное расширение газораспределительной сети, в результате чего к 2015 году уровень газификации достиг 95%. Объем субсидий может быть рассчитан путем применения базовой ставки акциза к объему газа, импортированного Арменией в данном году. В качестве базовой ставки принято 1 000 драмов за 1 т; поскольку данные о количестве импортированного газа публикуются в $м^3$, для перерасчета применяется средняя плотность природного газа – 0,7 $кг/м^3$.
Размер предоставленной субсидии	2011: 1 448,37 млн драмов или 3,89 млн долл. США 2012: 1 718,85 млн драмов или 4,28 млн долл. США 2013: 1 652,74 млн драмов или 4,04 млн долл. США 2014: 1 715,63 млн драмов или 4,13 млн долл. США 2015: 1 660,26 млн драмов или 3,47 млн долл. США Всего (2011-2015) 8 195,85 млн драмов или 19,80 млн долл. США
Источники информации	КРОУ (2015в), Отчет о ключевых показателях газового сектора в 2015 году. www.psrc.am/images/docs/reports/gas/2015/4-er/gaz-xoranard-tari.pdf. КРОУ (2014), Отчет о ключевых показателях газового сектора в 2014 году. www.psrc.am/images/docs/reports/gas/21401.pdf. КРОУ (2013), Отчет о ключевых показателях газового сектора в 2013 году. www.psrc.am/docs/reports/gas/Himnakan_bnutagir_4_2013.pdf. КРОУ (2012), Отчет о ключевых показателях газового сектора в 2012 году. www.psrc.am/docs/reports/gas/Himnakan_bnudagir_4_2012.pdf. КРОУ (2011), Отчет о ключевых показателях газового сектора в 2011 году. www.psrc.am/docs/reports/gas/Himnakan_bnudagir_4_2011.pdf.

Таблица 2.A1.6. **Освобождение сжатого природного газа от акцизного налога**

Категория субсидии	Субсидирование потребления, выпадающие налоговые доходы
Стимулируемые виды деятельности	Использование сжатого природного газа (КПГ) для заправки транспортных средств
Наименование субсидии	**Освобождение сжатого природного газа от акцизного налога**
Административный уровень	Национальный
Законодательный акт/орган	Закон РА «Об акцизном налоге» (ЗР-79 07.07.2000, с изменениями и дополнениями согласно 14.12.01 ЗР-280, 25.12.03 ЗР-64-Н, 26.12.08 ЗР-28-Н, 07.10.10 ЗР-126-Н, 19.12.12 ЗР-250-Н, 22.05.14 ЗР-24-Н, 29.10.15 ЗР-116-Н). Дополнение к статье 5 «Ставки акцизного налога» («Акцизный налог уплачивается по следующим ставкам»): Код продукции по ТН ВЭД: 2 711 21; Наименование группы товаров: сжатый природный газ; единица базы налогообложения: 1 000 м³; ставка акцизного налога (в драмах): 8 330. Плательщиками налога являются юридические (в том числе представительства и филиалы иностранных юридических лиц, зарегистрированных в установленном в Республике Армения порядке) и физические лица, осуществляющие деятельность по газификации (газозаправке) автотранспортных средств
Цель государственной политики	Использование КПГ как более чистого и дешевого моторного топлива, ведущее к снижению тарифов на общественном транспорте и развитию дорожного транспорта
Конечные получатели субсидии	Пользователи транспортных средств, переоборудованных под КПГ, в особенности общественного транспорта, т.е. основная часть населения
Период применения	Как минимум, с момента принятия закона «Об акцизном налоге» в 2000 году до 1 мая 2016 года
Краткая справка	В последние годы наблюдается беспрецедентный рост газораспределительной системы, включая расширение сети заправочных станций КПГ. КПГ является основным видом транспортного топлива, используемым в Армении, – в 2014 году на него пришлось 70% использования топлива на транспорте. КПГ в 2,5 раза дешевле бензина и рассматривается также в качестве более чистого топлива и основного вида топлива для общественного транспорта. В Армении регулярно публикуются данные об использовании КПГ в транспортном секторе. Для оценки размера субсидий к этим объемам была ретроспективно применена ставка акциза, установленная с 1 мая 2016 года (8 330 драмов за 1 000 м³).
Размер предоставленной субсидии	2011:3 018,46 млн драмов или 8,10 млн долл. США 2012: 3 481,94 млн драмов или 8,67 млн долл. США 2013: 3 789,82 млн драмов или 9,25 млн долл. США 2014: 4 012,56 млн драмов или 9,65 млн долл. США 2015: 4 036,72 млн драмов или 8,45 млн долл. США Всего (2011-2015): 18 339,49 млн драмов или 44,12 млн долл. США
Источники информации	КРОУ (2015в), Отчет о ключевых показателях газового сектора в 2015 году. www.psrc.am/images/docs/reports/gas/2015/4-er/gaz-xoranard-tari.pdf. КРОУ (2014), Отчет о ключевых показателях газового сектора в 2014 году. www.psrc.am/images/docs/reports/gas/21401.pdf. КРОУ (2013), Отчет о ключевых показателях газового сектора в 2013 году. www.psrc.am/docs/reports/gas/Himnakan_bnutagir_4_2013.pdf. КРОУ (2012), Отчет о ключевых показателях газового сектора в 2012 году. www.psrc.am/docs/reports/gas/Himnakan_bnudagir_4_2012.pdf. КРОУ (2011), Отчет о ключевых показателях газового сектора в 2011 году. www.psrc.am/docs/reports/gas/Himnakan_bnudagir_4_2011.pdf.

Приложение 2.A2

Государственная поддержка ВИЭ

Тарифы для производителей электроэнергии на основе ВИЭ на период с 01.07.2015 по 01.07.2016 установлены Постановлением КРОУ от 29 мая 2015 г. № 157-Н.

Таблица 2.A2.1. **Тарифы для производителей, использующих ВИЭ, в сравнении с тарифами для традиционных источников энергии**

	Тарифы для производителей электроэнергии на основе ВИЭ в Армении, 2011-2015 гг. (драмов, с НДС)					
Год	Средний тариф для населения	Малые ГЭС (на естественных водотоках)	Малые ГЭС (на ирригационных системах)	Малые ГЭС (на питьевых водоводах)	ВЭС	Станции, использующие биомассу в качестве источника первичной энергии
2011	26,667	23,14	15,42	10,28	40,51	44,31
2012	26,667	23,46	15,64	10,43	42,41	44,94
2013	34,667	24,34	16,23	10,82	41,95	46,63
2014	38,517	25,27	16,85	11,23	44,41	48,41
1 июля 2015	38,517	25,41	16,93	11,29	45,61	48,65
1 июля 2016	45,45	28,36	18,90	12,60	50,91	50,91
1 июля 2017	41,647	28,50	18,998	12,67	51,17	51,174 (включая СЭС)

Источник: КРОУ (2015б).

Тарифы для производителей электроэнергии в Армении устанавливаются на индивидуальной основе соответствующими постановлениями КРОУ.

Таблица 2.A2.2. **Средние тарифы для производителей электроэнергии на основе традиционных источников в Армении, 2011-2015 гг. (драмов, с НДС)**

Год	АЭС	ТЭС	Крупные ГЭС	ТЭЦ
2011	10,07	25,33	4,75	34,69
2012	10,99	26,09	6,01	38,24
2013	11,81	31,70	8,63	42,11
2014	13,03	37,65	9,50	46,72
2015	12,76	42,13	10,88	37,74
2016 (янв.–март)	12,17	44,48	16,30	42,90

Источник: КРОУ (2015б).

Приложение 2.А3

Национальная методика определения тарифов на электроэнергию и природный газ

Комиссия по регулированию общественных услуг Армении (КРОУ) определяет процедуру установления и пересмотра тарифов. КРОУ использует четко определенную методику установления тарифов для всех компаний в секторе. Однако она не располагает четко определенной методикой для определения выручки, которая должна быть получена от каждой категории потребителей, или определения структуры тарифов и ставок для конечных потребителей в каждой категории для обеспечения необходимой выручки от каждой категории.

- **Принципы формирования регулируемых тарифов**. Согласно закону «Об энергетике» КРОУ может устанавливать либо численную величину тарифа, либо расчетную формулу, использующую определенные параметры, предусмотренные законом. Установлены следующие основные принципы формирования регулируемых тарифов на электрическую, тепловую энергию и природный газ, а также платежей за услуги, оказываемые в этой сфере:
  - обеспечение компенсации издержек на обоснованную эксплуатацию и содержание, износ основных средств и амортизацию нематериальных активов, необходимых для осуществления лицензионной деятельности согласно условиям лицензии;
  - обеспечение возможности получения разумной прибыли;
  - включение обоснованных расходов на обслуживание кредитов;
  - дифференциация тарифов, обусловленных объемом потребления, заявленной мощностью, временем года, временем дня, условиями подключения, видами услуг;
  - включение обоснованных и необходимых страховых издержек;
  - включение обоснованных расходов, необходимых для обеспечения природоохранных норм;
  - включение расходов на консервацию и содержание энергетических установок, предусмотренных Программой развития энергетики, утвержденной Правительством Республики Армения;
  - обеспечение необходимых расходов на хранение отработанного атомного топлива и необходимых отчислений в фонд по выводу из эксплуатации атомной станции;
  - включение обоснованных технических и коммерческих потерь;
  - включение иных обоснованных и необходимых расходов, предусмотренных законодательством.

- **Установление и применение регулируемых тарифов**
  - Порядок установления и пересмотра тарифов, формы и перечень представляемых лицензированными лицами необходимых в связи с этим документов (пакет заявки), определяется Комиссией.
  - Установленные тарифы вступают в силу через 30 дней после принятия постановления. Срок действия тарифов не может составлять менее 6 месяцев, за исключением случая, когда лицензированное лицо нарушает условия лицензии на деятельность. В подобном случае Комиссия вправе ранее указанного срока изменять тарифы лицензированного лица, которые будут оставаться в силе до устранения лицензированным лицом допущенного нарушения.
  - Комиссией может устанавливаться долгосрочный тариф на деятельность лицензированного лица.
  - Тариф может быть установлен как в виде определенной численной величины, так и в виде расчетной формулы, зависящей от определенных параметров.
  - Установленный тариф может быть пересмотрен по инициативе как лицензированного лица, так и Комиссии. Комиссия пересматривает тариф (утверждает вновь или изменяет) и принимает постановление в 90-дневный срок после поступления пакета заявки лицензированного лица о пересмотре.
  - Комиссия по собственной инициативе может пересматривать действующий тариф и устанавливать новый тариф согласно утвержденной ею процедуре, исходя из результатов хозяйственной деятельности лицензированного лица, выполнения им требований, предъявляемых к инвестиционным программам и качеству оказываемых потребителям услуг.
  - Лицо, имеющее лицензию на деятельность, может продавать электрическую, тепловую энергию и природный газ или оказывать лицензированные услуги по более низким тарифам, чем установленные Комиссией, при условии, что лицензированная деятельность не подвергается или не будет подвергаться опасности и (или) она не направлена на приобретение монопольного статуса на рынке, и если это понижение производится за счет прибыли лицензированного лица. В случае такого снижения тарифов Комиссия при установлении новых тарифов не учитывает возможные убытки лицензированного лица вследствие снижения тарифов.
  - Комиссия одобряет предельно допустимые значения (процентные или абсолютные) необходимых показателей (рентабельность, амортизация, собственное потребление, потери, удельный расход топлива и т.д.) для расчета тарифа или утверждает методики расчета тарифа.

Таблица 2.A3.1. **Методика расчета предельной цены электроэнергии в Армении**

Расчет предельной цены основан на принципе обеспечения необходимой выручки лицензированного лица. Необходимая выручка (НВ) рассчитывается при помощи следующей формулы:

$$НВ = СЭП + РЭТО + А + Н + БДЗ + ДП \pm \sum \Delta M_i / 3$$

где:

СЭП стоимость электроэнергии, приобретенной лицензированным лицом,

РЭТО расходы на эксплуатацию и техническое обслуживание, необходимые для осуществления лицензированной деятельности,

А амортизация основных фондов, необходимых для осуществления лицензированной деятельности,

Н налоги, установленные законодательством Армении (за исключением налога на прибыль и налога на добавленную стоимость), пошлины, сборы и другие обязательные платежи,

БДЗ объем безнадежной дебиторской задолженности,

ДП допустимый объем прибыли на активы, используемые в лицензированной деятельности,

ΔMi сумма, подлежащая возмещению в i-й год в соответствии с пп. 16 и 19-22 настоящей методики,

i количество лет, для которых определяются размеры компенсации в соответствии с пп. 16 и 19-22 настоящей методики, и которые не могут превышать величину, установленную в п. 3.

Цена закупки электроэнергии определяется по следующей формуле:

$$СЭП = \frac{(ВП + СП)/(1 - Пс/100) + ПП - Эпр \times Ппс/100}{1 - Ппс/100} \times СЦЗЭ$$

где:

ВП продажи электроэнергии лицензированным лицом на внутреннем рынке (кВт-ч),

СП собственные экономически обоснованные потребности лицензированного лица в электроэнергии (кВт-ч),

Пс допустимые потери в распределительной сети (%), рассчитанные на основе количества энергии, поступающей в распределительную сеть,

ПП прочие продажи электроэнергии лицензированным лицом (кВт-ч),

Эпр количество электроэнергии, переданное производителем распределительной компании на границе (в демаркационной точке) между производителем и распределительной компанией,

Ппс принятый коэффициент потерь электроэнергии в сети передачи (%),

СЦЗЭ средняя цена закупки электроэнергии лицензированным лицом (драмов за кВт-ч).

Приложение 2.A4

Осуществляемые и планируемые инвестиции доноров в проекты по повышению энергоэффективности и развитию ВИЭ в Армении

Ряд международных доноров оказывают поддержку развитию ВИЭ в Армении в рамках многосторонних и двусторонних инициатив. В таблице представлены эти доноры и финансируемые ими инициативы.

Год	Название проекта	Организации-доноры	Финансовые ресурсы	Цель проекта
2010-2014	Строительство малых ГЭС	ЕБРР, МФК, ВБ и KfW	Кредитование через коммерческие банки Армении	Поддержка использования ВИЭ с целью улучшения энергоснабжения и дальнейшее расширение участия частного сектора в экономически эффективном освоении ВИЭ для производства электроэнергии.
2010-2016	Проект по финансированию устойчивой энергетики в Армении	МФК, при финансовой поддержке Министерства финансов Австрии	Кредит 30 млн долл. США	Формирование устойчивого рынка для инвестиций в повышение энергоэффективности и развитие ВИЭ.
2010-2017	Программа финансирования устойчивой энергетики («Энергокредит»)	ЕБРР, ЕС, Специальный фонд акционеров ЕБРР, Министерство финансов Австрии	Кредит ЕБРР 28 млн долл. США и грант Инвестиционной программы Соседства ЕС (NIF) и Специального фонда акционеров ЕБРР	Предоставление финансирования местным финансовым организациям для кредитования инвестиций в повышение энергоэффективности и ВИЭ в частном жилом секторе.
2011-2014	Третье национальное сообщение	ГЭФ-ПРООН	Грант 480 тыс. долл. США	Подготовка Третьего национального сообщения Республики Армения в соответствии с РКИК ООН и его представление.
2011-2014	Программа малых грантов ПРООН-ГЭФ	ГЭФ-ПРООН	Грант 303 тыс. долл. США	Поддержка демонстрации, развития и передачи низкоуглеродных технологий на уровне сообществ.
2011	«Дорожная карта» развития ВИЭ в Армении	ГЭФ-ВБ	Грант	«Дорожная карта» развития ВИЭ в Армении, определяющая потенциал ВИЭ, реализуемый с экономической и финансовой точки зрения, и цели в области ВИЭ на кратко- (2013 г.), средне- (2015 г.) и долгосрочную (после 2020 г.) перспективу, а также конкретные шаги по достижению этих целей.

Год	Название проекта	Организации-доноры	Финансовые ресурсы	Цель проекта
2011	Программа «Чистая энергия и вода» – энергоэффективные и возобновляемые решения в коммунальной энергетике и водопользовании	USAID	Грант 76 тыс. долл. США	Повышение энергоэффективности в сельских районах за счет внедрения энергоэффективных и возобновляемых решений в области водоснабжения, уличного освещения и отопления.
2011	Национальный энергетический баланс	USAID – Tetra Tech	Грант USD 500 тыс. долл. США	Поддержка разработки национального энергетического баланса на 2010–2012 гг. в соответствии с требованиями МЭА и Евростата. Результаты проекта используются для национальной инвентаризации парниковых газов, а также при подготовке отчетности о снижении выбросов.
2012	Проект по энергоэффекти-вности	ГЭФ-ВБ	Грант 1,82 млн долл. США	Снижение выбросов парниковых газов за счет устранения барьеров для инвестиций в повышение энергоэффективности в государственном секторе.
2012	Поддержка формирования кредитных продуктов местных финансовых организаций, позволяющих домохозяйствам Армении снизить энергопотребление, затраты и выбросы CO_2	Фонд зеленого роста	Кредит 15,354 млн долл. США	Финансирование местных банков для создания кредитных линий с целью кредитования деятельности домохозяйств и предпринимателей в области энергосбережения и повышения энергоэффективности.
2012	Стратегия низкоуглеродного развития / План развития энергетики Армении с минимальными затратами	USAID	Грант 400 тыс. долл. США	Поддержка разработки новой Энергетической стратегии Армении, направленной на укрепление энергетической безопасности страны и основанной на Плане развития энергетики с минимальными затратами.
2012	Исследование возможностей повышения энергоэффекти-вности в жилых домах	ЕБРР	Грант 90 тыс. евро	Анализ правовых, регуляторных, институциональных, технических и эксплуатационных условий для повышения энергоэффективности в городском жилищном фонде Армении.
2013	Программа «Энергоэффективность в жилом секторе для малообеспеченных семей» (REELIH)	USAID – Habitat	Грант 3,63 млн долл. США	Программа направлена на повышение энергоэффективности жилья малообеспеченных семей.
2013	Городское зеленое освещение	ГЭФ-ПРООН	Грант 1,6 млн долл. США	Содействие энергосбережению и снижению выбросов парниковых газов за счет повышения энергоэффективности муниципального освещения в городах Армении посредством реализации муниципальных инвестиционных программ и национальной политики.
2013	Проект по улучшению ирригационной системы	ВБ	Кредит 33,1 млн долл. США	Снижение энергопотребления и повышения эффективности орошения в целевых ирригационных системах; повышение качества существенных отраслевых данных и информации, а также их доступности для лиц, принимающих решения и других заинтересованных сторон.
2013	Проект «Черноморский план в области энергоэффекти-вности зданий» (BSBEEP)	ЕС	Грант 123 тыс. долл. США	Поддержка трансграничного партнерства в интересах экономического и социального развития на основе объединения ресурсов и формирования административного потенциала для разработки и реализации политики развития на местном уровне.

Год	Название проекта	Организации-доноры	Финансовые ресурсы	Цель проекта
2014	Доступ к возобновляемой и эффективной энергии в муниципалитетах Вайк и Спитак	ЕК-Habitat	Грант 1,7 млн евро	Поддержка муниципалитетов Спитак и Вайк посредством разработки и испытания воспроизводимых и эффективных моделей энергосбережения за счет использования энергоэффективных решений и ВИЭ в жилых и общественных зданиях, увязанная с их Планами развития сообществ/Планами действия в области устойчивой энергетики, отвечающими требованиям Соглашения мэров.
2014	NAMA – Энергоэффекти-вность общественных и жилых зданий в Армении	ПРООН	Грант 25 тыс. долл. США	Обеспечение энергоэффективности при строительстве и капитальном ремонте зданий, обслуживаемых за счет бюджетных средств и/или находящихся в собственности и под управлением государственных организаций.
2014	Инвестиционный план для Программы по расширению использования ВИЭ (SREP)	Стратегический климатический фонд (SCF) в рамках Климатических инвестиционных фондов (CIF)	Грант и льготный кредит 40 млн долл. США	В инвестиционном плане SREP определены проекты и технологии ВИЭ, которые могут внести наибольший вклад в достижение целей Армении в области энергетики, окружающей среды и экономического развития. Кроме того, в плане перечислены мероприятия по реализации проектов в области фотоэлектрических и геотермальных установок, тепловых насосов и солнечных водонагревателей.
2014-2018	Программа социального и энергоэффективного жилья	ФАР/ЕС/ Национальная ипотечная компания Армении	Кредитная линия 10 млн евро и грант Фонда Европейского соседства ЕС 1,5 млн евро	Программа направлена на поддержку кредитования частных домохозяйств за пределами центра Еревана и в регионах Армении для финансирования инвестиций в энергоэффективное жилье семей с низким и средним уровнем доходов. Целью программы является преодоление основного барьера для инвестиций в энергоэффективность – недостаточной доступности финансирования на приемлемых условиях.
2014-2017	Оценка потребностей в области технологий	ГЭФ-ПРООН	Грант 120 тыс. долл. США	Содействие в проводимой страной оценке потребностей с целью выявления экологических технологий, способных внести существенный вклад в смягчение изменения климата.
2014	Программа комплексного управления водными ресурсами р. Ахурян	KfW	Кредит 70 млн евро	Строительство Капского водохранилища и гравитационной системы для орошения 1248 га вместо существующей механической системы. Вследствие вывода из эксплуатации 8 насосных станций будет достигнута экономия электроэнергии.
2014	Технико-экономический анализ проекта строительства водохранилища Веди	ФАР	Кредит 1,52 млн евро	Строительство водохранилища обеспечит возможность орошения 4 тыс. га в Араратской долине, в т.ч. – замену механической системы орошения на гравитационную на площади 2,8 тыс. га. Будет достигнута ежегодная экономия электроэнергии.

Примечания

1. В интересах межстрановой сопоставимости в данном разделе используются данные из международных источников, например, публикаций Всемирного банка и Международного энергетического агентства. Однако имеются некоторые расхождения между этими данными и национальной статистикой, в особенности данными Национальной статистической службы Республики Армения (Армстат, 2015a). Поэтому при подготовке данной таблицы была сделана попытка собрать и сопоставить данные как из международных, так и национальных источников, включая Национальное сообщение об изменении климата (UNDP & GEF, 2015).

2. Когда «Газпром» начал повышение цен на газ в 2006 году, правительство Армении первоначально предоставляло субсидии потребителям газа. С 2005 по 2008 годы средневзвешенная отпускная цена на газ, поставляемый «Газпромом» в страны Восточного партнерства ЕС и Центральной Азии, выросла на 100 долл. США за 1 000 м^3 – с 60 до 160 долл. за 1 000 м^3 (Газпром Армении, 2015). Это повышение последовало за резким ростом европейских цен на фоне потенциальных проблем с мощностями, обеспечивавшими поставки газа в ЕС, что привлекло внимание «Газпрома» к издержкам политики низких цен для потребителей региона Восточного партнерства ЕС и Центральной Азии. Тем не менее, превышение европейских цен над средневзвешенными ценами для стран Восточного партнерства ЕС и Центральной Азии сохранилось.

3. КПГ производится в Армении посредством сжатия газа, поступающего в страну по трубопроводам.

4. В настоящее время приборы учета установлены у 100% потребителей электроэнергии; подключение к сети без прибора учета невозможно. Вновь подключаемые потребители должны оплачивать установку приборов учета, однако по прошествии одного года распределительная компания ЭСА компенсирует им эти затраты в форме вычетов из ежемесячных счетов на электроэнергию. Установленные приборы считаются собственностью ЭСА.

5. Цены рассчитываются на основе тарифов за поставленную электроэнергию (драмов за 1 кВт-ч) и мощность (драмов за кВт).

6. Когенерационная станция испытывает определенные проблемы с продажей тепловой энергии, вследствие чего производство электроэнергии определяется тепловой нагрузкой. Предприятие пытается субсидировать производство тепловой энергии за счет повышенных тарифов на электроэнергию. Данная станция представляет собой единственную когенерационную станцию, обеспечивающую централизованное отопление в жилищно-коммунальном секторе (согласно сообщениям, к ней подключены 39 жилых домов, 1 детский сад и одно офисное здание; доля квартир, пользующихся централизованным отоплением в подключенных жилых домах составляет всего 43% или 474 квартиры; другие потребители в тех же домах используют для отопления иные решения). Опираясь на вышеупомянутое решение КРОУ 20-А от 10 февраля 2016 года, «АрмРосКогенерация» предпринимает шаги по организации прямых продаж электроэнергии производителю алюминиевой фольги АРМЕНАЛ – дочерней компании российского производителя алюминия РУСАЛ. «АрмРосКогенерация» осуществила значительные капитальные инвестиции в когенерационную станцию, но сталкивается с трудностями при обеспечении их окупаемости.

Список источников

Армстат (2015a), *Данные по макроэкономическим и демографическим показателям*, Национальная статистическая служба Республики Армения, Ереван. www.armstat.am/ru/.

Армстат (2015б), *Внешняя торговля Республики Армения* за 2015 г., Национальная статистическая служба Республики Армения, Ереван. www.armstat.am/file/article/f._t-2015-10-nish-5.pdf.

Армстат (2014), *Внешняя торговля Республики Армения* за 2014 г., Национальная статистическая служба Республики Армения, Ереван. www.armstat.am/file/article/ft_8nish_2015_5.pdf.

Армстат (2013), *Внешняя торговля Республики Армения* за 2013 г., Национальная статистическая служба Республики Армения, Ереван. www.armstat.am/file/article/ft_8nish_2014_5.pdf.

Армстат (2012), *Внешняя торговля Республики Армения* за 2013 г., Национальная статистическая служба Республики Армения, Ереван. www.armstat.am/file/article/ft_8nish_2013_5.pdf.

Армстат (2011), *Внешняя торговля Республики Армения* за 2011 г., Национальная статистическая служба Республики Армения, Ереван. www.armstat.am/file/article/ft_8nish_12_5.pdf.

Газпром Армения (2015), *Официальный сайт ЗАО «Газпром Армения»*, Ереван. http://armenia.gazprom.ru/organization/.

КРОУ (2015а), *Тарифы на электроэнергию*, Комиссия по регулированию общественных услуг Республики Армения, Ереван. www.psrc.am/am/sectors/electric/tariffs.

КРОУ (2015б), *Стимулирующие тарифы для производителей электроэнергии на основе ВИЭ и средние тарифы для производителей электроэнергии на основе традиционных источников в Армении за 2011-2015 гг.*, Комиссия по регулированию общественных услуг Республики Армения, Ереван. www.psrc.am/.

КРОУ (2015в), *Отчет о ключевых показателях газового сектора в 2015 году*, Комиссия по регулированию общественных услуг Республики Армения, Ереван. www.psrc.am/images/docs/reports/gas/2015/4-er/gaz-xoranard-tari.pdf.

КРОУ (2014), *Отчет о ключевых показателях газового сектора в 2014 году*, Комиссия по регулированию общественных услуг Республики Армения, Ереван. www.psrc.am/images/docs/reports/gas/21401.pdf.

КРОУ (2013), *Отчет о ключевых показателях газового сектора в 2013 году*, Комиссия по регулированию общественных услуг Республики Армения, Ереван. www.psrc.am/docs/reports/gas/Himnakan_bnutagir_4_2013.pdf.

КРОУ (2012), *Отчет о ключевых показателях газового сектора в 2012 году*, Комиссия по регулированию общественных услуг Республики Армения, Ереван. www.psrc.am/docs/reports/gas/Himnakan_bnudagir_4_2012.pdf.

КРОУ (2011), *Отчет о ключевых показателях газового сектора в 2011 году*, Комиссия по регулированию общественных услуг Республики Армения, Ереван. www.psrc.am/docs/reports/gas/Himnakan_bnudagir_4_2011.pdf.

Министерство финансов (2000), *Закон Республики Армения «Об акцизном налоге»*, Министерство финансов Республики Армения, Ереван.

Министерство финансов (1997), *Закон Республики Армения «О налогах»*, Министерство финансов Республики Армения, Ереван.

МЭПР (2015), *Проект отчета об энергетическом балансе*, Министерство энергетики и природных ресурсов Республики Армения, Ереван.

Правительство Армении (2015), *Протокол № 41 от 10 сентября 2015г. Об утверждении Ожидаемого национально определенного вклада Республики Армения в рамках РКИК ООН*, Правительство Армении, Ереван.

Правительство Армении (2006), *Постановление № 449-Н О мерах по отчуждению государственной собственности и ограничению цен на природный газ*, Правительство Армении, Ереван.

Правительство Армении (2005), *Постановление № 2310-Н Концепция направлений и механизмов субсидирования сельского хозяйства*, Правительство Армении, Ереван.

Правительство Армении (2003), *Постановление № 1937-Н Об утверждении порядка о выделении субсидий и грантов юридическим лицам из Государственного бюджета Республики Армения*, Правительство Армении, Ереван.

Финансовый портал АрмИнфо (2016), «В Армении начались работы по продлению сроков эксплуатации Мецаморской атомной электростанции», 21 января. www.finport.am/full_news.php?id=23635&lang=2.

Aravot (2015), «Сегодняшняя молодежь – наша единственная надежда», 27 июня. www.aravot.am/2015/06/29/587928/.

ARKA News Agency (2015), «Armenian nuclear power plant reconnected to national power grid», 28 October. http://arka.am/en/news/technology/armenian_nuclear_power_plant_reconnected_to_national_power_grid_/.

EBRD (б.д.), *Armenia Country Profile*, European Bank for Reconstruction and Development, Yerevan.

GIZ (2015), *International Fuel Prices 2014: Data Preview*, Deutsche Gesellschaft für Internationale Zusammenarbeit.

Harutyunyan, S. (2016), *World Bank Loan to Cover Armenian Energy Losses*. www.azatutyun.am/content/article/27560668.html.

IEA (2015), *Eastern Europe, Caucasus and Central Asia: Energy Policies Beyond IEA Countries*, OECD/International Energy Agency. https://www.iea.org/publications/freepublications/publication/IDR_EasternEuropeCaucasus_2015.pdf.

IMF (2011), *Republic of Armenia: Poverty Reduction Strategy Paper – Progress Report*, International Monetary Fund. https://www.imf.org/external/pubs/ft/scr/2011/cr11191.pdf.

IMF (2001), *The Economic Transition in Armenia*, International Monetary Fund. www.imf.org/external/np/speeches/2001/073101.htm.

INOGATE (2015), *A Review of Energy Tariffs in INOGATE Partner Countries: Armenia, Azerbaijan, Belarus, Georgia, Kazakhstan, Kyrgyzstan, Moldova, Tajikistan, Turkmenistan, Ukraine, Uzbekistan*, June 2015, Interstate Oil and Gas Transportation to Europe, Brussels, Kiev. www.inogate.org/documents/A_Review_of_Energy_Tariffs_in_INOGATE_Partner_Countries.pdf.

OECD (2013), *Analysing Energy Subsidies in the Countries of Eastern Europe, Caucasus and Central Asia*, OECD Publishing, Paris. https://www.oecd.org/env/outreach/EHS%20report_20%20August%202013_ENG.pdf.

PanARMENIAN.net (2016), «Armenia Gas Tariff May Drop Starting from July 1», 21 May. www.panarmenian.net/eng/news/212820/.

PanARMENIAN.net (2005), «RAO 'UES of Russia' Plans to Supply Electricity from Armenia to Turkey and Iran», 23 February. www.panarmenian.net/m/arm/news/12198.

Rate.Am (2015), *Обменные курсы валют, устанавливаемые Центральным банком Армении*, Rate.Am. http://rate.am/am/armenian-dram-exchange-rates/central-bank-armenia.

Sargsyan, G. et al. (2006), «From Crisis to Stability in the Armenian Power Sector: Lessons Learned from Armenia's Energy Reform Experience», World Bank Working Paper No. 74. http://siteresources.worldbank.org/INTARMENIA/Resources/Armenia-Energy-Crisis-to-Stability.pdf.

UNDP and GEF (2015), *Third National Communication on Climate Change*, United Nations Development Programme and Global Environmental Facility. https://unfccc.int/resource/docs/natc/armnc3.pdf.

Vagliasindi, M. (2013), *Implementing Energy Subsidy Reforms: Evidence from Developing Countries. Directions in Development; Energy and Mining*, World Bank, Washington, DC. https://openknowledge.worldbank.org/handle/10986/11965.

World Bank (2015), *World Bank World Development Indicators*, World Bank, Washington, DC. http://data.worldbank.org/country/armenia.

World Bank (2014a), *Armenia Overview*, World Bank, Yerevan. www.worldbank.org/en/country/armenia/overview.

World Bank (2014b), *Republic of Armenia Public Expenditure Review: Expanding the Fiscal Envelope*, *World Bank*, Washington, DC. https://openknowledge.worldbank.org/handle/10986/21063.

Глава 3

Энергетические субсидии в Азербайджане

В данной главе определены, задокументированы и представлены оценки субсидий в Азербайджане в отношении производства и потребления угля, нефти и нефтепродуктов, природного газа, а также электро- и тепловой энергии, полученной на основе этих ископаемых топлив. В данной главе также кратко рассматриваются субсидии на поддержку мер по повышению энергоэффективности и развитию возобновляемых источников энергии. Глава начинается с обзора энергетического сектора страны для определения контекста рассмотренных мер поддержки. Кроме того, в главе также обсуждаются ценообразование и налоговая политика в энергетическом секторе Азербайджана. В главе предоставляется анализ общего контекста, современного состояния и механизмов постоянно изменяющегося комплекса энергетических субсидий в стране.

Основные выводы

Азербайджан является единственным нетто-экспортером энергии среди стран Восточного партнерства, что в значительной степени определяет структуру его энергетических субсидий. Эта структура скорее сходна со структурой субсидий в нефтепроизводящих странах Центральной Азии и, в меньшей степени, в странах Персидского залива. Основной проблемой при анализе энергетических субсидий в Азербайджане является недостаток прозрачности и опубликованной информации о степени поддержки потребления и производства ископаемых видов топлива в стране. Государственные энергетические компании, которые одновременно являются получателями субсидий и инструментами государственной поддержки потребителей энергоресурсов, также не отличаются высоким уровнем раскрытия соответствующей информации.

На фоне последствий глобального финансового и экономического кризиса и в условиях падения мировых цен на нефть и газ в Азербайджане постоянно ведется дискуссия о путях оптимизации бюджетной и финансовой политики. Концепция развития «Азербайджан – 2020: взгляд в будущее», принятая в 2012 году, отмечает в числе прочих стратегических целей, что «особое внимание будет уделяться обеспечению фискальной дисциплины в области формирования и использования бюджетных ресурсов, правильному распределению средств и повышению эффективности расходов. Будет проводиться гибкая оценка по различным бюджетным рискам (внешние, финансовые, операционные риски, риски отстранения и пр.)» (Президент Азербайджана, 2012).

Анализ энергетических субсидий должен быть неотъемлемой частью этого процесса в силу значения энергетического сектора для экономики Азербайджана, а также масштаба и разнообразия форм поддержки ископаемых видов топлива в стране. При этом такой анализ не может ограничиваться бюджетными расходами и должен принимать во внимание налоговые льготы для энергетических компаний, а также глубинные причины, делающие необходимыми трансферты бюджетных средств в пользу «Азерэнержи», «Азеригаз» и «Азеристиликтеджхизат». Эти причины включают, в частности, регулирование цен на природный газ, электрическую и тепловую энергию, а также нефтепродукты.

В 2007 году Азербайджан предпринял реформу тарифов на электроэнергию и регулируемых цен на нефтепродукты, что позволило ограничить быстрый рост потребления энергоресурсов и повысить эффективность их использования. Однако при этом не были введены тарифы на электроэнергию, дифференцированные в зависимости от уровня потребления, или другие формы целевой поддержки незащищенных групп, которые, как показывает мировой опыт, могли бы создать условия для дальнейшего снижения субсидий.

После реформы 2006 года тарифы на электроэнергию были вновь пересмотрены весной 2016 года. Несмотря на их повышение, снижение курса азербайджанского маната по отношению к мировым валютам означает, что субсидирование, обусловленное разницей между регулируемыми внутренними ценами на энергоресурсы и ценой их альтернативного использования в случае экспорта, сохраняется.

Кроме того, различные формы поддержки производства и потребления ископаемых видов топлива затрудняют достижение поставленных Азербайджаном целей по диверсификации экономики, повышению энергоэффективности и увеличению доли ВИЭ в общем производстве электроэнергии до 20% к 2020 году.

В то же время руководство Азербайджана продолжает стремиться к лучшей интеграции в международные энергетические рынки, привлечению инвестиций и повышению общей конкурентоспособности страны. Повышение прозрачности и развитие диалога с заинтересованными сторонами по вопросам энергетических субсидий и тарифной политики было бы важным шагом на пути Азербайджана к достижению этих целей. Такие консультации с заинтересованными сторонами позволили бы выявить неэффективные энергетические субсидии и наметить пути их устранения с одновременной защитой уязвимых групп за счет целевой поддержки.

Обзор макроэкономической ситуации и энергетического сектора

Как и большинство постсоветских государств, Азербайджан пережил тяжелый экономический кризис после распада Советского Союза[1] . С 1989 по 1995 годы экономика страны сократилась на 62,5% (World Bank, 2015d), однако затем наступил период исключительно быстрого экономического роста, связанного с расширением экспорта нефти и газа. С 2000 по 2014 годы ВВП Азербайджана вырос на 344%, что привело к снижению доли населения, живущего за чертой бедности, с 50% в 2001 году до 5,3% в 2013 году (World Bank, 2015c).

Таблица 3.1. **Макроэкономические показатели**

Основные показатели	Год и единицы	Международная статистика	Национальная статистика
Численность населения	*2014, млн чел.*	9,30	9,48
ВВП	*2014, млрд долл. США*	74,15	75,19
ВВП на душу населения	*2014, долл. США*	7 902	7 986
Производство энергии	*2014, млн т н. э.*	58,78	61,13
Чистый импорт энергии	*2014, млн т н. э.*	-44,54	-45,87
Общее предложение первичной энергии (ОППЭ)	*2014, млн т н. э.*	14,32	..
ОППЭ на душу населения	*2014, т н. э.*	1,50	..
Потребление электроэнергии	*2014, ТВт-ч*	21,00	16,91
Потребление электроэнергии на душу населения	*2014, МВт-ч*	2,20	..
Выбросы CO_2	*2014, млн т CO_2*	30,79	30,2
Выбросы CO_2 на душу населения	*2012, т CO_2*	3,23	..

Источник: IEA (2017), World Bank (2015d), Азерстат (2015в).

На нефтяную отрасль Азербайджана приходилось более 90% общего объема экспорта в 2014 году (Comtrade, 2015) и 48,5% ВВП в 2010 году (ECS, 2011). Однако страна достигла лишь ограниченных результатов в проведении рыночных реформ, и неэффективность экономики остается препятствием для устойчивого долгосрочного роста, в особенности в неэнергетических отраслях. В условиях недавнего падения мировых цен на энергоносители и продолжающейся с 2010 стагнации производства энергоресурсов в стране, что привело к снижению нефтяных доходов, существенному сокращению расходов бюджета и замедлению роста ВВП, Азербайджану необходимо диверсифицировать свою экономику для того, чтобы добиться ее укрепления (World Bank, 2015c).

Таблица 3.2. **Среднегодовой обменный курс**

	2012	2013	2014	2015	2016 [a]
Среднегодовой обменный курс, манатов за 1 долл. США	0,7856	0,7844	0,7844	1,0261	1,6

Примечание: a. Обменный курс за 2016 год взят из материалов Государственного статистического комитета Азербайджанской Республики, 2016.

Источник: Центральный банк Азербайджана (2016б).

Рисунок 3.1. **Существующие и проектируемые нефте- и газопроводы из Азербайджана**

Источник: подготовлено Томасом Бломбергом, ©CC BY-SA 3.0.

Предложение энергии

Азербайджан располагает богатыми месторождениями нефти и природного газа как на суше, так и на шельфе Каспийского моря. За последнее десятилетие страна стала крупным производителем энергоресурсов (IEA, 2015a). В 2012 году запасы нефти в Азербайджане оценивались на уровне 952 млн т, а запасы природного газа – на уровне 991 млрд м^3 (IEA, 2015b). Общее производство энергии в Азербайджане выросло на 183% за период с 1990 по 2014 годы, главным образом, за счет роста добычи сырой нефти на 237% и добычи природного газа – на 101% (см. рис. 3.2).

За 2002-2014 годы Азербайджан, бывший нетто-импортером энергии в начале 1990-х годов, значительно увеличил собственное производство энергоресурсов и к 2014 году экспортировал более 75% энергии, производимой в стране. В указанном году объемы экспорта составили 37,7 млн т нефтяного эквивалента (млн т н. э.) нефти и нефтепродуктов, а также 6,8 млн т н. э. природного газа (IEA, 2016).

В постсоветский период основные объемы нефти и газа добываются на шельфовых месторождениях, осваиваемых за счет инвестиций международных нефтегазовых компаний. Крупнейшими из них являются группа нефтяных месторождений Азери–Чираг–Гюнешли (АЧГ) со сложными условиями добычи, а также гигантское газовое месторождение Шах-Дениз. Те же международные компании инвестируют в строительство экспортной инфраструктуры, основные элементы которой включают нефтепровод Баку–Тбилиси–Джейхан (БТД), проходящий через Грузию к средиземноморскому побережью Турции, а также Южно-Кавказский трубопровод (ЮКТ), обеспечивающий транспортировку газа из Азербайджана в турецкий Эрзурум, также через территорию Грузии. В настоящее время ЮКТ представляет собой единственный завершенный компонент Южного газового коридора, проектируемого для транспортировки в Европу каспийского газа, в частности, добываемого в рамках проекта «Шах-Дениз-2» (TAP-AG, 2015). Остальные два элемента Южного газового коридора – Трансанатолийский и Трансадриатический трубопроводы. В начале 2016 года Трансанатолийский трубопровод находился на стадии строительства.

Рисунок 3.2. **Производство энергии в 1990-2014 гг.**

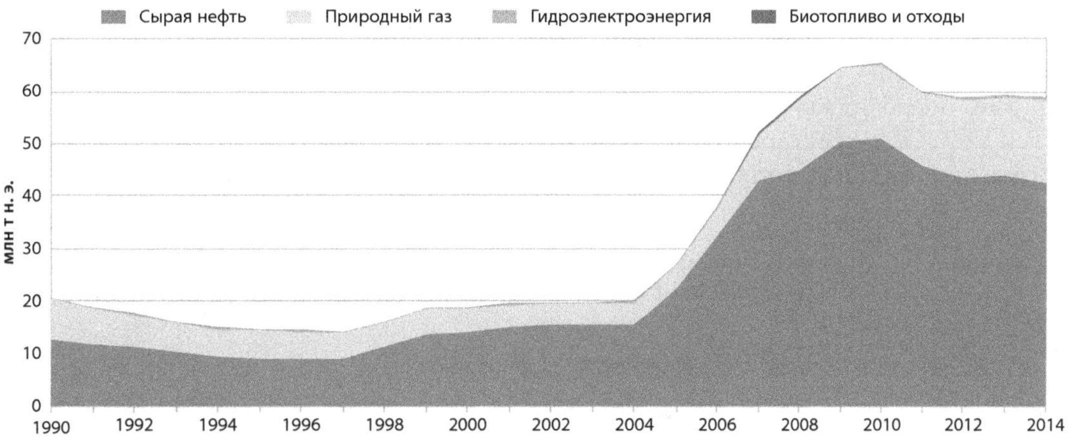

Источник: подготовлено авторами по данным (IEA, 2016).

Рисунок 3.3. **Общее предложение первичной энергии в 1990-2014 гг.**

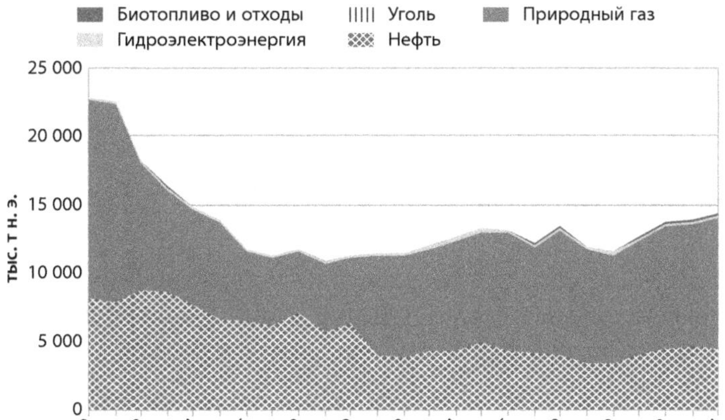

Рисунок 3.4. **Структура предложения первичной энергии в 2014 г.**

Источник: подготовлено авторами по данным (IEA, 2016).

В сравнении с 1990 годом, к 2014 году общее предложение первичной энергии (ОППЭ) в Азербайджане снизилось на 36,8%, главным образом, вследствие снижения энергопотребления в промышленности (IEA, 2016). С 2000 по 2014 годы

ОППЭ в стране выросло на 26,8%. В 2014 году на природный газ приходилось 67,4% ОППЭ, на нефть и нефтепродукты – 31,0%, а на гидроэнергию, биотопливо и сжигаемые отходы – 0,8% и 1,1%, соответственно.

Азербайджан полностью электрифицирован и обеспечивает себя необходимой электроэнергией. В 2014 г. общая установленная мощность электростанций составила 7 232 мегаватт (МВт); при этом на тепловые электростанции приходилось 83,4% этого количества (6 032 МВт), а вся остальная мощность – на гидроэлектростанции (1 200 МВт) (Huseynova, 2015). Азербайджан не располагает атомной энергетикой.

В 2014 году страна произвела в общей сложности 24,7 тераватт-часов (ТВт-ч) электроэнергии, из которых 94,5% было произведено из природного газа, 5,3% из гидроэнергии и 0,2% – из мазута и дизельного топлива. В последнее десятилетие в стране были сделаны значительные инвестиции в развитие газовой генерации, в результате чего установленная мощность ТЭС выросла на 1,5 гигаватт (ГВт) с 2005 года. Производство электроэнергии выросло на 31,3% с 2000 по 2014 годы, главным образом, за счет роста газовой генерации на 525% (рис. 3.5). Подобно Армении и Грузии, Азербайджан перешел к использованию газа в качестве основного топлива в генерирующем секторе. В результате газ практически полностью заменил мазут и дизельное топливо в топливном балансе национальной электроэнергетики.

Рисунок 3.5. **Структура производства электроэнергии в 1990-2014 гг.**

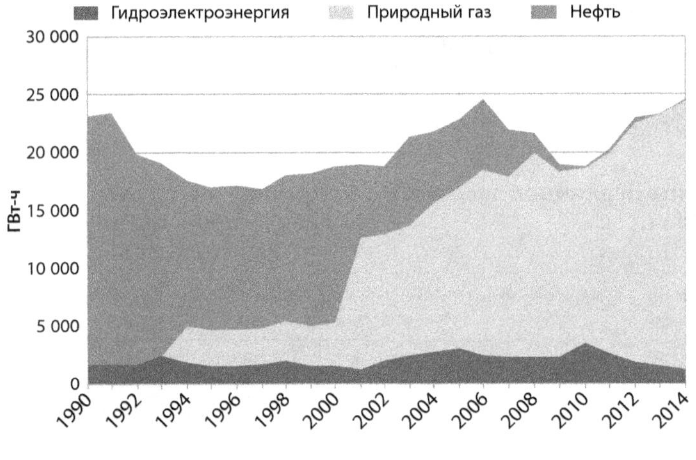

Рисунок 3.6. **Структура производства электроэнергии в 2014 г.**

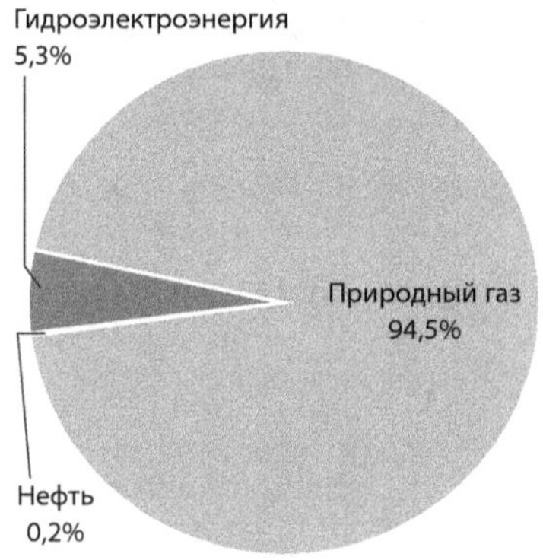

Источник: подготовлено авторами по данным (IEA, 2016).

По данным национального монополиста, государственной компании ОАО «Азерэнержи», к 2025 году в стране ожидается рост потребления электроэнергии почти на 140%. Кроме того, ожидается, что пиковое потребление удвоится к 2022–2023 годам (ECS, 2011).

Потребление энергии

Общее конечное потребление энергии (ОКПЭ) в Азербайджане выросло на 32% с 2000 по 2014 годы. Вероятно, ОКПЭ выросло бы еще больше, если бы не снижение потребления электроэнергии в жилищно-коммунальном секторе в результате троекратного повышения тарифов на электроэнергию в 2007 году (см. ниже), представлявшего собой попытку, хотя и однократную, прекращения субсидирования сектора (World Bank, 2013a). Как следствие, потребление электроэнергии населением снизилось на 58% с примерно 1 200 тысяч тонн нефтяного эквивалента в 2006 году до 495 тыс. т н. э. в 2010 году.

Однако после этого рост потребления электроэнергии возобновился, результатом чего стало увеличение конечного потребления энергии в жилищно-коммунальном секторе на 31% к 2014 году по сравнению с 2000 годом.

По данным Международного энергетического агентства (IEA, 2016), на природный газ и нефть приходится более 80% ОКПЭ, причем 43% ОКПЭ приходится на газ, используемый для тепловой генерации, а 40% – на использование нефтепродуктов на транспорте. Потребление дизельного топлива снизилось после повышения цен в 2006 и 2007 годах, но потребление бензина продолжало расти несмотря на аналогичное повышение, отражая рост ВВП и увеличение количества личных автомобилей (World Bank, 2013b). На электроэнергию приходится 17% общего потребления энергии в стране. Центральное отопление вносит незначительный вклад в общее энергопотребление (IEA, 2015b).

Государственное управление и структура собственности в энергетическом секторе

В энергетическом секторе Азербайджана господствуют компании, находящиеся в государственной собственности, однако существенные доли в проектах по производству и транспортировке нефти и газа принадлежат международным нефтегазовым компаниям (см. рис. 3.7).

Рисунок 3.7. **Структура энергетического сектора в Азербайджане**

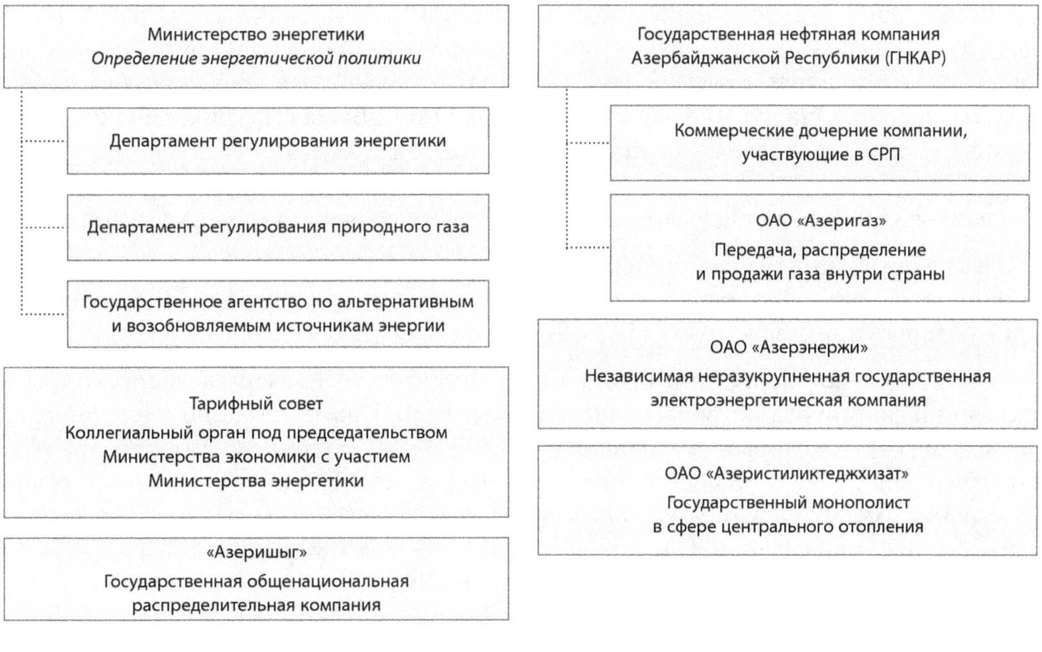

Источник: подготовлено авторами по данным IEA (2015b); SOCAR (2015a); BP (2015a); Азерэнержи (2015), Тарифный совет (2015).

Деятельность по разведке и добыче углеводородных ресурсов ведется, главным образом, в рамках соглашений о разделе продукции (СРП). В этих соглашениях Государственная нефтяная компания Азербайджанской Республики (ГНКАР) представляет правительство страны и одновременно участвует в проектных консорциумах наряду с такими международными компаниями, как BP, Chevron, ExxonMobil, Statoil, Petronas, Total, «Лукойл» и др. По состоянию на начало 2016 года доля ГНКАР в добыче на гигантском нефтяном месторождении Азери–Чираг–Гюнешли составляла 11%, тогда как доля компании в добыче на крупнейшем газовом месторождении страны, «Шах-Дениз», составляла 10%. В рамках аналогичных соглашений о совместном владении с международными компаниями ГНКАР также владеет долями во всех экспортных нефте- и газопроводах (Баку–Тбилиси–Джейхан, Южно-Кавказский трубопровод, Баку–Супса и Баку–Новороссийск).

В секторе переработки и распределения ГНКАР действует как государственный монополист. Компании принадлежат два нефтеперерабатывающих завода в Баку, унаследованные от советского периода (Бакинский нефтеперерабатывающий завод им. Гейдара Алиева и нефтеперерабатывающий завод «Азернефтяг»), общей мощностью 400 тыс. баррелей в сутки. Кроме того, ГНКАР является основным собственником крупной турецкой нефтехимической компании PETKIM, которая ведет строительство нового нефтеперерабатывающего завода в районе Измира. ГНКАР принадлежит сеть автозаправочных станций, действующих в Азербайджане, Грузии, Румынии, Швейцарии и Украине под брендом SOCAR.

Деятельность по передаче, распределению и продажам газа ведется через дочернюю компанию ГНКАР «Азеригаз», которая, согласно сообщениям, в рамках реформы 2002 года была отделена от ГНКАР в финансовом, хотя и не в правовом отношении с целью локализации затрат, связанных с поддержанием низких цен на газ.

Рынок электроэнергии является закрытым, и основную роль на нем играет государственная компания ОАО «Азерэнержи». Компании принадлежат все ТЭС и ГЭС в стране за исключением нескольких приватизированных малых ГЭС. До февраля 2015 года «Азерэнержи» функционировала как неразукрупненная монополия, объединяющая сектора производства, передачи, распределения и продаж электроэнергии. Однако 10 февраля 2015 года ОАО «Бакыэлектрикшебеке», региональная распределительная компания, созданная для снабжения столицы страны, Баку (Huseynova, 2015), была переименована в ОАО «Азеришыг», и ей были переданы функции распределения электроэнергии во всей стране (AzerIshig, 2015).

Централизованным отоплением охвачены, главным образом, Баку и прилегающие районы. Теплоснабжение осуществляет государственный монополист, ОАО «Азеристиликтеджхизат» (ECS, 2011).

Министерство энергетики официально отвечает за надзор за энергетическим сектором и формирование энергетической политики. Кроме того, оно представлено в Тарифном совете, который устанавливает тарифы как для производителей, так и для потребителей[2]. Согласно сообщениям, президент Азербайджана и администрация президента могут *рекомендовать* Тарифному совету учитывать социальные соображения при установлении тарифов; по меньшей мере, в одном случае это привело к отмене повышения тарифов (Hasanli, 2015).

Политика ценообразования в энергетическом секторе

Цены на энергоносители в Азербайджане регулируются государством. Действующие в настоящее время тарифы на различные энергоносители представлены ниже в табл. 3.3. По данным (ECS, 2011), правительство предусмотрело переход к тарифной политике, основанной на принципе «возмещение затрат плюс 10% нормативной прибыли», в качестве цели на среднесрочный период в Государственной программе по развитию топливно-энергетического комплекса Азербайджанской Республики (2005–2015 годы), принятой в 2005 году. Однако есть основания для сомнений в приверженности правительства этой цели. Кроме того, даже в случае следования принципу полного возмещения затрат, как минимум, возможной темой для дискуссии является вопрос о том, что должно использоваться правительством в качестве отправной точки при формировании тарифной политики – себестоимость производства энергоресурсов или доходы от их альтернативного использования.

Природный газ

В стране существуют оптовые и розничные тарифы на газ, тарифы на передачу газа, а также льготные цены на газ, используемый при производстве электроэнергии и в некоторых энергоемких отраслях. Кроме того, в структуру тарифов включена категория затрат на переработку природного газа. Тариф для населения не зависит от объемов потребления.

Азербайджан – страна, богатая природным газом и экспортирующая значительные объемы этого топлива. Это означает, что внутреннее потребление газа ведет к упущенной выгоде в результате отказа от получения доходов от экспортных продаж по более высоким ценам. По данным BP (2015b), в 2014 году общая добыча газа составила 17 млрд м^3, причем 9 млрд м^3 было потреблено внутри страны и около 8 млрд м^3 направлено на экспорт. Чуть больше 5 млрд м^3 было поставлено в Испанию, 0,2 млрд м^3 в Российскую Федерацию, 0,3 млрд м^3 в Иран и 1,9 млрд м^3 – в другие постсоветские страны. Можно предположить, что последняя категория представляет Грузию, поскольку эта страна является единственным рынком для азербайджанского газа на постсоветском пространстве за исключением Российской Федерации (SOCAR, 2015a). Начиная с 2007 года Азербайджан экспортировал в Турцию незначительные объемы газа, но после окончания строительства Трансанатолийского газопровода, ожидается, что экспорт через Турцию возрастет до 16 млрд м^3: 6 млрд м^3 будет использоваться самой Турцией, а 10 млрд м^3 газа будут переданы далее в европейские страны (Rzayeva, 2015). Указанные данные могут несколько различаться в зависимости от источника, но порядок величин остается неизменным.

Наиболее высокий тариф на природный газ для внутренних розничных потребителей составляет 97 долл. США за 1 000 м^3, что выше, чем сообщаемая себестоимость производства газа компанией ГНКАР – 36 долл. США за 1 000 м^3 (SOCAR, 2015a), но значительно ниже, чем цена газа на основном экспортном рынке Азербайджана – в Турции, где цена импортного паритета в 2014 году составляла 343 долл. США за 1 000 м^3 (IGU, 2015). С 2014 года международные цены на газ значительно снизились, но внутренние цены в Азербайджане все еще ниже, чем другой применимый ориентир[3] средняя цена европейского рынка за 12 месяцев с января по декабрь 2015 года, которая составила 270 долл. США за 1 000 м^3 (World Bank, 2016a). Более подробное обсуждение ценовых ориентиров приведено ниже в разделе об оценке субсидий методом ценовой разницы.

Таблица 3.3. **Политика ценообразования на различные энергоносители в Азербайджане по состоянию на начало 2016 года**

Энергоноситель	Ценовая политика	Вид тарифа	Тариф в манатах[а]	Экв. в долл. США
Природный газ[б]	Регулируемые цены	Переработка	5,5 ман./1 000 м³	5,36
		Транспортировка на 100 км	2,0 ман./1 000 м³	1,95
		Оптовый для распределительных компаний	42,0 ман./1 000 м³	40,93
		Розничный	100,0 ман./1 000 м³	97,45
		Химическая, сталелитейная, алюминиевая промышленность и электроэнергетика	80,0 ман./1 000 м³	77,97
		Промышленные потребители с месячным объемом потребления менее 10 млрд м³		
Электроэнергия[б]	Регулируемые цены	Производство ОАО «Азерэнержи»	0,041 ман./кВт-ч	0,04
		Производство на приватизированных малых ГЭС	0,025 ман./кВт-ч	0,024
		Ветроэнергетические установки	0,045 ман./кВт-ч	0,044
		Тариф для населения	0,07 ман./кВт-ч	0,068
		Передача	0,02 ман./кВт-ч	0,019
		Предприятия химической и алюминиевой промышленности, а также горнорудные сталелитейные предприятия, чье электроснабжение осуществляется напрямую по линиям в 35 и 110 кВ, со среднемесячным потреблением не меньше 5 млн кВт-ч	Дневное время (8:00-22:00) 0,042 ман./кВт-ч	0,041
			Ночное время (22:00–8:00) 0,02 ман./кВт-ч	0,019
Жидкие нефтепродукты[б]	Регулируемые розничные цены, оптовые цены и цены производителя	Бензин с октановым числом 95, цена для потребителя	0,80 ман./л (вкл. НДС)	0,78
		Бензин с октановым числом 95, цена для производителя	0,35 ман./л (вкл. 64% акциз)	0,34
		Дизельное топливо, цена для потребителя	0,60 ман./л (вкл. НДС)	0,58
		Дизельное топливо, цена для производителя	0,35 ман./л (вкл. 64% акциз)	0,34
Централизованное отопление	Регулируемые цены	Население	0,15 ман./м² в мес. (вкл. НДС)	0,15
		Прочие потребители	0,15 ман./м² в мес. (вкл. НДС)	0,15
			30 ман./Гкал	29,23
Уголь	Регулируемые цены	Оптовая цена	39-76 ман./т	38-74
	Данные только для коксующихся углей	Цена производителя	28-54 ман./т	27-53
Средний обменный курс ман./долл. США (2015)			*1,0261*	

Примечания: а. Все цены без учета НДС и акциза, если не указано иное.

б. В январе 2017 года Азербайджан ввел тарифы на газ и электроэнергию, дифференцированные в зависимости от объема потребления. При этом за потребление электроэнергии в объемах, превышающих 300 кВт-ч/мес., население будет платить 0,11 ман./кВт-ч; газ в объемах, превышающих 1 700 м³, будет оплачиваться населением по тарифу 200 ман. за 1 000 м³. Потребительские цены на бензин с октановым числом 95 также выросли, достигнув уровня 1,15 ман./л. В своем комментарии по данному вопросу Тарифный совет отметил, что цены на импортируемые нефтепродукты с октановым числом 95 и 98 не регулируются советом.

Источник: составлено авторами по данным Тарифного совета (2016), Центрального банка Азербайджана (2016a).

Кроме того, сообщается, что правительство предоставляет «Азеригазу» не только прямые трансферты, но и отсрочки налоговых платежей, а также списывает налоговую задолженность с целью компенсации убытков, которые компания несет, в частности, в секторе распределения и розничных продаж (КМ АР, 2011). В целом это указывает на то, что существующая политика формирования внутренних цен на газ в Азербайджане делает возмещение затрат проблематичным.

Электроэнергия

Цены на электроэнергию в Азербайджане регулируются, и страна является одним из очень немногих государств в регионе стран Восточного партнерства ЕС и Центральной Азии, которые не ввели дифференцированные розничные тарифы в зависимости от объема потребления. На протяжении почти двух десятилетий население оплачивает электроэнергию по единому тарифу вне зависимости от объемов потребления. За весь этот период тарифы повышались всего один раз, в 2007 году, когда расценки были увеличены с 0,024 до 0,075 долл. США (0,06 манатов) за кВт-ч (ECS, 2011). Эта мера в сочетании с улучшением практики учета и сбора доходов обеспечила существенное повышение доходов отрасли (Fitchner Ltd, 2013). Несмотря на однократный характер повышения тарифов, оно привело к ограничению быстрого роста потребления электроэнергии в жилищно-коммунальном секторе. Как отмечено выше, после повышения тарифов потребление электроэнергии населением снизилось на 58% с почти 1 200 тыс. т н. э. в 2006 году до 495 тыс. т н. э. в 2010 году. В начале 2016 года объемы потребления электроэнергии все еще находились на уровне более низком, чем до реформы 2007 года.

Тарифы, установленные в 2007 году, действовали до конца весны 2016 года, когда стоимость электроэнергии для населения была повышена до 0,07 манатов за кВт-ч. Вследствие снижения курса маната в настоящее время тариф для населения в долларовом эквиваленте ниже, чем в 2007 году (0,068 долл. США за кВт-ч), что позволяет поставить вопрос о возможности нового ускорения роста потребления электроэнергии. Оценки полной приведенной стоимости электроэнергии (ППСЭ) с использованием внутренних цен на топливо по состоянию на начало 2016 года находятся в диапазоне от 0,024 до 0,035 долл. США за кВт-ч. Это указывает на то, что в начале 2016 года регулируемые тарифы на электроэнергию в Азербайджане были выше уровня окупаемости. В то же время в стране могут сохраняться некоторые проблемы со сбором платежей (World Bank, 2013b), что в сочетании со списанием задолженности «Азерэнержи» (КМ АР, 2015; КМ АР, 2011; TREND.AZ, 2015; TREND.AZ, 2013) позволяет предположить, что обеспечение окупаемости отрасли может быть сопряжено с определенными трудностями.

Централизованное отопление

Тарифы на услуги централизованного отопления регулируются. Для населения установлен тариф на единицу площади отапливаемого помещения. С остальных групп потребителей плата взимается либо за единицу отапливаемой площади, либо за единицу тепловой энергии (см. табл. 3.3). Ставка последнего тарифа соответствует величине 29,25 долл. США за Гкал.

Оценка адекватности тарифов для населения представляется затруднительной. Однако следует отметить, что тарифы, не основанные на фактическом объеме потребления энергии, не создают стимулов для повышения энергоэффективности, что является распространенной проблемой систем ценообразования в постсоветских государствах. Можно ожидать, что подобные тарифы будут вести к расточительному использованию энергоресурсов потребителями.

Нефтепродукты

Все нефтепродукты, включая бензин и дизельное топливо, реализуются по регулируемым ценам, которые устанавливаются для оптовых и розничных потребителей, а также для производителей. В начале 2016 года розничные цены находились на уровне, эквивалентном 0,78 долл. США и 0,58 долл. США за литр бензина и дизельного топлива соответственно. GIZ (2014) сообщает об аналогичном уровне цен в 2012, помещая Азербайджан выше «красного» уровня (соответствующего эквиваленту мировых цен на сырую нефть) с точки зрения цен на бензин и ниже того же уровня с точки зрения цен на дизельное топливо. В классификации GIZ подобная ценовая политика помещает Азербайджан между странами с субсидиями на топливо и странами с высокими субсидиями на топливо.

До 2006 года цены на топливо в Азербайджане были значительно ниже, чем в соседних странах, что создавало стимулы для контрабандного экспорта топлива в Грузию и Российскую Федерацию. С целью решения этой проблемы и повышения доходов бюджета правительство Азербайджана повысило цены на жидкие нефтепродукты в два этапа – в 2006 и 2007 годах. Второй этап реформы ценообразования на топливо совпал со значительным повышением регулируемых тарифов на электроэнергию, водоснабжение и услуги общественного транспорта (World Bank, 2013b, Regnum, 2007).

Налоговая политика

Система налогообложения энергетического сектора Азербайджана представляет собой сочетание общей налоговой системы и специальных налоговых режимов, устанавливаемых соглашениями с правительством принимающей стороны (СППС) и соглашениями о разделе продукции (СРП). Кроме того, отдельным компаниям могут быть предоставлены налоговые льготы на индивидуальной основе в соответствии с законом «О применении особого экономического режима к экспортной нефтегазовой деятельности», вступившим в силу 17 апреля 2009 года, или посредством сертификатов поощрения инвестиций, введенных Указом Президента от 18 января 2016 года. Кроме того, Азербайджан рассматривает возможность создания специальных экономических зон (СЭЗ) и уже принял соответствующее законодательство, хотя по состоянию на апрель 2016 года в стране не было создано ни одной СЭЗ (PWC, 2016).

Общая налоговая система

Налоговая система Азербайджана предусматривает налог на добавленную стоимость (НДС), налог на прибыль, налог на имущество, дорожный налог, земельный налог, импортный налог и экспортный налог (см. табл. 3.4). Согласно Налоговому кодексу, малые предприятия могут уплачивать единый налог по упрощенной схеме (Парламент Азербайджана, 2000). Кроме того, существует налог на репатриацию прибыли зарубежных компаний. Добывающие компании, действующие в рамках общего налогового режима, уплачивают промысловый налог (налог на добычу полезных ископаемых), но на практике этот налог применим к добыче с ограниченного круга нефтяных месторождений, главным образом наземных, доля которых в общей добыче сокращается. Сумма промыслового налога относится на вычеты из дохода для целей исчисления налога на прибыль. Налог исчисляется на основе оптовой цены добытых ископаемых по ставке 26% для нефти, 20% для природного газа и 3% для угля (Парламент Азербайджана, 2000).

Таблица 3.4. **Общегосударственная налоговая система в энергетическом секторе Азербайджана**

<table>
<tr><td>Общие налоги</td><td colspan="3">НДС, налог на прибыль, налог на имущество, дорожный налог, земельный налог, импортный налог, экспортный налог</td></tr>
<tr><td>Специальные налоги</td><td colspan="3">Акцизный налог, промысловый налог</td></tr>
<tr><td>Сектор энергетики</td><td>Добыча/производство</td><td>Транспортировка/ передача</td><td>Распределение и продажи</td></tr>
<tr><td>Нефть</td><td rowspan="2">Применяется в соответствии с законодательством. Базовая ставка налога на прибыль – 20%
Промысловый налог: 26% для нефти, 20% для газа, относится на вычеты при исчислении налога на прибыль</td><td>Нет специальных налогов</td><td>Акцизный налог</td></tr>
<tr><td>Природный газ</td><td>Нет специальных налогов</td><td>Нет специальных налогов</td></tr>
<tr><td>Электроэнергия</td><td>Нет специальных налогов</td><td>Нет специальных налогов</td><td>Нет специальных налогов</td></tr>
<tr><td>Жидкие нефтепродукты</td><td>Не применяется</td><td>Не применяется</td><td>Акцизный налог</td></tr>
<tr><td>Уголь</td><td>Промысловый налог: 3%</td><td>Не применяется</td><td>Акцизный налог</td></tr>
</table>

Источник: подготовлено авторами по данным Ernst & Young (2015b), Deloitte (2015), BakerMackenzie (2009), BP (1994).

Для активов, используемых в геологоразведочных работах и подготовительных работах к добыче природных ресурсов, установлены ускоренные нормы амортизации для целей исчисления налога на прибыль. Норма амортизации составляет 25%, что соответствует норме амортизации для машин, оборудования и вычислительной техники, но выше, чем стандартная норма, применяемая к большинству остальных видов основных средств, – 20% (Парламент Азербайджана, 2000).

Ставка НДС составляет 18%; этим налогом облагаются все продажи энергоресурсов внутри страны. В некоторых случаях Тарифный совет (2016) устанавливает потребительские тарифы, включающие НДС.

Соглашения с правительством принимающей стороны

Новые экспортные трубопроводы, финансируемые консорциумами инвесторов с участием международных компаний, действуют на основе соглашений с правительством принимающей стороны (СППС). Участники СППС облагаются лишь налогом на прибыль по ставке 27% и вносят отчисления в социальные фонды за местный персонал, но освобождаются от всех прочих налогов. Субподрядчики, участвующие в строительстве и эксплуатации новых экспортных трубопроводов, освобождаются от всех налогов за исключением отчислений в социальные фонды (Ernst & Young, 2015b). Условия СППС подтверждаются путем внесения соответствующих поправок в нормативные документы, регулирующие налоговую систему страны.

Соглашения о разделе продукции

Крупные шельфовые месторождения, освоение которых началось в постсоветский период, разрабатываются на основе соглашений о разделе продукции (СРП), устанавливающих специальный налоговый режим для участников таких соглашений. СРП определяют налоговый режим для каждого конкретного соглашения (проекта). Такой режим, определяемый в процессе переговоров при подготовке соглашения, включает, в частности, бонусы и платежи за использование площадей. Условия СРП подтверждаются путем внесения соответствующих поправок в нормативные документы, регулирующие налоговую систему страны.

Детальный анализ более 30 СРП, участником которых является Азербайджан, находится за пределами задач данного исследования. Однако анализ СРП проекта Азери–Чираг–Гюнешли, так называемого «контракта века» (BP, 1994), позволяет продемонстрировать некоторые особенности таких соглашений. Добытая сырая нефть распределяется между участвующими в проекте международными компаниями (подрядчиками), с одной стороны, и правительством Азербайджана, представленным ГНКАР, с другой. Доходы от продажи нефти, как и сама нефть, делятся на две группы, предназначенные для покрытия расходов («компенсационная нефть») и получения прибыли («прибыльная нефть»). В первую очередь за счет продаж добытой нефти покрываются операционные затраты. Затем 50% оставшейся нефти может быть использовано для покрытия капитальных затрат. После этого оставшаяся прибыльная нефть распределяется между компаниями и правительством в зависимости от реальной нормы доходности (РНД) компаний-участниц в соответствии со следующей шкалой: 70% (доля компаний) при РНД до 16,75%, 45% при РНД до 22,75% и 20% при РНД выше 22,75%.

Свободный газ[4] не подпадает под действие СРП, и ГНКАР сохраняет за собой право на разработку соответствующих ресурсов. Компании, участвующие в консорциуме, могут добывать попутный нефтяной газ, который бесплатно передается ГНКАР. Помимо этих положений, подрядчики СРП обязаны уплачивать налог на прибыль от деятельности в рамках СРП по ставке 25%, привлекать повышенную долю местного персонала и обеспечивать уплату работниками подоходного налога с части их дохода, связанной с деятельностью в Азербайджане. Ставка налога на прибыль для других СРП варьирует в диапазоне от 20% до 32% (Ernst & Young, 2015b).

На рис. 3.8 показаны финансовые потоки в рамках СРП проекта Азери–Чираг–Гюнешли. Государственный нефтяной фонд Азербайджанской республики (ГНФАР) и Государственный социальный фонд находятся за пределами фискальной системы, и платежи этим организациям не облагаются налогами. Но они представляют интерес с точки зрения общей картины того, каким образом государственные органы получают доход от деятельности в рамках СРП. ГНФАР, представляющий собой азербайджанский аналог фонда суверенного благосостояния, обеспечивает накопление средств, получаемых государством в рамках СРП, управление ими и их сохранение для удовлетворения будущих потребностей. На начало 2016 года в фонде были аккумулированы средства на общую сумму 35 млрд долл. США, что примерно соответствует годовому ВВП Азербайджана, пересчитанному по обменному курсу за 2016 год.

Бюджет ГНФАР утверждается отдельно от государственного бюджета Азербайджана и не является частью последнего. Тем не менее, ГНФАР ежегодно перечисляет в государственный бюджет значительные средства. Например, общий бюджет ГНФАР на 2016 год был утвержден президентом Азербайджана в размере 8,2 млрд манатов (5,4 млрд долл. США), что на 22% превышало ожидаемые доходы фонда в условиях низких мировых цен на нефть. При этом крупнейшей статьей расхода фонда было перечисление 6 млрд манатов (4 млрд долл. США) в государственный бюджет.

Помимо того, ГНФАР финансирует различные стратегические проекты и проекты в сфере социального развития, многие из которых предполагают инвестиции в развитие инфраструктуры, в том числе нефтегазовой. Одним из примеров является участие Азербайджана в финансировании Южного газового коридора в размере 1,8 млрд манатов (Президент Азербайджана, 2015a), что составило вторую по величине статью расходов фонда в 2016 году.

Таблица 3.5. **Расходы ГНФАР на развитие нефтегазовой отрасли (млрд манатов)**

2013	2014	2015	2016
372,6[а]	1 308,6 (548,7[б])	997 (693[а])	1 822,8 (2 355[б])

Примечания: а. Исполнение бюджета.
б. Утвержденный бюджет.

Источник: подготовлено авторами по данным Президента Азербайджана (2015a).

Рисунок 3.8. **Финансовые потоки в рамках СРП проекта Азери–Чираг–Гюнешли**

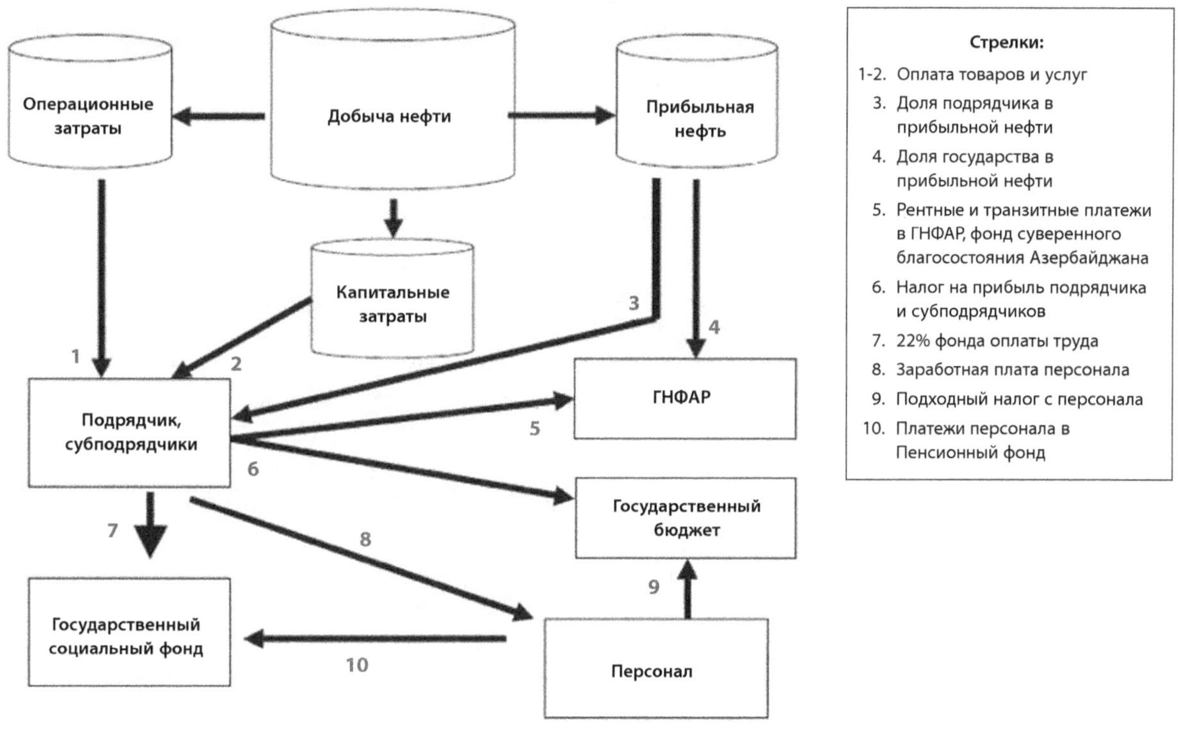

Источник: Bagirov (2007).

Налоговые льготы, предоставляемые на индивидуальной основе

Налоговые льготы на индивидуальной основе могут предоставляться компаниям в рамках одной их двух схем.

Во-первых, существует механизм предоставления льгот в режиме «ручного управления» для компаний, действующих в секторе добычи нефти и газа. Этот механизм основан на положениях закона «О применении особого экономического режима к экспортной нефтегазовой деятельности», вступившего в силу 17 апреля 2009 года. Закон применим к ориентированным на экспорт операциям подрядчиков и субподрядчиков в нефтегазовом секторе. Срок действия положений закона составляет 15 лет, но может быть продлен в порядке, установленном законодательством. Для получения льгот в индивидуальном порядке компания должна иметь постоянное представительство для целей налогообложения (как правило, постоянное представительство, ведущее деятельность и имеющее сотрудников) в Азербайджане и получить специальное свидетельство, выдаваемое отдельно по каждому договору. Свидетельство выдается Министерством энергетики, как правило, на срок, установленный договором подрядчика или субподрядчика. Держатели свидетельств могут пользоваться следующими налоговыми льготами (PWC, 2016):

- местные компании могут выбирать между *(i)* налогом на прибыль по ставке 20% или *(ii)* налогом в размере 5% от общего дохода;
- иностранные субподрядчики уплачивают только налог в размере 5% от общего дохода;
- товары и услуги, приобретаемые подрядчиками, облагаются НДС по ставке 0%;
- освобождение от налогообложения дивидендов, выплачиваемых подрядчиком и субподрядчиком, а также чистой прибыли постоянного представительства субподрядчика;
- освобождение от таможенных пошлин и налогов;
- освобождение от имущественного и земельного налога.

Второй механизм основан на Указе президента Азербайджана от 18 января 2016 года, которым были введены сертификаты поощрения инвестиций. В отличие от предыдущей схемы, они не ориентированы специально на экспортную нефтегазовую деятельность. Приоритетные цели данного механизма включают привлечение инвестиций в создание промышленных парков, обрабатывающих производств, а также научно-исследовательскую деятельность (ABC.az, 5 марта 2016). Конкретные формулировки нормативных актов позволяют предположить, что данная схема не ориентирована на энергетические компании, но некоторые из них, в особенности действующие в сфере повышения энергоэффективности и возобновляемых источников энергии, в принципе могут претендовать на получение сертификата и соответствующих налоговых льгот. Сертификаты выдаются Министерством экономики компаниям и физическим лицам на основе представленных ими бизнес-планов. Налоговые льготы действуют в течение 7 лет со дня выдачи сертификата и включают:

- освобождение 50% прибыли от подоходного налога;
- 100% освобождение от НДС, таможенных пошлин и налогов импорта техники, технологического оборудования и сооружений на основании подтверждающего документа соответствующего органа исполнительной власти;

- 100% освобождение от налога на имущество;
- 100% освобождение от земельного налога.

Хотя различные аналитические источники (например, OECD, 2003) обсуждают наличие различных экологических платежей за загрязнение воздуха и сброс загрязняющих веществ в водные объекты, а также платы за образование твердых отходов, в рамках данного исследования не удалось установить наличия каких-либо экологических платежей или налогов в Азербайджане. Возможно, это является признаком отмены таких платежей. В ходе анализа СРП не было выявлено никаких технических требований, направленных на ограничение сжигания попутного газа в факелах или сброса бурового шлама в море.

Выбросы парниковых газов и политика в области изменения климата

Азербайджан ратифицировал Рамочную конвенцию ООН об изменении климата (РКИК ООН) в 1995 году, а Киотский протокол к ней – в 2000 году. Однако, не будучи страной Приложения I, Азербайджан не принял количественных обязательств по снижению выбросов парниковых газов (ПГ). В 2005 году более 80% общих выбросов Азербайджана пришлось на энергетический сектор (Aliyev, 2013).

По данным BP (2015b), общие выбросы CO_2, связанные с производством и потреблением энергии достигли почти 35 млн т в 2005 году, после чего снизились до уровня ниже 26 млн т в 2010 году, а затем вновь выросли почти до 32 млн т в 2014 году. Однако существуют некоторые сомнения относительно точности данных BP (2015b). В частности, Алиев (Aliyev, 2015) сообщает, что в 2010 году общие выбросы составили почти 50 млн т CO_2-экв., из которых 37 млн т пришлось на энергетику.

В Азербайджане создан Центр климатических изменений и озона, задачи которого включают анализ эффектов изменения климата и разработку стратегий борьбы с ним. Центр действует в составе Гидрометеорологического департамента Министерства экологии и природных ресурсов (Министерство экологии, 2015б).

Сообщается, что Азербайджан занимает активную позицию в области смягчения изменения климата, реализуя меры политики внутри страны (Aliyev, 2013 и 2015). Кроме того, страна участвует в международных климатических переговорах (Gallagher, 2014). Министерство экологии и природных ресурсов в качестве своих достижений в области климата перечисляет, главным образом, проекты, профинансированные организациями-донорами. Последний на данный момент Доклад о самооценке национального потенциала был подготовлен в 2005 году (Министерство экологии, 2015а).

В процессе подготовки к Совещанию сторон РКИК ООН Азербайджан представил свой «Ожидаемый национально определенный вклад» (ОНОВ) в сентябре 2015 года (INDC of Azerbaijan, 2015). Согласно ОНОВ, к 2030 году Азербайджан намерен сократить выбросы из всех источников до 47,665 млн т CO_2-экв. (без учета ЗИЗЛХ) или на 35% по сравнению с базовым 1990 годом, когда выбросы составляли 73,331 млн т CO_2-экв. (без учета ЗИЗЛХ). Это означает, что у страны имеется возможность увеличения выбросов по сравнению с существующим уровнем в рамках принятых обязательств.

С целью ограничения выбросов парниковых газов и повышения энерго-эффективности в 2004 году Азербайджан принял Государственную программу по использованию альтернативных и возобновляемых источников энергии в

Азербайджанской Республике (Правительство Азербайджана, 2004), которая действовала с 2005 по 2013 годы. Для содействия реализации программы в 2009 году было создано Государственное агентство по альтернативным и возобновляемым источникам энергии Азербайджана (ГААВИЭ). Первоначально агентство было создано при Министерстве энергетики с задачами содействия освоению альтернативных источников энергии и реализации соответствующих инвестиционных проектов. С момента создания агентства его правовой статус претерпел несколько изменений. В результате последнего из них 24 ноября 2016 года агентство было преобразовано в «юридическое лицо публичного права» при Министерстве энергетики (Президент Азербайджана, 2016). По некоторым сообщениям (Маликов, б.д.), на ГААВИЭ была возложена ответственность за разработку Национальной стратегии использования альтернативных и возобновляемых источников энергии на 2012–2020 годы, однако в ходе настоящего исследования не удалось прояснить современное состояние этой инициативы.

Среднесрочная концепция развития «Азербайджан – 2020: взгляд в будущее» упоминает повышение энергоэффективности и освоение возобновляемых источников энергии в качестве приоритетов страны (Президент Азербайджана, 2012). В частности, цели Азербайджана включают:

- увеличение доли возобновляемых источников в производстве электроэнергии до 20% к 2020 году (в 2011 году их доля составляла 10%, из которых 9,8% приходилось на гидроэлектростанции (ГЭС), а 0,2% – на прочие возобновляемые источники энергии) (Маликов, б.д.);
- увеличение доли возобновляемых источников в общем потреблении энергии до 9,7% к 2020 году (по сравнению 2,3% в 2011 году) (Маликов, б.д.).

В то же время Стратегическая дорожная карта относительно развития коммунальных услуг (электрическая и тепловая энергия, вода и газ) в Азербайджане, утвержденная Указом Президента от 6 декабря 2016 года, предусматривает строительство электростанций на основе ВИЭ мощностью 420 МВт, в том числе 350 МВт ветровых, 50 МВт солнечных и 20 МВт электростанций на биомассе.

Одним из основных политических документов Азербайджана в сфере энергоэффективности является Государственная программа по развитию топливно-энергетического комплекса Азербайджанской Республики (2005-2015 годы). В программе предусмотрены меры по рациональному использованию углеводородных ресурсов, а также меры по снижению потерь энергоресурсов, предотвращению их хищения и борьбе с неэффективным использованием энергии, направленные на удовлетворение спроса на электроэнергию и природный газ (Huseynova, 2015).

Кроме того, Азербайджан ратифицировал Договор к энергетической хартии, а также Протокол по вопросам энергоэффективности и соответствующим экологическим аспектам. Осуществляемые с 2000 года инвестиции в производство и передачу электроэнергии, в том числе направленные на перевод некоторых ТЭС с мазута на природный газ, также способствовали повышению эффективности в электроэнергетике, снижению выбросов парниковых газов и других видов отрицательного воздействия на окружающую среду (Huseynova, 2015).

Определение и обсуждение энергетических субсидий

Как и в остальных главах настоящего исследования, посвященных другим странам Восточного партнерства ЕС, анализ энергетических субсидий в Азербайджане в этом разделе опирается на определение, приводимое в Соглашении по субсидиям и компенсационным мерам, подписанном 162 государствами – членами Всемирной торговой организации (ВТО). Это определение охватывает различные формы субсидий, включая следующие:

- прямой перевод денежных средств (например, в виде дотаций, займов или покупки акций) или обязательства по переводу таких средств (например, гарантии по займам);
- отказ от взимания причитающихся правительству доходов (например, налоговые льготы в форме льготных ставок налогов, освобождения от них или налоговых кредитов);
- предоставление правительством товаров или услуг (за исключением инфраструктуры общего пользования) по ценам ниже рыночных (например, тарифы на транспортировку нефти и газа по территории страны на уровне ниже рыночных), или закупка правительством товаров по ценам выше рыночных;
- поддержка доходов и цен, например, в форме регулирования цен, рынков и других видов деятельности в конкретных отраслях.

Однако Азербайджан не является членом Всемирной торговой организации, в силу чего принятое ВТО определение субсидий не имеет правового значения при анализе национального законодательства и практики.

В то же время, в особенности на фоне последствий глобального финансового и экономического кризиса и падения мировых цен на нефть и газ, в Азербайджане постоянно ведется дискуссия о путях оптимизации бюджетной и финансовой политики. Концепция развития «Азербайджан – 2020: взгляд в будущее», принятая в 2012 году, отмечает в числе прочих стратегических целей, что «особое внимание будет уделяться обеспечению фискальной дисциплины в области формирования и использования бюджетных ресурсов, правильному распределению средств и повышению эффективности расходов. Будет проводиться гибкая оценка по различным бюджетным рискам (внешние, финансовые, операционные риски, риски отстранения и пр.)» (Президент Азербайджана, 2012).

Как и в большинстве других стран, национальное законодательство Азербайджана, включая документы, относящиеся к бюджетному процессу, в явном виде использует понятие «субсидий» применительно к прямым бюджетным трансфертам (Президент Азербайджана, 2015б, IMF, 2015), что соответствует первой группе субсидий в определении ВТО. В частности, в Азербайджане ведется обсуждение сельскохозяйственных субсидий, финансируемых непосредственно из государственного бюджета (Керимханова, 2015; FAO REU, 2012).

Предметом обсуждения является также освобождение компаний от налогов. Например, при принятии поправок к Налоговому кодексу Азербайджана в конце 2015 года в Национальном собрании (парламенте) Азербайджана обсуждался вопрос о том, остаются ли обоснованными налоговые льготы для экспортно-ориентированных нефтегазовых компаний, в частности, освобождение импортируемого оборудования от НДС, в условиях увеличения нагрузки на бюджет в результате снижения мировых цен на нефть (TREND.AZ, 20 октября 2015). Тем не менее, эти налоговые льготы были сохранены, и такие государственные органы, как Министерство экономики и промышленности и Министерство энергетики склонны рассматривать их скорее как полезные стимулы, чем как вредные субсидии.

Можно заключить, что прямые трансферты рассматриваются в Азербайджане как субсидии, и выпадающие налоговые доходы также обсуждаются как форма государственной поддержки (см. рис. 3.9).

Рисунок 3.9. **Что включается в определение субсидий в национальном законодательстве Азербайджана?**

Включено в национальные определения «субсидии» и «господдержки»

Включено только в национальное определение «господдержки»

Не включено в национальные определения «субсидии» и «господдержки»

Прямые бюджетные трансферты	Выпадающие налоговые доходы	Вторичные трансферты	Передача рисков государству	Источники информации
				Президент Азербайджана (2015б)

Источник: подготовлено авторами.

В то же время, как и в других странах Восточного партнерства ЕС, потребительские субсидии обсуждались и обсуждаются в Азербайджане в контексте реформы тарифов на энергоресурсы, и воспоминания о троекратном росте тарифов на электроэнергию и нефтепродукты в 2006-2007 годах оставались свежи в начале 2016 года.

Передача рисков государству представляет собой форму субсидий, с которой заинтересованные стороны Азербайджана, скорее всего, знакомы в меньшей степени. Передача государству рисков и издержек, связанных с неплатежами, применялась и продолжает применяться в настоящее время, хотя практика учета потребления и сбора доходов улучшилась в последние годы.

Азербайджан не публикует собственных оценок энергетических субсидий или выпадающих налоговых доходов. Поэтому доступность информации была серьезной проблемой при подготовке настоящего раздела.

Фрагментарный анализ энергетических субсидий в Азербайджане был выполнен Всемирным банком и Международным энергетическим агентством (МЭА). Всемирный банк опубликовал анализ реформы потребительских субсидий, проведенной в Азербайджане в 2006-2007 годах (World Bank, 2013b), а также включил анализ потребительских цен на энергоресурсы в региональное исследование «Обеспечение баланса: сокращение энергических субсидий при сохранении доступности» (World Bank, 2013a). Обе публикации Всемирного банка рассматривают реформу потребительских субсидий в Азербайджане в 2006-2007 годах как пример в целом успешного управления спросом на энергоресурсы.

Набор данных, сопровождающий публикацию МЭА «Прогноз мировой энергетики – 2015» (2015d), содержит оценку субсидий на потребление ископаемых видов топлива в Азербайджане, выполненную методом ценовой разницы. По оценке МЭА, в 2014 году общий объем субсидий в этой категории составил 1,5 млрд долл. США (см. табл. 3.6). Значительное снижение объема субсидий в 2014 году по сравнению с

2013 годом обусловлено резким снижением мировых цен на углеводородное топливо, которые используются МЭА в качестве базовой цены для метода ценовой разницы. Общий объем потребительских субсидий, 1,5 млрд долл. США, составил примерно 2% ВВП Азербайджана в 2014 году. Оценки МЭА используются для сопоставления с собственными оценками авторов, приводимых ниже в этом разделе.

Таблица 3.6. **Оценки субсидий на потребление ископаемых видов топлива в Азербайджане, выполненные МЭА методом ценовой разницы, млрд долл. США**

Субсидируемый энергоресурс	2012	2013	2014
Нефть	0,9	1,1	0,3
Электроэнергия	0,6	0,7	0,5
Газ	0,9	1,0	0,7
Уголь	-	-	-
Всего	2,4	2,8	1,5

Источник: IEA (2015d).

Собственный анализ авторов основан на следующих данных: информация о тарифах, публикуемая Тарифным советом Азербайджана и используемая для понимания механизмов внутреннего ценообразования; отчетность BP о деятельности в Каспийском регионе, используемая в качестве источника информации о режиме СРП; публикации международных юридических и консалтинговых компаний, содержащие сведения о налогообложении энергоресурсов; публикации СМИ и презентации компаний, содержащие общую информацию о состоянии энергетики Азербайджана. Ссылки на конкретные источники приводятся по ходу изложения.

В таблице 3.7 приведены основные результаты анализа правовых основ различных механизмов субсидирования и доступности данных, организованные по категориям субсидий, принятым ОЭСР (OECD, 2013). Эти результаты представляют собой отправную точку для последующего анализа в данной главе.

Таблица 3.7. **Обзор субсидий**

Энергетические субсидии	Основные результаты
Прямой перевод бюджетных средств и обязательства по такому переводу	• Обсуждаются в Азербайджане как субсидии (за исключением обязательств) • Компании «Азерэнержи» и «Азеригаз» получают значительные средства из государственного бюджета • В 2016 году имело место перечисление средств из ГНФАР на строительство Южного газового коридора
Налоговые расходы (выпадающие налоговые доходы)	• Правительство может отказываться от налоговых доходов в интересах стимулирования инвестиций в рамках трех типов налоговых режимов: а) общегосударственного; б) СРП и СППС; в) льгот, предоставляемых на индивидуальной основе и подтверждаемых свидетельствами или сертификатами • Выпадающие налоговые доходы рассматриваются как форма государственной поддержки, но обсуждаются скорее как «инструмент стимулирования инвестиций», чем как субсидии • Имели место отсрочка налоговых платежей «Азерэнержи» и «Азеригаз», а также списание налоговой задолженности (задокументировано в 2014 и 2015 годах)

Таблица 3.7. **Обзор субсидий** *(продолжение)*

Энергетические субсидии	Основные результаты
Вторичные (косвенные) трансферты (поддержка доходов или цен)	• Обсуждаются в Азербайджане в контексте политики ценообразования и тарифной реформы • Частичная реформа потребительских субсидий в 2006-2007 годах описана Всемирным банком как пример в целом успешной реформы • Потребительские тарифы на газ, электроэнергию. нефтепродукты и услуги центрального отопления поддерживаются на искусственно низком уровне по сравнению с рыночным ценообразованием • По оценке МЭА, субсидии на потребление ископаемых видов топлива в Азербайджане в 2014 году составляли 1,5 млрд долл. США
Передача рисков государству	• Не рассматривается и не обсуждается как форма субсидий • Передача государству рисков и издержек, связанных с неплатежами, применялась и продолжает применяться в настоящее время, хотя практика учета потребления и сбора доходов улучшилась в последние годы

Источник: подготовлено авторами.

Государственная поддержка ископаемых видов топлива

Для количественной оценки объемов государственной поддержки ископаемых видов топлива в Азербайджане авторы используют сочетание инвентаризации субсидий «снизу вверх» и анализа методом ценовой разницы. Анализ методом ценовой разницы следует методике МЭА и той же логике, что и анализ для других стран Восточного партнерства в данном докладе:

Ценовая разница = Базовая цена – Нетто-тариф

Субсидия = Ценовая разница × Объем потребления

Оценка субсидий на потребление методом ценовой разницы

Азербайджан является нетто-экспортером природного газа и нефти. Поэтому, в отличие от всех остальных стран Восточного партнерства ЕС, базовой ценой для Азербайджана является цена альтернативного использования топлива (экспорта на зарубежные рынки), а не цена импортного паритета (используемая для Армении, Беларуси, Грузии, Молдовы и Украины). Иными словами, для Азербайджана базовой ценой нефти и газа является цена экспортного паритета, понимаемая как цена продукта на ближайшем международном хабе, скорректированная с учетом затрат на транспортировку. Все расчеты выполнены без учета НДС.

В то же время страны – производители нефти и газа часто утверждают, что обоснованной базовой ценой является не цена экспортного паритета, а себестоимость производства энергоресурсов. Кроме того, в случае электричества полная приведенная стоимость электроэнергии является единственной адекватной базовой ценой как для импортеров, так и для экспортеров энергии. Поэтому себестоимость производства энергии также рассматривается в ходе анализа в этом разделе.

В табл. 3.8 приведены основные результаты оценки субсидий методом ценовой разницы, которые являются основным количественным результатом данного исследования в отношении субсидий на ископаемое топливо в Азербайджане. Общие субсидии на потребление природного газа и электроэнергии в стране в 2014 году оцениваются на уровне 1,7 млрд долл. США, что соответствует 2,3% ВВП Азербайджана в 2014 году.

Таблица 3.8. **Оценка методом ценовой разницы субсидий на потребление ископаемых видов топлива в Азербайджане в 2014 году**

Энергоноситель	Оценка субсидий методом ценовой разницы
(+) Природный газ	1,7 млрд долл. США
(-) Поправка во избежание двойного счета в результате учета поддержки потребления электроэнергии за счет льготных цен на газ для ТЭС	*0,9 млрд долл. США*
(+) Электроэнергия	0,9 млрд долл. США
(+) Нефтепродукты	н.р.
(+) Уголь	н.р., вероятно, незначительная величина
Всего	**1,7 млрд долл. США**

Примечание: **н.р.** – не рассчитывалось. Оценка выполнена авторами.

Природный газ

В табл. 3.9 представлен анализ субсидий на потребление природного газа в Азербайджане, выполненный методом ценовой разницы. Данные об объемах потребления взяты из официального энергетического баланса страны за 2014 год (Азерстат, 2015г).

Таблица 3.9. **Оценка субсидий на потребление природного газа для различных групп потребителей методом ценовой разницы, 2014 год**

Цены и затраты	Единица измерения	Производители электроэнергии	Приоритетные промышленные потребители	Прочие конечные потребители
Цена продаж	долл. США за 1 000 м^3	78	78	97
Себестоимость производства «Азеригаз»	долл. США за 1 000 м^3	36	36	36
Цена продаж при альтернативном использовании газа «Азеригаз» (продаже на международном рынке) или базовая цена	долл. США за 1 000 м^3		226	
Реализованный объем	млрд м^3	6,3	0,3	5,6
Ценовая разница	долл. США за 1 000 м^3	148	148	129
Общая оценка субсидий методом ценовой разницы	млрд долл. США	0,9	0,05	0,7
Общий объем субсидирования конечного потребления газа (без учета производителей электроэнергии)	млрд долл. США		0,77	
Общий объем субсидирования всех групп потребителей	млрд долл. США		1,7	

Источник: расчеты авторов с использованием данных Тарифного совета (2015), Газпрома (2015), SOCAR (2015a), Азерстат (2015г), World Bank (2016a), World Bank (2016b) и аналитических материалов Sigra Group.

По данным ГНКАР, себестоимость производства природного газа в 2014 году составляла 36 долл. США за 1 000 $м^3$ (SOCAR, 2015a). Цены (тарифы) на газ варьировали в диапазоне от 78 до 97 долл. США за 1 000 $м^3$ (также см. табл. 3.3 выше); средневзвешенная цена с учетом объемов потребления составляет 87 долл. США за 1 000 $м^3$). Таким образом, существующие тарифы значительно превышают себестоимость производства газа в стране.

Однако внутренние тарифы на газ в Азербайджане ниже не только цен в соседних Армении и Грузии, но и на ближайшем возможном экспортном рынке – в Турции. Если бы Азербайджан экспортировал объемы газа, реализуемые на внутреннем рынке, страна получала бы дополнительные доходы. Такой экспорт представляет собой возможное альтернативное использование газа, отказываясь от которого и продавая газ по более низким внутренним ценам, страна недополучает определенный объем доходов. В 2014 году оптовая цена газа в Турции составляла 343 долл. США за 1 000 $м^3$ (IGU, 2015). С 2014 года цены на газ снижаются и, при отсутствии более актуальных данных о ценах на газ на рынке Турции, в качестве базовой цены альтернативного использования была выбрана средняя цена европейского рынка за 12 месяцев с января по декабрь 2015 года, которая составила 270 долл. США за 1 000 $м^3$ по данным Всемирного банка (World Bank, 2016a), за вычетом оцениваемых затрат на транспортировку. В целом, цена европейского рынка представляется обоснованным ориентиром с учетом имеющихся планов Азербайджана по расширению экспорта природного газа в Европу через Южный газовый коридор.

Точная оценка потенциальных затрат на транспортировку газа из Азербайджана в Европу, необходимая для определения базовой цены за вычетом этих затрат, потребовала бы сложного и детального анализа. Однако для целей иллюстрации может быть использована крайне приблизительная оценка, основанная на проектной длине предлагаемого Южного газового коридора (3,5 тыс. км) (TAP-AG, 2015) как консервативной оценке расстояния до европейских рынков, а также на среднем тарифе для третьих сторон на транспортировку газа в российской Единой системе газоснабжения (ЕСГС), который составляет 1,25 долл. США за 1 000 $м^3$ на 100 км (Yafimava, 2015)[5].

Сочетание этих двух величин позволяет оценить транспортные затраты на уровне примерно 44 долл. США за 1 000 $м^3$ (1,25*35). Это означает, что ценовая разница, т.е. разница между наивысшей внутренней ценой в Азербайджане (97 долл. США) и средней европейской ценой за 12 месяцев за вычетом затрат на транспортировку (270–44 = 226) составляет 129 долл. США за 1 000 $м^3$ (226–97). Эта величина представляет собой доход, упущенный производителями газа в Азербайджане в результате отказа от альтернативного использования газа, и потенциальную субсидию для внутренних потребителей. Согласно анализу, приведенному в табл. 3.8, Азербайджан теряет примерно 1,7 млрд долл. США в год в результате отказа от альтернативного использования газа, реализуемого на внутреннем рынке.

С учетом невысоких цен на электроэнергию, поддерживаемых в стране, продажи природного газа производителям электроэнергии по пониженным ценам могут рассматриваться как субсидирование потребления электроэнергии, а не природного газа. Если исключить поддержку производителей электроэнергии (0,9 млрд долл. США) из общей суммы субсидий на конечное потребление природного газа (1,7 млрд долл. США), оценка субсидий на потребление газа в 2014 составит 0,8 млрд долл. США. Это примерно соответствует оценкам МЭА, которые составили 1 и 0,7 млрд долл. США в 2013 и 2014 годах соответственно.

Нефтепродукты

В ходе исследования не удалось получить данных о затратах на производство нефтепродуктов (нефтепереработку) в Азербайджане. Оценка возможной цены альтернативного использования и затрат на транспортировку до экспортных рынков также представляет трудности. Тем не менее, на рис. 3.10 и 3.11 представлено сравнение розничных цен топлива на бензоколонках в Азербайджане и соседних странах в середине ноября 2014 года, выполненное по данным GIZ (2015). Цены и ценовая разница представлены на рис. 3.10 и 3.11 с учетом НДС и акцизных налогов, которые различаются от страны к стране, что делает такое сравнение менее обоснованным. Ценовая разница для бензина оказывается незначительной при сравнении со всеми соседними странами, за исключением Турции (которая отличается высокими ценами на бензин по международным стандартам), тогда как цены на дизельное топливо оказываются значительно выше в Грузии, Армении и Турции. Однако в отсутствие серьезной методической базы количественная оценка возможных субсидий представляется преждевременной.

Рисунок 3.10. **Цены на дизельное топливо в середине ноября 2014 года, долл./л**

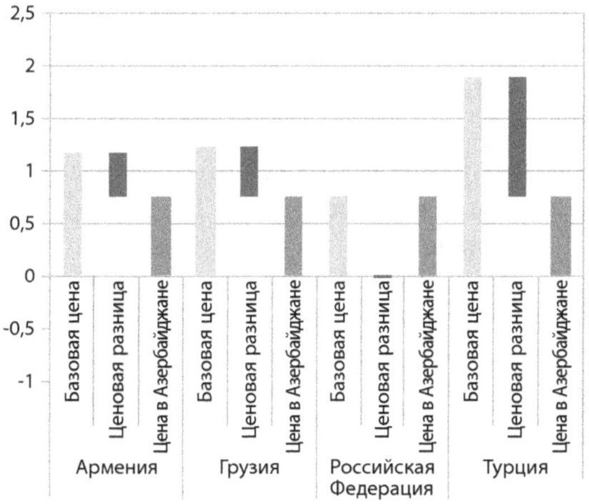

Рисунок 3.11. **Цены на бензин в середине ноября 2014 года, долл./л**

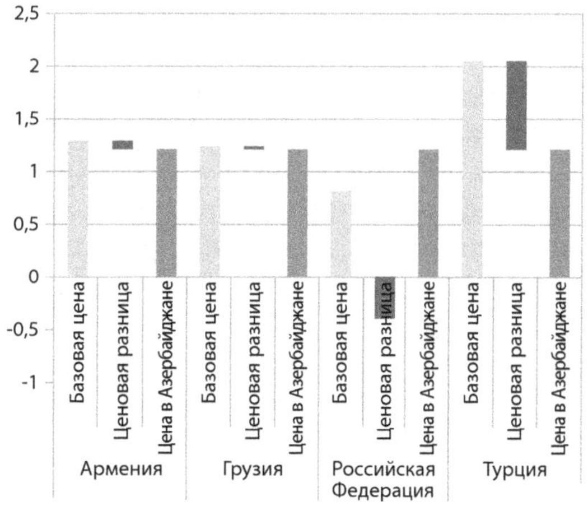

Источник: подготовлено авторами по данным GIZ (2015).

В течение 2015 и 2016 годов обменный курс азербайджанского маната значительно снизился, тогда как регулируемые цены нефтепродуктов в местной валюте оставались на постоянном уровне. Поэтому более адекватными внутренними ценами на бензоколонке представляются 0,78 и 0,58 долл. США за литр бензина и дизельного топлива соответственно, в отличие от значений 1,21 и 0,77 долл. США за литр, использованных при подготовке рис. 3.10 и 3.11. Можно предположить, что снижение курса маната привело к увеличению ценовой разницы. Однако в отсутствие обновленных данных для других рынков анализ должен быть ограничен сравнением ситуации по состоянию на середину ноября 2014 года.

В то же время, как отмечено выше, МЭА оценивает субсидии на потребление нефтепродуктов в Азербайджане на уровне 0,3 млрд долл. США в 2014 году и 1,1 млрд долл. США в 2013 году.

Электроэнергия и тепловая энергия

В отличие от природного газа, электричество не является предметом международной торговли в значительных масштабах. Поэтому при использовании метода ценовой разницы в качестве базовой цены должна использоваться себестоимость производства. Для сравнения себестоимости производства электроэнергии из различных источников обычно используется полная приведенная стоимость электроэнергии (ППСЭ). Этот показатель учитывает, в частности, различия в капиталоемкости, затратах на эксплуатацию и техническое обслуживание, а также стоимости топлива для различных источников энергии. Среди прочего, расчет ППСЭ позволяет ответить на вопрос о том, использование каких методов генерации может быть экономически обоснованным при заданной цене продаж электроэнергии. В данном разделе приведена оценка ППСЭ для Азербайджана, которая в сочетании с внутренними ценами на электроэнергию может использоваться для оценки, хотя и примитивной, субсидий на потребление электроэнергии методом ценовой разницы.

Компания Fitchner Ltd (2013) оценивает полную приведенную стоимость электроэнергии для газовой турбины комбинированного цикла (ГТКЦ) в Азербайджане на уровне 0,024 долл. США за кВт-ч и предлагает 0,053 долл. США за кВт-ч в качестве «международной оценки ППСЭ». Существующие тарифы для производителей (0,040 долл. США за кВт-ч) превышают себестоимость производства в Азербайджане, но не международный уровень (см. табл. 3.3).

Предположения о стоимости топлива не сформулированы в явном виде в материалах Fitchner Ltd (2013). Поэтому наряду с результатами этой компании в табл. 3.10 представлены результаты оценки упрощенной полной приведенной стоимости электроэнергии (уППСЭ) с использованием методики OpenEI (2016) и, по возможности, тех же предположений, которые были использованы Fitchner Ltd (2013). Две оценки ППСЭ, сделанные с использованием внутренних цен на топливо, различаются на один цент за кВт-ч (0,024 и 0,035 долл./кВт-ч). Однако соответствующие оценки, сделанные на основе международных цен, различаются более существенно; вероятно, это является следствием различий в предполагаемой цене альтернативного использования топлива.

Подводя итоги, следует отметить, что ни один из двух подходов не указывает на наличие субсидий на потребление электроэнергии в Азербайджане при использовании базовой цены, основанной на внутренних ценах на газ. Однако применение цены газа при альтернативном использовании (экспорте) указывает на возможное субсидирование, конкретный объем которого зависит от альтернативной цены газа. Кроме того, использованный авторами метод оценки уППСЭ, позволяет установить, при каком уровне цен на газ приведенная стоимость электроэнергии будет равна существующему тарифу производителя. Оценка уППСЭ оказывается на уровне 0,040 долл./кВт-ч при цене на газ 102 долл./м^3. Как следствие, при любой цене альтернативного использования газа выше 102 долл./м^3, что является весьма консервативной оценкой, будут обоснованы более высокие цены на электроэнергию, чем действующие тарифы для производителя.

Поскольку в оценку Fitchner Ltd (2013) не включены затраты на эксплуатацию и техническое обслуживание, выполненная авторами оценка уППСЭ также не учитывает этих затрат. Как следствие, фактическая ППСЭ должна быть выше, чем полученные оценки. Поскольку разница между оценкой уППСЭ при внутренних ценах на топливо и ценой закупки электроэнергии у «Азерэнержи» (0,040 долл./кВт-ч) составляет всего половину цента, нельзя исключить возможности того,

Таблица 3.10. **Оценка полной приведенной стоимости электроэнергии для ГТКЦ в Азербайджане**

	Единица измерения	Fitchner	Собственные расчеты (Sigra Group)
Fitchner и Sigra Group			
Удельные инвестиции	долл./кВт	975	975
Затраты на эксплуатацию и техническое обслуживание	% капитальных затрат	н.п.	0%
Стоимость топлива (местные цены)	долл./МВт-ч	5	н.п.
Стоимость топлива (международные цены)	долл./МВт-ч	5	н.п.
КПД	%	58%	н.п.
Мощность	МВт	450	н.п.
Часы работы с полной нагрузкой	час/год	6000	6000
Срок эксплуатации	лет	25	25
Коэффициент дисконтирования	%	10%	10%
Собственные расчеты (Sigra Group)			
Коэффициент использования установленной мощности	%	н.п.	68,5%
Внутренняя стоимость топлива	долл./ 1 000 м³	н.п.	78
Внутренняя стоимость топлива	долл./млн БТЕ (британских тепловых единиц)	н.п.	2,210
Коэффициент пересчета	1 000 м³/млн БТЕ	н.п.	0,028
Цена топлива при альтернативном использовании	долл./ 1 000 м³		270
Цена топлива при альтернативном использовании	долл./млн БТЕ		7,65
Удельный расход топлива	БТЕ/кВт-ч	н.п.	7 667
Коэффициент возмещения капитала			0,110
Полная приведенная стоимость			
уППСЭ (внутренняя цена газа)	долл./кВт-ч	н.п.	0,035
уППСЭ (альтернативная цена газа)	долл./кВт-ч	н.п.	0,077
ППСЭ (внутренняя цена газа)	долл./кВт-ч	0,024	н.п.
ППСЭ (альтернативная цена газа)	долл./кВт-ч	0,053	н.п.
Существующие тарифы			
Тариф для производителя (ОАО «Азерэнержи»)	долл./кВт-ч		0,040
Тариф для потребителей	долл./кВт-ч		0,058
Обменный курс	*Средний обменный курс ман./долл. США (2015)*	н.п.	*1,0261*

Примечание: **н.п.** – неприменимо.

Источник: подготовлено авторами на основе данных Fitchner Ltd (2013), OpenEI (2016), EIA (2015b) и аналитических материалов Sigra Group.

что учет этой категории затрат сделает ППСЭ выше существующего закупочного тарифа, что будет означать наличие субсидирования и с точки зрения себестоимости производства при внутренних ценах на топливо.

Умножение разницы между внутренней оптовой ценой 0,040 долл./кВт-ч и величиной ППСЭ, основанной на международных ценах на топливо (0,077 долл./кВт-ч) на общий объем производства электроэнергии в Азербайджане в 2014 году (24,8 ТВт-ч) (Азерстат, 2015ж) позволяет получить оценку общего объема субсидирования потребления электроэнергии – 0,9 млрд долл. США в 2014 году. Это – оценка поддержки потребителей за счет заниженных цен на газ для производителей электроэнергии. Эта величина больше, чем оценки методом ценовой разницы, выполненные МЭА, согласно которым объем субсидирования производства электроэнергии в Азербайджане составил 0,5 млн долл. США в 2014 году и 0,7 млрд долл. США в 2013 году.

Оценку субсидий на потребление электроэнергии дополнительно осложняют две проблемы. Одной из них являются возможные трудности при сборе платежей с бытовых потребителей (World Bank, 2013b). В открытых источниках практически отсутствует информация по этой проблеме, но известно, что «Азерэнержи» получает прямые трансферты из бюджета для компенсации соответствующих потерь (см. ниже в разделе об инвентаризации субсидий «снизу вверх», а также в таблице 3.A1.1).

Второй проблемой является оценка затрат при когенерации тепловой и электрической энергии. Информация о затратах на производство тепловой энергии практически отсутствует. При этом системы централизованного отопления не охватывают всю территорию Азербайджана: соответствующие услуги оказываются, главным образом, в столице страны Баку и прилегающих к ней районах. Однако известно, что во многих странах Восточного партнерства ЕС и Центральной Азии услуги централизованного отопления субсидируются в значительных объемах, причем часто имеет место перекрестное субсидирование за счет тарифов на электроэнергию. Есть основания предполагать, что подобная ситуация может иметь место и в Азербайджане.

Инвентаризация мер государственной поддержки ископаемых видов топлива методом «снизу вверх»

Недостаток информации является серьезным ограничением для надежной инвентаризации методом «снизу вверх» схем субсидирования ископаемых видов топлива в Азербайджане. Во многих случаях в качестве источника были использованы сообщения СМИ, не содержащие достаточных подробностей и допускающие неоднозначную интерпретацию. Было выявлено лишь ограниченное количество схем субсидирования, и количественные оценки носят лишь ориентировочный характер.

В табл. 3.11 представлены основные результаты анализа, а более подробная информация о каждой из схем приведена в приложении 3.A1. Согласно имеющимся данным, «Азерэнержи», «Азеригаз» и теплоснабжающая компания «Азеристиликтеджхизат» получают прямые трансферты из государственного бюджета. Для оценок использованы объемы трансфертов, приводимые в сообщениях СМИ, без каких-либо изменений.

Хотя фонд суверенного благосостояния Азербайджана, ГНФАР, формально является внебюджетным, средства фонда также непосредственно перечисляются на развитие нефтегазовой инфраструктуры. Как отмечено выше, в 2016 году из бюджета ГНФАР (см. табл. 3.5) было перечислено 1,8 млрд манатов для финансирования участия Азербайджана в строительстве Южного газового коридора (Президент Азербайджана, 2015a). В табл. 3.11 представлена информация о конкретных инвестициях в развитие нефтегазовой инфраструктуры, профинансированных из ГНФАР в 2013-2016 годах.

Помимо этого, существует еще два типа прямых бюджетных трансфертов в пользу конкретных категорий потребителей. Во-первых, Азербайджан субсидирует потребление электроэнергии внутренне перемещенными лицами в размере 150 кВт-ч на человека в месяц. Пособия выделяются Государственным комитетом по делам беженцев (World Bank, 2013b).

Таблица 3.11. **Затраты ГНФАР на финансирование нефтегазовой инфраструктуры, млн манатов**

Проекты	2013	2014	2015	2016
Строительство нефтеперерабатывающего комплекса «Star»	372,6	223,54		127
Финансирование проектов Южного газового коридора	-	49,831	692,85	241,9
Строительство объектов нефтегазового и нефтехимического комплекса	-	363,34 (0[а])	-	-
Финансирование участия государства в нефте- и газопроводах	-	51	-	-
Всего	**372,6[а]**	**1 308,6 (548,7[б])**	**997 (693[а])**	**1 822,8 (2 355[б])**

Примечания: а. Исполнение бюджета.
б. Утвержденный бюджет.

Источник: Президент Азербайджана (2015a).

Во-вторых, фермеры получают субсидии на топливо, которые перечисляются на личные пластиковые карты, выпускаемые Капитал Банком. В 2015 году ежегодный размер этой субсидии составлял 40 манатов (39 долл. США) на гектар обрабатываемой земли. Данная субсидия была введена в 2007 году при повышении регулируемых цен на дизельное топливо и другие нефтепродукты, когда правительство решило скомпенсировать фермерам затраты, связанные с этим повышением (Керимханова, 2015).

Менее очевидным является вопрос о том, что должно быть включено в категорию выпадающих налоговых доходов для целей оценки субсидий «снизу вверх», поскольку, как было описано выше, в Азербайджане к нефтегазовым компаниям может применяться несколько налоговых режимов. Помимо общенационального налогового режима, существуют специальные режимы, применяемые к международным консорциумам на основе СППС и СРП. Однако, оставляя в стороне специальные режимы, устанавливаемые соглашениями, представляется логичным, как минимум, учесть налоговые льготы, предусмотренные законом «О применении особого экономического режима к экспортной нефтегазовой деятельности», вступившим в силу 17 апреля 2009 года. Достаточная информация о масштабах деятельности, к которой применяются данные льготы, отсутствует, что делает невозможной количественную оценку субсидий. В открытых источниках отсутствуют официальные оценки соответствующих выпадающих доходов.

Вторичные трансферты в пользу потребителей энергоресурсов за счет регулирования цен обсуждались выше в разделе об оценке субсидий методом ценовой разницы. Официальные оценки размеров такой поддержки также отсутствуют.

Таблица 3.12. **Инвентаризация государственной поддержки ископаемых видов топлива в Азербайджане**

Субсидия	Механизм субсидирования (напр., налоговая льгота или поддержка цен)	Поддерживаемый вид деятельности	Оценка субсидий за год, млн ман. 2012	2013	2014	2015 (план, по сост. на апрель)	Источник/метод расчета
Прямые трансферты бюджетных средств (включая инвестиции в нефтегазовую инфраструктуру)							
Бюджетная поддержка «Азерэнержи»	Компенсация потерь	Пр-во электроэнергии	141,7	72	37,7	н.д.	Qafqazinfo.az (10 сентября 2013 г.), «Хакерами вскрыты факты коррупции в Азерэнержи». www.qafqazinfo.az/iqtisadiyyat-4/hakerlerin-azerenerji-de-uze-cixardigi-korrupsiya-49750 ABC.az (б.д.), «Fitch: Азерэнержи ожидает, что в 2014–2017 годах тарифы на электроэнергию останутся неизменными». http://abc.az/eng/interview/200.html
Бюджетная поддержка «Азеригаз»	Компенсация затрат	Поставки природного газа	н.д.	н.д.	н.д.	н.д.	Azertag (29 декабря 2005 г.), «Азеригаз не получал субсидий». http://azertag.az/xeber/AZARIQAZA_SUBSIDIYA_AYRILMIR-332895
Бюджетная поддержка «Азеристиликтеджхизат»	Компенсация затрат	Централизованное отопление	н.д.	н.д.	н.д.	43	APA.az (27 ноября 2015 г.), «Азеригаз: Азеристиликтеджхизат *должен нам 43 млн манатов*».
Прямое финансирование энергетических проектов из средств ГНФАР	Финансирование инвестиций	Различные инвестиции, включая строительство нефтегазовой инфраструктуры					В бюджете ГНФАР на 2016 год предусмотрено прямое перечисление средств ГНФАР на финансирование участия Азербайджана в строительстве Южного газового коридора в размере 1,8 млрд манатов (1,1 млрд долл. США) (Президент Азербайджана, 2015a)
Поддержка внутренне перемещенных лиц	Прямые трансферты от Государственного комитета по делам беженцев	Потребление электроэнергии незащищенной социальной группой	н.д.	н.д.	н.д.	н.д.	Государственный комитет по делам беженцев выделяет пособия внутренне перемещенным лицам на оплату электроэнергии (World Bank, 2013b)
Поддержка фермеров	Прямое перечисление на пластиковые карты	Потребление диз. топлива и других нефтепродуктов фермерами	н.д.	н.д.	н.д.	н.д.	40 манатов на гектар обрабатываемой земли в год (Керимханова, 2015)
Всего прямые трансферты бюджетных средств			141,7	72	37,7	43	

Таблица 3.12. **Инвентаризация государственной поддержки ископаемых видов топлива в Азербайджане** *(продолжение)*

Субсидия	Механизм субсидирования (напр., налоговая льгота или поддержка цен)	Поддерживаемый вид деятельности	Оценка субсидий за год, млн ман. 2012	2013	2014	2015 (план, по сост. на апрель)	Источник/метод расчета
Выпадающие налоговые доходы							
Налоговые льготы в соответствии с законом «О применении особого экономического режима к экспортной нефтегазовой деятельности»: • Местные компании могут выбирать между (i) налогом на прибыль по ставке 20% или (ii) налогом в размере 5% от общего дохода • Иностранные субподрядчики уплачивают только налог в размере 5% от общего дохода • Товары и услуги, приобретаемые подрядчиками, облагаются НДС по ставке 0% • Освобождение от налогообложения дивидендов, а также от налогообложения чистой прибыли постоянного представительства субподрядчика • Освобождение от таможенных пошлин и налогов • Освобождение от имущественного и земельного налога	Выпадающие доходы бюджета (налоговые льготы)	Добыча и транспортировка нефти и газа	н.д.	н.д.	н.д.	н.д.	Закон «О применении особого экономического режима к экспортной нефтегазовой деятельности», вступивший в силу 17 апреля 2009 года (PWC, 2016). Информация о масштабах деятельности, к которой применимы налоговые льготы, установленные данным законом, недостаточна, что делает невозможной количественную оценку размера соответствующих субсидий
Вторичные трансферты (поддержка доходов или цен)							
Бензин (Премиум, АИ-95)	Регулируемые цены	Потребление бензина	н.д.	н.д.	н.д.	н.д.	Тарифный совет (б.д.), «Тарифы на нефтепродукты». www.tariffcouncil.gov.az/?/az/content/72/
Бензин (АИ-92)	Регулируемые цены		н.д.	н.д.	н.д.	н.д.	Тарифный совет (б.д.), «Тарифы на нефтепродукты». www.tariffcouncil.gov.az/?/az/content/72/
Дизельное топливо	Регулируемые цены	Потребление дизельного топлива	н.д.	н.д.	н.д.	н.д.	Тарифный совет (б.д.), «Тарифы на нефтепродукты». www.tariffcouncil.gov.az/?/az/content/72/
Мазут и керосин	Регулируемые цены	Потребление мазута и керосина, в т.ч. для производства электроэнергии	н.д.	н.д.	н.д.	н.д.	*(1)* Тарифный совет (б.д.), «Тарифы на нефтепродукты». www.tariffcouncil.gov.az/?/az/content/72/ *(2)* Milli.az NewsPortal (28 ноября 2011 г.), «Тарифный совет повысил тарифы на некоторые коммунальные услуги». http://news.milli.az/economy/82557.html
Природный газ	Регулируемые цены	Потребление природного газа, в т.ч. для производства электроэнергии	н.д.	н.д.	н.д.	н.д.	*(1)* Тарифный совет (б.д.), «Оптовые и розничные тарифы на природный газ». *(2)* SOCAR (2014), «Финансовый отчет ГНКАР за 2014 год». www.socar.az/socar/assets/documents/az/socar-annual-reports/illik-hesabat2014az.pdf
Электроэнергия	Регулируемые цены	Потребление электроэнергии	н.д.	н.д.	н.д.	н.д.	Тарифный совет (б.д.), «Тарифы на электроэнергию». www.tariffcouncil.gov.az/?/az/content/70/

Примечание: **н.д.** – нет данных.

Источник: подготовлено авторами.

Государственная поддержка энергоэффективности и ВИЭ

В апреле 2014 года Кабинет Министров Азербайджана принял постановления № 112 и 113, согласно которым импорт оборудования и технологий для использования альтернативных (возобновляемых) источников энергии и повышения энергоэффективности освобождался от таможенных пошлин и НДС (Huseynova, 2015). Поскольку те же льготы применимы к импорту оборудования и технологий для нефтегазового сектора, постановления 2014 года устранили преференции в пользу этого сектора по сравнению с возобновляемой энергетикой и повышением энергоэффективности.

Тарифный совет имеет полномочия устанавливать льготные тарифы для производителей электроэнергии на основе ВИЭ, однако до настоящего времени эта возможность использовалась лишь в ограниченной степени. Как следует из табл. 3.3 в разделе «Политика ценообразования в энергетическом секторе», тарифы для производителей электроэнергии дифференцированы в зависимости от источника. С 2008 года тариф на закупку электроэнергии, произведенной на ТЭС ОАО «Азерэнержи», находился на уровне 0,041 ман./кВт-ч (0,040 долл./кВт-ч), тогда как для приватизированных малых ГЭС он был ниже – 0,025 ман./кВт-ч (0,024 долл./кВт-ч). Тариф для ветровых электростанций был выше, чем для ТЭС, – 0,045 ман./кВт-ч (0,044 долл./кВт-ч). Все эти закупочные тарифы ниже, чем розничный тариф для потребителей, который составляет 0,06 ман./кВт-ч (0,058 долл./кВт-ч).

Приложение 3.A1

Субсидии на ископаемые виды топлива в Азербайджане

Таблица 3.A1.1. **Бюджетные трансферты ОАО «Азерэнержи»**

Категория	Гранты и другие прямые выплаты
Стимулируемые виды деятельности	Функционирование ОАО «Азерэнержи», поддерживаемое за счет компенсации потерь компании
Наименование субсидии	**Бюджетные трансферты ОАО «Азерэнержи»**
Административный уровень	Национальный
Законодательный акт/орган	Указы Президента Постановления Кабинета Министров
Цель государственной политики	Решение социальных задач, связанных с обеспечением электроэнергией
Конечные получатели	ОАО «Азерэнержи»
Период применения	С 1991 года до настоящего времени – т.е. с момента распада Советского Союза и получения независимости
Краткая справка	Компания «Азерэнержи», находящаяся в государственной собственности, является крупнейшим производителем электроэнергии в стране. С момента распада Советского Союза в стране было проведено несколько реформ, направленных на обеспечение эффективного финансирования электроэнергетического сектора. В результате массовой установки приборов учета (счетчиков) потребление электроэнергии сократилось, поскольку население стало более внимательно относиться к объемам потребления. Это было сделано с целью повышения эффективности отрасли и обеспечения ее окупаемости. Однако вследствие неполной оплаты услуг потребителями компания продолжает аккумулировать задолженность и не всегда способна выполнить налоговые обязательства перед государственным бюджетом. Потери «Азерэнержи» компенсируются (субсидируются) из средств государственного бюджета.
Размер предоставленной субсидии	2012–141,7 млн манатов (180,37 млн долл. США) 2013–72 млн манатов (91,77 млн долл. США) 2014–37,7 млн манатов (48,06 млн долл. США)
Источники информации	**Официальные документы:** • КМ АР (2010), *Об урегулировании задолженности крупных потребителей энергии по оптовым закупкам природного газа и нефтепродуктов, 9 августа 2010 г.*, Кабинет Министров Азербайджанской Республики, Баку. http://cabmin.gov.az/?/az/pressreliz/view/351/ • Министерство юстиции (2009), *О мерах по ликвидации задолженности населения за использование природного газа, 29 декабря 2009 г.*, Министерство юстиции Азербайджанской Республики, Баку. www.e-qanun.az/framework/18961 **Сообщения СМИ:** • Axar.az (9 декабря 2013), «Почему Азерэнержи снова в долгах?», Новостной портал Axar.az, Баку. http://axar.az/news/3703 • Mediaforum News (29 декабря 2009), «Президент простил долги населения за природный газ», Mediaforum News, Баку • Musavat (19 августа 2010), «Задолженность населения за природный газ должна быть списана», газета «Musavat», Баку. http://musavat.com/news/iqtisadiyyat/ehalinin-de-enerji-borclari-silinmelidir_83123.html?welcome=1 • Qafqazinfo.Az (21 января 2014 г.), «Миллионы выделены, но долги не исчезли», Qafqazinfo, Баку. www.qafqazinfo.az/musahibe-17/milyonlar-xerclenir-yene-borclari-var-68027 • Рафикоглы, А. (17 августа 2010 г.), «Накопленная задолженность за энергию списана», ANSPress, Баку. • Report Information Agency (27 апреля 2015 г.), «Азерсу и Азерэнержи имеют задолженность перед правительством», Report Information Agency, Баку. http://report.az/i-nfrastruktur/azersu-ve-azerenerji-nin-vergi-borcu-yaranib/

Таблица 3.A1.2. **Бюджетные трансферты ОАО «Азеригаз»**

Категория	Гранты и другие прямые выплаты
Стимулируемые виды деятельности	Функционирование ОАО «Азеригаз», поддерживаемое за счет компенсации потерь компании
Наименование субсидии	**Бюджетные трансферты ОАО «Азеригаз»**
Административный уровень	Национальный
Законодательный акт/орган	• Указы Президента • Постановления Кабинета Министров
Цель государственной политики	Решение социальных задач, связанных с обеспечением природным газом
Конечные получатели	ОАО «Азеригаз»
Период применения	С 1991 года до настоящего времени – т.е. с момента распада Советского Союза и получения независимости
Краткая справка	Компания «Азерэнержи», находящаяся в государственной собственности, является монополистом в газовой отрасли. С момента распада Советского Союза в Азербайджане было проведено несколько реформ, направленных на обеспечение эффективного финансирования газовой отрасли страны. В результате массовой установки приборов учета (счетчиков газа) потребление природного газа сократилось, поскольку население стало более внимательно относиться к объемам потребления. Это было сделано с целью повышения эффективности отрасли и обеспечения ее окупаемости. Однако вследствие неполной оплаты услуг потребителями компания продолжает аккумулировать задолженность и не всегда способна выполнить налоговые обязательства перед государственным бюджетом. Потери «Азеригаза» компенсируются (субсидируются) из средств государственного бюджета.
Размер предоставленной субсидии	Не опубликован в открытых источниках
Источники информации	**Официальные документы:** • КМ АР (2010), *Об урегулировании задолженности крупных потребителей энергии по оптовым закупкам природного газа и нефтепродуктов, 9 августа 2010 г.*, Кабинет Министров Азербайджанской Республики, Баку. http://cabmin.gov.az/?/az/pressreliz/view/351/ • Министерство юстиции (2009), *О мерах по ликвидации задолженности населения за использование природного газа, 29 декабря 2009 г.*, Министерство юстиции Азербайджанской Республики, Баку. www.e-qanun.az/framework/18961 **Сообщения СМИ:** • Axar.az (9 декабря 2013), «Почему Азерэнержи снова в долгах?», Новостной портал Axar.az, Баку. http://axar.az/news/3703 • Mediaforum News (29 декабря 2009), «Президент простил долги населения за природный газ», Mediaforum News, Баку. • Musavat (19 августа 2010), «Задолженность населения за природный газ должна быть списана», газета «Musavat», Баку. http://musavat.com/news/iqtisadiyyat/ehalinin-de-enerji-borclari-silinmelidir_83123.html?welcome=1 • Qafqazinfo.Az (21 января 2014 г.), «Миллионы выделены, но долги не исчезли», Qafqazinfo, Баку. www.qafqazinfo.az/musahibe-17/milyonlar-xerclenir-yene-borclari-var-68027 • Рафикоглы, А. (17 августа 2010 г.), «Накопленная задолженность за энергию списана», ANSPress, Баку. • Report Information Agency (27 апреля 2015 г.), «Азерсу и Азерэнержи имеют задолженность перед правительством», Report Information Agency, Баку. http://report.az/i-nfrastruktur/azersu-ve-azerenerji-nin-vergi-borcu-yaranib/

Таблица 3.A1.3. **Бюджетные трансферты ОАО «Азеристиликтеджхизат»**

Категория	Гранты и другие прямые выплаты
Стимулируемые виды деятельности	Функционирование ОАО «Азеристиликтеджхизат», поддерживаемое за счет компенсации потерь компании
Наименование субсидии	**Бюджетные трансферты ОАО «Азеристиликтеджхизат»**
Административный уровень	Национальный
Законодательный акт/орган	• Указы Президента • Постановления Кабинета Министров
Цель государственной политики	Решение социальных задач, связанных с обеспечением тепловой энергией
Конечные получатели	ОАО «Азеристиликтеджхизат»
Период применения	С 1991 года до настоящего времени – т.е. с момента распада Советского Союза и получения независимости
Краткая справка	ОАО «Азеристиликтеджхизат» – государственная теплоснабжающая компания, предоставляющая услуги центрального отопления в зимний период небольшой части населения страны. Размер данной субсидии на фоне общего объема энергетических субсидий в стране незначителен. Однако, по сообщениям СМИ, накопленная задолженность ОАО «Азеристиликтеджхизат» перед ОАО «Азеригаз» создает проблемы для функционирования обеих компаний.
Размер предоставленной субсидии	На 2015 год данная субсидия была запланирована в размере 43 млн манатов (40,76 млн долл. США по курсу 1,0261 ман./долл.). Данных за предыдущие годы не имеется
Источники информации	**Сообщения СМИ:** • Али, У. Р. (18 ноября 2015), «Почему в Баку не отапливаются дома – причины», Oxu.az, Баку. http://ru.oxu.az/society/102636 • Салаева, А. (29 ноября 2015), «Названо время начала подачи тепла в дома бакинцев», 1News.az, Баку. www.1news.az/society/20151119040452735.html • Салаева, А. (20 ноября 2015), «Названо число котельных в Баку, начавших подачу тепла в дома», 1News.az, Баку. www.1news.az/society/20151120021718602.html

Таблица 3.A1.4. **Регулируемые тарифы на природный газ**

Категория	Вторичные трансферты
Стимулируемые виды деятельности	Потребление природного газа, в т.ч. в производстве электрической и тепловой энергии
Наименование субсидии	**Регулируемые тарифы на природный газ**
Административный уровень	Тарифный (ценовой) совет Азербайджанской Республики
Законодательный акт/орган	Решения Тарифного (ценового) совета Азербайджанской Республики (состоящего из представителей Министерства экономики и промышленности, Министерства финансов, Министерства по налогам, Министерства юстиции, Министерства энергетики, Министерства транспорта, Министерства связи и высоких технологий, Министерства сельского хозяйства, Министерства здравоохранения, Министерства образования, Министерства труда и социальной защиты населения, Государственного таможенного комитета и Государственного комитета по градостроительству и архитектуре)
Цель государственной политики	Решение социальных задач, связанных с обеспечением природным газом, электрической и тепловой энергией, а также обеспечение природным газом некоторых энергоемких отраслей
Конечные получатели	Потребители природного газа
Период применения	С 1991 года до настоящего времени – т.е. с момента распада Советского Союза и получения независимости
Краткая справка	Структура Тарифного (ценового) комитета Азербайджанской Республики утверждена Указом Президента Азербайджанской Республики № 341 от 26 декабря 2005 года. В целях социальной защиты населения с момента получения страной независимости тарифы на природный газ регулировались Кабинетом Министров. С 2005 года функции регулирования тарифов возложены на Тарифный совет. Предприятия химической, сталелитейной, алюминиевой промышленности и электроэнергетики, а также прочие промышленные потребители с месячным объемом потребления менее 10 млрд м^3 оплачивают природный газ по пониженным тарифам.

Таблица 3.A1.4. **Регулируемые тарифы на природный газ** *(продолжение)*

Размер предоставленной субсидии	Не опубликован в открытых источниках
Источники информации	• Тарифный совет (2015a), *Тарифный совет – О совете*, Тарифный совет Азербайджанской Республики, Баку. www.tariffcouncil.gov.az/?/en/content/44/ • Тарифный совет (б.д.), *Оптовые и розничные тарифы на природный газ*, Тарифный совет Азербайджанской Республики, Баку. www.tariffcouncil.gov.az/?/az/content/66/ • Государственный таможенный комитет (2002), *О формировании Тарифного комитета*, Государственный таможенный комитет Азербайджанской Республики, Баку. http://customs.gov.az/az/nkq17.html

Таблица 3.A1.5. **Регулируемые тарифы на электроэнергию**

Категория	Вторичные трансферты
Стимулируемые виды деятельности	Потребление электроэнергии
Наименование субсидии	Регулируемые цены на электроэнергию
Административный уровень	**Тарифный (ценовой) совет Азербайджанской Республики**
Законодательный акт/орган	Решения Тарифного (ценового) совета Азербайджанской Республики (состоящего из представителей Министерства экономики и промышленности, Министерства финансов, Министерства по налогам, Министерства юстиции, Министерства энергетики, Министерства транспорта, Министерства связи и высоких технологий, Министерства сельского хозяйства, Министерства здравоохранения, Министерства образования, Министерства труда и социальной защиты населения, Государственного таможенного комитета и Государственного комитета по градостроительству и архитектуре)
Цель государственной политики	Решение социальных задач, связанных с обеспечением электроэнергией
Конечные получатели	Потребители электроэнергии
Период применения	С 1991 года до настоящего времени – т.е. с момента распада Советского Союза и получения независимости
Краткая справка	Структура Тарифного (ценового) комитета Азербайджанской Республики утверждена Указом Президента Азербайджанской Республики № 341 от 26 декабря 2005 года. В целях социальной защиты населения с момента получения страной независимости тарифы на электроэнергию регулировались Кабинетом Министров. С 2005 года функции регулирования тарифов возложены на Тарифный совет. На протяжении почти двух десятилетий тарифы повышались всего один раз, в 2007 году, когда расценки были увеличены с 0,024 до 0,075 долл. США (0,06 манатов) за кВт-ч (ECS, 2011). Эта мера в сочетании с улучшением практики учета и сбора доходов обеспечила существенное повышение доходов отрасли (Fitchner Ltd, 2013). Несмотря на однократный характер повышения тарифов, оно привело к ограничению быстрого роста потребления электроэнергии в жилищно-коммунальном секторе. После повышения тарифов потребление электроэнергии населением снизилось на 58% с почти 1 200 тыс. т н. э. в 2006 году до 495 тыс. т н. э. в 2010 году. В начале 2016 года объемы потребления электроэнергии все еще находились на уровне более низком, чем до реформы 2007 года. Тарифы, установленные в 2007 году, действовали до конца весны 2016 года, когда стоимость электроэнергии для населения была повышена до 0,07 манатов за кВт-ч. Вследствие снижения курса маната в настоящее время тариф для населения в долларовом эквиваленте ниже, чем в 2007 году (0,068 долл. США за кВт-ч по среднему обменному курсу за 2015 год 1,0261 ман./долл.).
Размер предоставленной субсидии	Не опубликован в открытых источниках
Источники информации	• Тарифный совет (2015a), *Тарифный совет – О совете*, Тарифный совет Азербайджанской Республики, Баку. www.tariffcouncil.gov.az/?/en/content/44/ • Тарифный совет (б.д.), *Оптовые и розничные тарифы на природный газ*, Тарифный совет Азербайджанской Республики, Баку. www.tariffcouncil.gov.az/?/az/content/66/ • Государственный таможенный комитет (2002), *О формировании Тарифного комитета*, Государственный таможенный комитет Азербайджанской Республики, Баку. http://customs.gov.az/az/nkq17.html

Примечания

1. В интересах межстрановой сопоставимости в данном разделе используются данные из международных источников, например, публикаций Всемирного банка и Международного энергетического агентства. Однако имеются некоторые расхождения между этими данными и национальной статистикой, в особенности данными Государственного статистического комитета Азербайджанской Республики (Азерстат). В некоторых случаях из национальных источников могут быть получены более актуальные данные. Поэтому для всех основных показателей, приводимых в данной главе, была сделана попытка собрать и сопоставить данные как из международных, так и национальных источников.

2. Принимая во внимание господствующие позиции ГНКАР и «Азерэнержи» в энергетике страны, можно задаться вопросом о том, насколько строго соблюдается на практике разграничение функций формирования политики, регулирования сектора и ведения бизнеса между Министерством энергетики, Тарифным советом и национальными энергетическими компаниями соответственно. Необходимо дальнейшее изучение роли государственных компаний и органов государственного управления в формировании энергетической политики и принятии соответствующих решений.

3. Азербайджан ожидает значительного увеличения экспорта газа в Европу в результате строительства Южного газового коридора.

4. Свободный газ в данном контексте отличается от попутного нефтяного газа тем, что может добываться независимо от нефти.

5. Очевидно, что такая оценка является весьма грубой. Тарифы ЕСГС используются в силу отсутствия более подходящих оценок современных затрат на транспортировку газа. Однако в предположении того, что инфраструктура ЕСГС к настоящему моменту полностью амортизирована, эта оценка принята как более близкая к фактическим затратам на транспортировку по существующим сетям, чем полная приведенная стоимость транспортировки по Южному газовому коридору, который является новым проектом. Оценка расстояния является консервативной, поскольку она включает только транспортировку до выхода на сушу в Италии, а не расстояние до конечного потребителя, и не учитывает возможности транспортировки по обходным маршрутам через Восточную Европу.

Список источников

Азерстат (2015а), *Средние цены и тарифы на потребительскую продукцию и услуги, оказываемые населению,* Государственный статистический комитет Азербайджанской Республики, Баку.

Азерстат (2015б), *Потребление электроэнергии*, Государственный статистический комитет Азербайджанской Республики, Баку. www.stat.gov.az/source/balance_fuel/az/001_2.xls.

Азерстат (2015в), *Энергия*, Государственный статистический комитет Азербайджанской Республики, Баку. www.stat.gov.az/source/balance_fuel/az/005_5.xls.

Азерстат (2015г), *Энергетический баланс в 2014 г.*, Государственный статистический комитет Азербайджанской Республики, Баку. www.stat.gov.az/source/balance_fuel/.

Азерстат (2015д), *Основные показатели промышленности*, Государственный статистический комитет Азербайджанской Республики, Баку. www.stat.gov.az/source/industry/az/001.xls.

Азерстат (2015е), *Население Азербайджана*, Государственный статистический комитет Азербайджанской Республики, Баку. www.stat.gov.az/source/demoqraphy/ap/az/1_1.xls.

Азерстат (2015ж), *Производство электроэнергии, 1913-2014 гг.*, Государственный статистический комитет Азербайджанской Республики, Баку. www.stat.gov.az/source/balance_fuel/az/005_4.xls.

Азерстат (2015з), *Производство электроэнергии*, Государственный статистический комитет Азербайджанской Республики, Баку. www.stat.gov.az/source/balance_fuel/az/005_4.xls.

Азерстат (2015и), *Производство энергетических продуктов*, Государственный статистический комитет Азербайджанской Республики, Баку. www.stat.gov.az/source/balance_fuel/az/002_11-13.xls.

Азерэнержи (2015), *«Азерэнержи» – О компании*, ОАО «Азерэнержи», Баку. www.azerenerji.gov.az/index.php.

Али, У. Р. (18 ноября 2015), «Почему в Баку не отапливаются дома – причины», Oxu.az, Баку. http://ru.oxu.az/society/102636.

Газпром (2015), *«Газпром» в цифрах – справочник*, ОАО «Газпром», Москва.

Государственный таможенный комитет (2002), *О формировании Тарифного комитета*, Государственный таможенный комитет Азербайджанской Республики, Баку. http://customs.gov.az/az/nkq17.html.

Керимханова, Т. (2015), *Стоит ли уменьшать объем субсидий в Азербайджане?*, Biznesinfo, 25 мая 2015 г.

КМ АР (2015), *О сметах доходов и расходов крупных государственных налогоплательщиков, 9 июня 2015 г.*, Кабинет Министров Азербайджанской Республики, Баку.

КМ АР (2011), *Постановление № 133 от 10 августа 2011 г.: Об урегулировании задолженности ряда государственных предприятий*, Кабинет Министров Азербайджанской Республики, Баку.

КМ АР (2010), *Об урегулировании кредиторской задолженности основных энергопотребителей по оптовой закупке природного газа и нефтепродуктов, 9 августа 2010 г.*, Кабинет Министров Азербайджанской Республики, Баку. http://cabmin.gov.az/?/az/pressreliz/view/351/.

Маликов, Дж. (б.д.), *Стратегия Азербайджанской Республики в области возобновляемых источников энергии.*

Министерство финансов (2015a), *Официальный сайт*, Министерство финансов Азербайджанской Республики, Баку. www.maliyye.gov.az/en.

Министерство финансов (2015б), *Представление государственного и консолидированного бюджетов Азербайджанской Республики на 2016 год*, Министерство финансов Азербайджанской Республики, Баку.

Министерство экономики (2016), *Сертификат поощрения инвестиций*, Министерство экономики Азербайджанской республики, Баку.

Министерство экологии (2015a), *Доклад о самооценке национального потенциала Азербайджана в вопросах глобального управления окружающей средой*, Министерство экологии и природных ресурсов Азербайджанской Республики, Баку.

Министерство экологии (2015б), *О Центре климатических изменений и озона Гидрометеорологического департамента Министерства экологии и природных ресурсов Азербайджанской Республики*, Министерство экологии и природных ресурсов Азербайджанской Республики, Баку.

Министерство юстиции (2009), *О мерах по ликвидации задолженности населения за использование природного газа, 29 декабря 2009 г.*, Министерство юстиции Азербайджанской Республики, Баку. www.e-qanun.az/framework/18961.

Парламент Азербайджана (2000), *Налоговый кодекс Азербайджанской Республики, утвержден Законом № 905-ИГ Азербайджанской Республики от 11 июля 2000 г., с изменениями и дополнениями*, Парламент Азербайджанской Республики, Баку.

Правительство Азербайджана (2004), *Государственная программа по использованию альтернативных и возобновляемых источников энергии в Азербайджанской Республике*, Правительство Азербайджанской Республики, Баку.

Президент Азербайджана (2016), *Указ О некоторых мерах по улучшению государственного управления в Азербайджанской Республике*, Президент Азербайджанской Республики, Баку. www.president.az/articles/21806.

Президент Азербайджана (2015a), *Указ О бюджете Государственного нефтяного фонда Азербайджанской Республики на 2016 год*, Президент Азербайджанской Республики, Баку. http://ru.president.az/articles/17386.

Президент Азербайджана (2015б), *Закон Азербайджанской Республики О государственном бюджете Азербайджанской Республики на 2015 год*, Президент Азербайджанской Республики, Баку. www.maliyye.gov.az/sites/default/files/Budget_law_2015.pdf.

Президент Азербайджана (2013), *Указ № 550 от 5 декабря 2013 года О некоторых вопросах регулирования тарифов (цен) на жилищно-коммунальные услуги*, Президент Азербайджанской Республики, Баку. www.pravo.by/main.aspx?guid=3871&p0=P31300550&p1=1.

Президент Азербайджана (2012), *Азербайджан – 2020: взгляд в будущее*, Президент Азербайджанской Республики, Баку.

Рафикоглы, А. (17 августа 2010), «Накопленная задолженность за энергию списана», ANSPress, Баку.

Салаева, А. (29 ноября 2015), «Названо время начала подачи тепла в дома бакинцев», 1News.az, Баку. www.1news.az/society/20151119040452735.html.

Салаева, А. (20 ноября 2015), «Названо число котельных в Баку, начавших подачу тепла в дома», 1News.az, Баку. www.1news.az/society/20151120021718602.html.

Тарифный совет (2016), *Тарифный совет – Тарифы*, Тарифный совет Азербайджанской Республики, Баку. www.tariffcouncil.gov.az/?/en/content/95/.

Тарифный совет (2015), *Тарифный совет – О совете*, Тарифный совет Азербайджанской Республики, Баку. www.tariffcouncil.gov.az/?/en/content/44/.

Тарифный совет (2007), *Тарифный совет провел совещание 6 января 2007 года*, Тарифный совет Азербайджанской Республики, Баку. www.tariffcouncil.gov.az/?/az/pressreliz/view/8/.

Центральный банк Азербайджана (2016а), *Курс маната – Поиск по периоду*, Центральный банк Азербайджанской Республики, Баку. http://en.cbar.az/other/azn-rates?act=betweenForm&from[day]=1&from[month]=1&from[year]=2015&to[day]=31&to[month]=12&to[year]=2015&rateID=usd.

Центральный банк Азербайджана (2016б), *Бюллетень за ноябрь*, Центральный банк Азербайджанской Республики, Баку.

ABC.az (5 марта 2016), «Investment Promotion Certificate Operates in Azerbaijan since March». http://abc.az/eng/news/94682.html.

ABC.az (без даты), «Fitch: AzerEnerji Expects Power Rates to Stay Unchanged in 2014-17». http://abc.az/eng/interview/200.html.

Aliyev, I. (2015), *Azerbaijan: 2015 Paris Agreement and Intended Nationally Determined Contributions (INDCs) to be Submitted to United Nations Framework Convention on Climate Change (UNFCCC) in 2015.*

Aliyev, I. (2013), *Clima East: Support to Climate Change Mitigation and Adaptation in Russia and ENP East Countries, EU Climate Policy Roadshow Azerbaijan National Workshop.*

APA.az (27 ноября 2015), «Азеригаз: Азеристиликтеджхизат должен нам 43 млн манатов», APA.az, Баку.

Axar.az (9 декабря 2013), «Почему Азерэнержи снова в долгах?», Axar.az Новостной портал, Баку. http://axar.az/news/3703.

Azadlig Newspaper (23 January 2012), «The Mystery of Premium Gasoline in SOCAR Stations», *Azadlig Newspaper*, Baku. www.azadliq.info/12720.html.

AzerIshig (2015), Azərbaycan Elektrik Şəbəkəsi haqqında ümumi məlumat (General Information on Azerbaijan's Electricity Network), AzerIshig, Baku. www.azerishiq.az/index.php?lang=en&menu=about&id=9.

Azertag (29 декабря 2005), «Азеригаз не получил субсидий», Информационное агентство Azertag, Баку. http://azertag.az/xeber/AZARIQAZA_SUBSIDIYA_AYRILMIR-332895.

Bagirov, S. (2007), *Azerbaijan's Oil Revenues: Ways of Reducing the Risk of Ineffective Use*. www.policy.hu/bagirov/ResearchPaper.pdf.

BakerMackenzie (2009), *Getting the Deal Through – Oil Regulation – Azerbaijan*, BakerMackenzie.

Beaton, C. et al. (2013), *A Guidebook to Fossil-Fuel Subsidy Reform for Policy-Makers in Southeast Asia*, IISD-GSI, Geneva. https://www.iisd.org/gsi/sites/default/files/ffs_guidebook.pdf.

BP (2015a), *BP Azerbaijan PSA Legal Documentation*, British Petroleum, Baku. www.bp.com/en_az/caspian/aboutus/legalagreements.html.

BP (2015b), *Statistical Review of World Energy*, British Petroleum, London. www.bp.com/en/global/corporate/energy-economics/statistical-review-of-world-energy.html.

BP (1994), *Agreement on the Joint Development and Production Sharing for the Azeri and Chirag Fields and the Deep Water Portion of the Gunashli Field in the Azerbaijan Sector of the Caspian Sea*, British Petroleum. www.bp.com/content/dam/bp-country/en_az/pdf/legalagreements/PSAs/ACG_PSA.pdf.

Comtrade (2015), *UN Comtrade Trade Database*, United Nations Commodity Trade Statistics Database. http://comtrade.un.org/data/.

Deloitte (2015), *Tax Highlights 2015 Azerbaijan*, Deloitte, Baku.

ECS (2013), *In-Depth Review of Energy Efficiency Policy of Azerbaijan*, Energy Charter Secretariat, Brussels.

ECS (2011), *Azerbaijan Follow-Up In-Depth Review of the Investment Climate and Market Structure in the Energy Sector*, Energy Charter Secretariat, Brussels.

EIA (2015a), *Annual Energy Outlook 2015*, US Energy Information Administration,Washington, DC. www.eia.gov/forecasts/aeo/pdf/0383(2015).pdf.

EIA (2015b), *Average Tested Heat Rates by Prime Mover and Energy Source, 2007–2013.* US Energy Information Administration,Washington, DC. www.eia.gov/electricity/annual/html/epa_08_02.html.

EIA (2015c), *Natural Gas – US Industrial Prices*, US Energy Information Administration,Washington, DC. www.eia.gov/dnav/ng/hist/n3035us3m.htm.

Ernst & Young (2015a), *Global Oil & Gas Tax Guide*, Ernst & Young. www.ey.com/Publication/vwLUAssets/EY-2015-Global-oil-and-gas-tax-guide/$FILE/EY-2015-Global-oil-and-gas-tax-guide.pdf.

Ernst & Young (2015b), *Guide to Doing Business in Azerbaijan*, Ernst & Young, Baku. www.ey.com/Publication/vwLUAssets/EY-business-guide-azerbaijan-2015/$FILE/EY-business-guide-azerbaijan-2015.pdf.

FAO REU (2012), *Assessment of the Agriculture and Rural Development Sectors in the Eastern Partnership Countries – The Republic of Azerbaijan*, Food and Agriculture Organization of the United Nations Regional Office for Europe and Central Asia, Budapest.

Fichtner Ltd (2013), *Update of the Power Sector Master Plan of Azerbaijan 2013–2025*, Fichtner Ltd. www.inogate.org/documents/3_FICHT-11527706-v2-Final_Report_Azerbaijan.pdf.

Gallagher, L. (2014), *Azerbaijan and Georgia: Taking the Silent Lead on Climate Action*, Climate Home. www.rtcc.org/2014/06/12/azerbaijan-and-georgia-are-taking-the-silent-lead-on-climate-action/.

GIZ (2015), *International Fuel Prices 2014 – Data Preview, Deutsche Gesellschaft für Internationale Zusammenarbeit*, Berlin.

GIZ (2014), *International Fuel Prices 2012/2013 8th Edition*, *Deutsche Gesellschaft für Internationale Zusammenarbeit*, Berlin.

GSI (2014), *Comparison of Fossil-Fuel Subsidy and Support Estimates*, Global Subsidies Initiative, Geneva. www.iisd.org/gsi/sites/default/files/ffs_methods_estimationcomparison.pdf.

Hasanli, A. (2015), «Ilham Aliyev Cancels Decision on Increasing Fuel Prices», Trend News Agency, Baku. http://en.trend.az/azerbaijan/politics/2353077.html.

Huseynova, H. (2015), *Alternative and Renewable Energy Outlook for Azerbaijan 2014 – Policy Paper*, Konrad Adenauer Stiftung, Berlin. www.kas.de/wf/doc/kas_40177-1522-35-30.pdf?150123132359.

IEA (2016), *World Energy Balances*, Organisation for Economic Co-operation and Development/ International Energy Agency, Paris.

IEA (2015a), *Country Report Azerbaijan*. International Energy Agency, Paris.

IEA (2015b), *Eastern Europe, Caucasus and Central Asia – Energy Policies Beyond IEA Countries*, Organisation for Economic Co-operation and Development/ International Energy Agency, Paris.

IEA (2015c), *Fossil-Fuel Subsidies – Methodology and Assumptions*. International Energy Agency, Paris. www.worldenergyoutlook.org/resources/energysubsidies/methodology/.

IEA (2015d), *World Energy Outlook 2015 Fossil Fuel Subsidies Database*, International Energy Agency. Paris, www.worldenergyoutlook.org/media/weowebsite/2015/Subsidies20122014.xlsx.

IGU (2015), *Wholesale Gas Price Survey – 2015 Edition*, International Gas Union, Des Plaines, Illinois.

IMF (2015), *Counting the Cost of Energy Subsidies*, International Monetary Fund, Washington, DC. www.imf.org/external/pubs/ft/survey/so/2015/NEW070215A.htm?utm_source=twitterfeed&utm_medium=twitter.

IMF (2013), *Energy Subsidy Reform: Lessons and Implications*, International Monetary Fund, Washington, DC.

INDC of Azerbaijan (2015), *Intended Nationally Intended Contribution of the Republic of Azerbaijan*. http://www4.unfccc.int/submissions/INDC/Published%20Documents/Azerbaijan/1/INDC%20Azerbaijan.pdf.

Lund, D. (2002), «Rent Taxation When Cost Monitoring Is Imperfect», *Resource and Energy Economics*, Vol. 24/3, pp. 211-228.

Mediaforum News (29 декабря 2009), «Президент простил долги населения за природный газ», Mediaforum News, Баку.

Milli.az NewsPortal (2013), «Цены на бензин и дизельное топливо выросли», Milli.az NewsPortal, Baku, 3 декабря. http://news.milli.az/economy/230415.html.

Milli.az NewsPortal (28 ноября 2011), «Тарифный совет повысил тарифы на некоторые коммунальные услуги», Новостной портал Milli.az, Баку. http://news.milli.az/economy/82557.html.

Musavat (19 августа 2010), «Задолженность населения за природный газ должна быть списана», газета «Musavat», Баку. http://musavat.com/news/iqtisadiyyat/ehalinin-de-enerji-borclari-silinmelidir_83123.html?welcome=1.

OECD (2013), *Analysing Energy Subsidies in the Countries of Eastern Europe, Caucasus and Central Asia*. OECD Publishing, Paris. https://www.oecd.org/env/outreach/EHS%20report_20%20August%202013_ENG.pdf.

OECD (2003), *The Use of Economic Instruments for Pollution Control and Natural Resource Management in Eastern Europe, Caucasus and Central Asia*, CCNM/ENV/EAP(2003)5. OECD Publishing, Paris.

OpenEI (2016), *Transparent Cost Database*. http://en.openei.org/apps/TCDB/levelized_cost_calculations.html.

Orujova, N. (10 марта 2014), «Alternative Ways of Energy Supply in Azerbaijan», AzerNews, Баку. www.azernews.az/business/64969.html.

Pirani, S. (2016), «Azerbaijan's Gas Supply Squeeze and the Consequences for the Southern Corridor», *OIES paper: NG 110*, The Oxford Institute for Energy Studies, University of Oxford, Oxford. https://www.oxfordenergy.org/wpcms/wp-content/uploads/2016/07/Azerbaijans-gas-supply-squeeze-and-the-consequences-for-the-Southern-Corridor-NG-110.pdf.

PWC (2016), *Azerbaijan – Corporate Tax Credits and Incentives*, PricewaterhouseCoopers, Baku.

Qafqazinfo.Az (21 января 2014), «Миллионы выделены, но долги не исчезли», Qafqazinfo, Баку. www.qafqazinfo.az/musahibe-17/milyonlar-xerclenir-yene-borclari-var-68027.

Qafqazinfo.Az (10 сентября 2013), «Хакерами вскрыты факты коррупции в Азерэнержи», Qafqazinfo.az, Баку. www.qafqazinfo.az/iqtisadiyyat-4/hakerlerin-azerenerji-de-uze-cixardigi-korrupsiya-49750.

Regnum (2007), «Повышение цен в Азербайджане, или шок без терапии: Азербайджан за неделю», 16 января 2007 г., Regnum, Баку.

Report Information Agency (27 апреля 2015), «Азерсу и Азерэнержи имеют задолженность перед правительством», Report Information Agency, Баку. http://report.az/i-nfrastruktur/azersu-ve-azerenerji-nin-vergi-borcu-yaranib/.

Rzayeva, G. (2015), *The Outlook for Azerbaijani Gas Supplies to Europe: Challenges and Perspectives*, Oxford Energy Institute, Oxford.

SOCAR (2015a), *2014, Annual Report of the State Oil Company of the Republic of Azerbaijan*, State Oil Company of the Azerbaijan Republic, Baku. www.socar.az/socar/assets/documents/en/socar-annual-reports/annual_report2014.pdf.

SOCAR (2015b). *SOCAR Website – Organization*, State Oil Company of the Azerbaijan Republic, Baku. www.socar.az/socar/en/company/organization/azerigas-production-union.

SOCAR (2014), *Financial Report by SOCAR for 2014*, SOCAR, Baku. www.socar.az/socar/assets/documents/az/socar-annual-reports/illik-hesabat2014az.pdf.

Sputnik News Agency (2016), «*Обманывают ли нас заправочные станции*?», Sputnik News Agency, 11 января. http://sputnik.az/life/20160111/403308069.html.

TAP-AG (2015), *TAP-AG – Southern Energy Corridor*, Trans Adriatic Pipeline. www.tap-ag.com/the-pipeline/the-big-picture/southern-gas-corridor.

TREND.AZ (20 октября 2015), «В Азербайджане предлагается сократить налоговые льготы для нефтегазовой сферы». TREND.AZ, Баку.

TREND.AZ (3 августа 2015), «Азерэнержи получила отсрочку на 5 лет в связи с задолженностью», TREND.AZ, Баку. http://az.trend.az/business/energy/2421795.html.

TREND.AZ (24 июля 2013), «Принято решение о выделении фермерам в Азербайджане 73 млн долл. в 2013 году», TREND.AZ, Баку. http://az.trend.az/business/economy/2173887.html.

World Bank (2016a), *Pink Sheet January 2016*, World Bank, Washington, DC. www.worldbank.org/en/research/commodity-markets.

World Bank (2016b), *Pump Prices Gasoline and Diesel*, World Bank, Washington, DC. http://data.worldbank.org/indicator/EP.PMP.DESL.CD, http://data.worldbank.org/indicator/EP.PMP.SGAS.CD.

World Bank (2015a), *Commodity Markets Monthly Data*, World Bank, Washington, DC. www.worldbank.org/en/research/commodity-markets.

World Bank (2015b), *Ease of Doing Business Index*, World Bank, Washington, DC. www.doingbusiness.org/rankings.

World Bank (2015c), *World Bank Country Overview – Azerbaijan*, World Bank, Washington, DC. www.worldbank.org/en/country/azerbaijan/overview.

World Bank (2015d), *World Bank World Development Indicators*, World Bank, Washington, DC. http://data.worldbank.org/country/azerbaijan/.

World Bank (2013a), *Balancing Act. Cutting Energy Subsidies While Protecting Affordability*, World Bank, Washington, DC. https://openknowledge.worldbank.org/bitstream/handle/10986/12296/9780821397893.pdf?sequence=7.

World Bank (2013b), *Implementing Energy Subsidy Reforms: Evidence from Developing Countries*, World Bank, Washington, DC. http://documents.worldbank.org/curated/en/566201468177234043/pdf/735180PUB0EPI00200pub0date010031012.pdf.

Yafimava, K. (2015), *Evolution of Gas Pipeline Regulation in Russia: Third Party Access, Capacity Allocation and Transportation Tariffs*, Oxford Energy Institute, Oxford. https://www.oxfordenergy.org/wpcms/wp-content/uploads/2015/03/NG-95.pdf.

Глава 4

Энергетические субсидии в Беларуси

В данной главе определены, задокументированы и представлены оценки субсидий в Беларуси в отношении производства и потребления угля, нефти и нефтепродуктов, природного газа, а также электро- и тепловой энергии, полученной на основе этих ископаемых топлив. В данной главе также кратко рассматриваются субсидии на поддержку мер по повышению энергоэффективности и развитию возобновляемых источников энергии. Глава начинается с обзора энергетического сектора страны для определения контекста рассмотренных мер поддержки. Кроме того, в главе также обсуждаются ценообразование и налоговая политика в энергетическом секторе Беларуси. В главе предоставляется анализ общего контекста, современного состояния и механизмов постоянно изменяющегося комплекса энергетических субсидий в стране.

Основные выводы

После распада СССР Республике Беларусь достался крупный промышленный сектор экономики, который использовался в качестве основного источника финансирования перекрестного субсидирования тарифов на энергоносители для населения. Как следствие, за последние 25 лет в Беларуси сформировалась сложная и непрозрачная система субсидирования. В дополнение к перекрестным субсидиям за счет повышенных тарифов для промышленности, на субсидии для населения также идут средства из местных бюджетов, а в конечном итоге – из республиканского бюджета. Совокупный объем субсидий на ископаемые виды топлива составил 1,6 млрд долл. США в 2014 г. (2,1% ВВП Беларуси). Основная часть субсидий на ископаемое топливо предоставляется в форме регулируемых тарифов на тепловую энергию (самая значимая субсидия в размере 0,8 млрд долл. США в 2014 г.), электрическую энергию и природный газ. В 2014 г. ВИЭ получили государственную поддержку в размере около 5 млн долл. США за счет «зеленого» тарифа, при этом большая часть этой суммы пришлась на поддержку генерации с использованием биогаза. Медленный процесс перехода к тарифам, отражающим экономически обоснованные затраты, во многом нейтрализует усилия, направленные на поощрение энергоэффективности и инновационных решений в области.

Анализ программных документов показывает, что в системе государственного планирования давно и неоднократно указывалось на необходимость ухода от субсидирования. Но конкретные действия не предпринимались из-за необходимости социальной поддержки населения. Вследствие мирового финансово-экономического кризиса 2009 года, а также значительного роста объемов заемных кредитных средств международных финансовых организаций остро назрела необходимость реформирования существующей системы субсидирования. Первые шаги по снижению объемов субсидий начались в 2011 году с увеличения тарифов на электроэнергию и природный газ, и затем в 2013 году после введения дифференцированных тарифных ставок в зависимости от объемов потребления. Несмотря на данные меры, в 2010-2014 гг. на фоне увеличения цены импорта природного газа из Российской Федерации и резкого падения курса национальной валюты произошел рост объемов субсидий. Такая ситуация потребовала дальнейших решений Правительства в отношении ухода от субсидирования. В ходе изыскания средств для пополнения государственного бюджета, с 1 января 2016 г. Правительство Республики Беларусь отменило освобождение от НДС для энергоносителей, поставляемых населению.

Основываясь на данных Белстата (2016), можно приблизительно рассчитать, что реформа энергетических субсидий означает на практике для жителей Беларуси. Для полного ухода от субсидирования энергоносителей платежи за энергоносители для населения необходимо увеличить в 2,5 раза от уровня начала 2016 г. При текущем уровне цен и обменного курса, это означает рост платежей с примерно 60 долл. США до 150 долл. США в год на одного человека, и со 180 долл. США до 450 долл. США для семьи из трех человек. В среднем по году ежемесячный платеж такой семьи составит 38 долл. США при том, что средняя месячная зарплата в Беларуси в феврале 2016 г. составляла, по данным Белстата, примерно 330 долл. США до уплаты подоходного налога и обязательных взносов социального страхования. Платежи за ЖКУ ниже летом и выше зимой. Таким образом, при полном уходе от субсидирования в отопительный сезон платежи семьи из трех человек составят 57,7 долл. США в месяц, в том числе 43,0 долл. США за отопление, 7,3 долл. США за электроэнергию и 7,4 долл. США за природный газ.

При существующем социально-экономическом положении в Беларуси, уход от субсидирования всех видов энергоносителей может быть реализован только постепенно и должен сопровождаться хорошо спланированными мерами социальной защиты. Представляется, что повышение адресности субсидий для малоимущих категорий населения с целью удовлетворения их энергетических нужд является одним из важнейших аспектов реформирования энергетических субсидий в Беларуси. Наиболее оптимальный сценарий предусматривает создание механизмов социальной защиты населения на основании уровня доходов до того, как тарифы будут повышены.

Анализ, проведенный в данной главе, показывает, что уход от субсидирования по электрической энергии и природному газу менее проблематичен и может быть осуществлен до 2020 года. Достижение полного возмещения затрат в секторе теплоэнергетики может быть весьма сложным и носить длительный характер. Вместе с тем, существенное сокращение теплопотребления за счет максимального внедрения энергосберегающих мероприятий в жилищном секторе может облегчить реформу тарифов на тепловую энергию. В свою очередь, средства, сэкономленные в результате реформы энергетических субсидий могут быть использованы для более эффективной адресной поддержки уязвимых категорий потребителей, а также для формирования целевых фондов, из которых могли бы финансироваться меры повышения энергоэффективности.

Обзор макроэкономической ситуации и энергетического сектора

Как и в других странах Восточного партнерства ЕС, вслед за распадом Советского Союза Республика Беларусь оказалась в состоянии глубокого экономического кризиса. В 1994 году темпы снижения ВВП достигли своего максимума в 11,7%. В 1996 году экономика страны возобновила рост благодаря влиянию ряда факторов, среди которых ведущую роль сыграли благоприятные условия экспорта, в основном в Российскую Федерацию и ЕС, а также повышение производительности труда. Темпы роста ВВП оставались стабильными, достигнув 11,4% как в 1997, так и в 2004 годах (World Bank, 2015b). Однако недавний глобальный экономический кризис отрицательно повлиял на экспортный спрос и условия заимствования капитала, что привело к экономическому спаду в 2009-2014 годах. Правительство ввело жесткую денежно-кредитную и фискальную политику в 2011-2012 годах, что помогло стабилизировать макроэкономическую ситуацию (World Bank, 2014a). Тем не менее, в 2015 году ВВП Беларуси сократился на 3,9%, главным образом, в результате экономических трудностей в Российской Федерации, главного торгового партнера Беларуси. В таблице 4.1 приведены основные макроэкономические показатели для Беларуси на основе как международной, так и национальной статистики.

1 июля 2016 года в Беларуси проведена деноминация национальной валюты в 10 000 раз, а курс доллара США на эту дату составил 2,0053 руб./долл. США.

Таблица 4.1. **Макроэкономические показатели**

	Международная статистика		Национальная статистика	
Население	*2013 г., млн*	9,47	*дек. 2015 г., млн*	9,498
ВВП	*2014 г., млрд долл. США*	76,14	*2015 г. млрд руб.*	869 702
ВВП на душу населения	*2014 г. долл. США*	8 040	*2015 г. руб.*	91 646
Рост ВВП	*2014 г. г/г %*	*1,6%*	2015 г.	-3,9%
Производство энергии	*млн т н.э.*	4,12		
Чистый импорт энергоресурсов	*млн т н.э.*	26,60		
Общее предложение первичной энергии (ОППЭ)	*млн т н.э.*	30,50	2015 г.	25,725
ОППЭ на душу населения	*млн т н.э.*	3,22		
Потребление электроэнергии	*млрд кВт-ч*	34,99	2015 г.	36,7
Потребление электроэнергии на душу населения	*млрд кВт-ч/на душу населения*	3,7	2015 г.	3,86
Выбросы CO_2	*млн т CO_2*	71,12		
Выбросы CO_2 на душу населения	*т CO_2*	7,51		
Всего выбросов парниковых газов			(млн т CO_2 эквивалента за исключением ЗИЗЛХ, 2012)	89,2

Источник: составлено авторами на основе данных IEA (2015a), Белстата (2015), Белстата (2016), Министерства природных ресурсов и охраны окружающей среды (2014).

Таблица 4.2. **Средневзвешенный курс**

	2010	2011	2012	2013	2014	2015
Средневзвешенный курс долл. США к к белорусскому рублю	2 994	5 606	8 370	8 971	10 260	16 254

Источник: Национальный банк Республики Беларусь (2015).

Производство энергии

После распада Советского Союза и последовавшего за ним экономического кризиса общее предложение первичной энергии (ОППЭ) Республики Беларусь упало с 45,5 млн т нефтяного эквивалента (млн т н. э.) в 1990 году до 24,7 млн т н. э. в 1995 году (см. рис. 4.1). Затем данный показатель постепенно вырос, достигнув 26,1–29,8 млн т н. э. в 2009-2013 годах. По данным за 2013 год, ОППЭ находится на 40% ниже уровня 1990 года. Как показано на рис. 4.2, природный газ и нефть занимают ведущую роль в энергобалансе, и в 2013 году на них приходилось 63,9% и 27,2% ОППЭ, соответственно. В течение последних десяти лет роль этих двух видов топлива оставалась стабильной (IEA, 2015b).

В 2013 году доля биотоплива и отходов в ОППЭ возросла до 5,8% вследствие введения Правительством Беларуси механизмов стимулирования их использования в производстве тепла. Все прочие энергоносители играют ограниченную роль в ОППЭ. По данным на январь 2012 года, общая установленная мощность производства электроэнергии в Беларуси равнялась 8 362 МВт. Доля крупных теплоэлектроцентралей с комбинированным производством электроэнергии и тепла

(ТЭЦ) – 41,9% от общей установленной мощности, крупных тепловых электростанций (ТЭС) – 53%, а остаток приходится на небольшие тепловые и ветровые электростанции. Начиная с 1990-х годов, общая установленная мощность возросла на 1 420 МВт; к 2020 году ее дальнейший рост прогнозируется до 11 900 МВт (Секретариат Энергетической хартии, 2013).

Рисунок 4.1. **Общее предложение первичной энергии, 1990-2013 гг.**

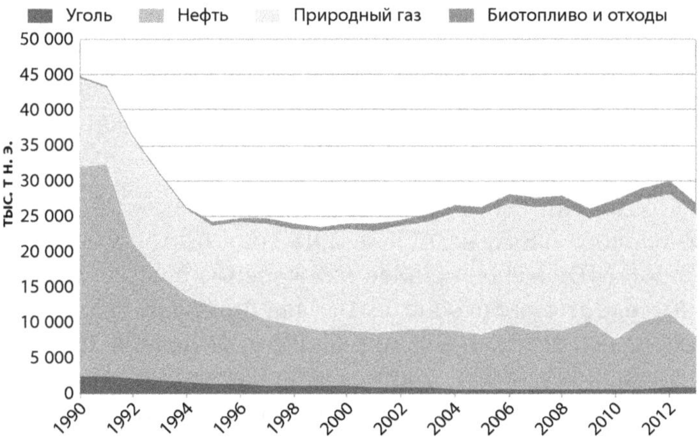

Источник: составлено авторами на основании IEA (2015a).

Рисунок 4.2. **Структура предложения первичной энергии по видам топлива в 2013 г.**

Источник: составлено авторами на основании IEA (2015a).

В 2013 году производство электроэнергии составило 31,5 тераватт-часов, что на 20% ниже, чем в 1990 году, но на 26% выше, чем в 2001 году. На рис. 4.3 отображено существенное изменение роли различных видов топлива в структуре производства электроэнергии по сравнению с 1990 годом, когда на нефть и природный газ

Рисунок 4.3. **Производство электроэнергии с разбивкой по источникам, ГВт-ч**

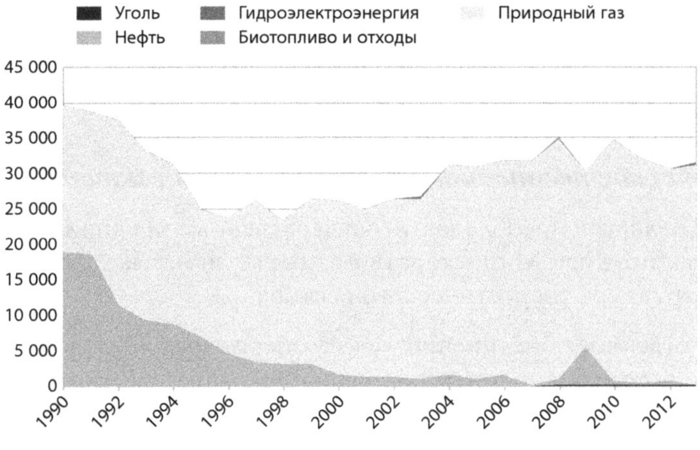

Источник: составлено авторами на основании IEA (2015a).

Рисунок 4.4. **Производство электроэнергии, ГВт-ч, с разбивкой по источникам, в 2013 г.**

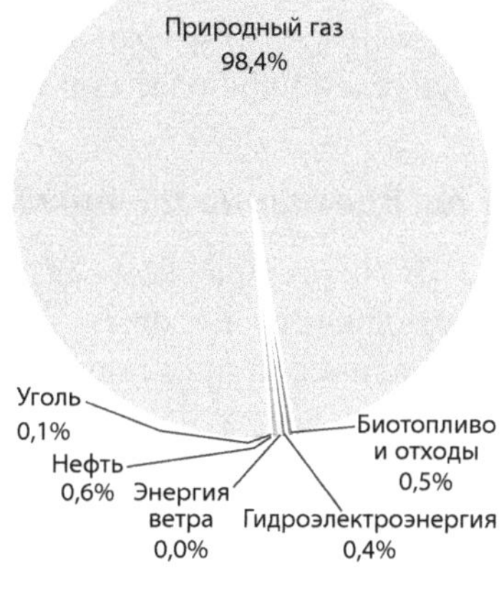

Источник: составлено авторами на основании IEA (2015a).

приходились примерно равные доли по 50%. В 2013 году использование нефти в производстве электроэнергии упало до 2,6%, а зависимость от природного газа увеличилась до 98%. Тенденция к увеличению доли природного газа ненадолго прервалась только в 2009 году, когда производство электроэнергии на основе природного газа снизилось до 81,7%, а использование нефти возросло до 17,9% вследствие глобального экономического кризиса и сокращения поставок «голубого топлива» из Российской Федерации. По сравнению с 1990-ми годами, увеличилась доля использования гидроэлектроэнергии и энергии на основе биомассы и отходов, но она все еще остается несущественной в общем объеме производства электроэнергии (IEA, 2015b).

Беларусь является нетто-импортером энергоресурсов, поскольку внутреннее производство удовлетворяет только 15% национальных потребностей. В 2013 году страна импортировала около 39,5 млн т н. э., преимущественно из Российской Федерации. Основной объем импорта энергоносителей пришелся на сырую нефть и природный газ с долями 53,9% и 42,6%, соответственно (IEA, 2015a).

Основным мероприятием в развитии генерирующих источников до 2020 года является ввод в эксплуатацию первого блока на АЭС в 2018 году и второго в 2020 году суммарной мощностью 2 388 МВт и дальнейшее их освоение с эффективной интеграцией в баланс и режим работы энергосистемы. Планируемая выработка электрической энергии в 2020 году составит 7,1 млрд кВт-ч, а доля в балансе производства электрической энергии – 17,8%. Данная мера позволит частично заместить природный газ в энергобалансе Беларуси на атомную энергию.

Беларусь располагает хорошо развитой и ориентированной на экспорт нефтеперерабатывающей и нефтехимической промышленностью. В 2013 году экспорт Беларусью нефтепродуктов в соседние страны (в основном в Украину), а также в ряд стран ЕС – страны Балтии, Нидерланды, Великобританию, Италию и пр. – составил 13,9 млн т н. э. (IEA, 2015b).

Потребление энергии

Существенный экономический рост Беларуси с середины 1990-х годов незначительно повлиял на энергопотребление, вследствие изменений, произошедших в структуре экономики. С 1996 года значения энергопотребления колебались приблизительно на одном уровне. В 2013 году объем общего конечного потребления (ОКП) энергоресурсов составил 19,9 млн т н. э. Основной расход энергии приходился на сектор ЖКХ (5,2 млн т н. э. в 2013 г.), за ним следовали промышленность (4,6 млн т н. э.) и транспорт (4,4 млн т н. э.). Наибольший рост потребления энергоносителей наблюдался в транспортном секторе (IEA, 2015a).

Госуправление и структура собственности в энергетическом секторе

В энергетическом секторе Беларуси преобладают государственные предприятия, деятельность которых контролируется Министерством энергетики. На рис. 4.5 схематически представлена структура энергетического сектора.

Государственное производственное объединение электроэнергетики «Белэнерго» (ГПО «Белэнерго») является вертикально интегрированной компанией, которая владеет и управляет сектором электрической и тепловой энергетики Беларуси. У «Белэнерго» насчитывается шесть дочерних предприятий, выполняющих функцию операторов региональных систем распределения (IEA, 2015b). Около 50%

потребления тепла обеспечивается «Белэнерго», а остальная часть покрывается за счет деятельности местных предприятий (теплокоммунэнерго), занимающихся производством и сбытом тепловой энергии и являющихся собственностью муниципалитетов или промышленных компаний. За последние годы выросло число независимых поставщиков электроэнергии за счет того, что иностранным инвесторам было разрешено становиться собственниками электростанций-новостроек. (Секретариат Энергетической хартии, 2013).

Рисунок 4.5. **Структура энергетического сектора Беларуси**

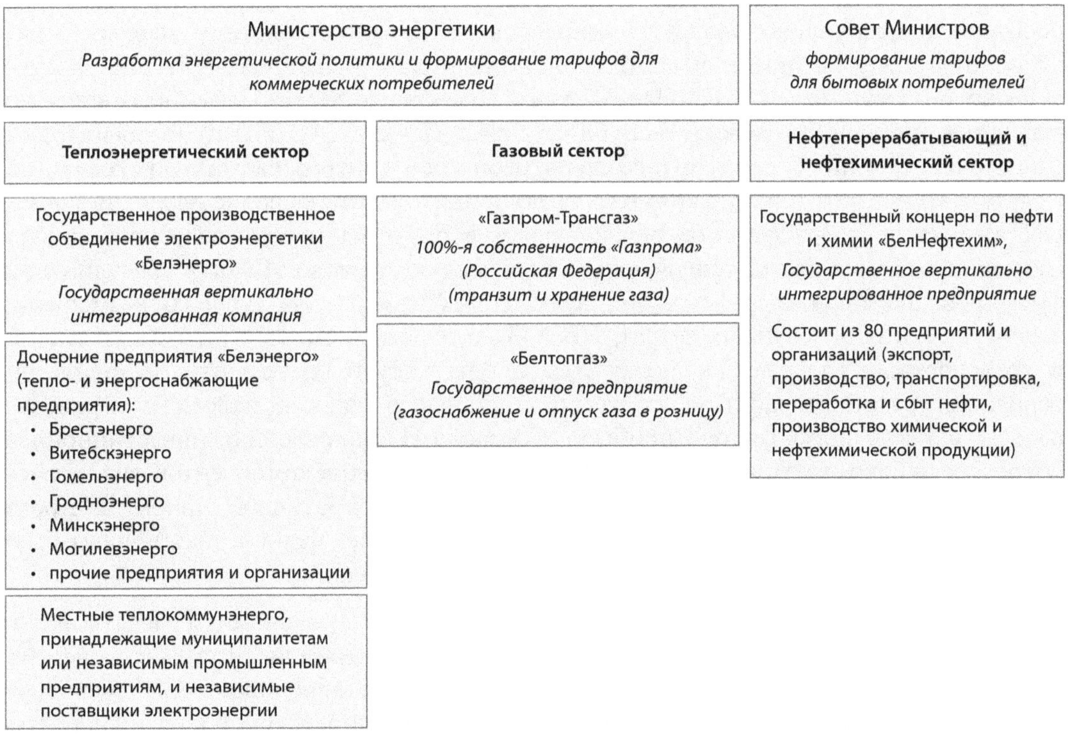

Источник: составлено авторами на основании данных IEA (2015b), Секретариата Энергетической хартии (2013).

На рынке природного газа главенствуют две компании. «Газпром-Трансгаз» (100%-я собственность российской компании-монополиста «Газпром») предоставляет услуги транспортировки газа, а также управляет системами транзита и газохранилищ. «Белтопгаз», на 100% находящееся в республиканской собственности, контролирует распределение газа и розничный рынок твердых видов топлива и сжиженного газа. «Белтопгаз» имеет семь дочерних предприятий (региональные распределительные компании), поставляющих газ конечным потребителям во всех секторах (IEA, 2015b).

Государственный концерн «Белнефтехим» обладает монополией в нефтехимическом секторе и подотчетен непосредственно республиканскому Совету Министров. Концерн состоит из 80 предприятий и организаций, участвующих в полном цикле добычи, транспортировки и переработки нефти, а также производстве ряда нефтехимических продуктов (IEA, 2015b).

В Беларуси нет независимого регулятора. Регулирование сектора электро- и теплоэнергетики в основном осуществляется Министерством экономики, в сферу ответственности которого входит формирование тарифов на электрическую и тепловую энергию для промышленных и бытовых потребителей. Тарифы для населения устанавливаются Советом Министров, а региональные исполнительные комитеты регулируют тарифы на тепло для потребителей, не попадающих в сферу компетенции Совета Министров (IEA, 2015b).

Политика ценообразования в энергетическом секторе

Начиная с 1992 года и до настоящего момента ценообразование на энергоносители в Республике Беларусь опиралось на сложную систему перекрестного субсидирования. Законодательная база такой политики закреплена в Законе № 255-З «О ценообразовании» (от 10.05.1999 г.) и Указе Президента №72 «О некоторых вопросах регулирования цен (тарифов) в Республике Беларусь» (от 25.02.2011 г.). В дальнейшем, с целью обеспечения баланса интересов потребителей и энергоснабжающих компаний, Советом Министров 17 марта 2014 года было принято Постановление № 222. В данном Постановлении утверждается основной порядок формирования тарифов на природный и сжиженный газ, а также на тепловую и электрическую энергию. Им также регулируется формирование так называемых «базовых цен» (тарифов для полного возмещения экономически обоснованных затрат, ПВЭОЗ), с отражением всех производственных и транспортных издержек, включая расходы на услуги по ремонту, амортизацию основных средств, заработную плату и социальные взносы, налоги и страховые взносы, а также нормативную прибыль. Согласно Постановлению, инвестиционные потребности покрываются за счет отражения в тарифах таких компонентов, как затраты на амортизацию, кредитные ресурсы и получение нормативной прибыли. Кроме того, средства бюджета и государственных внебюджетных фондов также могут быть направлены на удовлетворение потребностей в инвестициях.

«Белтопгаз» и «Белэнерго» предоставляет Министерству экономики расчеты затрат на поставки природного и сжиженного газа, а также электрической и тепловой энергии. Исходя из данных расчетов, Министерство экономики устанавливает «базовую цену» на каждый вид энергоносителя. Однако тарифы для некоторых групп конечных потребителей устанавливаются ниже порога «базовых цен». В таких случаях недостаток поступлений компенсируется через перекрестное субсидирование за счет более высоких тарифов для других групп потребителей (Постановление № 222, 2014).

По информации Министерства энергетики «базовые тарифы» на энергоносители, установленные на уровне полного возмещения экономически обоснованных затрат (ПВЭОЗ), не в полной мере отражают необходимый уровень равновесной цены (затраты плюс норма прибыли). Так как в дальнейшем в отчете ПВЭОЗ будет приниматься как равновесная цена, то проведенные расчеты достаточно консервативны, а в реальности уровень субсидирования еще выше.

В Таблице 4.3а приведены основные характеристики ценообразования на различные виды энергоносителей как для населения, так и для и коммерческих потребителей. В Таблице 4.3б показана динамика тарифов для населения с 2015 года по 2016 год.

Природный газ

Цена на импортируемый природный газ согласовывается между российской монополией «Газпром» и Министерством энергетики Республики Беларусь. Цены на газ для конечных потребителей регулируются государством в соответствии с вышеописанным порядком. Тарифы на газ для бытовых потребителей подлежат перекрестному субсидированию за счет промышленных потребителей. Однако некоторые промышленные отрасли также субсидируются путем снижения тарифов. Например, в 2015 году предприятиям по производству стекла и удобрений было разрешено платить за газ по тарифам, которые были на 11% ниже, чем для других отраслей (Министерство энергетики, 2015б). Все промышленные потребители и большая часть населения пользуются установленными счетчиками на газ (Секретариат Энергетической хартии, 2013).

Электроэнергия

Тарифы на электроэнергию дифференцированы по группам потребителей: промышленные потребители с мощностью выше 750 кВА и более (тариф по двойной ставке), промышленные потребители с присоединенной мощностью до 750 кВА (одноставочный тариф), электрифицированный общественный транспорт, государственные учреждения, системы уличного освещения и т.д. Тарифы на электрическую и тепловую энергию для коммерческих потребителей привязаны к обменному курсу рубля к американскому доллару (Секретариат Энергетической хартии, 2013). Тарифы на электроэнергию для населения (также называемого «бытовыми потребителями») дифференцируются по периодам максимальной и минимальной нагрузки на энергосистемы и по видам использования электроэнергии. Так, семьи, в квартирах и домах которых установлены электрические плиты, платят по более низкому тарифу, чем те, кто пользуется газовыми плитами для приготовления пищи (см. таблицы 4.3а и 4.3б).

Среди так называемых небытовых потребителей («юридическими лица» или «организации») учреждения общественного здравоохранения, учреждения социального обслуживания, религиозные и некоторые другие организации потребляют электроэнергию по тарифам, субсидируемым на том же уровне, что и для домашних хозяйств.

В некоторых случаях стимулирующие «зеленые» тарифы предоставляются стратегическим инвесторам в новые генерирующие мощности. В этом случае они утверждаются отдельными президентскими указами (IEA, 2015b).

Тепловая энергия

Тарифы на тепло дифференцируются по группам потребления (население, государственные организации, промышленные предприятия и т.п.) и регионам (см. Таблицы 4.3а и 4.3б). По результатам исследования World Bank (2014b), в 2012 году население компенсировало лишь часть затрат на производство тепловой энергии от 10% до 21% (17,2% в среднем, процентное соотношение зависит от ряда факторов, в том числе, от масштабов системы централизованного теплоснабжения и ее состояния, используемого топлива и эффективности производства).

В Беларуси используются несколько способов компенсации потерь производителей тепловой энергии от реализации тепла населению по ценам ниже уровня, обеспечивающего полное возмещение экономически обоснованных затрат (ПВЭОЗ). На рис. 4.6 эти комплексные схемы изображены с использованием четырех сценариев, по которым работает система поставок тепла.

Рисунок 4.6. **Перекрестное субсидирование в тепловом секторе Беларуси**

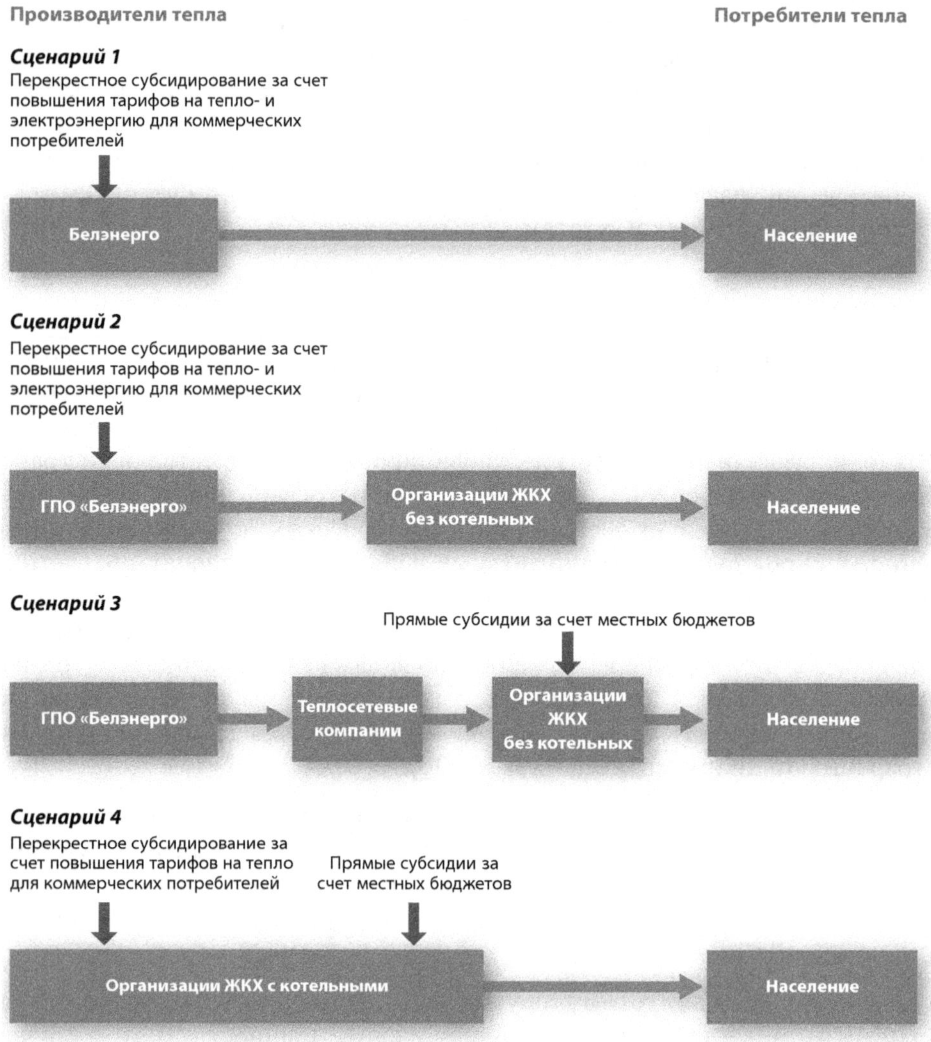

Источник: составлено авторами.

В трех из четырех сценариев фигурирует ГПО «Белэнерго» или точнее, входящие в ее состав субъекты хозяйствования, которые участвуют в параллельном генерировании тепловой и электрической энергии. «Белэнерго» не получает прямых бюджетных трансфертов. Согласно Сценарию 1, при поставках тепловой энергии непосредственно населению, компании, принадлежащие «Белэнерго», покрывают нехватку средств за счет двойного перекрестного субсидирования: устанавливая более высокие тарифы для коммерческих потребителей тепла и электричества.

Сценарий 2 в точности повторяет принцип Сценария 1 в отношении двойного перекрестного субсидирования за счет установления повышенных тарифов на тепло- и электроэнергию для коммерческих потребителей. Единственное отличие заключается в том, что «Белэнерго» вначале поставляет тепло предоставляющим жилищно-коммунальные услуги (ЖКХ) организациям, которые затем передают ее населению.

По Сценарию 3, ГПО «Белэнерго» поставляет тепловую энергию теплосетевым компаниям по тарифам, обеспечивающим полное возмещение экономически обоснованных затрат (ПВЭОЗ). Организации ЖКХ приобретают тепло у теплосетевых компаний и обращаются за прямыми трансфертами в местные бюджеты для возмещения разницы между затратами на тепловую энергию и регулируемыми тарифами для населения.

Сценарий 4 действует в отношении организаций ЖКХ, которые, вместо приобретения тепловой энергии, вырабатывают ее в собственных котельных. Котельные вырабатывают только тепло (не электричество) и могут возместить лишь 10% стоимости производственных затрат за счёт тарифов для населения. Организации ЖКХ компенсируют свои потери от производства тепла, во-первых, путем повышения тарифов для коммерческих потребителей и, во-вторых, обращаясь в местные бюджеты за прямым субсидированием.

Нефтепродукты

Цены на нефтепродукты регулируются Белорусским Государственным концерном по нефти и химии «Белнефтехим» (в отличие от продуктов нефтепереработки, отпускаемых Белорусской нефтяной компанией) согласно положению «О порядке регулирования отпускных и розничных цен на нефтепродукты, производимые и (или) реализуемые на территории Республики Беларусь» (Приказ Белнефтехим № 79, 2013). «Белнефтехим» утверждает предельные оптовые и розничные цены на нефтепродукты (см. Таблицу 4.3а). Согласно GIZ (2015), в середине ноября 2014 года цены на бензин и дизельное топливо на автозаправочных станциях Беларуси составляли 1,06 долл. США. Тогда это значение превысило «зеленый» порог (уровни цен на эти моторные топлива в США) и обозначило ситуацию, в которой цены на топливо не субсидируются, а облагаются налогами (см. раздел, посвященный описанию налогообложения энергетического сектора). Однако в связи с резким изменением обменного курса белорусского рубля в 2014 и 2015 годы, цены на моторные топлива в эти периоды стали значительно ниже при пересчете на доллары США.

Таблица 4.3 а. **Ценовая политика**

Энергоноситель	Ценовая политика	Ценовые категории	Ценовые уровни в 2015 г.[a]
Природный газ	Метод «затраты плюс», перекрестное субсидирование среди разных групп потребителей заложено в тарифе.	Для населения тарифы на газ дифференцируются в зависимости от времени года (ниже в отопительном сезоне (наличие счетчиков и использование газовых котлов в домах и квартирах). Для юридических лиц тарифы на газ отличаются в зависимости от сектора промышленности (самые низкие для производителей химической и стекольной промышленности) и объема потребления.	Цены для населения и организаций, платящих по тем же тарифам, что и население (на июль 2015 года): 2 281,8 руб./м^3 (623,3 руб./м^3 в отопительный сезон) (Министерство энергетики, 2015в); Для юридических лиц (на июль 2015 г., без НДС): 1 971–4 108 руб./м^3 (Министерство энергетики, 2015б).

Таблица 4.3 а. **Ценовая политика** *(продолжение)*

Энергоноситель	Ценовая политика	Ценовые категории	Ценовые уровни в 2015 г.[а]
Электричество	Метод «затраты плюс», перекрестное субсидирование среди разных групп потребителей заложено в тарифе.	Для населения тарифы различаются по минимальным и максимальным периодам нагрузок и цели использования (электроплиты, горячее водо- и теплоснабжение). Для юридических лиц тарифы на электроэнергию дифференцируются в зависимости от группы и мощности потребителей.	Для населения и организаций, платящих по тем же тарифам, что и население: 567,5–1 907,6 руб./кВт-ч (Министерство энергетики, 2015г). Цены для разных категорий юридических лиц (без НДС): промышленные потребители: 1 580,2 руб./кВт-ч для мощности до 750 кВА; 139 207,3 руб. ежемесячно + 1 237,2 руб./кВт-ч для мощности свыше 750 кВА; сельскохозяйственные производители: 1 203,1 руб./кВт-ч; уличное освещение: 1 652,2 руб./кВт-ч; общественный транспорт: 1 293,6 руб./кВт-ч; некоторые государственные учреждения: 1 652,2 руб./кВт-ч (Министерство энергетики, 2015а).
Тепло	Метод «затраты плюс», перекрестное субсидирование среди разных групп потребителей заложено в тарифе.	Промышленные и другие виды потребителей платят по высокодифференцированным тарифам в зависимости от категории потребителя и региональной теплоснабжающей компании.	Для населения и организаций, платящих по тем же тарифам, что и население: тепловая энергия для отопления и горячего водоснабжения – 96 424 руб./Гкал (Министерство энергетики, 2015г). Начиная с 1 января 2015 года, для промышленных и прочих потребителей (без НДС) 523 558–696 651 руб./Гкал (Министерство энергетики, 2015в).
Жидкие нефтепродукты	Цены регулируются, методика расчета цен не публикуется.	Дифференцируются по качеству топлива.	Начиная с 13 января 2015, бензин: 10 000–14 000 руб./л, дизельное топливо: 12 300–13 800 руб./л (Белнефтехим, 2015).
Сжиженный газ	Регулирование, перекрестное субсидирование за счет тарифов на газ для определенных групп потребителей.	Дифференцируются по сезонам и использованию.	Сжиженный нефтяной газ – 6 084 руб./м³ (9 658.7 руб./м³ в отопительный сезон) (Министерство энергетики, 2015в).
Твердое топливо, топливные брикеты и дрова (основная составляющая – топливные брикеты из торфа)	Регулирование региональными властями, перекрестное субсидирование.	Дифференцируются по регионам.	Дифференцируются по регионам.

Примечание: а. До 1 января 2016 г. население было освобождено от НДС по потреблению природного газа, электро- и теплоэнергии.

Источник: составлено авторами на основании данных IEA (2015b), Секретариата Энергетической хартии (2013), Министерства энергетики (2015а, 2015б, 2015в), и «Белнефтехим» (2015).

Таблица 4.3 б. **Повышение тарифов на энергоносители для населения с 1.07.2015 г. по 1.07.2016 г. с учетом отмены освобождения от НДС на природный газ, электрическую и тепловую энергию с 1.01.2016 г.**

Энергоноситель	Вид тарифа	Значение на 1.07.2015 г.	Значение на 1.07.2016 г.	Значение на 1.07.2016 г. в долл. США
Электроэнергия, за кВт-ч	С газовыми плитами при потреблении до 300 кВт-ч в месяц	953,8 руб.	1 188 руб.	0,06 долл. США
	С электрическими плитами при потреблении до 400 кВт-ч в месяц	810,7 руб.	1 009 руб.	0,05 долл. США
	При потреблении выше месячных лимитов	1 467,5 руб.	1 900 руб.	0,09 долл. США

Таблица 4.3б. **Повышение тарифов на энергоносители для населения с 1.07.2015 г. по 1.07.2016 г. с учетом отмены освобождения от НДС на природный газ, электрическую и тепловую энергию с 1.01.2016 г.** *(продолжение)*

Энергоноситель	Вид тарифа	Значение на 1.07.2015 г.	Значение на 1.07.2016 г.	Значение на 1.07.2016 г. в долл. США
Газ природный, за м^3	В отопительный период до 3 000 м^3 в год	623,3 руб.	776 руб.	0,04 долл. США
	В летний период до 3 000 м^3 в год	2 281,8 руб.	2 842 руб.	0,14 долл. США
	При превышении лимитов	2 588 руб.	3 738 руб.	0,19 долл. США
Тепловая энергия, за Гкал	Льготная цена	96 424 руб.	133 417 руб.	6,65 долл. США
	ПВЭОЗ	466 120 руб.	854 710 руб.	42,62 долл. США
Газ сжиженный, за м^3	В отопительный период	9 568,7 руб.	12 030 руб.	0,60 долл. США
	В летний период	6 084 руб.	7 578 руб.	0,38 долл. США
Светлые нефтепродукты, за л	Бензин АИ-92	11 100 руб.	11 100 руб.	0,55 долл. США
	Бензин АИ-95	11 900 руб.	11 900 руб.	0,59 долл. США
	Дизельное топливо	12 300 руб.	12 300 руб.	0,61 долл. США
	Газ сжиженный	6 200 руб.	6 000 руб.	0,30 долл. США
Дрова, за плотный м^3	Льготная для г. Минска, не более 4,9 плотных м^3 в год	40 500 руб.	40 500 руб.	2,02 долл. США
Брикеты топливные из торфа, за тонну	Для г. Минска не более 2,5 тонн в год	126 700 руб.	126 700 руб.	6,32 долл. США

Источник: Постановление Совета Министров Республики Беларусь № 480 (2016б).

Налоговая политика

Система налогообложения в Беларуси централизована, и практически все налоги взимаются в республиканский бюджет. Основные налоги, которые так или иначе уплачиваются практически всеми экономическими агентами, включают НДС (20%), налог на доход, налог на собственность и земельный налог. Малый бизнес уплачивает налог по упрощенной схеме. К товарам, с которых взимается акциз, относятся, среди прочего, бензины автомобильные, дизельное топливо и биодизельное топливо, судовое топливо, газ углеводородный сжиженный и газ природный топливный компримированный. С ряда видов экономической деятельности, сопряженных с загрязнением природной среды, взимается экологический налог. Кроме того, с предприятий, занимающихся добычей нефти (объемы нефти, добываемой в Беларуси, очень малы. Производство газа в коммерческих целях в стране отсутствует), производством торфа и бурого угля взимается налог на добычу полезных ископаемых. Существуют также иные налоги, сборы и пошлины, например, взносы в инновационные фонды. В Таблице 4.4 приводится более подробная информация.

Налоговым кодексом Республики Беларусь (Национальное собрание, 2002) предусмотрен ряд налоговых льгот для производителей электроэнергии из возобновляемых источников. В частности, импорт оборудования, используемого в секторе ВИЭ, освобожден от НДС. С земельных участков под объектами ВИЭ не взимается налог на землю. Кроме того, для ТЭС и ТЭЦ, использующих ВИЭ, применяется понижающий коэффициент по выбросам в атмосферу (например, при сгорании биомассы или биогаза), и по сбросу сточных вод.

Таблица 4.4. **Налогообложение в энергетическом секторе Беларуси**

Вид деятельности, подлежащей налогообложению	Основные налоги: НДС, налог на прибыль, налог на имущество, налог на землю, экологический налог и т.д.	Налог на добычу полезных ископаемых	Акцизный сбор
Предприятия по добыче и переработке нефти и газа	Применяется в установленном порядке	Применяется к добыче нефти	Не применяется
Предприятия по добыче угля и торфа	Применяется в установленном порядке	Применяется к добыче торфа и бурого угля	Не применяется
Потребители жидких нефтепродуктов и сжиженного газа	Применяется в установленном порядке	Не применятся	Акциз применяется к СНГ и компримированному газу, ставка дифференцирована по видам нефтепродуктов
Производители электроэнергии	Применяется в установленном порядке	Не применятся	Не применяется
Потребители электроэнергии	Применяется в установленном порядке	Не применятся	Не применяется

Источник: составлено авторами на основании Налогового кодекса (Национальное собрание, 2002).

Выбросы парниковых газов и политика в области изменения климата

Согласно Национальному кадастру выбросов парниковых газов (Министерство природных ресурсов и охраны окружающей среды, 2014), в 2012 году выбросы парниковых газов в Беларуси составили 89,2 млн т CO_2 эквивалента (за исключением выбросов от землепользования, изменения землепользования и лесного хозяйства, ЗИЗЛХ), что на 35,8% меньше, чем в 1990 году. Низкий уровень выбросов объясняется значительным снижением деятельности энергоемких секторов, реализацией политики энергоэффективности, а также смещением акцента в структуре топливного баланса на природный газ. На энергетический сектор приходится наибольший процент выбросов (61,9%), за ним следует сельское хозяйство (26,2%). Доли секторов переработки отходов и технологических производств составляют 7% и 4,8% от общего объема выбросов соответственно.

Республика Беларусь включена в Приложение 1 Киотского протокола к Рамочной конвенции ООН по изменению климата (РКИК ООН). На второй период действия Киотского протокола, Беларусь приняла на себя ряд добровольных обязательств по сокращению энергоемкости своего ВВП на 29-32% к 2015 году по отношению к уровню 2010 года, и уменьшению выбросов парниковых газов на 8% к 2020 году от уровня 1990 года (Министерство природных ресурсов и охраны окружающей среды, 2015б). В соответствии со своими предполагаемыми национально – определяемыми вкладами (ПНОВ), обнародованным к конференции сторон РКИК ООН в Париже в конце 2015 года, Беларусь к 2030 году обязалась не превышать 75% выбросов парниковых газов от уровня 1990 года (Министерство природных ресурсов и охраны окружающей среды, 2015а). При этом планируется добиться дополнительного сокращения выбросов парниковых газов на 25-30 млн тонн в эквиваленте CO_2 (на 20-22% по сравнению с базовым годом) с 2015 по 2030 годы, за счет внедрения наилучших доступных технологий. Данные обязательства опираются только на внутренний потенциал страны без дополнительных условий по привлечению иностранных финансовых ресурсов.

Определение и обсуждение энергетических субсидий

Как и в других странах Восточного партнерства ЕС, республиканское законодательство Беларуси трактует субсидии в довольно узком смысле (см. рис. 4.7). Так, в Бюджетном кодексе (Национальное собрание, 2008) содержится следующее определение:

> «субсидия – бюджетный трансферт, предоставляемый организации, физическому лицу, в том числе индивидуальному предпринимателю, на условиях участия в финансировании (софинансировании) для производства и (или) реализации товаров (работ, услуг) либо частичного возмещения целевых расходов».

В Бюджетном кодексе также есть определение государственной поддержки:

> «поддержка – направление отдельным категориям юридических лиц и индивидуальных предпринимателей бюджетных средств в соответствии с законодательными актами».

В дополнение к этому, в Налоговом кодексе Республики Беларусь дается определение налоговых льгот, которые также рассматриваются как формы господдержки:

> «Налоговыми льготами признаются предоставляемые отдельным категориям плательщиков предусмотренные настоящим Кодексом и иными актами налогового законодательства, а также международными договорами Республики Беларусь, преимущества по сравнению с другими плательщиками, включая возможность не уплачивать налог, сбор (пошлину) либо уплачивать их в меньшем размере».

Вместе с тем, в Беларуси давно и подробно обсуждаются перекрестные субсидии, заложенные в тарифы на газ, а также тепловую и электроэнергию. Данные меры относятся к категории «вторичных (косвенных) трансфертов» по классификации ОЭСР.

Рисунок 4.7. **Что включается в определение субсидии в республиканском законодательстве Беларуси?**

Включено в республиканские определения «субсидии» и «господдержки»

Включено только в республиканское определение «господдержки»

Не включено в республиканские определения «субсидии» и «господдержки»

Прямые бюджетные трансферты	Выпадающие налоговые доходы	Вторичные трансферты	Передача рисков государству	Источники информации
				Бюджетный кодекс (Национальное собрание, 2008) дает определение термину «субсидия», в то время как в ст. 43 Налогового кодекса (Национальное собрание, 2002) также «налоговые льготы» рассматриваются как форма господдержки. Вторичные трансферты широко обсуждаются в контексте перекрестного субсидирования (между промышленными потребителями и населением), заложенного в тарифы на газ, а также тепло- и электроэнергию.

Источник: составлено авторами.

Международное энергетическое агентство (МЭА) никогда не включало Беларусь в оценки потребительских субсидий методом ценовой разницы, однако международными экспертами подготовлено несколько исследований данного вопроса. По оценкам Немецкой экономической группы (GET, 2007), в 2006 году на квазифискальные расходы в топливно-энергетическом комплексе Беларуси пришлось 3,7–4,7% ВВП. Согласно обзору государственных затрат, подготовленному Всемирным банком (2011), фискальные затраты на энергию, поставляемую в жилищный сектор по заниженным ценам, составили 0,84 млрд долл. США или 1,7% ВВП Беларуси в 2009 году. Кроме того, 130 промышленных потребителей фактически получили субсидии в размере 0,3% ВВП за счет льготных тарифов на тепло-, электроэнергию и газ, а 106 коммерческим потребителям была предоставлена отсрочка на оплату задолженности по энергетическим услугам.

Предметом еще одного исследования Всемирного банка стали социальные аспекты регулирования тарифных ставок и возможности их реформирования (World Bank, 2014b). По результатам исследования, в сравнении с оценками предыдущих годов, в 2012 году фискальные и квазифискальные затраты на тепловую энергию, поставляемую по заниженным ценам, возросли до 1 млрд долл. США. Согласно исследованию, если реформирование тарифов на тепловую энергию будет сопровождаться адресными субсидиями, направленными на поддержку уязвимых групп населения, такая реформа будет способствовать социальной справедливости, поскольку в настоящий момент зажиточные группы населения получают большую выгоду от субсидий на тепло, чем малоимущие семьи. (см. рис. 4.8). Более того, авторы исследования утверждают, что упразднение перекрестного субсидирования электро- и теплоснабжения в Республике Беларусь создаст благоприятные условия для повышения конкурентоспособности промышленного сектора и позволит в данном случае снизить тариф для промышленных потребителей, поскольку исчезнет необходимость закладывать «социальную надбавку» в тариф для промышленности.

Рисунок 4.8. **Распределение субсидий на теплоснабжение в Беларуси в 2012 г., доля населения**

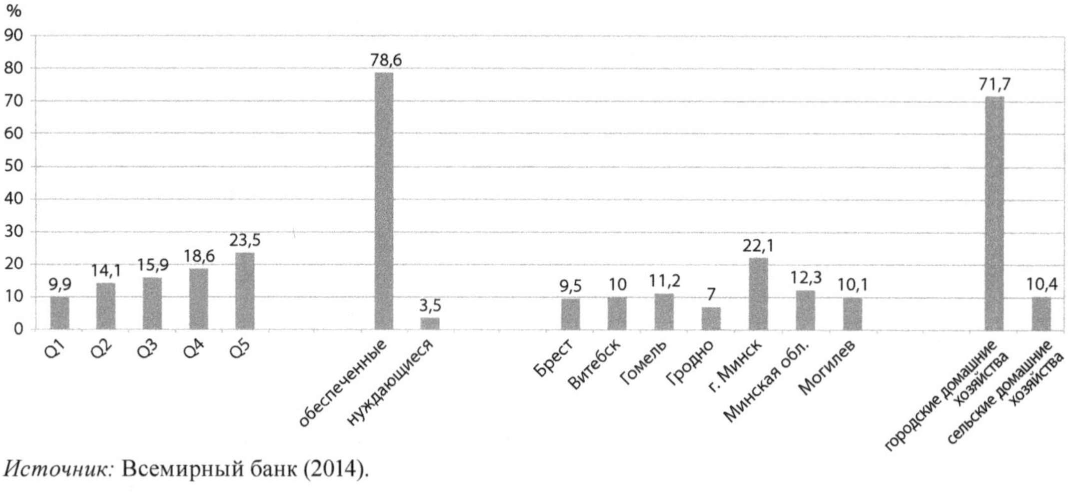

Источник: Всемирный банк (2014).

В таблице 4.5 представлен обзор ключевых положений законодательства Беларуси применительно к различным схемам субсидирования и опубликованные оценки их значений.

Таблица 4.5. **Обзор субсидий**

Энергетические субсидии	Основные результаты
Прямой перевод денежных средств и обязательства по такому переводу	• отражены в национальном определении субсидии; • описаны в Бюджетном кодексе (Национальное собрание, 2008), отчетах Министерства финансов об исполнении бюджета (2015); • частично рассмотрены в исследовании World Bank (2011).
Налоговые расходы (выпадающие налоговые доходы)	• в Налоговом кодексе Республики Беларусь (Национальное собрание, 2002) определены положения относительно налоговых льгот для производителей и потребителей энергии.
Вторичные (косвенные) трансферты (поддержка цен и доходов предоставленная производителям или потребителям)	• поставка газа, тепло- и электроэнергии населению по сниженным ценам; сложная система перекрестного субсидирования; льготные тарифы для крупных промышленных потребителей, признанных стратегическими инвесторами; стимулирующие «зеленые» тарифы для проектов ВИЭ; • частично отражены в исследованиях Немецкой экономической группы (GET, 2007) и World Bank (2011, 2014b).
Передача рисков государству	• государственные займы и гарантии предусмотрены Бюджетным кодексом (Национальное собрание, 2008).

Источник: составлено авторами.

Государственная поддержка ископаемых видов топлива

В отличие анализа по Армении, Грузии, Молдове и Украине, в связи с нехваткой информации о размере прямых бюджетных трансфертов и налоговых льгот в Беларуси, в данной главе не удалось в полной мере применить аналогичный подход к оценке совокупного объема субсидирования путем суммирования оценок отдельных энергетических субсидий в денежном выражении. Вместе с тем, информация о структуре тарифов и потреблению различных видов энергоносителей по соответствующим категориям потребителей есть в открытом доступе. Поэтому расчет субсидий был произведен с использованием метода ценовой разницы. Сначала такой расчет был выполнен в отношении потребления газа в общереспубликанском масштабе, а затем – в отношении населения как наиболее субсидируемой в Беларуси категории потребителей не только по газу, но и по тепло- и электроэнергии.

Расчеты по методу ценовой разницы в данной главе следуют той же логике, что и методика Международного энергетического агентства, и полностью сопоставимы с аналогичными расчетами по другим странам ВП в этом отчете:

Ценовая разница = базовая цена – фактический тариф

Субсидия = Ценовая разница × Объем потребления

Общереспубликанская оценка субсидий на потребление газа методом ценовой разницы

Учитывая, что Беларусь является нетто-импортером энергоресурсов, в качестве базовой принимается цена импорта газа из Российской Федерации (таблица 4.6). При этом по методике МЭА в базовую цену должен быть включен НДС, который не взимался в Беларуси с потребления природного газа населением до 1 января 2016 года.

При использовании цены импорта в качестве базовой, метод ценовой разницы дает оценку субсидирования населения на уровне примерно 172 млн долл. в год. Как показано в других частях доклада, в действительности субсидирование населения еще больше. Население и некоторые промышленные потребители (например, химическая и стекольная промышленность) получают перекрестные субсидии, заложенные в газовый тариф, устанавливаемый для коммерческих потребителей на уровне выше возмещения экономически обоснованных затрат. Другими словами, эти перекрестные субсидии были получены за счет надбавки к тарифу промышленных потребителей и юридических лиц в объеме 765 млн долл. США.

Таблица 4.6. **Оценка субсидий на потребление газа в Беларуси в 2015 г. методом ценовой разницы в номинальном выражении**

	Единица измерения	Население	Промышленность и юр. лица
Базовая цена = цена импорта плюс НДС (до 1 января 2016 г. в Беларуси природный газ для населения был освобожден от НДС)	долл. США за 1 000 м³	174,4 (цена импорта) + НДС 20% = 209,3	
Объем потребления	млрд м³	1,8	18,4
Тариф по категории потребителей	долл. США за 1 000 м³	113,8	209,1 + НДС 20% = 250,9
Ценовая разница по данной категории потребителей = базовая цена – тариф по категории потребителей	долл. США за 1 000 м³	95,5	(-41,6)
Субсидия по категории потребителей	млн долл. США	172	(-765)
Средневзвешенный тариф	долл. США за 1 000 м³	238,4	
Общая ценовая разница = базовая цена – средневзвешенный тариф	долл. США за млн м³	(-29,1)	

Источник: составлено авторами на основании данных World Bank (2015), Белстата (2015), Министерства энергетики (2015б, 2015в).

Конечно же, оценки методом ценовой разницы носят лишь диагностический характер и не отражают полной картины, которая весьма сложна в связи с перекрестным субсидированием. Последующий анализ дает дополнительные оценки путем рассмотрения мер государственной поддержки для отдельных видов энергоносителей и групп потребителей.

Оценки субсидий по видам энергоносителей и группам потребителей

Вторичные (косвенные) трансферты являются основной формой субсидирования ископаемых видов топлива в Беларуси. Данные субсидии предоставляются путем регулирования цен на электрическую и тепловую энергию, природный и сжиженный газ, а также твердые виды топлива. Также были выявлены отдельные случаи прямых бюджетных трансфертов, однако подробная информация о них в материалах бюджетного планирования и отчетности отсутствует. Налоговые льготы предоставляются как производителям, так и потребителям энергии, хотя конечным выгодоприобретателем во всех случаях является население. Оценки размеров субсидий приведены в таблицах 4.7 и 4.8 и в совокупности составляют 1 039 млн долл. США в 2010 г. и 1 562 млн долл. США в 2014 г. Данные оценки находятся в том же диапазоне, что и результаты более ранних исследований по сходной проблематике (GET 2007), отчеты Всемирного банка (World Bank, 2011; 2014b).

При оценке размера вторичных (косвенных) трансфертов в адрес населения посредством регулируемых тарифов на газ, тепло- и электроэнергию, в качестве отправной точки для сравнения со средневзвешенным тарифом использовались официальные «базовые цены» (тарифы для полного возмещения экономически обоснованных затрат, ПВЭОЗ), устанавливаемые в соответствии с Постановлением Совета Министров № 222 (2014). Это первая попытка использования данной отправной точки для оценки энергетических субсидий в Беларуси методом ценовой разницы, в результате которой получены новые количественные оценки. В то же время, в отчете World Bank (2014b) также использован метод ценовой разницы. Данный отчет был подготовлен до принятия Постановления № 222 в 2014 г. При подготовке своего отчета специалисты Всемирного банка взяли в качестве отправной точки тариф для промышленных потребителей, который значительно выше уровня ПВЭОЗ. Поэтому в исследовании Всемирного банка энергетические субсидии в Беларуси оцениваются на более высоком уровне, в частности, субсидии на тепловую энергию для населения – в размере 1 млрд долл. США в 2012 г. В настоящем отчете те же субсидии в том же году оцениваются на уровне 0,5 млрд долл. США.

В таблицах 4.7 и 4.8 представлены оценки основных энергетических субсидий. Затем следует более подробное обсуждение различных мер поддержки.

Таблица 4.7. **Оценки субсидий на ископаемые виды топлива в Республике Беларусь, млрд белорусских рублей**

Субсидия	Вид субсидии	2010	2011	2012	2013	2014
Регулируемый тариф на тепловую энергию для населения	Субсидия на потребление, косвенный (вторичный) трансферт	1 018	1 316	4 204	5 364	8 387
Регулируемый тариф на электроэнергию для населения	Субсидия на потребление, косвенный (вторичный) трансферт	970	3 018	5 595	4 967	3 044
Регулируемый тариф на природный газ для населения	Субсидия на потребление, косвенный (вторичный) трансферт	617	1 303	2 685	2 190	2 872
Регулируемые цены на сжиженный газ для населения	Субсидия на потребление, косвенный (вторичный) трансферт	нет расчетов	нет расчетов	нет расчетов	нет расчетов	нет расчетов
Регулируемые цены на твердые виды топлива (в основном, топливные брикеты)	Субсидия на потребление, косвенный (вторичный) трансферт	нет расчетов	нет расчетов	нет расчетов	нет расчетов	нет расчетов
Освобождение от НДС на природный газ, электрическую и тепловую энергию для населения (устранено в 2016)	Субсидия на потребление, выпадающие налоговые доходы	507	626	1 007	1 335	2 038
Понижающий коэффициент экологического налога для ТЭЦ, поставляющих тепловую и электроэнергию для населения	Субсидия на потребление, выпадающие налоговые доходы	нет данных	нет данных	нет данных	нет данных	нет данных
Финансирование строительства (реконструкции) объектов инженерной инфраструктуры для районов жилой застройки для энерго- и газоснабжающих организаций	Субсидия на потребление, прямой перевод денежных средств	нет данных	нет данных	нет данных	нет данных	1 151
Республиканская программа развития белорусской энергетической системы на период до 2016 г.	Субсидия на потребление, прямой перевод денежных средств	не применялась	нет данных	нет данных	нет данных	нет данных
Всего		**3 111**	**6 264**	**13 491**	**13 856**	**17 493**

Источник: расчеты авторов на основании данных Белстата (2015), Постановлений Совета Министров (2016в) и данных Минфина (2015).

Таблица 4.8. **Оценки субсидий на ископаемые виды топлива в Республике Беларусь, млн долл. США**

Субсидия	Вид субсидии	2010	2011	2012	2013	2014
Регулируемый тариф на тепловую энергию для населения	Субсидия на потребление, косвенный (вторичный) трансферт	340	235	502	598	817
Регулируемый тариф на электроэнергию для населения	Субсидия на потребление, косвенный (вторичный) трансферт	324	538	526	394	154
Регулируемый тариф на природный газ для населения	Субсидия на потребление, косвенный (вторичный) трансферт	206	232	321	244	280
Регулируемые цены на сжиженный газ для населения	Субсидия на потребление, косвенный (вторичный) трансферт	нет расчетов	нет расчетов	нет расчетов	нет расчетов	нет расчетов
Регулируемые цены на твердые виды топлива (в основном, топливные брикеты)	Субсидия на потребление, косвенный (вторичный) трансферт	нет расчетов	нет расчетов	нет расчетов	нет расчетов	нет расчетов
Освобождение от НДС на природный газ, электрическую и тепловую энергию для населения (устранено в 2016)	Субсидия на потребление, выпадающие налоговые доходы	169	112	120	149	199
Понижающий коэффициент экологического налога для ТЭЦ, поставляющих тепловую и электроэнергию для населения	Субсидия на потребление, выпадающие налоговые доходы	нет данных	нет данных	нет данных	нет данных	нет данных
Финансирование строительства (реконструкции) объектов инженерной инфраструктуры для районов жилой застройки для энерго- и газоснабжающих организаций	Субсидия на потребление, прямой перевод денежных средств	нет данных	нет данных	нет данных	нет данных	112
Республиканская программа развития белорусской энергетической системы на период до 2016 г.	Субсидия на потребление, прямой перевод денежных средств	не применялась	нет данных	нет данных	нет данных	нет данных
Всего		**1 039**	**1 117**	**1 469**	**1 384**	**1 562**

Источник: расчеты авторов на основании данных Белстата (2015), Постановлений Совета Министров (2016в) и данных Минфина (2015).

В таблице 4.9 приводится информация по методикам, использованным для количественной оценки субсидий. В частности, для всех вторичных трансфертов, получивших количественную оценку, расчет производился по методу ценовой разницы на основании сравнения официальных «базовых цен» (рассчитываются на основании Постановления Совета Министров № 222 от 17 марта 2014 г.) и средневзвешенных тарифов для населения, устанавливаемых Министерством экономики и публикуемых Советом Министров (2016в). Затем ценовая разница умножается на объем потребления тепловой энергии населением по данным энергетического баланса (Белстат 2015). «Базовые цены» используются как наиболее обоснованная отметка для расчетов, так как именно ими пользуется само Правительство, а также другие заинтересованные стороны в Беларуси.

Как описано выше, тарифы на электричество, природный газ и тепло для населения подлежат перекрестному субсидированию путем установления тарифов для некоторых категорий промышленных потребителей выше уровня ПВЭОЗ (по так называемому методу «затраты плюс»).

Тариф, рассчитанный по методу «затраты плюс» для природного газа (но не для тепло- и электроэнергии, при производстве которых газ уже используется в качестве топлива), предусматривает отчисления (около 10%) в специальный государственный фонд, в котором аккумулируются средства для предоставления субсидий льготным категориям юридических лиц, например, бюджетным организациям и предприятиям стекольной промышленности. Данный спецфонд находится непосредственно в ведении Правительства и приравнен к республиканскому бюджету. Отчетность по структуре доходов и расходов спецфонда не публикуется.

Таблица 4.9. **Методы, использованные для количественной оценки основных субсидий на ископаемые виды топлива в Беларуси**

Субсидия	Метод количественной оценки
Регулируемый тариф на тепловую энергию для населения	Расчеты авторов: тариф на тепловую энергию для населения сравнивается с «базовыми ценами», публикуемыми Советом Министров (2016в). Ценовая разница умножается на объем потребления тепловой энергии населением по данным энергетического баланса (Белстат, 2015).
Регулируемый тариф на природный газ для населения	Расчеты авторов: средневзвешенный тариф на природный газ для населения сравнивается с «базовыми ценами», публикуемыми Советом Министров (2016в). Ценовая разница умножается на объем потребления природного газа населением по данным энергетического баланса (Белстат 2015). Средневзвешенный тариф рассчитывается на основании данных о поставках газа для различных категорий населения в соответствии с декларациями газоснабжающих компаний (2013-2014).
Регулируемый тариф на электроэнергию для населения	Расчеты авторов: средневзвешенный тариф на электроэнергию для населения сравнивается с «базовыми ценами», публикуемыми Советом Министров(2016в). Ценовая разница умножается на объем потребления электроэнергии населением по данным энергетического баланса (Белстат 2015). Средневзвешенный тариф рассчитывается на основании данных о поставках электроэнергии для различных категорий населения в соответствии с декларациями электроснабжающих компаний (2013-2014).
Освобождение от НДС на природный газ, электрическую и тепловую энергию для населения (устранено в 2016)	Расчеты авторов: стандартная ставка НДС (20%) применена к стоимости ЖКУ для населения. Расчеты основываются на данных Белстата (2015) и текущих тарифах, публикуемых Советом Министров (2016в).
Финансирование и строительство (реконструкция) объектов инженерной инфраструктуры для районов жилой застройки для энерго- и газоснабжающих организаций	Оценки субсидий взяты из правительственных источников (Министерство финансов, 2015).

Источник: составлено авторами.

Тепловая энергия для населения подлежит дополнительному перекрестному субсидированию за счет как повышенных тарифов на электроэнергию для некоторых потребителей, так и прямых трансфертов из местных бюджетов. Местные органы самоуправления обращаются за возмещением предоставленных ими субсидий из республиканского бюджета, как то предусматривает Указ Президента № 550 (2013). Бюджетные ассигнования, предназначенные для возмещения убытков поставщиков энергетических услуг, выделяются согласно порядку, определенному Постановлением Министерства Финансов № 67/21/70(2014). Однако информация о точном объеме выделенных средств отсутствует. Таким образом, субсидии населению в виде регулируемых тарифов рассчитываются методом ценовой разницы, как показано в таблице 4.9. Такой подход также позволяет избежать двойного счета.

«Белтопгаз» также поставляет по субсидированным ценам твердое топливо (в основном, торфяные брикеты, до 2,5 тонн на одно домохозяйство в год) и сжиженный газ для населения. Понесенные таким образом убытки возмещаются за счет местных бюджетов через районные сбытовые организации. Поставки древесного топлива также осуществляются районными сбытовыми организациями, при этом 4,9 плотных м^3 в год на одно домохозяйство поставляются по льготной цене, субсидируемой из местных бюджетов. Официальные данные о размере поддержки энергопотребления населением посредством указанных мер отсутствуют.

В таблице 4.8 показано, что с 2010 по 2014 годы размер субсидий в теплоэнергетическом секторе увеличился более чем вдвое в долларовом выражении. Такая динамика объясняется ростом цен на импортируемый газ, к которым, в свою очередь, привязаны «базовые цены» – таким образом, последние также возросли. В то же время тарифы для населения увеличились лишь незначительно. Таким образом, разрыв между «базовыми ценами» и тарифами для населения увеличился. Объем субсидий в электроэнергетическом секторе упал на 46% в 2014 году по сравнению с уровнем 2013 года, преимущественно вследствие введения в 2013 году дифференциации тарифов в зависимости от объемов потребления (Постановление Совета Министров № 52, 2013б).

В открытом доступе информация о прямых бюджетных трансфертах производителям или потребителям ограничена. Для данной категории возможно было рассчитать только одну субсидию. Министерство финансов в своем отчете за 2015 год указывает, что в 2014 году бюджетные трансферты в размере 1 151 млрд руб. (112 млн долл. США) были предоставлены на строительство (реконструкцию) объектов инженерной инфраструктуры (электрических и газовых сетей) в жилых районах. Субсидируемая инфраструктура относится к энерго- и газопоставляющим предприятиям, подотчетным Министерству энергетики Республики Беларусь (Министерство финансов, 2015).

Республиканской программой развития энергетической системы Беларуси на период до 2016 года из государственного бюджета планировалось выделение около 8 250,5 млрд руб. (899,4 млн долл. США) на частичное возмещение процентов по инвестиционным кредитам, погашение кредитов, привлеченных под строительство объектов коммунальной инфраструктуры жилищного сектора, и капитальных инвестиций за период с 2011 по 2015 годы (Постановление Совета Министров №194, 2012). Конкретная сумма финансирования каждого мероприятия ежегодно закладывается в государственный бюджет. Однако подробная бюджетная документация, а также информация о фактическом объеме выделенных средств отсутствует. Таким образом, данные примеры не включены в общую оценку субсидий в связи с высокой степенью связанной с ними неопределенности.

Ежегодно Совет Министров принимает постановление, которым предусматривается ряд мер, направленных на поддержку сельскохозяйственных производителей при подготовке к полевым работам, заготовке кормов и уборке урожая (см., например, Постановление Совета Министров № 1037, 2015а). Предоставление льготных кредитов на приобретение необходимых сельскохозяйственных материалов, включая бензин и дизельное топливо, числится в списке мер господдержки сельскохозяйственным организациям. Банки получают возмещение за счет государственного и местных бюджетов, но размер трансфертов, перечисляемых в банки, в открытом доступе отсутствует. Более того, эта поддержка не направлена исключительно на ископаемые виды топлива, поскольку она также распространяется, к примеру, на удобрения.

Были выявлены только два случая освобождения от налогов. Первый подразумевает освобождение от НДС газа, электричества и тепловой энергии, поставляемых населению. Вследствие такой меры выпадающие налоговые доходы возросли с

507 млрд руб. в 2010 году до 2 038 млрд руб. 2014 году, хотя это повышение не столь значительно в долларовом выражении (на 17,8% с 169 млн долл. США до 199 млн долл. США, см. подробности в таблицах 4.8 и 4.A1.4). Эта мера была упразднена в 2016 году, что является примером проведения реформы субсидий на ископаемые виды топлива в Беларуси.

Второй случай выпадающих налоговых доходов связан с предоставлением льгот по экологическому налогу (применяются понижающие коэффициенты) для тепловых электростанций, поставляющих тепло- и электроэнергию населению. Нехватка данных в открытом доступе не позволила произвести расчеты данной субсидии.

Адресная поддержка малоимущим предоставляется в виде денежного социального пособия на различные нужды (в том числе, оплату коммунальных услуг), предоставляемого на единовременной или ежемесячной основе в порядке, определенном Указом Президента № 550 (2013) и Указом Президента № 41 (2012). Однако в открытом доступе не было найдено информации о совокупном размере таких льгот и доли расходов на энергию в их структуре. По состоянию на начало 2016 года Правительство Республики Беларусь рассматривало возможность внесения изменений в систему социальной защиты населения (Белта, 2016). Указом Президента № 78 от 23 февраля 2016 г. предусмотрено введение с 1 октября 2016 г. безналичных жилищных субсидий за счет экономии в результате снижения бюджетного субсидирования жилищно-коммунальных услуг. По состоянию на апрель 2016 г. форма безналичной субсидии еще не выбрана.

Согласно планам правительства, в 2016 году предполагается введение безналичной жилищной субсидии для частичной оплаты жилищно-коммунальных услуг, если сумма оплаты за них превышает 20% среднемесячного совокупного дохода семьи для городских жителей и 15% для сельского населения (Белта, 2016). Причем данная субсидия будет предоставляться как по заявительному, так и по выявительному принципу.

В то же время, планы реформирования субсидий в жилищном секторе Беларуси следует рассматривать с осторожностью. Правительство Республики Беларусь давно анонсировало планы по постепенному упразднению субсидий и повышению тарифов на централизованное отопление и электричество для населения до уровня ПВЭОЗ. Такие задачи отражены в Республиканской программе развития энергетической системы Беларуси на период до 2016 года (Постановление Совета Министров №194, 2012). В частности, к 2015 году планировалось выйти на тарифы, обеспечивающие полное возмещение экономически обоснованных затрат. Повышение окупаемости теплогенерации на 30% за счет роста тарифов планировалось к 2015 году. На первом этапе реформы тарифов (2012-2014 гг.) было достигнуто некоторое сокращение перекрестного субсидирования газового и электроэнергетического секторов; тарифы на тепло и газ пересматривались ежегодно на основании номинального роста средней заработной платы, составившего 5,8% в 2014 году (IEA, 2015b). Однако, по состоянию на начало 2016 года, далеко идущие цели по увеличению цен на энергоресурсы до уровня окупаемости не были достигнуты по социальным соображениям. Республиканская программа развития энергетической системы Беларуси подлежит пересмотру и доработке.

Государственная поддержка энергоэффективности

В 2011 г. Совет Министров Республики Беларусь утвердил Государственную программу энергосбережения на период с 2011 по 2015 гг. (Постановление Совета Министров № 1882, 2011). Программой поставлены цели снижения энергоемкости ВВП на 29-32% к 2015 г. по сравнению с 2010 г. и увеличения доли местных топливно-энергетических ресурсов в балансе котельно-печного топлива республики до не менее, чем 28% к 2015 г. Для достижения этих целей предусмотрен широкий спектр мер. Общий объем необходимого финансирования Программы оценивался в 8,6 млрд долл. США, из которых 38% были предусмотрены как собственные средства предприятий, 27% и 15% – как средства республиканского и местных бюджетов соответственно, а кредиты банков, займы и другие привлеченные средства должны были покрыть оставшиеся 20%.

Однако, по данным Департамента энергоэффективности Госстандарта Республики Беларусь (2015), общий объем финансирования Программы из республиканского и местных бюджетов составил только 1 439 млн долл. США, т.е. около 40% от плана. Согласно новой Государственной программе по энергосбережению на период с 2016 по 2020 гг., утвержденной Постановлением Совета Министров № 248 от 28 марта 2016 г., за 2011-2014 гг., энергоемкость ВВП Беларуси снизилась на 8,3% (за этот период ВВП вырос на 9,8%, но объемы энергопотребления практически не изменились). Официальные данные за 2015 г., последний год действия Программы, пока не опубликованы, но в этом году по сравнению с 2014 г. не было существенных изменений ни в ВВП, ни в энергобалансе. Снижение энергоемкости ВВП на 8,3% за 2011-2014 гг. является довольно существенным, но этот показатель более, чем в три раза ниже той цели, которая была поставлена в 2011 г.

Согласно принятой в марте 2016 года Государственной программе «Энергосбережение» на 2016-2020 годы (Совет Министров, 2016а) запланировано снижение энергоемкости ВВП к 2021 году не менее чем на 2% к уровню 2015 года. Планируется, что к 2021 году объем производства первичной энергии к ее валовому потреблению составит не менее 16% (в основном за счет пуска АЭС), в том числе доля ВИЭ в валовом потреблении топливно-энергетических ресурсов – 6%. При этом ресурсное обеспечение общего комплекса энергосберегающих мероприятий с учетом прогнозных параметров социально-экономического развития Республики Беларусь составит 11 064, млн рублей (5 625 млн долл. США).

В таблице 4.10 предоставлены более подробные данные по объемам соответствующего бюджетного финансирования по годам. Данное финансирование было предоставлено в основном для реализации мер энергоэффективности бюджетными организациями.

Таблица 4.10. **Фактические объемы бюджетного финансирования Республиканской программы энергосбережения за период 2011-2015 гг., млн долл. США**

Источник финансирования	2011	2012	2013	2014	2015	Всего за 2011–2015	План 2011-2015
Республиканский бюджет	109	172	125	50	38	439	2 339
Местные бюджеты	150	192	234	230	134	939	1 299
Всего	**259**	**364**	**358**	**280**	**172**	**1 439**	**3 638**

Источник: Департамент энергоэффективности Госстандарта (2015), Постановление Совета Министров № 1882 (2011).

Государственная поддержка ВИЭ

Законодательной базой применения стимулирующих «зеленых» тарифов для ВИЭ является Закон № 204-З «О возобновляемых источниках энергии» (Национальное собрание, 2010) и Постановление Минэкономики № 100 «О тарифах на электрическую энергию, производимую из возобновляемых источников энергии» (2011). Энергоснабжающие организации закупают электрическую энергию из таких источников по повышенным тарифам. Данные тарифы определяются путем применения повышающих коэффициентов к действующему на момент закупки одноставочному тарифу для предприятий промышленности (с присоединенной мощностью до 750 кВА). Согласно статье ст. 18 Закона № 204-З (Национальное собрание, 2010), организациям, генерирующим электроэнергию из возобновляемых источников, гарантировано подключение к сетям сбыта. Хотя закон был введен в действие в 2011 г., фактически на проектную нагрузку источники ВИЭ вышли только в 2014 г. С 2015 г. Постановлением Минэкономики № 45 «О тарифах на электрическую энергию, производимую из возобновляемых источников энергии», установлена градация тарифных коэффициентов в зависимости от типа, мощности и срока эксплуатации.

В таблицах 4.11 и 4.12 приведены количественные оценки господдержки ВИЭ посредством «зеленых» тарифов по видам источников. Расчеты произведены на основе закупки электроэнергии из ВИЭ ГПО «Белэнерго» (22,1 млн долл. США в 2014 г.) и исходя из действующих коэффициентов, установленных Постановлением Минэкономики № 100 (2011). В таблицах 4.А2.1 и 4.А.2 приведена более подробная информация.

В Беларуси также действуют налоговые льготы для ВИЭ, но недостаток информации не позволил дать количественную оценку данным мерам господдержки. Например, согласно п. 1.16 статьи 96 Налогового кодекса (Национальное собрание, 2002, 2009) предусмотрено освобождение от НДС в отношении установок ВИЭ, комплектующих и запасных частей. Земельные участки под установками ВИЭ также освобождены от земельного налога. Кроме того, к ТЭЦ, работающим на биогазе и биомассе, применяются понижающие коэффициенты по экологическому налогу (п. 3.5. статьи 207 Налогового кодекса).

В целях совершенствования единой государственной политики в сфере использования возобновляемых источников энергии в 2015 году приняты Указ Президента Республики Беларусь от 18 мая 2015 г. № 209 «Об использовании возобновляемых источников энергии» и постановление Совета Министров Республики Беларусь от 6 августа 2015 г. № 662 «Об установлении и распределении квот на создание установок по использованию возобновляемых источников энергии» (2015б), регламентирующие порядок создания, модернизации, реконструкции действующих установок, а также порядок установления и распределения квот.

Образована Республиканская межведомственная комиссия по установлению и распределению квот на создание установок по использованию возобновляемых источников энергии. Данные квоты не распространяются на установки, создаваемые юридическими лицами и индивидуальными предпринимателями исключительно в целях энергетического обеспечения собственной хозяйственной деятельности, а также в рамках инвестиционных договоров, заключенных и зарегистрированных в установленном порядке до вступления в силу названного Указа.

Таблица 4.11. **Оценки государственной поддержки ВИЭ в Беларуси, млрд белорусских рублей в номинальном выражении**

Субсидия	Вид субсидии	2010	2011	2012	2013	2014
«Зеленый» тариф для солнечной энергии (коэффициент 2,7)	субсидия на производство, вторичный трансферт	не применялся	нет данных	нет данных	нет данных	8,9
«Зеленый» тариф для энергии ветра (коэффициент 1,3)	субсидия на производство, вторичный трансферт	не применялся	нет данных	нет данных	нет данных	6,6
«Зеленый» тариф для гидроэлектроэнергии (коэффициент 1,1)	субсидия на производство, вторичный трансферт	не применялся	нет данных	нет данных	нет данных	3,1
«Зеленый» тариф для биогаза (коэффициент 1,3)	субсидия на производство, вторичный трансферт	не применялся	нет данных	нет данных	нет данных	33,8
«Зеленый» тариф для биомассы и других видов ВИЭ (коэффициент 1,3)	субсидия на производство, вторичный трансферт	не применялся	нет данных	нет данных	нет данных	0,9
Всего		не применялся	**нет данных**	**нет данных**	**нет данных**	**53,2**

Источник: расчеты авторов на основании данных Белэнерго (2014) и Постановления Минэкономики № 100 (2011).

Таблица 4.12. **Оценки государственной поддержки ВИЭ в Республике Беларусь, млн долл. США в номинальном выражении**

Субсидия	Вид субсидии	2010	2011	2012	2013	2014
«Зеленый» тариф для солнечной энергии (коэффициент 2,7)	субсидия на производство, вторичный трансферт	не применялся	нет данных	нет данных	нет данных	0,865
«Зеленый» тариф для энергии ветра (коэффициент 1,3)	субсидия на производство, вторичный трансферт	не применялся	нет данных	нет данных	нет данных	0,641
«Зеленый» тариф для гидроэлектроэнергии (коэффициент 1,1)	субсидия на производство, вторичный трансферт	не применялся	нет данных	нет данных	нет данных	0,301
«Зеленый» тариф для биогаза (коэффициент 1,3)	субсидия на производство, вторичный трансферт	не применялся	нет данных	нет данных	нет данных	3,298
«Зеленый» тариф для биомассы и других видов ВИЭ (коэффициент 1,3)	субсидия на производство, вторичный трансферт	не применялся	нет данных	нет данных	нет данных	0,084
Всего		не применялся	**нет данных**	**нет данных**	**нет данных**	**5,189**

Источник: расчеты авторов на основании данных Белэнерго (2014) и Постановления Минэкономики № 100 (2011).

Данной межведомственной комиссией в 2015 году утверждены квоты на 2016-2018 годы в объеме 215 МВт, в том числе по видам ВИЭ: с использованием энергии биогаза – 32 МВт, энергии ветра – 50 МВт, энергии солнца – 15 МВт, энергии естественного движения водных потоков – 82 МВт, энергии древесного топлива и иных видов биомассы – 36 МВт, а также утвержден Перечень юридических лиц и индивидуальных предпринимателей, обладающих правами на создание установок по использованию возобновляемых источников энергии в рамках выделенных квот.

Вне квот, в соответствии с инвестиционными договорами, заключенными до вступления в силу Указа Президента, ведутся работы по строительству установок по использованию ВИЭ суммарной электрической мощностью 464,3 МВт, в том числе в разрезе видов ВИЭ: энергии солнца – 291,6 МВт, энергии ветра – 151,7 МВт, энергии биогаза – 11,1 МВт, энергии биомассы – 9,9 МВт.

В период с 2016 по 2020 годы работы по созданию установок по использованию ВИЭ продолжат осуществляться в соответствии с требованиями указанных нормативных правовых актов и ежегодным установлением объемов квот на последующие три года в объемах, необходимых для выполнения задания по увеличению доли производства первичной энергии из возобновляемых источников энергии к валовому потреблению топливно-энергетических ресурсов на 1% (с 5% в 2015 году до 6% в 2020).

Приложение 4.A1

Субсидии на ископаемые виды топлива

Таблица 4.A1.1. **Регулируемые цены на теплоэнергию для населения**

Категория	Поддержка доходов или цен → Поддержка цен на рынках и регулирование рынков → Регулируемые цены установлены на уровне ниже рыночных
Стимулируемые виды деятельности	Потребление теплоэнергии
Наименование субсидии	**Регулируемые цены на теплоэнергию для населения**
Административный уровень	Республиканский
Законодательный акт/орган	Указ Президента № 550 «О некоторых вопросах регулирования цен (тарифов) на жилищно-коммунальные услуги» от 5 декабря 2013 года. (п. 1.4.); Постановление Министерства финансов Республики Беларусь № 67/21/70 «Об утверждении порядка финансирования организаций, предоставляющих жилищно-коммунальные услуги населению», от 27 октября 2014; Постановление Совета Министров № 1116 «Об установлении тарифов для населения на газ, тепловую и электрическую энергию и утверждение затрат на единицу предоставляемых коммунальных услуг» от 30 декабря 2013 г. (с изменениями)
Цель государственной политики	Поддержание цен на теплоэнергию для населения на низком уровне
Конечные получатели субсидии	Население
Период применения	С 1995 года по настоящее время. Анонсирован уход от субсидирования, но конкретные сроки отсутствуют
Краткая справка	В соответствии с пунктом 1.4. Указа Президента № 550 (2013), тариф на тепловую энергию для населения устанавливается централизованно Советом Министров Республики Беларусь. Население оплачивает за потребленную тепловую энергию обслуживающим жилищно-коммунальным организациям (ЖКХ). Организации ЖКХ покупают тепловую энергию у энергоснабжающих организаций, тарифы на которую, в свою очередь, устанавливаются индивидуально в зависимости от места производства тепла. Как показано на Рисунке 4.6 в основной части отчета, тарифы на тепло для населения субсидируются как за счет надбавки к тарифу на тепло- и электроэнергию для промышленности, так и за счет средств местных бюджетов. В открытом доступе нет данных о размере бюджетных трансфертов на цели субсидирования потребления теплоэнергии населением. Цепочка субсидирования в данном случае довольно длинная. Согласно Постановлению Совета министров №67/21/70 (2014), в начале отчетного периода (финансового года) разрабатывается план финансирования расходов ЖКХ, куда включены затраты на теплоснабжение и затем, по факту на конец каждого месяца согласно инструкции организации ЖКХ подают в местный исполнительный комитет расчет, который учитывает субсидируемую разницу тарифов. Далее эта разница покрывается трансфертом из местного бюджета. При бюджетном планировании, в зависимости от заявок местных бюджетов, осуществляются трансферты из республиканского бюджета по статье «коммунальные услуги населению». Учитывая отсутствие публикуемых данных по размеру бюджетных трансфертов и перекрестных субсидий, оценка данной субсидии получена методом ценовой разницы. В частности, средневзвешенный тариф для населения сопоставлен с «базовыми ценами» (тарифом для ПВЭОЗ), используемыми самим Правительством (Совет Министров, 2016в). Полученная разница умножена на объем отпуска тепловой энергии населению и организациям-льготникам по данным государственной статистической отчетности «Энергетический баланс Республики Беларусь» (Белстат, 2015).

Таблица 4.A1.1. **Регулируемые цены на теплоэнергию для населения** *(продолжение)*

Размер предоставленной субсидии	2010	1 018 млрд белорусских рублей (340 млн долл. США)
	2011	1 316 млрд белорусских рублей (235 млн долл. США)
	2012	4 204 млрд белорусских рублей (502 млн долл. США)
	2013	5 364 млрд белорусских рублей (598 млн долл. США)
	2014	8 387 млрд белорусских рублей (817 млн долл. США)

Расчет размера субсидий за счет регулируемого тарифа на теплоэнергию для населения (результаты могут иметь небольшую погрешность вследствие округлений)

Показатель	**2010**	**2011**	**2012**	**2013**	**2014**
Отпуск тепловой энергии населению, тыс. Гкал	23 439	22 257	23 374	23 413	22 301
Отпуск тепловой энергии организациям, тыс. Гкал (справочно, не использовалось в расчетах)	49 036	46 703	48 063	46 069	44 592
Тариф для населения, рублей за Гкал	43 458	49 333	60 140	70 898	90 058
Тариф ПВЭОЗ, рублей за Гкал (использовался в качестве отправной точки в расчетах)	86 894	108 468	240 000	300 000	466 119
Тариф для населения, долл. США за Гкал	14,52	8,80	7,19	7,90	8,78
Тариф ПВЭОЗ, долл. США за Гкал (использовался в качестве отправной точки в расчетах)	29,03	19,35	28,67	33,44	45,43
Ценовая разница, долл. США за Гкал	14,51	10,55	21,49	25,54	36,65
Тариф для юридических лиц (справочно), долл. США за Гкал	43,70	44,03	30,33	28,30	43,85
Объем средств, оплачиваемых юридическими лицами по разности тарифов (справочно), тыс. долл. США	719 667	1 152 804	79 717	-236 815	-70 616
Размер субсидии на теплоэнергию для населения, тыс. долл. США	340 075	234 785	502 293	597 883	817 387
Источники информации	Указ Президента № 550 (2013), Постановление № 67/21/70 Министерства финансов (2014), Постановление № 1116 Совета Министров (2013а), Белстат (2015), Совет Министров (2016в)				

Таблица 4.A1.2. **Регулируемые цены на природный газ для населения**

Категория	Поддержка доходов или цен → Поддержка цен на рынках и регулирование рынков → Регулируемые цены установлены на уровне ниже рыночных
Стимулируемые виды деятельности	Потребление природного газа
Наименование субсидии	**Регулируемые цены на природный газ для населения**
Административный уровень	Республиканский
Законодательный акт/орган	Постановление Совета Министров № 52 «О некоторых вопросах снижения затрат на оказание жилищно-коммунальных услуг…» от 23 января 2013 г.; Постановление Совета Министров № 1116 «Об установлении тарифов для населения на газ, тепловую и электрическую энергию и утверждение затрат на единицу предоставляемых коммунальных услуг» от 30 декабря 2013 г. (с изменениями)
Цель государственной политики	Поддержание цен на природный газ для населения на низком уровне
Конечные получатели субсидии	Население
Период применения	С 1995 по настоящее время

Таблица 4.A1.2. **Регулируемые цены на природный газ для населения** *(продолжение)*

Краткая справка	Перекрестное субсидирование тарифов на природный газ для населения осуществляется за счет тарифа для промышленных потребителей. Тарифы для населения устанавливаются в соответствии с порядком, предусмотренным Указом Президента № 550 (2013) и Постановлением № 222 Совета Министров (2014). С 1 марта 2013 года введена трехступенчатая дифференциация тарифов в зависимости от объемов потребления на каждое домохозяйство (Постановление Совета Министров № 52, 2013б). Оценка размера субсидии выполнена методом ценовой разницы. Для этого средневзвешенный тариф для населения сопоставлен с «базовыми ценами» (тарифом для ПВЭОЗ), используемыми самим Правительством (Совет Министров, 2016в). Полученная разница умножена на объем отпуска природного газа населению и организациям-льготникам по данным государственной статистической отчетности «Энергетический баланс Республики Беларусь» (Белстат, 2015). В период действия дифференцированного тарифа (2013-2014 году) средневзвешенный тариф рассчитан на основе данных по объему поставок газа разным категориям населения в соответствии с декларациями газоснабжающих компаний.	
Размер предоставленной субсидии	2010	617 млрд белорусских рублей (206 млн долл. США)
	2011	1 303 млрд белорусских рублей (232 млн долл. США)
	2012	2 685 млрд белорусских рублей (321 млн долл. США)
	2013	2 190 млрд белорусских рублей (244 млн долл. США)
	2014	2 872 белорусских рублей (280 млн долл. США)

Расчет размера субсидий за счет регулируемого тарифа на газ для населения (результаты могут иметь небольшую погрешность вследствие округлений)

Показатель	**2010**	**2011**	**2012**	**2013**	**2014**
Отпуск природного газа населению, млн м³	1 749	1 694	1 898	1 877	1 839
Отпуск природного газа организациям, млн м³ (справочно, не использовалось в расчетах)	20 113	19 005	18 504	18 709	18 588
Тариф для населения летом, рублей за м³	462,0	786,5	1 447,6	1 500,0	2 281,8
Тариф для населения зимой, рублей за м³	219,1	373,0	686,5	711,3	623,3
Средневзвешенный тариф для населения, долл. США за м³	0,101	0,092	0,113	0,109	0,116
Тариф для организаций, рублей за м³ (справочно, не использовалось в расчетах)	719,00	1 410	2 593,18	2 359	3 021
Тариф ПВЭОЗ, долл. США за м³ (использовался в качестве отправной точки в расчетах)	0,219	0,229	0,282	0,239	0,268
Ценовая разница, долл. США за м³	0,118	0,137	0,169	0,130	0,152
Тариф для юридических лиц (справочно), долл. США за м³	0,240	0,251	0,310	0,263	0,294
Объем средств, оплачиваемых юридическими лицами по разности тарифов (справочно), тыс. долл. США	434,74	430,08	515,98	442,68	492,54
Размер субсидии на природный газ для населения, тыс. долл. США	206	232	321	244	280
Источники информации	Постановление Совета Министров № 52 (2013б), Постановление Совета Министров № 1116 (2013а), Белстат (2015), декларации газоснабжающих организаций за 2013-2014 годы				

Таблица 4.A1.3. **Регулируемые цены на электроэнергию для населения**

Категория	Поддержка доходов или цен → Поддержка цен на рынках и регулирование рынков → Регулируемые цены установлены на уровне ниже рыночных
Стимулируемые виды деятельности	Потребление электроэнергии
Наименование субсидии	**Регулируемые цены на электроэнергию для населения**
Административный уровень	Республиканский

Таблица 4.A1.3. **Регулируемые цены на электроэнергию для населения** *(продолжение)*

Законодательный акт/орган	Постановление Совета Министров № 52 «О некоторых вопросах снижения затрат на оказание жилищно-коммунальных услуг…» от 23 января 2013 г.; Постановление Совета Министров № 1116 «Об установлении тарифов для населения на газ, тепловую и электрическую энергию и утверждение затрат на единицу предоставляемых коммунальных услуг» от 30 декабря 2013 г. (с изменениями)
Цель государственной политики	Поддержание цен на электроэнергию для населения на низком уровне
Конечные получатели субсидии	Население
Период применения	С 1995 года по настоящее время
Краткая справка	Перекрестное субсидирование тарифов на электроэнергию для населения осуществляется за счет тарифа для промышленных потребителей. Тарифы для населения устанавливаются в соответствии с порядком, предусмотренным Указом Президента № 550 (2013) и Постановлением № 222 Совета Министров (2014). С 1 марта 2013 года введена трехступенчатая дифференциация тарифов в зависимости от объемов потребления на каждое домохозяйство (Постановление Совета Министров № 52, 2013б). Оценка размера субсидии выполнена методом ценовой разницы. Для этого средневзвешенный тариф для населения сопоставлен с «базовыми ценами» (тарифом для ПВЭОЗ), используемыми самим Правительством (Совет Министров, 2016в). Полученная разница умножена на объемы отпуска электроэнергии населению и организациям-льготникам по данным государственной статистической отчетности «Энергетический баланс Республики Беларусь» (Белстат, 2015). В период действия дифференцированного тарифа (2013-2014 году) средневзвешенный тариф рассчитан на основе данных по объему поставок электроэнергии разным категориям населения в соответствии с декларациями энергоснабжающих организаций.
Размер предоставленной субсидии	2010 970 млрд белорусских рублей (324 млн долл. США) 2011 3 018 млрд белорусских рублей (538 млн долл. США) 2012 5 595 млрд белорусских рублей (526 млн долл. США) 2013 4 967 млрд белорусских рублей (394 млн долл. США) 2014 3 044 млрд белорусских рублей (154 млн долл. США)

Расчет размера субсидий за счет регулируемого тарифа на электроэнергию для населения (результаты могут иметь небольшую погрешность вследствие округлений)

Показатель	**2 010**	**2 011**	**2 012**	**2 013**	**2 014**
Отпуск электроэнергии населению, млн кВт-ч	5 889	6 109	6 330	6 386	6 397
Отпуск электроэнергии организациям, млн кВт-ч (справочно, не использовалось в расчетах)	31 701	31 679	32 065	31 479	31 657
Тариф для населения с эл. плитами, рублей за кВт-ч	125,3	164,6	250,6	445,0	810,7
Тариф для населения без эл. плит, рублей за кВт-ч	173,0	193,8	295,0	504,0	953,8
Средневзвешенный тариф для населения, долл. США за кВт-ч	0,056	0,034	0,035	0,055	0,091
Промышленный тариф, рублей за кВт-ч (справочно, не использовалось в расчетах)	357,80	737,00	1 263,67	1 372,78	1 522,02
Тариф ПВЭОЗ, долл. США за кВт-ч (использовался в качестве отправной точки в расчетах)	0,111	0,122	0,118	0,117	0,115
Ценовая разница, долл. США за кВт-ч	0,055	0,088	0,083	0,062	0,024
Тариф для юридических лиц (справочно), долл. США за кВт-ч	0,120	0,131	0,127	0,1 260	0,1 243
Объем средств, оплачиваемых юридическими лицами по разности тарифов (справочно), тыс. долл. США	269,0	295,7	288,4	281,7	279,4
Размер субсидии на электроэнергию для населения, тыс. долл. США	324	538	526	394	154

Источники информации Постановление Совета Министров № 52 (2013б), Постановление № 1116 Совета Министров (2013а), Белстат (2015), декларации электроснабжаюших организаций за 2013-2014 годы

Таблица 4.A1.4. **Освобождение от НДС на природный газ, тепло- и электроэнергию для населения**

Категория	Выпадающие доходы бюджета → Налоговые льготы и особый налоговый режим → Налоговые расходы
Стимулируемые виды деятельности	Потребление природного газа, тепло- и электроэнергии
Наименование субсидии	**Освобождение от НДС на природный газ, тепло- и электроэнергию для населения**
Административный уровень	Республиканский
Законодательный акт/орган	Поддержание цен на электроэнергию для населения на низком уровне
Цель государственной политики	Поддержание цен на услуги ЖКХ для населения на низком уровне
Конечные получатели субсидии	Население
Период применения	С 1995 по 2015 годы. Льгота упразднена с 1 января 2016 года
Краткая справка	Согласно статье 93 Налогового кодекса (2002, 2009), затраты на энергоносители для населения не включались в налоговую базу по НДС. Таким образом, тарифы для населения были установлены на уровне на 20% ниже по сравнению с тем, какими бы они были в случае обложения НДС. Данная налоговая льгота была упразднена и с 1 января 2016 года в счета за жилищно-коммунальные услуги включен НДС по ставке 20%. За предыдущие годы оценка субсидии выполнена путем применения ставки в 20% к текущим тарифам на энергоносители (Совет Министров, 2016в), умноженным на их поставки населению (Белстат, 2015).
Размер предоставленной субсидии	2010 507 млрд белорусских рублей (169 млн долл. США) 2011 626 млрд белорусских рублей (112 млн долл. США) 2012 1 007 млрд белорусских рублей (120 млн долл. США) 2013 1 335 млрд белорусских рублей (149 млн долл. США) 2014 2 038 млрд белорусских рублей (199 млн долл. США)
Источники информации	Налоговый кодекс (Национальное собрание, 2002, 2009), Белстат (2015), Постановление Совета Министров (2016в)

Таблица 4.A1.5. **Финансирование строительства (реконструкции) объектов инженерной инфраструктуры для районов жилой застройки для энерго- и газоснабжающих организаций**

Категория	Прямой и косвенный перевод денежных средств или обязательства по такому переводу → Прямое финансирование → Целевое финансирование
Стимулируемые виды деятельности	Потребление природного газа, тепло- и электроэнергии
Наименование субсидии	**Финансирование строительства (реконструкция) объектов инженерной инфраструктуры для районов жилой застройки для энерго- и газоснабжающих организаций**
Административный уровень	Республиканский
Законодательный акт/орган	Закон Республики Беларусь № 304-З «Об утверждении отчета об исполнении государственного бюджета в 2014 году»; Постановление Совета Министров № 194 «Об утверждении государственной программы развития белорусской энергетической системы на период до 2016 года» от 29 февраля 2012 г.
Цель государственной политики	Снижение затрат на строительство и реконструкция объектов энергетической инженерной инфраструктуры для районов жилой застройки
Конечные получатели субсидии	Население
Период применения	С 1995 года по настоящее время
Краткая справка	Прямые бюджетные ассигнования выделяются на строительство (реконструкцию) объектов инженерной инфраструктуры для районов жилой застройки для энерго- и газоснабжающих организаций, находящихся в ведении Министерства энергетики Республики Беларусь. В открытом доступе есть отчетность по данным расходам только за 2014 г. Сумма взята из отчета об исполнении государственного бюджета (Министерство финансов, 2015). 2014 1 151 млрд белорусских рублей (112 млн долл. США)
Источники информации	Министерство финансов (2015), Постановление Совета Министров № 194 (2012)

Приложение 4.А2

Субсидии в сфере повышения энергоэффективности и развития ВИЭ

Таблица 4.А2.1. **Финансирование проектов в сфере повышения энергоэффективности**

Категория	Прямой и косвенный перевод денежных средств или обязательства по такому переводу → Прямое финансирование → Целевое финансирование
Стимулируемые виды деятельности	Реализация проектов по повышению энергоэффективности
Наименование субсидии	**Финансирование проектов в сфере повышения энергоэффективности**
Административный уровень	Республиканский
Законодательный акт/орган	Постановление № 1882 Совета Министров «Об утверждении республиканской программы энергосбережения на 2011-2015 годы» от 24 декабря 2010 года
Цель государственной политики	Стимулирование реализации проектов по повышению энергоэффективности
Конечные получатели субсидии	Организации социальной инфраструктуры и другие бюджетные организации
Период применения	2011-2015 (срок действия Республиканской программы)
Краткая справка	Государственной программой по энергосбережению на период с 2011 по 2015 годы (Постановление № 1882 Совета Министров Республики Беларусь, 2011) предусмотрено финансирование проектов энергосбережения, реализуемых организациями социальной инфраструктуры и другими бюджетными организациями. Общий объем бюджетных ассигнований был запланирован на уровне 2 339 млн долл. США и 1 299 млн долл. США из республиканского и местных бюджетов соответственно (всего 3 638 млн долл. США). За данную пятилетку, фактический объем средств, выделенных из республиканского и местных бюджетов, составил около 1 439 млн долл. США по данным Департамента энергоэффективности Госстандарта (2015). Данные цифры воспроизведены ниже.
Размер предоставленной субсидии	2011 1 452 млрд белорусских рублей (259 млн долл. США) 2012 3 047 млрд белорусских рублей (364 млн долл. США) 2013 3 212 млрд белорусских рублей (358 млн долл. США) 2014 2 873 млрд белорусских рублей (280 млн долл. США) 2015 2 796 млрд белорусских рублей (172 млн долл. США)
Источники информации	Постановление Совета Министров № 1882 (2011), отчетность Департамента по энергоэффективности Госстандарта (2015)

Таблица 4.A2.2. **Стимулирующий «зеленый» тариф для ВИЭ**

Категория	Поддержка доходов или цен → Поддержка цен на рынках и регулирование рынков → Надбавки к тарифам для ВИЭ	
Стимулируемые виды деятельности	Производство энергии из возобновляемых источников	
Наименование субсидии	**Стимулирующий «зеленый» тариф для ВИЭ**	
Административный уровень	Республиканский	
Законодательный акт/орган	Закон № 204-З «О возобновляемых источниках энергии от 27 декабря 2010 года», Постановление № 100 «О тарифах на электрическую энергию, производимую из возобновляемых источников энергии» от 30 июня 2011 года	
Цель государственной политики	Стимулирование развития ВИЭ	
Конечные получатели субсидии	Производители электроэнергии из возобновляемых источников	
Период применения	С 2011 года по настоящее время	
Краткая справка	Согласно Закону № 204-З (Национальное собрание, 2010), энергоснабжающие организации (ГПО «Белэнерго» и его дочерние предприятия обязаны закупать электроэнергию, сгенерированную с использованием ВИЭ, по повышенным «зеленым» тарифам. В соответствии с Постановлением Министерства экономики № 100 (2011), данные тарифы определяются путем применения повышающих коэффициентов к действующему на момент закупки одноставочному тарифу для предприятий промышленности (с присоединенной мощностью до 750 кВА). Размер государственной поддержки, предоставленной генерации на основе ВИЭ, рассчитан исходя из закупок электроэнергии из соответствующих источников (Белэнерго, 2014) и повышающих коэффициентов, указанных в Постановлении № 100 Совета Министров (2011).	
	2014	53,2 млрд белорусских рублей (5,2 млн долл. США)
Источники информации	Закон № 204-З (Национальное собрание, 2010), Постановление № 100 Министерства экономики (2011) (2011), отчетность ГПО «Белэнерго» за 2014 г.	

Список источников

Белнефтехим (2015), *Розничные цены на нефтопродукты, реализуемые через АЗС*, Белорусский государственный концерн по нефти и химии, Минск.

Белнефтехим (2013), *Приказ № 79 О порядке регулирования отпускных и розничных цен на нефтепродукты, производимые и (или) реализуемые на территории Республики Беларусь*, Председатель Белорусского государственного концерна по нефти и химии, Минск.

Белстат (2016), *Макроэкономическая статистика, Национальноый статистический комитет Республики Беларусь*, Минск. www.belstat.gov.by/ofitsialnaya-statistika/makroekonomika-i-okruzhayushchaya-sreda/natsionalnye-scheta/godovye-dannye_11/proizvodstvo-valovogo-vnutrennego-produkta/.

Белстат (2015), *Энергетический баланс Республики Беларусь на 2009-2014 г.г.*, Национальноый статистический комитет Республики Беларусь, Минск.

Белта (2016), «Безналичные субсидии для оплаты ЖКУ появятся в Беларуси с 1 мая 2016 года», Белта. www.belta.by/society/view/beznalichnye-subsidii-dlja-oplaty-zhku-pojavjatsja-v-belarusi-s-1-maja-179349-2016/.

Белэнерго (2014), *Объемы закупок электроэнергии*, не опубликовано.

Департамент по энергоэффективности (2015), *Бюджетное финансирование программ энергосбережения*, не опубликовано.

Компании по электроснабжению (2015), *Декларации компаний по электроснабжению, 2013-2014 г.г., Объем и доходность поставок электроэнергии населению*, не опубликовано.

Министерство природных ресурсов и охраны окружающей среды (2015а), *Предполагаемые национально-определяемые вклады Республики Беларусь*, Министерство природных ресурсов и охраны окружающей среды Республики Беларусь, Минск.

Министерство природных ресурсов и охраны окружающей среды (2015б), *Шестой национальный доклад Республики Беларусь в соответствии с обязательствами по РКИК ООН*, Министерство природных ресурсов и охраны окружающей среды Республики Беларусь, Минск.

Министерство природных ресурсов и охраны окружающей среды (2014), *Государственный кадастр выбросов парниковых газов Беларуси, 1990-2012*, Министерство природных ресурсов и охраны окружающей среды Республики Беларусь, Минск.

Министерство финансов (2015), *Отчеты об исполнении республиканского бюджета*, Министерство финансов Республики Беларусь, Минск. www.minfin.gov.by/ru/budget_execution/legislative_acts/e59779ce8f468cea.html.

Министерство финансов (2014), *Постановление № 67/21/70 Об утверждении порядка финансирования организаций, предоставляющих жилищно-коммунальные услуги населению, от 27 октября 2014*, Министерство финансов Республики Беларусь, Минск.

Министерство экономики (2011), *Постановление № 100 О тарифах на электрическую энергию, производимую из возобновляемых источников энергии*, Министерство экономики Республики Беларусь, Минск.

Министерство энергетики (2015а), *Действующие цены на электрическую энергию для юридических лиц с 1 января 2015 года*, Министерство энергетики Республики Беларусь, Минск. http://minenergo.gov.by/dfiles/000710_41120__jur_litsa_prajs.pdf.

Министерство энергетики (2015б), *Действующие цены на природный газ для юридических лиц и индивидуальных предпринимателей в Республике Беларусь*, Министерство энергетики Республики Беларусь, Минск. http://minenergo.gov.by/dfiles/000710_46490__jur_litsa.pdf.

Министерство энергетики (2015в), *Цены на газ природный и сжиженный для населения*, Министерство энергетики Республики Беларусь, Минск. http://minenergo.gov.by/dfiles/000710_719603__gaz_naselenie.pdf.

Министерство энергетики (2015г), *Тарифы на электрическую и тепловую энергию для населения*, Министерство энергетики Республики Беларусь, Минск. //minenergo.gov.by/dfiles/000710_853448__naselenie.pdf.

Министерство энергетики (2015д), *Тарифы на теплоэнергию для промышленных и других потребителей с 1 января 2015 года*, Министерство энергетики Республики Беларусь, Минск. http://minenergo.gov.by/ru/tarif.

Национальный банк Республики Беларусь (2015), *Средневзвешенный курс белорусского рубля по отношению к иностранным валютам на валютном рынке Республики Беларусь*, Национальный банк Республики Беларусь, Минск. www.nbrb.by/statistics/ForexMarket/AvrExRate/.

Национальное собрание Республики Беларусь (2010), *Закон № 204-З О возобновляемых источниках энергии от 27 декабря 2010 года*, Палата представителей Национального собрания, Минск.

Национальное собрание Республики Беларусь (2008), *Бюджетный кодекс Республики Беларусь № 412-З на 16.07.2008 г. (с изменениями и дополнениями)*, Национальное собрание Республики Беларусь, Минск.

Национальное собрание Республики Беларусь (2002), *Налоговый кодекс Республики Беларусь № 166-З от 19.12.2002 г. (с изменениями и дополнениями) и № 71-З от 29.12.2009 г.*, Национальное собрание Республики Беларусь, Минск.

Национальное собрание Республики Беларусь (1999), *Закон №255-З О ценообразовании (от 10.05.1999 г.)*, Национальное собрание Республики Беларусь, Минск.

Президент Республики Беларусь (2016), *Указ Президента № 78 О мерах по повышению эффективности социально-экономического комплекса Республики Беларусь от 23 февраля 2016 г.*, Президент Республики Беларусь, Минск. http://president.gov.by/ru/official_documents_ru/view/ukaz-78-ot-23-fevralja-2016-g-13157.

Президент Республики Беларусь (2015), *Указ Президента № 209 Об использовании возобновляемых источников энергии от 18 мая 2015 г.*, Президент Республики Беларусь, Минск.

Президент Республики Беларусь (2013), *Указ Президента № 550 О некоторых вопросах регулирования цен (тарифов) на жилищно-коммунальные услуги от 5 декабря 2013 года*, Президент Республики Беларусь, Минск. www.pravo.by/main.aspx?guid=387.

Президент Республики Беларусь (2012), *Указ Президента № 41 О государственной адресной социальной помощи*, Президент Республики Беларусь, Минск.

Президент Республики Беларусь (2011), *Указ Президента № 72 О некоторых вопросах регулирования цен (тарифов) в Республике Беларусь (от 25.02.2011 г.)*, Президент Республики Беларусь, Минск.

Совет Министров (2016а), *Постановление № 248 Об утверждении государственной программы энергосбережения на 2011-2015 годы*, Совет Министров Республики Беларусь, Минск.

Совет Министров (2016б), *Постановление № 480 от 21.06.2016*, Совет Министров Республики Беларусь, Минск. www.tarify.by.

Совет Министров (2016в), *Тарифы на тепловую и электрическую энергию*, Совет Министров Республики Беларусь, Минск. www.tarify.by/.

Совет Министров (2015а), *Постановление № 1037 О мерах по подготовке сельскохозяйственных организаций к полевым работам, созданию прочной кормовой базы и уборке урожая в 2016 году*, Совет Министров Республики Беларусь, Минск.

Совет Министров (2015б), *Постановление № 662 Об установлении и распределении квот на создание установок по использованию возобновляемых источников энергии*, Совет Министров Республики Беларусь, Минск.

Совет Министров (2014), *Постановление № 222 Об утверждении Положения о порядке формирования цен (тарифов) на природный и сжиженный газ, электричество и тепловую энергию от 17 марта 2014 г.*, Совет Министров Республики Беларусь, Минск.

Совет Министров (2013а), *Постановление № 1116 Об установлении тарифов для населения на газ, тепловую и электрическую энергию и утверждение затрат на единицу предоставляемых коммунальных услуг от 30 декабря 2013 г.*, Совет Министров Республики Беларусь, Минск.

Совет Министров (2013б), *Постановление № 52 О некоторых вопросах снижения затрат на оказание жилищно-коммунальных услуг от 23 января 2013 г.*, Совет Министров Республики Беларусь, Минск.

Совет Министров (2012), *Постановление №194 Об утверждении государственной программы развития белорусской энергетической системы на период до 2016 года от 29 февраля 2012 г.*, Совет Министров Республики Беларусь, Минск.

Совет Министров (2011), *Постановление № 1882 Об утверждении государственной программы энергосбережения на 2011-2015 годы*, Совет Министров Республики Беларусь, Минск.

Секретариат Энергетической хартии (2013), *Углубленный обзор политики энергоэффективности Республики Беларусь*, Секретариат Энергетической хартии, Брюссель.

GET (2007), *Квазифискальная деятельность в энергетическом секторе Беларуси*, Немецкая экономическая команда в Беларуси.

GIZ (2015), *International Fuel Prices 2014, Data Preview, Deutsche Gesellschaft für Internationale Zusammenarbeit*, Eschborn, Germany. https://www.giz.de/expertise/downloads/giz-2015-en-ifp2014.pdf.

IEA (2015a), *Belarus: Indicators for 2012*, International Energy Agency, Paris. https://www.iea.org/publications/freepublications/publication/IDR_EasternEuropeCaucasus_2015.pdf.

IEA (2015b), *Eastern Europe, Caucasus and Central Asia: Energy Policies Beyond IEA Countries*, OECD/International Energy Agency. https://www.iea.org/publications/freepublications/publication/IDR_EasternEuropeCaucasus_2015.pdf.

World Bank (2015a), *Commodity Markets Monthly Data*, World Bank, Washington, DC. www.worldbank.org/en/research/commodity-markets.

World Bank (2015b), *World Bank World Development Indicators*, World Bank, Washington, DC. http://databank.worldbank.org/data/reports.aspx?source=2&country=BLR&series=&period=.

World Bank (2014a), *Belarus Overview*, World Bank, Minsk. www.worldbank.org/en/country/belarus/overview.

World Bank (2014b), *Heat Tariff Reform and Social Impact Mitigation: Recommendations for a Sustainable District Heating in Belarus*, World Bank, Washington, DC.

World Bank (2011), *Belarus Public Expenditure Review: Fiscal Reforms for a Sustainable Economic Recover, Volume 1, World Bank, Washington, DC.* http://documents.worldbank.org/curated/en/383241468206688585/pdf/635660ESw0whit0C00REV0ENG0lQ0111011.pdf.

Глава 5

Энергетические субсидии в Грузии

В данной главе определены, задокументированы и представлены оценки субсидий в Грузии в отношении производства и потребления угля, нефти и нефтепродуктов, природного газа, а также электро- и тепловой энергии, полученной на основе этих ископаемых топлив. В данной главе также кратко рассматриваются субсидии на поддержку мер по повышению энергоэффективности и развитию возобновляемых источников энергии. Глава начинается с обзора энергетического сектора страны для определения контекста рассмотренных мер поддержки. Кроме того, в главе также обсуждаются ценообразование и налоговая политика в энергетическом секторе Грузии. В главе предоставляется анализ общего контекста, современного состояния и механизмов постоянно изменяющегося комплекса энергетических субсидий в стране.

Основные выводы

Грузия не осуществляет политики активного субсидирования потребления и производства энергии. Тем не менее, ряд мер в секторе природного газа и электроэнергетики страны подпадают под расширенное определение субсидий, принятое Всемирной торговой организацией. Вопросы, касающиеся некоторых из выявленных энергетических субсидий, в Грузии чаще обсуждаются в контексте тарифной реформы и стимулирования инвестиций.

Будучи нетто-импортером энергии и страной с высокой энергоемкостью ВВП, Грузия весьма уязвима для колебаний международных цен на газ и нефтепродукты. Все энергетические субсидии, выявленные в этой главе, направлены на защиту социально незащищенных групп населения от роста тарифов на электроэнергию и природный газ, с одной стороны, и обеспечение энергетической безопасности, в том числе путем стимулирования инвестиций в строительство новых гидрогенерирующих мощностей – с другой.

Рынки нефтепродуктов и угля в Грузии полностью либерализованы, и потребление этих продуктов не субсидируется. Однако в сегменте добычи и транспортировки некоторые операции, связанные с нефтью и газом, предусмотренные законом «О нефти и газе», освобождаются от НДС, налога на импорт, налога на имущество и акциза. Во многих случаях эти нормы применяются к действующим в Грузии международным компаниям, в особенности операторам и пользователям международных нефте- и газопроводов.

Электроэнергетический сектор страны разукрупнен, и Грузия продолжает реформы в сфере регулирования и управления сектором. В сегменте потребления тарифы на электроэнергию дифференцированы в зависимости от категории потребителя и объемов потребления. Субсидирование потребителей электроэнергии в явном виде запрещено Законом Грузии «Об электроэнергии и природном газе» (1999). Однако на практике этот запрет не действует даже в отношении энергетических субсидий в очень узком смысле (например, Тбилисский муниципалитет финансирует ваучеры на электроэнергию для населения за счет прямых трансфертов из бюджета). Кроме того, некоторые виды деятельности освобождены от НДС, в стране действуют ограничения на экспорт электроэнергии, произведенной ГЭС, в зимний период, а регулируемые тарифы предполагают перекрестное субсидирование для защиты населения от повышения цен, что остается приоритетом правительства.

В сегменте производства электроэнергии некоторые производители получают субсидии в форме регулируемых льготных тарифов на закупку электроэнергии. Правительство страны стремится привлекать инвестиции в обновление и расширение генерирующих мощностей и инфраструктуры, в том числе с целью лучшей интеграции с рынками соседних стран и возможного экспорта электроэнергии в Турцию, Азербайджан и Российскую Федерацию. Для стимулирования инвестиций правительство устанавливает закупочные тарифы для новых электростанций на более высоком уровне, чем для существующих. Например, согласно оценкам, Худони ГЭС, ввод которой в эксплуатацию планируется после 2020 года, будет ежегодно получать субсидию в размере 75 млн долл. США за счет льготного закупочного тарифа. Кроме того, линии электропередачи и земли под водохранилищами электростанций освобождаются от налога на имущество.

В секторе природного газа в значительных объемах субсидируется потребление как электростанций, так и населения – для отопления и приготовления пищи.

Грузия импортирует часть потребляемого природного газа в качестве неденежной оплаты за транзит, и получает определенный объем газа в рамках бартерных схем транзита азербайджанского газа в Турцию и российского газа в Армению через территорию страны. Часть потребляемого природного газа импортируется по ценам, которые, как правило, не раскрываются.

Субсидии в газовом секторе предоставляются в форме регулируемых тарифов, освобождения от НДС и прямых бюджетных трансфертов. Согласно данному исследованию, общий объем субсидий в газовом секторе, количественная оценка которых оказалась возможной, составил 228 млн долл. США или 1,4% ВВП Грузии в 2014 году. Основной объем средств (208 млн долл. США в 2014 году), которые по формальным критериям могут быть отнесены к субсидиям на ископаемое топливо, связан с поставкой природного газа по ценам ниже рыночных для ТЭС и распределительных компаний, обслуживающим население. Субсидируемый таким образом газ называется «социальным газом», что указывает на назначение данного механизма: в первую очередь, он предназначен для защиты населения от роста тарифов на электроэнергию и газ выше уровня, который считается приемлемым.

Субсидирование природного газа может приводить к искажению рыночных сигналов и препятствовать развитию гидроэнергетики и других возобновляемых источников энергии. Объемы производства электроэнергии на основе геотермальных источников, а также энергии солнца и ветра в Грузии остаются незначительными, и в ходе данного исследования в стране не было выявлено каких-либо механизмов субсидирования альтернативных источников энергии или мер по повышению энергоэффективности. В то же время Грузия является участницей международных климатических соглашений, Договора к Энергетической хартии и Договора энергетического сообщества. В соответствии со своим «Ожидаемым национально определенным вкладом», представленным в 2015 году, Грузия планирует безусловно снизить свои выбросы ПГ на 15% по сравнению с «инерционным» сценарием к 2030 году.

В настоящее время Грузия не имеет официально утвержденной национальной энергетической стратегии, хотя правительство занимается ее разработкой. В то же время правительство реализует ориентированную на рыночные механизмы политику, призванную укрепить конкурентоспособность страны и ускорить ее экономическое развитие. С этой целью в стране продолжаются реформы в области регулирования энергетического сектора, повышения эффективности рынков и прозрачности. Грузия достигла серьезных результатов в либерализации рынков нефтепродуктов, угля и, в определенной степени, электроэнергии. Этот опыт может помочь в проведении дальнейших реформ рынков электроэнергии и природного газа.

Подводя итоги, можно отметить, что Грузия имеет солидную основу для дальнейшей рационализации энергетических субсидий, а также целенаправленного формирования политики в отношении альтернативных источников энергии и повышения энергоэффективности. Первым шагом в этом направлении будет повышение прозрачности энергетических субсидий и процессов установления тарифов. Еще одним важным направлением реформ является усиление целевого характера поддержки групп населения, уязвимых для повышения тарифов.

Обзор макроэкономической ситуации и энергетического сектора

Распад Советского Союза и последовавшие за ним экономические трудности 1990-х годов тяжело сказались на состоянии экономики Грузии[1]. С 1988 по 1995 годы ВВП страны сократился на 78%. Однако страна достигла значительных экономических успехов в период с середины 1990-х годов, когда средние темпы годового роста экономики составляли 6%. Грузии удавалось сохранять эту положительную динамику даже в условиях глобальной экономической рецессии. В недавнее время снижение ВВП Грузии (-3,8%) имело место только в 2009 году. В 2010-2014 годах экономика страны продолжала рост (World Bank, 2015c).

Недавние политические реформы способствовали либерализации экономики страны и обеспечили Грузии 15-е место в публикуемом Всемирным банком рейтинге благоприятности условий для ведения бизнеса («Ease of Doing Business») за 2015 год. Это наилучший результат среди развивающихся стран всего мира (World Bank, 2015б). В 2014 году Грузия подписала Соглашение об ассоциации с Европейским союзом, включающее, в частности, положения о создании углубленной и всеобъемлющей зоны свободной торговли (ЕС, 2015). Повышение политической определенности способствовало росту уверенности бизнеса и потребителей, что в свою очередь привело к росту ВВП на 4,6% в 2014 году по сравнению с 3,4% в 2013 году (Геостат, 2015б). Внешние и внутренние факторы удержали рост ВВП Грузии на уровне 2,9% и 2,7% в 2015 и 2016 годах, соответственно. Экономический спад в Российской Федерации отрицательно влияет как на грузинский экспорт, так и на объемы денежных переводов в страну (ADB, 2017).

Таблица 5.1. **Макроэкономические показатели**

		Международная статистика		Национальная статистика	
Показатель	**Единицы**	**Год**	**Значение**	**Год**	**Значение**
Численность населения	*млн*	2014	3,73 (World Bank) 4,50 (IEA)	2015	3,73
ВВП, текущий обменный курс	*млрд долл. США*	2014	16,51	2014	16,51
ВВП на душу населения, текущий обменный курс	*долл. США/чел.*	2014	4 430	2014	4 430
Производство энергии	*млн т н. э.*	2014	1,37	2014	1,37
Чистый импорт энергии	*млн т н. э.*	2014	3,10	2014	3,11
Общее предложение первичной энергии (ОППЭ)	*млн т н. э.*	2014	4,39	2014	4,48
ОППЭ ну душу населения	*т н. э.*	2014	0,97	2014	1,20
Потребление электроэнергии	*ТВт-ч*	2014	10,02	2014	10,37
Потребление электроэнергии на душу населения	*МВт-ч/чел.*	2014	2,22	2014	2,78
Выбросы CO_2 от сжигания топлива.	*млн т CO_2*	2014	7,72	2011	8,80
Выбросы CO_2 на душу населения (только от сжигания топлива)	*т CO_2*	2014	1,71	2011	2,36

Источник: составлено авторами по данным IEA (2017b), World Bank (2014a), Геостат (2015a).

Таблица 5.2. **Средневзвешенный обменный курс**

	2012	2013	2014
Средневзвешенный обменный курс, лари за 1 долл. США	1,65	1,66	1,77

Источник: Национальный банк Грузии (б.д.).

Предложение энергии

Грузия занимает стратегическое положение на пересечении маршрутов транспортировки энергоносителей. По территории страны проходят два крупных нефтепровода: Баку–Тбилиси–Джейхан (БТД, от побережья Каспийского моря до Турции) и Баку–Супса (от Каспия до Черного моря). Оба нефтепровода используются для транспортировки нефти, добываемой в Азербайджане. Кроме того, железнодорожный транспорт используется для экспорта казахстанской нефти, которая перевозится танкерами через Каспий до Бакинского порта. Параллельно нефтепроводу БТД от Баку до турецкого Эрзурума проложен Южно-Кавказский трубопровод, используемый для экспорта газа, добываемого на азербайджанском месторождении «Шах-Дениз». Кроме того, по территории Грузии проходит трубопровод, по которому осуществляются поставки российского газа в Армению. Высоковольтные линии электропередачи соединяют Грузию с Турцией, Российской Федерацией и Арменией.

Общее предложение первичной энергии (ОППЭ) в Грузии резко сократилось в период после распада Советского Союза, причем снижение продолжалось до 2002 года. В 2002 году ОППЭ составляло лишь пятую часть соответствующего показателя в 1990 году (см. рис. 5.1). Основной причиной столь резкого спада стало значительное сокращение поставок нефти и газа.

После 2002 года ОППЭ Грузии начало рост и увеличилось на 76% к 2014 году, хотя эта величина составляет лишь третью часть ОППЭ в 1990 году (IEA, 2015a; Геостат, 2015a). Растущий внутренний спрос на энергию практически полностью удовлетворялся за счет расширения импорта ископаемого топлива, в результате чего доля импорта в ОППЭ выросла с 47% в 2002 году до 70% в 2014 году (IEA, 2015a). В 2014 году Грузия импортировала 2,2 млрд $м^3$ природного газа и 1,1 млн т н. э. нефтепродуктов. Источником около 90% импорта газа и 50% импорта нефтепродуктов является Азербайджан.

Как следствие, структура ОППЭ Грузии претерпела радикальные изменения. В 2002 году предложение энергии в Грузии было практически в равных долях распределено между нефтью, природным газом, гидроэнергией, а также биомассой (древесиной) и отходами (см. рис. 5.1). С 2002 по 2014 годы предложение природного газа выросло на 170%, что сделало этот энергоноситель крупнейшей составляющей топливно-энергетического баланса страны (см. рис. 5.2). Его доля в ОППЭ выросла с 27% в 2002 году до 44% в 2012 году. Однако в 2014 году доля природного газа снизилась до 41% вследствие расширения использования угля и возобновляемых источников энергии–гидроэнергии, геотермальных источников и т.д. (IEA, 2015a).

Предложение нефтепродуктов выросло практически вдвое с 2002 по 2014 год. Грузия располагает незначительными месторождениями нефти, общая добыча на которых составила 433 тыс. т в 2014 году, и не имеет собственных нефтеперерабатывающих мощностей (хотя правительство страны неоднократно объявляло о намерении привлечь инвестора для строительства таких мощностей в порту Поти). Все продукты переработки нефти импортируются. Нефтепродукты образуют вторую по величине долю ОППЭ (25%).

Уголь, часть которого добывается внутри страны, занимал крайне незначительное место в структуре топливно-энергетического баланса Грузии в 2002 году (его предложение снизилось практически до нуля с 1990 по 1997 годы). Однако предложение угля выросло с 122 тыс. т н. э. в 2002 году до 2 900 тыс. т н. э. в 2014 г., достигнув 6,5% ОППЭ (Геостат, 2015a). Вследствие изменений в структуре энергопотребления и расширения использования природного газа доля гидроэнергии в ОППЭ сократилось, составив всего 16% в 2014 году. Доля биотоплива и отходов (преимущественно древесины) в ОППЭ составила 10% в том же году (см. рис. 5.2).

Общее производство электроэнергии выросло на 43% с 2002 по 2014 год (см. рис. 5.3). Этот рост был обеспечен, главным образом, расширением генерации на основе природного газа. Несмотря на огромный и в значительной мере неиспользуемый гидроэнергетический потенциал страны, объемы гидрогенерации выросли лишь на 23% за тот же период.

Рисунок 5.1. **Общее предложение первичной энергии в 1990-2014 гг.**

Рисунок 5.2. **Структура предложения первичной энергии в 2014 г.**

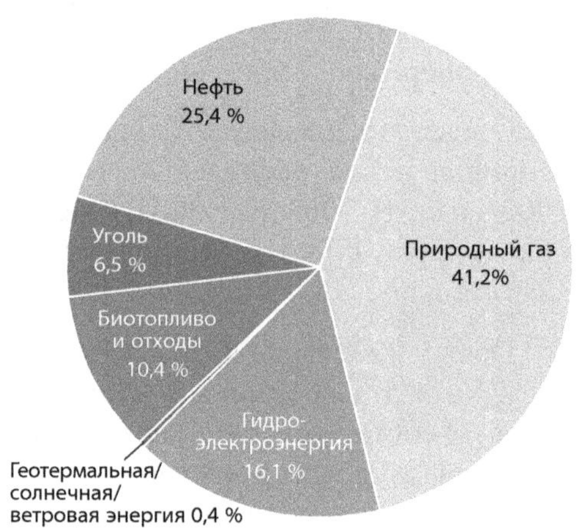

Источник: составлено авторами по данным IEA (2015a), Геостат (2015a).

Рисунок 5.3. **Структура производства электроэнергии в 1990-2014 гг.**

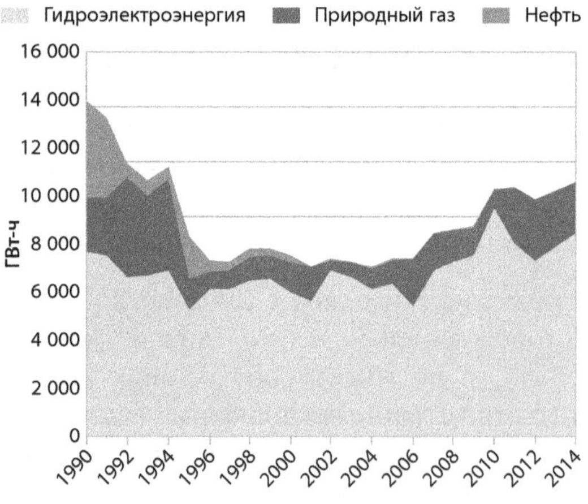

Рисунок 5.4. **Структура производства электроэнергии в 2014 г.**

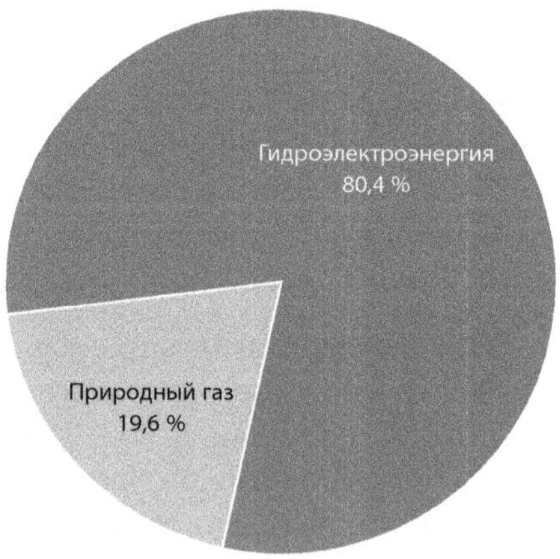

Источник: составлено авторами по данным (IEA, 2015a; Геостат, 2015a).

В 2014 году вклад гидрогенерации в общее производство электроэнергии составил 80%, тогда как остальное электричество было произведено на газовых ТЭС (см. рис. 5.4). Согласно докладу Всемирного банка (World Bank, 2015b), в настоящее время используется лишь 12% общего гидроэнергетического потенциала Грузии. Поэтому правительство стремится привлечь частные инвестиции для строительства новых ГЭС. Строительство частных ГЭС является одним из приоритетных направлений решения проблемы недостаточного предложения энергии в условиях ожидаемого роста спроса (см. следующий раздел).

Грузия экспортирует часть производимой электроэнергии в соседние страны, причем доля чистого экспорта в общем производстве электричества достигла максимального значения – 12% в 2010 году. Высокий уровень экспорта был обусловлен, главным образом, увеличением объемов гидрогенерации вследствие большого количества осадков. Однако в 2012 году экспорт электроэнергии сократился на 65%, а импорт увеличился, что снова сделало Грузию нетто-импортером электроэнергии (IEA, 2015a). В 2014 году импорт и экспорт электроэнергии составили 853 ГВт-ч и 604 ГВт-ч, соответственно, то есть объем импорта превысил объем экспорта примерно на 41%. Таким образом, ситуация варьирует в значительных пределах от года к году в зависимости от внутреннего спроса на электроэнергию, наличия энергоресурсов и уровня осадков.

Система центрального отопления в Тбилиси и других крупных городах Грузии прекратила функционирование в 1990-е годы вследствие недостатка топлива и ненадлежащего обслуживания распределительных сетей. В настоящее время сети центрального отопления в Грузии отсутствуют, и население, как правило, использует индивидуальное отопительное оборудование (газовые и (или) электрические обогреватели и дровяные печи).

В Грузии отсутствует атомная энергетика. В стране имеется значительный потенциал солнечной и геотермальной энергии, однако объемы производства энергии из этих источников остаются крайне незначительными. В октябре 2016 года, первая ветроэлектростанция в Грузии, «Картли», официально введена в эксплуатацию.

Потребление энергии

В 2014 году вклад основных секторов в общее конечное потребление энергии (ОКПЭ) был следующим: промышленность – 15,2%, транспорт – 33%, жилищно-коммунальный сектор – 29,6%, сектор коммерческих и государственных услуг – 10,7% (Геостат, 2015a, IEA, 2015a). Последние данные, опубликованные Национальным статистическим бюро Грузии (Геостат), показывают, что в 2015 году объемы производства, импорта и потребления энергии продолжали постепенный рост. В частности, потребление электроэнергии в Грузии росло вместе с ростом ВВП и достигло 10,4 ТВт-ч в 2015 году. В случае сохранения этих тенденций через десять лет Грузия столкнется с существенным дефицитом генерирующих мощностей (GNIA, 2015a).

Государственное управление и структура собственности в энергетическом секторе

В настоящее время Грузия не имеет официально утвержденной государственной энергетической стратегии, хотя Министерство энергетики занимается разработкой такого документа. В октябре 2016 года Грузия подписала протокол о присоединении к Договору Энергетического сообщества. По завершении необходимых процедур страна официально станет полноправным членом Энергетического сообщества. Присоединение к сообществу задаст новые рамки для развития грузинской энергетики и ее гармонизации со стандартами ЕС по таким направлениям, как создание конкурентного рынка энергии, укрепление энергетической безопасности, расширение использования возобновляемых источников энергии, повышение энергоэффективности и охрана окружающей среды (Министерство энергетики, 2016).

Министерство энергетики Грузии определяет энергетическую политику страны и несет общую ответственность за функционирование грузинской энергетики. В то время как рынки нефти, нефтепродуктов и угля дерегулированы, снабжение, транспортировка и распределение газа и электроэнергии регулируется Национальной комиссией по регулированию энергетики и водоснабжения Грузии (НКРЭВГ) (IEA, 2015b). НКРЭВГ отвечает за лицензирование и устанавливает тарифы для производителей и потребителей, а также сетевые тарифы на электроэнергию и природный газ. Производство нефти и газа, а также их транспортировка по трубопроводам регулируются Государственным агентством нефти и газа, которое входит в состав Министерства энергетики Грузии. В соответствии с законом «О нефти и газе», агентство отвечает также за регулирование нефтегазового сектора (за исключением распределения и потребления газа) и создание благоприятных условий для его деятельности.

В секторе природного газа и электроэнергетике действуют как государственные, так и частные организации, причем последние во многих случаях являются дочерними предприятиями зарубежных компаний (см. рис. 5.5). Импорт природного газа осуществляется государственной Грузинской нефтегазовой корпорацией (ГНГК), а также «SOCAR Georgia Gas», дочерней компанией азербайджанской государственной монополии SOCAR. Транспортировка газа осуществляется дочерним предприятием ГНГК – Грузинской газотранспортной компанией (ГГК). Распределение газа в столице Грузии–Тбилиси и прилегающих районах осуществляется компанией «КазТрансГаз» (принадлежащей казахстанской монополии «КазМунайГаз», но в настоящее время действующей под управлением правительства Грузии вследствие финансового спора). Остальные районы страны обслуживаются «SOCAR Georgia Gas», «SaqOrgGas» (обе компании принадлежат азербайджанской SOCAR) и другими распределительными компаниями (IEA, 2015b).

В условиях разукрупнения электроэнергетического сектора несколько компаний одновременно владеют генерирующими, передающими и распределительными активами (см. рис. 5.5). Оптовый рынок электроэнергии функционирует на основе двусторонних договоров, причем государственный Коммерческий оператор электроэнергетической системы (КОЭС) производит закупки и продажи энергии, не реализуемой на основе таких договоров. КОЭС отвечает за поддержание баланса в энергосистеме и урегулирование дисбалансов в соответствии с правилами рынка, а также экспортирует избыточную электроэнергию. Около 75% всей электроэнергии, производимой в стране, реализуется на основе двусторонних договоров, а остальные объемы – через КОЭС (IEA, 2015b). Передающие сети управляются тремя компаниями-операторами. «Грузинская государственная электросистема» (ГГЭ) находится в государственной собственности, тогда как АО ОЭС «СакРусЭнерго» частично находится в государственной собственности и является владельцем и оператором передающей сети 500 кВ и межгосударственных высоковольтных линий, соединяющих Грузию с Российской Федерацией и Арменией. Акционерами АО являются грузинское государство в лице Министерства энергетики страны и российское публичное акционерное общество «Федеральная сетевая компания Единой энергетической системы» (ФСК ЕЭС). Третья компания-оператор, «Энерготранс», находится в государственной собственности и является оператором новой линии электропередачи Черного моря и распределительной подстанции, соединяющих Грузию с Турцией (IEA, 2015b).

Рисунок 5.5. **Структура электроэнергетического и газового секторов Грузии**

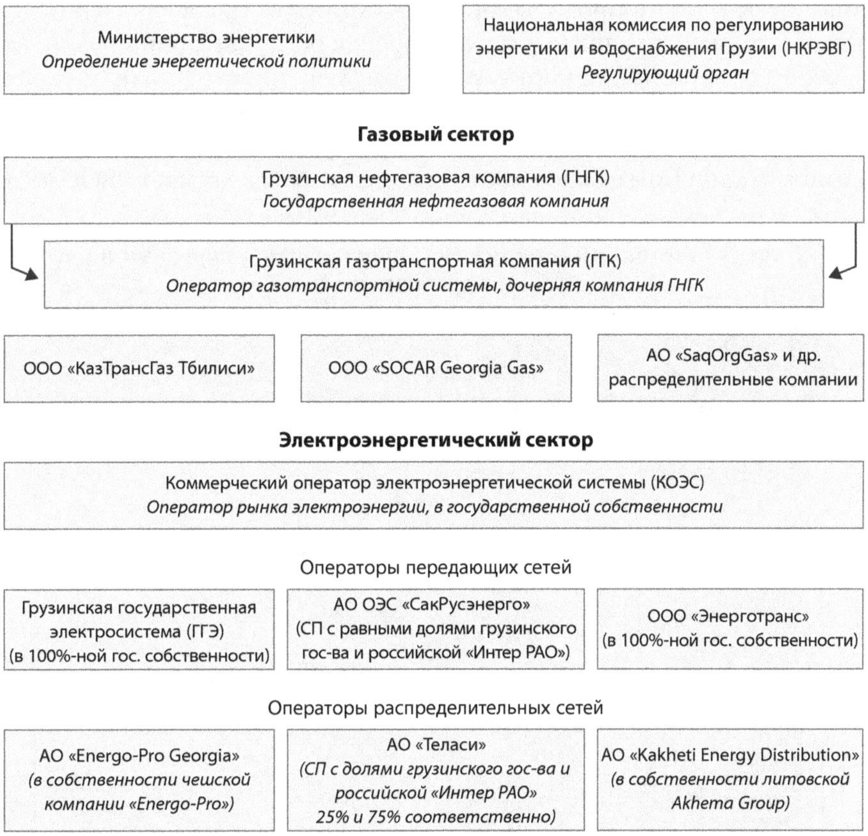

Источник: составлено авторами по данным IEA (2015a), ESCO (2014, 2015), ГГЭ (2015), СакРусэнерго (2015), Energotrans (2015), EnergoPro (2015), Теласи (2015), НКРЭВГ (2015a, 2014), ГНГК (2015), ГГК (2015), КазТрансГаз (2015), SGGAS (2015).

В сегменте распределения электроэнергии действуют три оператора распределительных сетей. По состоянию на май 2016 года в Грузии было 64 гидроэлектростанции (ГЭС) и 4 тепловых электростанции (ТЭС) с общей установленной мощностью 2 791 МВт и 680 МВт соответственно. Крупнейшими ГЭС являются Ингурская ГЭС (1 300 МВт) и каскад Варднили ГЭС (220 МВт), находящиеся в государственной собственности. Остальные ГЭС меньшей мощности и четыре ТЭС приватизированы. В настоящее время ведется строительство нескольких новых ГЭС.

Производители энергии, эксплуатирующие новые ГЭС и ГЭС с установленной мощностью менее 13 МВт, могут выбирать между свободной продажей электроэнергии на основе двусторонних договоров и продажей Коммерческому оператору электроэнергетической системы (КОЭС), который также экспортирует избыточную электроэнергию.

Импорт и экспорт электроэнергии дерегулирован и не облагается импортными или экспортными пошлинами. Однако новые ГЭС мощностью более 13 МВт обязаны, согласно условиям концессионных соглашений, поставлять определенную долю производимой электроэнергии, на местные рынки в течение трех зимних месяцев. Конкретные сроки действия этой нормы и цены различаются для разных ГЭС.

Добычу угля (лигнита) в Грузии ведет ООО «Сакнахшири», дочернее предприятие частной компании «Georgian Industrial Group».

Крупные нефте- и газопроводы, используемые для транзита азербайджанских, центральноазиатских и российских углеводородов по территории Грузии, находятся, главным образом, в собственности консорциумов иностранных инвесторов. BP является основным акционером и оператором как нефтепровода Баку–Тбилиси–Джейхан, так и газопровода Баку–Тбилиси–Эрзурум. Нефтепродукты поставляются несколькими компаниями, важное место среди которых занимает «SOCAR Georgia».

Рисунок 5.6. **Участие компаний в сегментах производства, передачи и распределения электроэнергии**

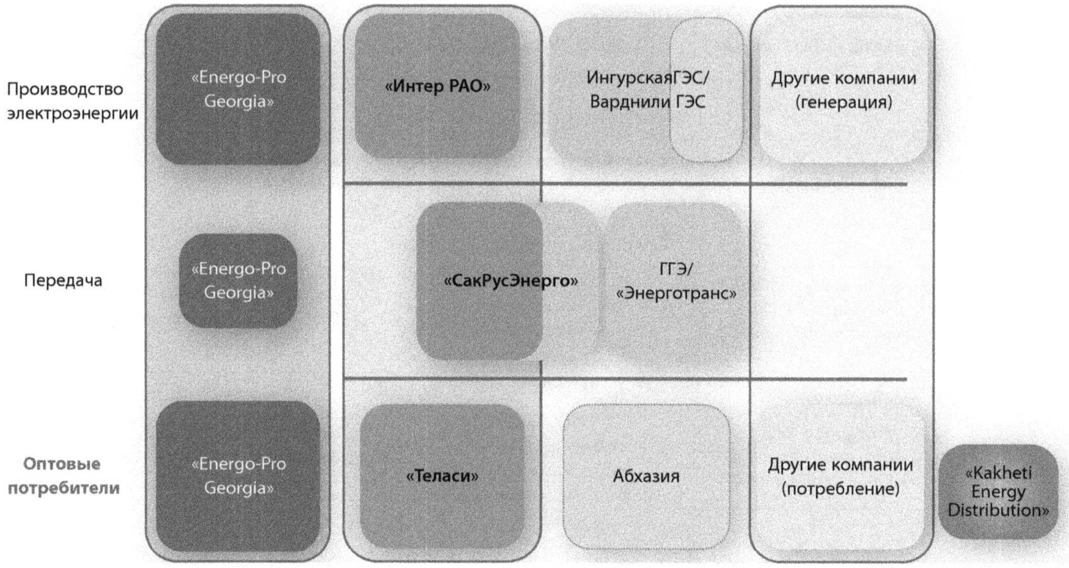

Источник: WEG (2012).

Политика ценообразования в энергетическом секторе

Рынки энергоносителей в Грузии частично дерегулированы. В стране осуществляется свободная торговля жидкими нефтепродуктами и углем, тогда как газовый и электроэнергетический секторы частично регулируются НКРЭВГ. Основные принципы регулирования установлены законом Грузии «Об электроэнергии и природном газе» от 30 апреля 1999 года. В табл. 5.3 представлен обзор политики ценообразования на различные энергоносители как для производителей, так и для потребителей.

Природный газ

Согласно официальным оценкам, в 2014 году Грузия импортировала 90% потребленного природного газа из Азербайджана и 10% – из Российской Федерации (Министерство энергетики, 2014). Потребленный газ, общий объем которого составил около 2,2 млрд м^3, был импортирован ГНГК и «SOCAR Georgia Gas» по ценам, которые не раскрываются. Импортированный газ реализуется по регулируемым ценам газораспределительным компаниям для дальнейшей продажи населению и ТЭС – практика, получившая в Грузии название «социальный газ». В то же время коммерческие потребители получают так называемый «коммерческий газ» по коммерческим «рыночным ценам».

Надзор за внутренними тарифами на природный газ для населения осуществляет НКРЭВГ. Бытовые потребители, подключившиеся к газораспределительной сети до 1 сентября 2007 года (в Тбилиси – до 1 августа 2008 года), оплачивают газ по регулируемым тарифам, тогда как для остальных потребителей могут быть установлены нерегулируемые тарифы. На практике тарифы для обеих категорий бытовых потребителей практически не различаются, но отличаются от тарифов для других потребителей.

Оценка реальных затрат на приобретение природного газа и, следовательно, адекватности устанавливаемых для населения регулируемых тарифов затруднена в силу недостаточной прозрачности импортных цен. Азербайджанский природный газ транспортируется через территорию Грузии в Турцию по Южно-Кавказскому трубопроводу (ЮКТ, Баку–Тбилиси–Эрзурум). ЮКТ эксплуатируется возглавляемым BP международным консорциумом, который освобожден от налога на прибыль, взимаемого с юридических лиц в Грузии. В рамках соглашения с правительством Грузии об эксплуатации трубопровода страна ежегодно получает 700-800 млн м^3 природного газа, стоимость которого является весьма низкой – около 65 долл. США за 1 000 м^3. Кроме того, Грузия получает газ из трубопровода Север–Юг, по которому российский газ поставляется в Армению: 10% объема пропускаемого газа (около 200 млн м^3) в качестве оплаты транзита (Shelia, 2015; Министерство энергетики, 2014).

Согласно информации, предоставленной Министерством энергетики в 2012 году средствам массовой информации (http://droni.ge/print.php?m=2&AID=8759), Грузия импортирует следующие объемы газа из Азербайджана по таким ценам:

- в рамках соглашения с правительством Грузии об эксплуатации ЮКТ: 5% транзитного газа, до 200 млн м^3 по 55 долл. США за 1 000 м^3;
- дополнительный газ в рамках соглашения об эксплуатации ЮКТ: до 500 млн м^3 по 65 долл. США за 1 000 м^3;
- газ, импортируемый SOCAR («социальный газ») – до 500 млн м^3 по 189 долл. США за 1 000 м^3.

Поскольку Грузия получает значительные объемы газа из Азербайджана и Российской Федерации в рамках бартерных схем оплаты транзита газа (Rzayeva, 2015), оценка того, в какой степени внутренние тарифы на природный газ отражают полные затраты, сопряжена с трудностями. В открытых источниках отсутствует информация о структуре и уровне затрат газоснабжающих компаний, которая могла бы быть использована для таких оценок.

Рассчитанная по текущему обменному курсу цена продажи газа компании «КазТрансГаз» или, иными словами, оптовый тариф для последующей реализации населению, составила 143 долл. США за 1 000 м^3 в 2015 году. При этом регулируемые тарифы для населения находились в диапазоне 235–260 долл. США за 1 000 м^3 (табл. 5.3). В то же время цена природного газа для коммерческих потребителей составляла 300-350 долл. США за 1 000 м^3, что является признаком перекрестного субсидирования населения за счет установления повышенных тарифов для промышленности и других коммерческих потребителей.

Сжатый или компримированный природный газ (КПГ) с 2012 года является важным топливом в транспортном секторе Грузии, что стало результатом конкурентоспособных рыночных цен (по сравнению с бензином и дизельным топливом) и изменений в поведении населения. Как и большая часть остального природного газа в Грузии, газ для производства КПГ импортируется из Азербайджана. В последние годы потребление КПГ автомобильным транспортом выросло до 300-400 млн м^3 в год. Цены на этот вид топлива не регулируются. Выгодные цены на КПГ по сравнению с другими видами моторного топлива позволяют предположить, что природный газ продолжит играть важную роль в транспортном секторе страны.

Электроэнергия

В электроэнергетическом секторе тарифы на производство, диспетчеризацию, передачу, распределение и поставки электроэнергии устанавливаются независимым регулирующим органом (НКРЭВГ) с 1998 года. В настоящее время НКРЭВГ действует на основе Закона Грузии «Об электроэнергии и природном газе» от 30 апреля 1999 года. Статья 43 этого закона определяет принципы установления тарифов в электроэнергетическом секторе и, в частности, запрещает «субсидирование тарифных льгот для любой категории потребителей за счет лицензиата, импортера, поставщика, оператора рынка или других категорий потребителей» (Правительство Грузии, 1999), что предполагает недопустимость перекрестного субсидирования одних категорий потребителей за счет других. Однако та же статья (п. 5) указывает, что НКРЭВГ «может устанавливать долгосрочные тарифы, учитывающие основные направления государственной политики в энергетике страны». На практике это положение официально дает правительству возможность установления долгосрочных тарифов, обусловленных политическими соображениями.

Тарифы определяются на основе методик, публикуемых НКРЭВГ. Первая формула установления тарифов, утвержденная комиссией (Постановление НКРЭВГ № 3 от 1 июля 1998 года), была основана на принципе полных затрат. Однако, согласно анализу Всемирного банка, фактические тарифы на электроэнергию и газ оставались далеки от уровня, обеспечивающего полное возмещение затрат (World Bank, 2013).

Последующие методики (Постановления НКРЭВГ № 8 от 8 июня 2011 года и № 14 от 30 июля 2014 года) были разработаны, до некоторой степени, с целью стимулирования инвестиций в строительство новых генерирующих мощностей в Грузии. Эти методики предполагали установление предельного (максимального) уровня тарифов. В Постановление НКРЭВГ № 14 от 30 июля 2014 года были включены три дополнительных документа:

1. *Методика установления тарифов на распределение, пропуск и потребление электроэнергии;*
2. *Методика установления тарифов на производство, передачу и диспетчеризацию электроэнергии, а также на услуги оператора рынка электроэнергии;*

3. *Регулируемые нормы амортизации активов энергетических компаний, тарифы на услуги которых регулируются.*

В основе вышеупомянутого постановления лежат два принципа: регулирование на основе стимулирования («incentive-based») и «затраты плюс».

Постановление № 14 направлено на стимулирование инвестиций в электроэнергетическую отрасль и основано на принципе «затраты плюс» (дополнительная информация приведена в приложении 5.А3). Предыдущий вариант методики НКРЭВГ (Постановление НКРЭВГ № 8 от 8 июня 2011 года) воспроизводил положение Закона Грузии «Об электроэнергии и природном газе» о запрете перекрестного субсидирования для любых категорий потребителей. Однако это положение было исключено из последнего варианта методики, утвержденного в 2014 году.

Согласно решениям НКРЭВГ, отпускные цены на электроэнергию регулируются различным образом для трех категорий производителей (НКРЭВГ, 2014):

- Для тепловых электростанций, действующих на основе выданных комиссией лицензий, установлены регулируемые тарифы. Кроме того, для ТЭС установлены платежи за гарантированную резервную мощность, составляющие значительную часть их дохода.
- Сезонные ГЭС, действующие на основе лицензий, выданных комиссией, отпускают электроэнергию по частично дерегулированным ценам, которые не могут превышать предельный уровень тарифа, установленный комиссией. В силу наличия предельного тарифа такие ГЭС называются частично дерегулированными.
- Цены на отпускаемую электроэнергию полностью дерегулированы для ГЭС, построенных после 1 августа 2008 года, для которых требуется лицензия, и малых ГЭС с установленной мощностью менее 13 МВт, для которых не требуется лицензия.

Неопределенность относительно точных затрат на производство электроэнергии затрудняет установление того, отражают ли существующие тарифы на электроэнергию долгосрочные предельные затраты, включая стоимость капитала, необходимого для новых инвестиций. Себестоимость генерации для различных типов электростанций различается, тогда как регулируемая оптовая цена рассчитывается путем усреднения затрат для более дорогой тепловой генерации (в 2015 году тариф производителя для ТЭС составлял 0,12 лари/кВт-ч) и более дешевой гидрогенерации, в особенности на таких крупных станциях, как Ингурская ГЭС.

Тепловые электростанции получают плату за гарантированный резерв мощности, которая финансируется за счет составляющей, включаемой в тариф для всех оптовых потребителей. Размер этой платы составляет около от 6,7 до 11,3 тетри/кВт-ч для новых ТЭС. Механизм платы за резерв мощности может рассматриваться как форма субсидирования новых ТЭС, поскольку он приводит к снижению инвестиционного риска за счет обязательных платежей потребителей, установленных решением регулирующих органов.

Тарифы на электроэнергию для потребителей регулируются и предполагают перекрестное субсидирование населения за счет промышленных и других коммерческих потребителей. Кроме того, величина тарифа зависит от объемов потребления и напряжения. Тарифы для населения дифференцированы в зависимости от уровня потребления (ставки увеличиваются по мере роста потребления)[2], тогда как коммерческие потребители оплачивают электроэнергию по единой ставке независимо от объемов потребления. В 2015 году потребительские тарифы находились в диапазоне 0,13–0,22 лари/кВт-ч (НКРЭВГ, 2014).

Правительство Грузии также использует инструменты политики ценообразования для стимулирования инвестиций в строительство генерирующих мощностей, хотя это не всегда позволяет добиться ожидаемых результатов. Примером комплексного соглашения, затрагивающего различные генерирующие компании и предусматривающего перекрестное субсидирование между генерацией и распределением электроэнергии, является подписанный в 2007 году меморандум о взаимопонимании между правительством Грузии и российской компанией «Интер РАО», действие которого было продлено в 2010 году. Меморандум предусматривал долгосрочное повышение потребительских тарифов на электроэнергию и, как следствие, рентабельности дочерней компании «Интер РАО», действующей в потребительском сегменте – АО «Теласи». В то же время меморандум закрепил инвестиционные обязательства АО «Теласи», включающие строительство новой ГЭС мощностью 100 МВт. НКРЭВГ продлила действие повышенных потребительских тарифов и платы за распределение электроэнергии до 2015 года, выполнив таким образом свои обязательства. Однако «Интер РАО», получив дополнительную прибыль (330 млн лари за период с 2006 по 2012 годы), по состоянию на май 2016 года не инвестировало средства в строительство новой ГЭС. В настоящее время правительство Грузии пытается вернуть полученные компанией избыточные доходы за счет снижения регулируемых тарифов для потребителей.

Таблица 5.3. **Ценовая политика для различных энергоносителей в Грузии**

Энергоноситель	Область применения ценовой политики	Ценовая политика	Ценовые уровни в 2015 году
Природный газ	Импорт природного газа	Двусторонние соглашения между иностранными поставщиками и импортерами в Грузию	Конфиденциальная информация
	Транспортировка до пункта входа в распределительную сеть	Регулируемые тарифы, дифференцированные в зависимости от региона и распределительной компании	9-13,9 лари за 1 000 м³
	Продажи ТЭС	Регулируемые тарифы, перекрестное субсидирование за счет других категорий потребителей	384 лари за 1 000 м³
	Регулируемая составляющая тарифа на поставки для распределительных компаний	Регулируемые тарифы, дифференцированные в зависимости от распределительной компании. Меморандум о взаимопонимании	243 лари за 1 000 м³ «КазТрансГазу»
	Население, подключенное к сети до 1 сентября 2007 г. (в Тбилиси – до 1 августа 2008 г.)	Регулируемый предельный уровень цен, перекрестное субсидирование за счет других категорий потребителей	400–446 лари за 1 000 м³
	Прочее население и коммерческий сектор	Цены официально не регулируются, но на практике эти категории потребителей оплачивают газ по тем же тарифам	Для коммерческого сектора – 750 лари за 1 000 м³ Для населения – те же тарифы, что и для «регулируемых» бытовых потребителей, или незначительно отличающиеся
	Продажи КПГ	Цены не регулируются	.

Таблица 5.3. **Ценовая политика для различных энергоносителей в Грузии** *(продолжение)*

Энергоноситель	Область применения ценовой политики	Ценовая политика	Ценовые уровни в 2015 году
Электроэнергия	Произведенная на ТЭС (4 станции)	Регулируемые тарифы, плата за гарантированный резерв мощности (лари/день/кВт) и тарифы на произведенную электроэнергию (лари/кВт-ч)	«Мтквари энергетика»: 63 806 лари/день и 0,109 лари/кВт-ч «Тбилсреси», блок 3: 20 909 лари/день и 0,102 лари/кВт-ч «Тбилсреси», блок 4: 23 800 лари/день и 0,102 лари/кВт-ч «G-power»: 42 360 лари/день и 0,075 лари/кВт-ч ТЭС комбинированного цикла «Гардабани» (с 2 015 г.): 366 173 лари/день и 0,067 лари/кВт-ч
	Произведенная на ГЭС с функциями сезонного регулирования (2 ГЭС)	Регулируемые тарифы	Ингурская ГЭС – 0,019 лари/кВт-ч, Варднили ГЭС – 0,017 лари/кВт-ч.
	Произведенная на ГЭС, введенных в эксплуатацию после августа 2008 г., или мощностью менее 13 МВт	Тарифы не регулируются	.
	Произведенная на прочих ГЭС	Регулируемый предельный уровень тарифов	0,0125–0,0385 лари/кВт-ч
	Передача	Регулируемые тарифы, дифференцированные в зависимости от оператора и напряжения сети	ГГЭ: 0,005 лари/кВт-ч для сетей 35–110–220 кВ «СакРусэнерго»: 0,0018 лари/кВт-ч для сетей 500 кВ «Энерготранс»: 0,0027 и 0,0035 лари/кВт-ч для сетей 500 и 400 кВ
	Распределение: сети 35-110, 6-10 и 0,4 кВ	Регулируемые тарифы, дифференцированные в зависимости от распределительной компании и напряжения сети	«Energo-Pro»: 0,017, 0,022 и 0,069 лари/кВт-ч «Теласи»: 0,007, 0,018 и 0,056 лари/кВт-ч «Kakheti»: 0,09, 0,026 & 0,062 лари/кВт-ч
	Оплата услуг оператора рынка: НКРЭВГ и ГГЭ	Регулируется	0,0002 и 0,00019 лари/кВт-ч
	Потребление	Регулируемые тарифы, дифференцированные в зависимости от региона и объема потребления. Перекрестное субсидирование тарифа на минимальный объем потребления для населения за счет других категорий потребителей	0,08-0,15 лари/кВт-ч
Жидкие нефтепродукты	Потребление	Нерегулируемые цены на бензин, дизельное топливо, керосин, отопительное горючее, СНГ и т.д.	Бензин – 0,6-0,8 долл. США за литр, дизельное топливо – 0,6 долл. США за литр (2016)
Уголь		Цены не регулируются	.

Источник: составлено авторами по данным НКРЭВГ (2015а), GIZ (2014), НКРЭВГ (2015б).

Нефтепродукты

Цены на жидкие нефтепродукты (бензин, дизельное топливо, керосин, СНГ, отопительное горючее и т.д.) в Грузии не регулируются. В ноябре 2014 года цены на бензин и дизельное топливо составляли 1,34 и 1,37 долл. США за литр соответственно (GIZ, 2015), то есть, были относительно высокими по международным стандартам и находились близко к верхнему пределу диапазона цен, наблюдаемого в странах Восточного партнерства.

Налоговая политика

Хозяйствующие субъекты в Грузии уплачивают пять видов налогов: налог на добавленную стоимость (НДС), налог на прибыль, налог на имущество, налог на импорт и акциз (GNIA, 2015b). Все налоги являются общегосударственными, за исключением налога на имущество (взимаемого по ставке до 1% от стоимости имущества), который является местным.

Согласно п. 1 статьи 168 Налогового кодекса Грузии (Президент Грузии, 2013), от НДС освобождается импорт природного газа для производства электроэнергии (на тепловых электростанциях) без права на зачет. Согласно п. 3 той же статьи, от НДС освобождаются операции, осуществленные по целевому назначению, на основании следующих законов, соглашений и договоров, без права на зачет:

а. импорта, поставки товаров и (или) оказание услуг, связанных с оборудованием и установками, транспортными средствами, запасными частями и материалами, предназначенными для осуществления операций с нефтью и газом, предусмотренных Законом Грузии «О нефти и газе», а также импорта и поставки товаров для инвесторов и операционных компаний с целью выполнения соглашений, заключенных в соответствии с вышеупомянутым законом и (или) для осуществления операций, связанных с нефтью и газом, в соответствии с выданными лицензиями и (или) для оказания услуг для осуществления таких операций;

б. импорта товаров, финансируемых по льготным кредитам, выданным иностранными государствами и (или) международными организациями в соответствии с международными соглашениями, ратифицированными Парламентом Грузии, для оказания строительно-монтажных, ремонтных, восстановительных, опытно-конструкторских и (или) геологоразведочных услуг в целях реабилитации электроэнергетического сектора;

в. временного ввоза товаров в Грузию для обеспечения исполнения обязательств, предусмотренных международными договорами Грузии, в частности, о строительстве трубопроводов Баку–Тбилиси–Джейхан и Баку–Тбилиси–Эрзурум.

Помимо освобождения от НДС, импорт оборудования и установок, транспортных средств, запасных частей и материалов, предназначенных для осуществления операций с нефтью и газом, предусмотренных Законом Грузии «О нефти и газе», также освобождается от налога на импорт (ст. 199, п. ж) и от акциза без права на зачет (ст. 194, п 5-е). Кроме того, те же операции с нефтью и газом, предусмотренные Законом Грузии «О нефти и газе», освобождаются от налога на имущество.

Поставки электроэнергии и гарантированной мощности с 1 января 2011 года до 1 января 2015 года, кроме поставок электроэнергии потребителям (лицам, определенным Законом Грузии «Об электроэнергетике и природном газе»), а также услуги по передаче и (или) диспетчеризации освобождаются от уплаты НДС с правом зачета (ст. 309, п. 6). Линии электропередач и земли под водохранилищами электростанций освобождаются от налога на имущество.

Краткая информация о налогообложении в энергетическом секторе Грузии приведена в табл. 5.4.

Энергоресурсы не облагаются какими-либо специальными налогами, за исключением акцизов на нефтепродукты и уголь. В стране отсутствуют рентные налоги на деятельность в энергетическом секторе, способную приносить ренту, а именно добычу нефти и угля, а также выработку гидроэнергии. Актами органов местного самоуправления может устанавливаться плата за использование водных ресурсов в размере до 0,1 лари за 1 000 м³. В то же время тарифы на закупку электроэнергии у многих ГЭС ограничиваются, и ряд гидроэлектростанций имеет обязательства по поставке электроэнергии на внутренний рынок в зимний период. Регулируемый тариф производителя и ограничения экспорта в зимний период могут рассматриваться как форма скрытого налогообложения, ограничивающая размеры ресурсной ренты, получаемой инвесторами в грузинскую гидроэнергетику.

Таблица 5.4. **Налогообложение в энергетическом секторе Грузии**

Вид деятельности, подлежащий налогообложению	Основные налоги: НДС, налог на прибыль, налог на имущество, налог на импорт	Акциз
Импорт товаров для энергетического сектора, финансируемый в рамках льготных международных кредитов	Освобождается от НДС	Не применяется
Связанные с нефтью и газом операции, предусмотренные Законом Грузии «О нефти и газе»	Освобождаются от НДС, налога на импорт и налога на имущество	Освобождаются от акциза без права на зачет
Все прочие операции, связанные с нефтью и газом, включая импорт нефтепродуктов и природного газа	Налогообложение в установленном порядке. Импорт природного газа для производства электроэнергии освобождается от НДС	Не применяется
Временный ввоз товаров в Грузию для строительства трубопроводов Баку–Тбилиси–Джейхан и Баку–Тбилиси–Эрзурум	Освобождается от НДС	Не применяется
Потребление нефтепродуктов, угля и природного газа	Налогообложение в установленном порядке	Нефтепродукты и уголь облагаются акцизом, природный газ не облагается акцизом
Производство и экспорт электроэнергии	Налогообложение в установленном порядке. Освобождаются от НДС. Земли под водохранилищами электростанций освобождаются от налога на имущество.	Не применяется
Поставки электроэнергии и платежи за гарантированную мощность с 1 января 2011 года до 1 января 2015 года, кроме поставок электроэнергии потребителям (лицам, определенным Законом Грузии «Об электроэнергетике и природном газе»), а также услуги по передаче и (или) диспетчеризации	Освобождаются от НДС с правом зачета	Не применяется
Передача и распределение электроэнергии	Линии электропередачи освобождаются от налога на имущество	Не применяется
Потребление электроэнергии	Применяются в установленном порядке	Электроэнергия не облагается акцизом

Источник: составлено авторами по данным Налогового кодекса (Президент Грузии, 2010).

Выбросы парниковых газов и политика в области изменения климата

Выбросы парниковых газов (ПГ) в Грузии значительно снизились в результате резкого сокращения энергопотребления и изменений в топливно-энергетическом балансе страны, последовавших за распадом Советского Союза и политическими реформами начала 1990-х годов (Министерство охраны окружающей среды, 2015a). При поддержке Глобального экологического фонда (ГЭФ) и Программы развития

ООН (ПРООН) Грузия подготовила и представила в секретариат РКИК ООН три Национальных сообщения об изменении климата в 1999, 2009 и 2015 годах. В 2016 году Грузия также опубликовала первый двухгодичный доклад для РКИК ООН, содержащий обновленную информацию, в котором были представлены наиболее актуальные данные о выбросах парниковых газов в стране (до 2013 года включительно).

В 2013 году выбросы парниковых газов от всех источников в Грузии составили 16,7 млн т CO_2-экв. (35% от уровня 1990 года) без учета сектора ЗИЗЛХ и 12,6 млн т CO_2-экв. с учетом этого сектора (Министерство охраны окружающей среды, 2016). В 2013 году выбросы парниковых газов в энергетическом секторе Грузии составили 9,4 млн т CO_2-экв. или примерно 56% от общих выбросов ПГ в Грузии (без учета ЗИЗЛХ). Это значительно меньше доли энергетического сектора в 1990 году (78%). Общие выбросы ПГ в секторе снизились вчетверо по сравнению с 1990 годом, но выросли на 58% по сравнению с 2000 годом. В энергетическом секторе источником 80% выбросов является сжигание топлива, а остальных 20% – утечки. В 2013 году наибольший вклад в выбросы CO_2 внес транспорт, доля которого составила 33%. За ним следовали промышленность и строительство (21%), транспортировка и распределение газа (19%), а также производство электроэнергии (10%) (Министерство охраны окружающей среды, 2016).

Грузия ратифицировала РКИК ООН в 1994 году и присоединилась к Киотскому протоколу в 1999 году. До настоящего времени страна не приняла никаких количественных обязательств в области изменения климата, однако обязалась разрабатывать, осуществлять и публиковать национальные и региональные программы, включающие мероприятия, направленные на смягчение изменения климата (Министерство охраны окружающей среды, 2015b).

С 2013 года Грузия при поддержке правительства США разрабатывает Стратегию низкоуглеродного развития (СНУР), официальное принятие которой правительством Грузии ожидалось в 2016 году (Министерство охраны окружающей среды, 2015a). Постановлением правительства Грузии от 26 июля 2013 года были созданы межведомственная комиссия высокого уровня и рабочая группа по СНУР, действующие под руководством Министерства охраны окружающей среды и природных ресурсов (Министерство охраны окружающей среды, 2015a).

Повышение энергоэффективности и укрепление природоохранной деятельности входят в повестку дня правительства Грузии также и в соответствии с протоколом о присоединении страны к Договору Энергетического сообщества (Министерство охраны окружающей среды, 2016).

На муниципальном уровне восемь грузинских городов присоединились к инициативе ЕС «Соглашение мэров», добровольно приняв обязательство снизить выбросы парниковых газов, как минимум, на 20% по сравнению с базовым уровнем к 2020 году. Эти обязательства значимы на уровне страны, поскольку на данные восемь городов приходится 41–46% всего населения Грузии и значительная доля национального ВВП (Covenant of Mayors, б.д.).

При поддержке Европейского Союза и правительства Германии Грузия подготовила и представила «Ожидаемый национально определенный вклад» (ОНОВ) в процессе подготовки к 21-й Конференции Сторон РКИК ООН в Париже. ОНОВ Грузии в значительной степени опирается на результаты работы по подготовке СНУР. Официально утвержденная СНУР и предусмотренные в ней мероприятия должны стать основными инструментами достижения целей Грузии в области смягчения воздействия на климат (Министерство охраны окружающей среды, 2015a).

В соответствии со своим ОНОВ, Грузия планирует безусловно снизить свои выбросы ПГ на 15% по сравнению с «инерционным» (business as usual) сценарием к 2030. Этот целевой показатель будет увеличен до 25% при определенных условиях – в случае заключения глобального соглашения, предусматривающего техническое сотрудничество, доступ к дешевым финансовым ресурсам и передачу технологий. Снижение выбросов на 25% по сравнению с «инерционным» сценарием к 2030 году будет означать, что выбросы ПГ в Грузии останутся на 40% ниже уровня 1990 года.

Определение и обсуждение энергетических субсидий

Грузия вступила во Всемирную торговую организацию (ВТО) в 2000 г., подписав при этом Соглашение о субсидиях и компенсационных мерах (ССКМ). Таким образом, определение субсидий, даваемое в ССКМ, полностью применимо к Грузии. Детальный анализ грузинского законодательства позволил выявить следующий пример определения субсидий в нормативных документах Грузии:

> «Государственная поддержка (субсидия) – решение в отношении экономического субъекта, включающее освобождение от уплаты налога, снижение налога или отсрочку уплаты налога, списание задолженности, реструктуризацию кредита, предоставление кредита на льготных условиях, передачу операционных активов, финансовую помощь, предоставление гарантий прибыли, льготы и т.д.» (Президент Грузии, 2014).

Таким образом, как показано на рис. 5.7 ниже, национальное законодательство Грузии включает все основные компоненты определения субсидий, даваемого ВТО (и ОЭСР), за исключением вторичных трансфертов (регулирования цен). Практика вторичных трансфертов традиционно обсуждается в Грузии под названием «перекрестного субсидирования» в контексте тарифной реформы.

Рисунок 5.7. **Что включается в определение субсидий в национальном законодательстве Грузии?**

Включено в национальные определения «субсидии» и «господдержки»

Включено только в национальное определение «господдержки»

Не включено в национальные определения «субсидии» и «господдержки»

Прямые бюджетные трансферты	Выпадающие налоговые доходы	Вторичные трансферты	Передача рисков государству	Примечания
				В национальном законодательстве используются термины «господдержка» и «субсидия» как эквивалентные (Президент Грузии, 2014)

Источник: подготовлено авторами.

МЭА никогда не включало Грузию в свои опубликованные оценки субсидий на потребление методом ценовой разницы. Наиболее вероятной причиной этого является то, что использование данного метода не позволяет обнаружить никаких субсидий на потребление ископаемых видов топлива в Грузии (см. раздел о применении метода ценовой разницы ниже). В этой связи неудивительно отсутствие международных публикаций, которые рассматривали бы энергетическую политику

Грузии с точки зрения субсидий. Единственная ранее выпущенная публикация, рассматривающая энергетические субсидии и, в частности, субсидии на потребление энергии в Грузии – доклад Всемирного банка «Обеспечение баланса: сокращение энергических субсидий при сохранении доступности», охватывающий ряд стран (World Bank, 2013). Этот доклад упоминает, например, практику предоставления муниципальными органами Тбилиси ваучеров на электроэнергию для социально незащищенных семей. В рамках проекта INOGATE, финансируемого Европейским Союзом, была также проанализирована адекватность тарифов на электроэнергию в странах региона.

Правительство Грузии публикует информацию о некоторых видах энергетических субсидий в материалах бюджетного цикла, однако информация об объемах выпадающих налоговых доходов бюджета не публикуется. Подробная информация о политике ценообразования и налогообложения отсутствует в открытых источниках. В то же время Национальное инвестиционное агентство Грузии публикует на двух языках сведения о мерах стимулирования инвестиций в энергетическом секторе, которые относятся к субсидиям согласно определению ВТО-ССКМ.

В табл. 5.5 представлены основные выводы, касающиеся правовых основ различных механизмов предоставления субсидий и наличия данных, организованные в соответствии с классификацией субсидий, применяемой ОЭСР. Этот материал представляет собой отправную точку для дальнейшего анализа в данной главе.

Таблица 5.5. **Обзор субсидий**

Энергетические субсидии	Основные результаты
Прямой перевод бюджетных средств и обязательства по такому переводу	• Включено в национальное определение субсидий • Поддержка социально незащищенных групп населения г. Тбилиси путем предоставления ваучеров на коммунальные услуги (электроэнергию) (World Bank, 2013) • Возмещение затрат на газ населению высокогорных муниципалитетов Казбеги и Душети
Налоговые расходы (выпадающие налоговые доходы)	• Включено в национальное определение субсидий • Освобождение от налогов в соответствии с Налоговым кодексом, Законом «О нефти и газе» и некоторыми другими нормативными актами • Налоговые льготы в сфере добычи и транспортировки энергоносителей, рассматриваемые правительством в качестве мер стимулирования инвестиций
Вторичные (косвенные) трансферты (поддержка доходов или цен)	• Не включено в национальное определение субсидий • Традиционно обсуждается под названиями «тарифной реформы» и «реформы перекрестного субсидирования» • «Социальный газ», поставляемый ТЭС и распределительным компаниям по ценам ниже рыночных • Дифференцированные тарифы производителя, направленные на стимулирование строительства новых ГЭС • Гарантированные платежи ТЭС за резервную мощность
Передача рисков государству	• Включено в национальное определение субсидий • Информация в открытых источниках практически отсутствует

Государственная поддержка ископаемых видов топлива

Для количественной оценки объемов государственной поддержки ископаемых видов топлива в Грузии авторы используют сочетание инвентаризации субсидий «снизу вверх» и анализа методом ценовой разницы. Анализ методом ценовой разницы следует методике МЭА и той же логике, что и анализ для других стран Восточного партнерства в данном докладе:

Ценовая разница = Базовая цена – Нетто-тариф

Субсидия = Ценовая разница × Объем потребления

Оценка субсидий на потребление методом ценовой разницы

Для Грузии как нетто-импортера газа базовой ценой является цена газа, импортируемого из Азербайджана и Российской Федерации (см. табл. 5.6). Расчеты были скорректированы с учетом освобождения от НДС тепловых электростанций (ТЭС), использующих природный газ в качестве топлива, поскольку МЭА включает НДС в базовую цену. Однако, поскольку данные о затратах на страхование, транспортировку и распределение до уровня конечных потребителей не были доступны для всех стран Восточного партнерства, эти затраты не были включены в базовую цену, что представляет собой упрощение по сравнению с подходом МЭА. Поэтому оценка субсидий на потребление природного газа методом ценовой разницы должна рассматриваться в качестве нижней границы объема субсидирования.

Таблица 5.6. **Оценка субсидий на потребление газа в Грузии в 2015 г. методом ценовой разницы, млн долл. США**

Группы потребителей	Доля	Объем, млрд м^3	Нетто-тариф, за 1 000 м^3	Закупочная цена, за 1 000 м^3	Ценовая разница, за 1 000 м^3	Субсидия за счет освобождения от НДС, 1 000 м^3	Общая субсидия, млн долл.
ТЭС	39%	0,683774	143	162	19	26 (143*18%)	31
Регулируемый тариф для населения [a]	13%	0,23324	143		19	0	4
Нерегулируемая цена для остальных категорий потребителей	47%	0,82705	282		-120	0	-99
Всего		**1,744**					**-64 (субсидирование отсутствует)**

Примечание: a. Регулируемый тариф для населения применяется только для потребителей, подключенных до 1 сентября 2007 года. Их объем потребления оценивается на том же уровне, который приведен в Энергетическом балансе Грузии за 2005 год. Другие бытовые потребители получают газ практически по той же цене.

Источник: собственные оценки авторов на основе данных КазТрансГаз (2015), Shelia (2015), Геостат (2015a).

В табл. 5.6 приведены исходные данные для анализа методом ценовой разницы и полученные результаты. Тариф для ТЭС и регулируемый тариф для населения ниже, чем цена импортируемого газа, что предполагает субсидирование данных категорий потребителей. Однако нерегулируемые цены для остальных категорий потребителей значительно превышают импортную цену, что компенсирует субсидии потребителям, получающим газ по регулируемым тарифам. Таким образом, на уровне страны в целом результаты анализа согласуются с выводами МЭА об отсутствии субсидирования потребления природного газа.

Как показано в табл. 5.7, за цену импортируемого газа принята величина 162 долл. США за 1 000 м^3, представляющая собой средневзвешенную цену газа, получаемого страной из разных источников (Российской Федерации и Азербайджана). Грузия получает определенный объем дешевого азербайджанского газа в рамках соглашения с правительством, определяющим условия транзита газа в Турцию по Южно-Кавказскому трубопроводу. Как указано ранее, стоимость этого газа для Грузии оценивается в пределах 55-240 долл. США за 1 000 м³. Газ из Российской Федерации поступает в рамках бартерной схемы оплаты транзита российского газа в Армению, и продается ГНГК за 110 долл. США за 1 000 м³. Значительный объем газа дополнительно импортируется из Азербайджана, причем часть этого объема составляет т.н. «социальный газ», цена которого определяется договорами между ТЭС и компанией «SOCAR Georgia». Цена этого газа составляет 189 долл. США за 1 000 м³, тогда как цена «коммерческого» газа, импортируемого из Азербайджана, находится на уровне 240 долл. США за 1 000 м³.

Таблица 5.7. **Расчет цены газа, импортированного в Грузию в 2015 году**

	млрд м³	долл. США за 1 000 м³	доля
Шах-Дениз (5%)	0,25	61	10%
Шах-Дениз, доп. объем	0,5	70	21%
Транзит из РФ	0,2	110	8%
«Социальный газ» из Азербайджана	0,5	189	21%
«Коммерческий газ» из Азербайджана	0,9	240	38%
Сумма и средневзвешенная цена	2,4	162	100%

Источник: WEG (2012).

Иными словами, анализ методом ценовой разницы позволяет выявить механизм перекрестного субсидирования, в рамках которого ТЭС и бытовые потребители, для которых установлен регулируемый тариф, получают дешевый газ за счет более высоких цен для других категорий потребителей. Дальнейшее обсуждение механизмов субсидирования «социального газа» приведено в следующем разделе и таблице 5.А1.1. Хотя конкретные количественные оценки методом ценовой разницы и путем инвентаризации «снизу вверх» различаются, они подтверждают общий вывод о том, что перекрестное субсидирование является наиболее значительной формой поддержки потребления природного газа в Грузии.

Инвентаризация государственной поддержки нефти и газа методом «снизу вверх»

В таблицах 5.8а и 5.8б представлены основные механизмы субсидирования нефти и газа, выявленные в Грузии и описанные выше в разделах, посвященных политике ценообразования и налогообложения. Более подробная характеристика этих схем приведена в приложении 5.А1. В Грузии не выявлено государственной поддержки угля. На самом общем уровне выявленные субсидии можно разделить на три категории:

1. поддержка социально незащищенных семей в форме прямых бюджетных трансфертов;
2. поддержка ТЭС в форме платежей за мощность, а также распределительных компаний в форме ценовой поддержки;
3. выпадающие доходы бюджета в результате освобождения от налогообложения нефтегазовой инфраструктуры и потребления соответствующих энергоносителей.

Таблица 5.8 а. **Оценки основных субсидий в нефтегазовом секторе Грузии, млн лари**

Субсидия	Тип субсидии	2010	2011	2012	2013	2014
Поставки «социального газа» по ценам ниже рыночных для ТЭС и распределительных компаний, обслуживающих население	Субсидия на потребление, вторичный трансферт	206	336	350	314	367
Освобождение от НДС импортируемого природного газа, используемого ТЭС	Субсидия на потребление, выпадающие доходы бюджета	9	27	30	22	30
Прямые субсидии на потребление газа населению высокогорных муниципалитетов Казбеги и Душети	Субсидия на потребление, прямой бюджетный трансферт	4,4	5,3	4,3	4,8	6
Освобождение от НДС импорта товаров для энергетического сектора, финансируемого в рамках льготных международных кредитов	Субсидия на общую инфраструктуру (в интересах как производителей, так и потребителей), выпадающие налоговые доходы	нет расчетов	нет расчетов	нет расчетов	нет расчетов	нет расчетов
Освобождение от НДС, налога на импорт, налога на имущество и акциза связанных с нефтью и газом операций, предусмотренных законом «О нефти и газе»	Субсидия на общую инфраструктуру (в интересах как производителей, так и потребителей), выпадающие налоговые доходы	нет расчетов	нет расчетов	нет расчетов	нет расчетов	нет расчетов
Освобождение от НДС товаров, временно ввозимых в Грузию для строительства трубопроводов Баку–Тбилиси–Джейхан и Баку–Тбилиси–Эрзурум	Субсидия на общую инфраструктуру (в интересах как производителей, так и потребителей), выпадающие налоговые доходы	нет расчетов	нет расчетов	нет расчетов	нет расчетов	нет расчетов
Общая количественная оценка субсидий в нефтегазовом секторе		**219**	**368**	**384**	**341**	**403**

Источник: составлено и рассчитано авторами по данным Министерства финансов Грузии (2014), Министерства энергетики Грузии (б.д.), Правительства Грузии (2013).

Таблица 5.8 б. **Оценки основных субсидий в нефтегазовом секторе Грузии, млн долл. США**

Субсидия	Тип субсидии	2010	2011	2012	2013	2014
Поставки «социального газа» по ценам ниже рыночных для ТЭС и распределительных компаний, обслуживающих население	Субсидия на потребление, вторичный трансферт	115	199	212	189	208
Освобождение от НДС импортируемого природного газа, используемого ТЭС	Субсидия на потребление, выпадающие доходы бюджета	5	16	18	13	17
Прямые субсидии на потребление газа населению высокогорных муниципалитетов Казбеги и Душети	Субсидия на потребление, прямой бюджетный трансферт	2	3	3	3	3
Освобождение от НДС импорта товаров для энергетического сектора, финансируемого в рамках льготных международных кредитов	Субсидия на общую инфраструктуру (в интересах как производителей, так и потребителей), выпадающие налоговые доходы	нет расчетов	нет расчетов	нет расчетов	нет расчетов	нет расчетов
Освобождение от НДС, налога на импорт, налога на имущество и акциза связанных с нефтью и газом операций, предусмотренных законом «О нефти и газе»	Субсидия на общую инфраструктуру (в интересах как производителей, так и потребителей), выпадающие налоговые доходы	нет расчетов	нет расчетов	нет расчетов	нет расчетов	нет расчетов
Освобождение от НДС товаров, временно ввозимых в Грузию для строительства трубопроводов Баку–Тбилиси–Джейхан и Баку–Тбилиси–Эрзурум	Субсидия на общую инфраструктуру (в интересах как производителей, так и потребителей), выпадающие налоговые доходы	нет расчетов	нет расчетов	нет расчетов	нет расчетов	нет расчетов
Общая количественная оценка субсидий в нефтегазовом секторе		122	218	233	205	228

Источник: составлено и рассчитано авторами по данным Министерства финансов Грузии (2014), Министерства энергетики Грузии (б.д.), Правительства Грузии (2013).

Объемы субсидирования природного газа в 2014 году были оценены на уровне 403 млн лари или 228 млн долл. США. Выгодополучателями от этих субсидий являются потребители. Денежная оценка выпадающих доходов в результате поддержки нефтегазовой инфраструктуры сопряжена с более серьезными трудностями.

В таблице 5.9 приведены дополнительные сведения о методах, использованных для количественной оценки субсидий.

Таблица 5.9. **Методы количественной оценки субсидий в нефтегазовом секторе Грузии**

Механизм субсидий	Метод оценки
Поставки «социального газа» по ценам ниже рыночных для ТЭС и распределительных компаний, обслуживающих население	Оценка авторов: разница между региональной оптовой ценой на газ и ценой для ТЭС и распределительных компаний, умноженная на объем газа, потребленный ТЭС и распределительными компаниями
Освобождение от НДС импортируемого природного газа, используемого ТЭС	Оценка авторов: цена газа для ТЭС без учета НДС, умноженная на ставку НДС (18%) и объем газа, поставленный ТЭС
Прямые субсидии на потребление газа населению высокогорных муниципалитетов Казбеги и Душети	Оценка субсидий взята без изменений из государственного бюджета Грузии за 2014 года.

Источник: подготовлено авторами.

Основной объем средств (208 млн долл. США в 2014 году), которые могут быть отнесены к субсидиям на ископаемое топливо, связан с поставкой природного газа по ценам ниже рыночных для ТЭС и распределительных компаний, обслуживающих население. Субсидируемый таким образом газ называется «социальным газом», что указывает на назначение данного механизма: в первую очередь, он предназначен для защиты населения от роста тарифов на электроэнергию и газ выше уровня, который считается приемлемым. Цена газа, поставляемого для этих целей, определяется договорами между ТЭС и «SOCAR Georgia» – импортера природного газа из Азербайджана и дочерней компанией азербайджанской национальной нефтегазовой компании SOCAR.

По данным из официальных источников, распределительные компании и ТЭС получают газ по цене ниже рыночной – 143 долл. США за 1 000 $м^3$ (данные цитируются в Transparency International Georgia, 2015). Этот механизм является частью сделки между правительством Грузии и SOCAR, подробности которой официально не раскрываются. В рамках этой сделки ГНГК и ее дочерние компании передают газ, получаемый в рамках бартерных схем оплаты транзита по Южно-Кавказскому трубопроводу (из Азербайджана в Турцию) и Северо-Восточному газопроводу (из Российской Федерации в Армению), импортно-экспортной компании SOCAR. Затем этот газ, полученный по бартеру, смешивается с газом, приобретаемым у Азербайджана, и поставляется некоторым грузинским потребителям в форме «социального» газа (по цене 143 долл. США за 1 000 $м^3$) и по коммерческим расценкам – всем остальным группам потребителей. Таким образом, «социальный газ» финансируется путем перекрестного субсидирования – за счет наценки, включаемой в тариф для коммерческих потребителей.

В качестве еще одной меры социальной защиты населения правительство Грузии предоставляет прямые субсидии на потребление газа в зимний период населению высокогорных муниципалитетов Казбеги и Душети. Средства для этого выделяются из государственного бюджета с целью улучшения социально-экономических условий в высокогорных районах. Эта поддержка предоставляется с 1990-х годов, когда был введен в эксплуатацию Северо-Восточный транзитный газопровод (Россия–Грузия–Армения), проходящий по территории двух высокогорных муниципалитетов. В этих условиях правительство Грузии решило бесплатно снабжать газом население этих муниципалитетов, перечисляя бюджетные средства непосредственно газоснабжающим компаниям. Эта субсидия привела к существенному искажению рыночных сигналов. В частности, жители стали использовать бесплатный газ для отопления теплиц и выращивания овощей в высокогорных районах. В последние годы предпринимаются попытки ограничения расточительного потребления газа, но в целом подобная практика сохраняется, и нагрузка на государственный бюджет, составляющая около 3 млн долл. США в год, не снижается.

Правительство Грузии ввело практику платы за гарантированный резерв мощности (ГРМ) газовым ТЭС. Этот механизм, первоначально разработанный в 2005-2006 годах для обеспечения окупаемости новой газотурбинной электростанции, к настоящему моменту был распространен на все газовые ТЭС. Таким образом, доход подобной ТЭС состоит из двух частей – платы за гарантированный резерв мощности и платы за электроэнергию, поставляемую в сеть. Ставки платы за мощность определяются постановлением НКРЭВГ в соответствии с законом «Об электроэнергии и природном газе» и Правилами рынка электроэнергии. Плата за ГРМ обеспечивает компенсацию всех постоянных затрат на эксплуатацию и техническое обслуживание, а также доходность на регулируемую базу капитала. Поскольку ТЭС получают полную компенсацию затрат, даже не поставляя электричества в национальную энергосистему, у них отсутствуют существенные стимулы для производства электроэнергии, поскольку это не приводит к получению дополнительного дохода.

Платежи за гарантированный резерв мощности формируются за счет распределительных компаний, непосредственных потребителей и экспортеров электроэнергии (включая новые ГЭС), с которых взимаются средства в зависимости от уровня производства или потребления (за кВт-ч электроэнергии). В результате ТЭС субсидируются не только за счет распределительных компаний и потребителей, но и за счет ГЭС, которые хотели бы экспортировать производимую электроэнергию в соседние страны (главным образом, в Турцию). Это ослабляет стимулы для дальнейшего развития гидроэнергетики в стране и расширения экспорта энергии, производимой ГЭС, в соседние страны. Высказываются доводы в пользу отмены схем, стимулирующих расширение одного типа генерирующих мощностей за счет других типов, которые могли бы не только удовлетворить растущий спрос на электроэнергию в будущем, но и обеспечить получение дополнительных доходов от экспорта. Эта проблема является предметом дискуссий во многих странах, включая Канаду и государства ЕС, в ходе которых отмечается, что данная форма поддержки фактически представляет собой субсидию, изначально направленную на укрепление энергетической безопасности и повышение устойчивости энергосистемы к неблагоприятным воздействиям, но приводящую к строительству неиспользуемых генерирующих мощностей. Этот вопрос требует дополнительного изучения и в настоящее время анализируется в некоторых странах ЕС, сталкивающихся с подобными проблемами.

Кроме того, в нефтегазовом секторе были выявлены субсидии, относящиеся к категории выпадающих налоговых доходов. В частности, правительство Грузии освобождает от НДС импортируемый природный газ, используемый ТЭС, в качестве меры защиты потребителей от роста тарифов на электроэнергию. Общий объем данной субсидии оценивается на уровне 17 млн долл. США в 2014 году.

Как было отмечено выше в разделе о налоговой политике в отношении энергетического сектора, в стране действует ряд положений об освобождении от налогов, направленных на поддержку общей энергетической инфраструктуры, что является источником выгод как для производителей, так и для потребителей энергоресурсов. В частности, одной из категорий выгодополучателей являются международные нефте- и газотранспортные консорциумы. Связанные с нефтью и газом операции, предусмотренные законом «О нефти и газе», освобождаются от НДС, налога на импорт, налога на собственность и акциза. Кроме того, от НДС освобождаются импорт товаров для энергетического сектора, финансируемый в рамках льготных международных кредитов, а также товары, временно ввозимые в Грузию для строительства трубопроводов Баку–Тбилиси–Джейхан и Баку–Тбилиси–Эрзурум. Однако вследствие недостатка данных количественная оценка этих видов выпадающих налоговых доходов не выполнялась.

Меры государственной поддержки в электроэнергетике, преимущественно в отношении возобновляемых источников

Ряд механизмов субсидирования, действующих в Грузии, направлен на поддержку производства и потребления энергии и может применяться к электроэнергии, производимой из любых источников, включая как возобновляемые источники, так и природный газ. Однако, поскольку большая часть электроэнергии в Грузии производится на ГЭС, включая крупные станции, субсидии для традиционной и возобновляемой энергетики рассматриваются вместе в этом разделе исследования. В данном случае разделение электроэнергии, производимой из газа и возобновляемых источников, в контексте мер политики и соответствующих дискуссий было бы сопряжено с методическими трудностями.

Ряд субсидий был введен с целью поддержки потребителей электроэнергии. Во-первых, все бытовые потребители энергии Тбилиси получают ваучеры на электроэнергию. Эти ваучеры могут использоваться для оплаты услуг поставщиков электроэнергии, затраты которых затем компенсируются прямым трансфертом из муниципального бюджета. Согласно официальным источникам, объем этой субсидии в 2014 году составил 14 млн долл. США; это значение используется в данном исследовании без изменений.

Во-вторых, как подробно обсуждалось выше в разделе о политике ценообразования, тарифы для населения дифференцированы в зависимости от объемов потребления. Эти тарифы предполагают перекрестное субсидирование бытовых потребителей с низким уровнем потребления за счет других категорий потребителей. В-третьих, производство и экспорт электроэнергии освобождаются от НДС. В-четвертых, в период с 1 января 2011 года до 1 января 2015 года от НДС были освобождены поставки электроэнергии и платежи за гарантированную мощность, кроме поставок электроэнергии потребителям (определенным Законом Грузии «Об электроэнергетике и природном газе»), а также услуги по передаче и (или) диспетчеризации. В-пятых, ограничение экспорта электроэнергии, произведенной на ГЭС, в зимний период приводит к снижению цен для внутренних потребителей и таким образом представляет собой субсидию на потребление. Количественная оценка этих субсидий оказалась невозможной вследствие недостатка данных.

Тариф на электроэнергию был повышен в августе 2015 года, что привело, с одной стороны, к усилению нагрузки на потребителей, а с другой – к росту доходов бюджета от сбора НДС на поставляемую электроэнергию. Правительство планирует скомпенсировать связанную с увеличением тарифа нагрузку на социально незащищенных потребителей, использовав для этого 25% дополнительных налоговых доходов. Ожидается, что тарифы на электроэнергию как для населения, так и для промышленных потребителей продолжат рост, поскольку себестоимость производства энергии на новых электростанциях, вводимых в эксплуатацию, будет выше. Правительство предполагает увеличить субсидии для социально незащищенных групп потребителей, использовав для этого до 40% дополнительных доходов бюджета от сбора НДС.

В области поддержки производителей электроэнергии правительство Грузии обеспечивает стимулы для развития гидроэнергетики. Одной из мер такого стимулирования является гарантированный льготный тариф на закупку электроэнергии, производимой на ГЭС. В частности, этот инструмент был использован для гарантии возврата инвестиций в строительство новой Худони ГЭС, которую предполагается ввести в эксплуатацию после 2020 года. Соглашение о строительстве и эксплуатации Худони ГЭС, а также о правах собственности на нее было подписано правительством Грузии и компаниями «Trans Electrica Limited (BVI)», «Trans Electrica Georgia Ltd.», «Коммерческий оператор электроэнергетической системы» (КОЭС) и «Энерготранс». Ожидается, что в течение 10 лет на станции будет произведено 1,5 ТВт-ч, тогда как закупочный тариф, в соответствии с соглашением, составит около 10,5 центов США за кВт-ч. В то же время ожидается, что рыночная оптовая цена электроэнергии составит 5,5 центов США за кВт-ч. Таким образом, ожидаемый ежегодный объем субсидий, получаемых Худони ГЭС, составит 75 млн долл. США. Поскольку данная субсидия будет предоставляться только после 2020 года, когда ГЭС будет введена в эксплуатацию, ее количественная оценка не включена в таблицы 5.10а и 5.10б, однако описана в таблице 5.A2.2. Планируемые закупочные тарифы для Худони ГЭС приведены в приложении 5.A4.

Кроме того, в рамках поддержки производителей электроэнергии линии электропередач и земли под водохранилищами электростанций освобождаются от налога на имущество. Однако вследствие недостатка данных количественная оценка данного вида субсидий не выполнялась.

Объемы производства электроэнергии на основе геотермальных источников, а также энергии солнца и ветра в Грузии остаются незначительными. В принципе, правительство может устанавливать льготные закупочные тарифы на электроэнергию в качестве инструмента стимулирования соответствующих проектов. Однако до настоящего времени в Грузии не было внедрено значительных механизмов поддержки альтернативных источников энергии.

В таблицах 5.10а и 5.10б представлены основные механизмы субсидирования электроэнергетического сектора, выявленные в Грузии. Более подробная характеристика этих схем приведена в приложении 5.A2.

Таблица 5.10 а. **Оценки основных субсидий в электроэнергетике Грузии, млн лари**

Субсидия	Тип субсидии	2010	2011	2012	2013	2014
Ваучеры на электроэнергию для населения Тбилисского муниципалитета	Субсидия на потребление, прямой трансферт из бюджета	не применялась	не применялась	6,4	24	25
Перекрестное субсидирование бытовых потребителей с низким уровнем потребления за счет наценки для других категорий потребителей, предполагаемое регулируемым тарифом на электроэнергию	Субсидия на потребление, вторичный трансферт	нет расчетов	нет расчетов	нет расчетов	нет расчетов	нет расчетов
Освобождение производства и экспорта электроэнергии от НДС	Субсидия на потребление, выпадающие налоговые доходы	нет расчетов	нет расчетов	нет расчетов	нет расчетов	нет расчетов
Освобождение от НДС поставок электроэнергии и платежей за гарантированную мощность с 1 января 2011 года до 1 января 2015 года, кроме поставок электроэнергии потребителям (лицам, определенным Законом Грузии «Об электроэнергетике и природном газе»), а также услуг по передаче и (или) диспетчеризации	Субсидия на потребление, выпадающие налоговые доходы	нет расчетов	нет расчетов	нет расчетов	нет расчетов	нет расчетов
Ограничение на экспорт электроэнергии в зимний период	Субсидия на потребление, вторичный трансферт	нет расчетов	нет расчетов	нет расчетов	нет расчетов	нет расчетов
Освобождение от налога на имущество линий электропередачи, земель под водохранилищами и электростанций	Субсидия на производство, вторичный трансферт	нет расчетов	нет расчетов	нет расчетов	нет расчетов	нет расчетов
Льготный закупочный тариф на электроэнергию для Худони ГЭС	Субсидия на производство, вторичный трансферт	не применялась	не применялась	не применялась	не применялась	не применялась
Общая количественная оценка субсидий в электроэнергетике		**нет расчетов**	**нет расчетов**	**6,4**	**24**	**25**

Источник: подготовлено авторами на основе бюджета Тбилисского муниципалитета (2014) и анализа в данном докладе.

Таблица 5.10 б. **Оценки основных субсидий в электроэнергетике Грузии, млн долл. США**

Субсидия	Тип субсидии	2010	2011	2012	2013	2014
Ваучеры на электроэнергию для населения Тбилисского муниципалитета	Субсидия на потребление, прямой трансферт из бюджета	не применялась	не применялась	4	14	14
Перекрестное субсидирование бытовых потребителей с низким уровнем потребления за счет наценки для других категорий потребителей, предполагаемое регулируемым тарифом на электроэнергию	Субсидия на потребление, вторичный трансферт	нет расчетов	нет расчетов	нет расчетов	нет расчетов	нет расчетов
Освобождение производства и экспорта электроэнергии от НДС	Субсидия на потребление, выпадающие налоговые доходы	нет расчетов	нет расчетов	нет расчетов	нет расчетов	нет расчетов
Освобождение от НДС поставок электроэнергии и платежей за гарантированную мощность с 1 января 2011 года до 1 января 2015 года, кроме поставок электроэнергии потребителям (лицам, определенным Законом Грузии «Об электроэнергетике и природном газе»), а также услуг по передаче и (или) диспетчеризации	Субсидия на потребление, выпадающие налоговые доходы	нет расчетов	нет расчетов	нет расчетов	нет расчетов	нет расчетов
Ограничение на экспорт электроэнергии в зимний период	Субсидия на потребление, вторичный трансферт	нет расчетов	нет расчетов	нет расчетов	нет расчетов	нет расчетов

Таблица 5.10 б. **Оценки основных субсидий в электроэнергетике Грузии, млн долл. США** *(продолжение)*

Субсидия	Тип субсидии	2010	2011	2012	2013	2014
Освобождение от налога на имущество линий электропередачи, земель под водохранилищами и электростанций	Субсидия на производство, вторичный трансферт	нет расчетов	нет расчетов	нет расчетов	нет расчетов	нет расчетов
Льготный закупочный тариф на электроэнергию для Худони ГЭС	Субсидия на производство, вторичный трансферт	не применялась	не применялась	не применялась	не применялась	не применялась
Общая количественная оценка субсидий в электроэнергетике		**нет расчетов**	**нет расчетов**	**4**	**14**	**14**

Источник: подготовлено авторами на основе бюджета Тбилисского муниципалитета (2014) и анализа в данном докладе.

Государственная поддержка мер по повышению энергоэффективности

Энергоемкость грузинской экономики остается высокой, и удельное энергопотребление на производство товаров и услуг превышает соответствующие показатели большинства западных стран в 2–2,5 раза. Согласно оценкам, меры по повышению энергоэффективности могут обеспечить экономию до 20% энергии, потребляемой в стране.

Анализ энергетических субсидий в рамках данного исследования не выявил поддержки каких-либо мер по повышению энергоэффективности в Грузии, отвечающих определению субсидий. В то же время, это направление политики сохраняет свою важность для будущего развития энергетического сектора страны в свете ее обязательств в рамках международного климатического соглашения (см. раздел о климатической политике выше) и других международных соглашений, включая Договор к Энергетической хартии и Договор Энергетического сообщества.

Приложение 5.A1

Субсидии на ископаемые виды топлива в Грузии

Таблица 5.A1.1. **Поставки природного газа по ценам ниже рыночных для ТЭС и распределительных компаний, обслуживающих население**

Категория	Поддержка доходов или цен → Поддержка цен на рынках и регулирование рынков → Установление регулируемых цен на уровне ниже рыночных
Стимулируемые виды деятельности	Потребление газа и электроэнергии населением
Наименование субсидии	**Поставки природного газа по ценам ниже рыночных для ТЭС и распределительных компаний. Субсидируемый газ называется «социальным газом»**
Административный уровень	Национальный
Правовой документ/орган	Договоры между ТЭС и импортно-экспортной компанией «SOCAR Georgia»
Цель государственной политики	Обеспечение приемлемых для населения тарифов на электроэнергию и газ
Конечные получатели субсидии	Все бытовые потребители электроэнергии и газа в Грузии
Период применения	С 2010 года по настоящее время
Справка	По данным из официальных источников, распределительные компании и ТЭС получают газ по цене ниже рыночной – 143 долл. США за 1 000 м³. Субсидируемый таким образом газ называется «социальным газом», что указывает на назначение данного механизма: в первую очередь, он предназначен для защиты населения от роста тарифов на электроэнергию и газ выше уровня, который считается приемлемым. Цена газа, поставляемого для этих целей, определяется договорами между ТЭС и «SOCAR Georgia» – импортером природного газа из Азербайджана и дочерней компанией азербайджанской национальной нефтегазовой компании SOCAR. Этот механизм является частью сделки между правительством Грузии и SOCAR, подробности которой официально не раскрываются. В рамках этой сделки ГНГК и ее дочерние компании передают газ, получаемый в рамках бартерных схем оплаты транзита по Южно-Кавказскому трубопроводу (из Азербайджана в Турцию) и Северо-Восточному газопроводу (из Российской Федерации в Армению), импортно-экспортной компании SOCAR. Затем этот газ, полученный по бартеру, смешивается с газом, приобретаемым у Азербайджана, и поставляется некоторым грузинским потребителям в форме «социального» газа (по цене 143 долл. США за 1 000 м³) и по коммерческим расценкам – всем остальным группам потребителей. Как продемонстрировано ниже, объем данного вида субсидий рассчитывается следующим образом: разница между региональной оптовой ценой на газ и ценой для ТЭС и распределительных компаний умножается на объем газа, потребленного ТЭС и распределительными компаниями. Газ для ТЭС освобождается от НДС, и этот вид субсидий оценивается отдельно. Во избежание двойного счета при оценках предполагается, что газ для ТЭС также облагается НДС.
Размер предоставленной субсидии	2010: 206 млн лари (115 млн долл. США) 2011: 336 млн лари (199 млн долл. США) 2012: 350 млн лари (212 млн долл. США) 2013: 314 млн лари (189 млн долл. США) 2014: 367 млн лари (208 млн долл. США)

Таблица 5.A1.1. **Поставки природного газа по ценам ниже рыночных для ТЭС и распределительных компаний, обслуживающих население** *(продолжение)*

Расчет размера субсидии в результате поставок природного газа для ТЭС и распределительных компаний, обслуживающих население, по ценам ниже рыночных					
	2010	**2011**	**2012**	**2013**	**2014**
Объем социального газа, поставленного ТЭС и распр. компаниям (млн $м^3$)	644	1 151	1 230	1 080	1 200
Объем социального газа, поставленного ТЭС (млн $м^3$)	198	629	702	505	650
Объем социального газа, поставленного распр. компаниям (млн $м^3$)	446	522	528	575	550
Цена социального газа для ТЭС, включая НДС (долл./1 000 $м^3$)	169	169	169	169	169
Цена социального газа для распр. компаний (долл./1 000 $м^3$)	143	143	143	143	143
Региональная оптовая цена газа (долл. США)	330	330	330	330	330
Региональная оптовая цена газа (лари)	588	556	545	549	583
Субсидия для ТЭС (долл. США)	31 929 480	101 432 540	113 204 520	81 436 300	104 819 000
Субсидия для распр. компаний (долл. США)	83 402 000	97 614 000	98 736 000	107 525 000	102 850 000
Субсидия для ТЭС (лари)	56 917 797	171 019 625	186 930 294	135 462 614	185 095 363
Субсидия для распр. компаний (лари)	148 673 205	164 581 403	163 038 980	178 859 029	181 618 391
Общий размер субсидии (долл. США)	**115 331 480**	**199 046 540**	**211 940 520**	**188 961 300**	**207 669 000**
Общий размер субсидии (лари)	**205 591 002**	**335 601 028**	**349 969 274**	**314 321 643**	**366 713 754**
Обменный курс – лари/долл. США	1,78	1,69	1,65	1,66	1,77
Источники информации	1. Министерство энергетики Грузии (Баланс природного газа). www.energy.gov.ge/legislation.php?id_pages=75&lang=geo 2. Transparency International Georgia (2015), Negotiations with Gazprom Raise Questions, Transparency International Georgia, Tbilisi. www.transparency.ge/en/node/5664 3. Министерство энергетики Грузии (2007), *О деятельности в сфере природного газа*. Приказ министра № 69 от 25 сентября 2007. (საქართველოს ენერგეტიკის მინისტრის ბრძანება №69, 2007 წლის 25 სექტემბერი. ბუნებრივი გაზის მიწოდების საქმიანობის დერეგულირებისა და ნაწილობრივი დერეგულირების შესახებ). https://matsne.gov.ge/ka/document/view/73006				

Таблица 5.A1.2. **Прямая субсидия на потребление природного газа населением высокогорных муниципалитетов Казбеги и Душети**

Категория	Прямой и косвенный перевод денежных средств или обязательства по такому переводу → Прямое финансирование → Целевое финансирование
Стимулируемые виды деятельности	Потребление природного газа (в первую очередь, для отопления) в высокогорных селах муниципалитетов Казбеги и Душети в зимний период
Наименование субсидии	**Возмещение затрат на газоснабжение населения муниципалитетов Казбеги и Душети** Компенсация за поставки газа в высокогорные села муниципалитетов Казбеги и Душети. Государственный бюджетный кодекс 36 02 (ყაზბეგის მუნიციპალიტეტისა და დუშეთის მუნიციპალიტეტის მაღალმთიანი სოფლების მოსახლეობისათვის მიწოდებული ბუნებრივი აირის ღირებულების ანაზღაურების ღონისძიება 2014 წლის სახელმწიფო ბიუჯეტი, პროგრამული კოდი 36 02)
Административный уровень	Субсидия закреплена национальным законодательством, но действует только на территории двух муниципалитетов
Законодательный акт/орган	Государственный бюджет Грузии на 2014 год/ Министерство энергетики Грузии
Цель государственной политики	Улучшение социально-экономических условий в высокогорных селах
Конечные получатели субсидии	Около 3 600 домохозяйств муниципалитетов Казбеги и Душети
Период применения	С 1990-х годов по настоящее время
Справка	Данная форма поддержки предоставляется с 1990-х годов, когда был введен в эксплуатацию Северо-Восточный транзитный газопровод (Россия–Грузия–Армения), проходящий по территории двух высокогорных муниципалитетов. В этих условиях правительство Грузии решило бесплатно снабжать газом население этих муниципалитетов, перечисляя бюджетные средства непосредственно газоснабжающим компаниям. Эта субсидия привела к существенному искажению рыночных сигналов. В частности, жители стали использовать бесплатный газ для отопления теплиц и выращивания овощей в высокогорных районах. В последние годы предпринимаются попытки ограничения расточительного потребления газа, но в целом подобная практика сохраняется, и нагрузка на государственный бюджет, составляющая около 3 млн долл. США в год, не снижается. В данном исследовании без изменений используется размер субсидии, приводимый в государственном бюджете Грузии.
Размер предоставленной субсидии	2010: 4,4 млн лари (2,47 млн долл. США) 2011: 5,3 млн лари (3,14 млн долл. США) 2012: 4,3 млн лари (2,6 млн долл. США) 2013: 4,8 млн лари (2,89 млн долл. США) 2014: 6 млн лари (3,4 млн долл. США)
Источники информации	Государственный бюджет Грузии на 2014 год. www.mof.ge/4596

Таблица 5.A1.3. **Освобождение от НДС импортируемого природного газа, используемого в качестве топлива тепловыми электростанциями**

Категория	Выпадающие доходы бюджета → Налоговые льготы и особый налоговый режим → Налоговые расходы
Стимулируемые виды деятельности	Поддержка населения
Наименование субсидии	**Освобождение от НДС импортируемого природного газа, используемого в качестве топлива тепловыми электростанциями**
Административный уровень	Национальный
Законодательный акт/орган	Налоговый кодекс Грузии
Цель государственной политики	Обеспечение приемлемого уровня тарифов на электроэнергию для населения
Конечные получатели субсидии	Потребители электроэнергии, производимой на ТЭС
Период применения	С 2010 года по настоящее время
Справка	Ст. 168, п. 1 Налогового кодекса Грузии предусматривает освобождение от НДС без права на зачет импорта природного газа для производства электроэнергии на ТЭС. Общий размер субсидии рассчитывается путем применения ставки НДС (18%) к цене газа, получаемого ТЭС, и умножения этой величины на объем газа, получаемого ТЭС.
Размер предоставленной субсидии	2010: 9 млн лари (5 млн долл. США) 2011: 27 млн лари (16 млн долл. США) 2012: 30 млн лари (18 млн долл. США) 2013: 22 млн лари (13 млн долл. США) 2014: 30 млн лари (17 млн долл. США)

Расчет размера субсидии в результате освобождения от НДС импортируемого природного газа, используемого ТЭС

	2010	2011	2012	2013	2014
Объем социального газа, поставленного ТЭС (млн м^3)	198	629	702	505	650
Цена газа для ТЭС, без НДС (долл./ 1 000 м^3)	143	143	143	143	143
Цена газа для ТЭС, включая НДС (долл./ 1 000 м^3)	168,74	168,74	168,74	168,74	168,74
Субсидия – освобождение от НДС, долл. США	5 096 520	16 190 460	18 069 480	12 998 700	16 731 000
Субсидия – освобождение от НДС, лари	9 085 105	27 297 812	29 837 441	21 622 273	29 544 553
Обменный курс – лари/долл. США	1,78	1,69	1,65	1,66	1,77
Источники информации	Налоговый кодекс Грузии, ст. 168 Министерство энергетики Грузии (Баланс природного газа). www.energy.gov.ge/legislation.php?id_pages=75&lang=geo				

Таблица 5.A1.4. **Освобождение некоторых операций, связанных с нефтью и газом, от НДС, налога на импорт, налога на имущества и акциза**

Категория	Выпадающие доходы бюджета → Налоговые льготы и особый налоговый режим → Налоговые расходы
Стимулируемые виды деятельности	Строительство и эксплуатация нефтегазовой инфраструктуры и другая деятельность, связанная с нефтью и газом
Наименование субсидии	**Освобождение некоторых операций, связанных с нефтью и газом, от НДС, налога на импорт, налога на имущества и акциза**
Административный уровень	Национальный
Законодательный акт/орган	Налоговый кодекс Грузии (2010), Закон Грузии «О нефти и газе» (2001) Президент Грузии (2010, 2001)
Цель государственной политики	Поддержка энергетических компаний
Конечные получатели субсидии	Энергетические компании, действующие в Грузии
Период применения	Различается в зависимости от конкретной нормы. Все перечисленные нормы об освобождении от налогообложения действовали в 2010-2014 годах
Справка	Согласно Налоговому кодексу Грузии (Президент Грузии, 2010), ст. 168 п. 3, от НДС освобождаются операции, осуществленные по целевому назначению на основании следующих законов, соглашений и договоров, без права на зачет: • импорта, поставки товаров и (или) оказание услуг, связанных с оборудованием и установками, транспортными средствами, запасными частями и материалами, предназначенными для осуществления операций с нефтью и газом, предусмотренных Законом Грузии «О нефти и газе», а также импорта и поставки товаров для инвесторов и операционных компаний с целью выполнения соглашений, заключенных в соответствии с вышеупомянутым законом и (или) для осуществления операций, связанных с нефтью и газом, в соответствии с выданными лицензиями и (или) для оказания услуг для осуществления таких операций; • импорта товаров, финансируемых по льготным кредитам, выданным иностранными государствами и (или) международными организациями в соответствии с международными соглашениями, ратифицированными Парламентом Грузии, для оказания строительно-монтажных, ремонтных, восстановительных, опытно-конструкторских и (или) геолого-разведочных услуг в целях реабилитации электроэнергетического сектора; • временного ввоза товаров в Грузию для обеспечения исполнения обязательств, предусмотренных международными договорами Грузии, в частности, о строительстве трубопроводов Баку–Тбилиси–Джейхан и Баку–Тбилиси–Эрзурум. Помимо освобождения от НДС, импорт оборудования и установок, транспортных средств, запасных частей и материалов, предназначенных для осуществления операций с нефтью и газом, предусмотренных Законом Грузии «О нефти и газе», также освобождается от налога на импорт (ст. 199, п. ж) и от акциза без права на зачет (ст. 194, п. 5-е). Кроме того, те же операции с нефтью и газом, предусмотренные Законом Грузии «О нефти и газе», освобождаются от налога на имущество. Вследствие недостатка данных количественная оценка этих субсидий не выполнялась.
Размер предоставленной субсидии	Не оценивался
Источники информации	Президент Грузии (2010), Налоговый кодекс Грузии. http://rs.ge/4713 Президент Грузии (2011), Закон Грузии «О нефти и газе» от 2 марта 2001 года с изменениями и дополнениями. https://matsne.gov.ge/ru/document/download/18424/22/en/pdf

Приложение 5.A2

Количественная оценка субсидий на электроэнергию, преимущественно из возобновляемых источников

Таблица 5.A2.1. **Ваучеры на электроэнергию для бытовых потребителей Тбилисского муниципалитета**

Категория	Прямой и косвенный перевод денежных средств или обязательства по такому переводу → Прямое финансирование → Целевое финансирование
Стимулируемые виды деятельности	Потребление электроэнергии населением Тбилисского муниципалитета
Наименование субсидии	**Программа социальной поддержки** (სოციალური უზრუნველყოფის პროგრამა)
Административный уровень	Муниципальный–Тбилисский муниципалитет
Законодательный акт/орган	Муниципальный бюджет Тбилиси, Городская служба здравоохранения и социального обслуживания (ჯანდაცვისა და სოციალური მომსახურების საქალაქო სამსახური)
Цель государственной политики	Поддержка потребления электроэнергии населением и обеспечение благоприятных социально-экономических условий в Тбилиси
Конечные получатели субсидии	Все бытовые потребители электроэнергии Тбилисского муниципалитета – около 410 тыс. домохозяйств
Период применения	С 2012 года по настоящее время
Справка	«Коммунальные ваучеры» на электроэнергию были введены с целью поддержки социально незащищенных групп населения Тбилисского муниципалитета, однако предоставляются всем бытовым потребителям. Приводимые ниже объемы субсидирования взяты без изменений из муниципального бюджета Тбилиси за соответствующие годы.
Размер предоставленной субсидии	2010: не предоставлялась 2011: не предоставлялась 2012: 6,4 млн лари (3,88 млн долл. США) 2013: 24 млн лари (14,43 млн долл. США) 2014: 25 млн лари (14,16 млн долл. США)
Источники информации	Бюджет Тбилисского муниципалитета (2014). http://new.tbilisi.gov.ge/news/1500.

Таблица 5.A2.2. **Государственная поддержка строительства ГЭС, льготный (стимулирующий) тариф на закупку электроэнергии, производимой на Худони ГЭС**

Категория	Поддержка доходов или цен → Поддержка цен на рынках и регулирование рынков → Надбавки к тарифам для ВИЭ
Стимулируемые виды деятельности	Инвестиции в строительство ГЭС в Грузии
Наименование субсидии	**Государственная поддержка строительства ГЭС, льготный (стимулирующий) тариф на закупку электроэнергии, производимой на Худони ГЭС**
Административный уровень	Национальный
Законодательный акт/орган	Меморандум о взаимопонимании, Соглашение между правительством Грузии и компанией «Trans Electrica Ltd.»
Цель государственной политики	Освоение возобновляемых источников энергии в Грузии
Конечные получатели субсидии	Компания «Trans Electrica Ltd», Худони ГЭС
Период применения	После 2020 года, когда Худони ГЭС будет введена в эксплуатацию
Справка	Тариф на закупку электроэнергии, производимой на Худони ГЭС, определяется соглашением с правительством Грузии. Правительство Грузии гарантировало специальный тариф на закупку электроэнергии для привлечения инвестиций в строительство новой Худони ГЭС, ввод которой в эксплуатацию ожидается после 2020 года. Этот тариф установлен на более высоком уровне, чем существующие и ожидаемые рыночные цены на электроэнергию в Грузии. Соглашение о строительстве и эксплуатации Худони ГЭС, а также о правах собственности на нее было подписано правительством Грузии и компаниями «Trans Electrica Ltd (BVI)», «Trans Electrica Georgia Ltd.», «Коммерческий оператор электроэнергетической системы» (КОЭС) и «Энерготранс». Ожидается, что в течение 10 лет на станции будет произведено 1,5 ТВт-ч, тогда как закупочный тариф, в соответствии с соглашением, составит около 10,5 центов США за кВт-ч. В то же время ожидается, что рыночная оптовая цена электроэнергии составит 5,5 центов США за кВт-ч. Таким образом, предполагаемый ежегодный объем субсидий, получаемых Худони ГЭС, составит 75 млн долл. США. График закупочных тарифов для Худони ГЭС приведен в приложении 5.A4.
Размер предоставленной субсидии	Оценка ежегодных субсидий в будущем (после 2020 года) составляет 75 млн долл. США (161 млн лари по обменному курсу 2,15 лари/долл.)
Источники информации	Соглашение между правительством Грузии и «Trans Electrica Ltd.». www.energy.gov.ge/projects/pdf/pages/Agreement09092015%201169%20eng.pdf

Приложение 5.А3

Национальная методика расчета тарифов на электроэнергию в Грузии

В электроэнергетическом секторе Грузии тарифы на производство, диспетчеризацию, передачу, распределение и поставки электроэнергии устанавливаются независимым регулирующим органом – Национальной комиссией по регулированию энергетики и водоснабжения Грузии (НКРЭВГ) на основе официально публикуемых методик расчета тарифов. В 2014 году комиссия утвердила новые методики расчета тарифов в электроэнергетическом секторе. В Постановление НКРЭВГ № 14 «Об утверждении методик расчета тарифов на электроэнергию» были включены три дополнительных документа:

1. *Методика установления тарифов на распределение, пропуск и потребление электроэнергии;*
2. *Методика установления тарифов на производство, передачу и диспетчеризацию электроэнергии, а также за услуги оператора рынка электроэнергии;*
3. *Регулируемые нормы амортизации активов энергетических компаний, тарифы на услуги которых регулируются.*

В основе вышеупомянутого постановления лежат два принципа: регулирование на основе стимулирования и «затраты плюс». При разработке методики принимались во внимание следующие цели регулирования тарифов:

- защита потребителей от монопольных цен;
- создание стимулов для повышения эффективности электроэнергетических компаний за счет оптимизации затрат при недопущении снижения стандартов качества обслуживания и обеспечении соблюдения технических условий;
- содействие увеличению доходов электроэнергетических компаний за счет повышения эффективности операционной деятельности и управления;
- поддержка стабильного и надежного функционирования электроэнергетических компаний;
- обеспечение прозрачных и стабильных тарифов, справедливых по отношению к электроэнергетическим компаниям;
- отражение национальной политики в отношении льготных тарифов – обеспечение того, чтобы ни одна группа потребителей не получала электроэнергию по льготным тарифам, субсидируемым за счет лицензиата, импортера, оператора рынка или любой другой категории потребителей;
- отражение различий в затратах на обслуживание различных категорий потребителей;

- возмещение затрат электроэнергетических компаний за счет средств, полученных от каждой категории потребителей пропорционально затратам на обслуживание данной категории потребителей.

Комиссия устанавливает средневзвешенную цену закупки электроэнергии для электроэнергетических компаний на каждый тарифный год согласно следующей формуле:

$$P_{aver(t+1)} = \frac{COST_{E(t+1)} + COST_{GC(t+1)} + COST_{T(t+1)} + COST_{D(t+1)} + CORR_{EL(t+1)}}{E_{Receiv.(t+1)}} \times 100 \quad (12)$$

где

$P_{aver(t+1)}$	средневзвешенная цена закупки электроэнергии для данной компании в данном тарифном году (тетри/кВт-ч)
$COST_{E(t+1)}$	общая прогнозируемая стоимость электроэнергии, приобретаемой данной компанией в данном тарифном году (лари)
$COST_{GC(t+1)}$	общие прогнозируемые платежи за гарантированный резерв мощности в данном тарифном году (лари)
$COST_{T(t+1)}$	общие прогнозируемые затраты на оплату услуг по передаче электроэнергии, оказываемых лицензиатами по передаче (лари)
$COST_{D(t+1)}$	общие прогнозируемые затраты на оплату услуг по диспетчеризации электроэнергии, оказываемых лицензиатами по диспетчеризации (лари)
$CORR_{El.(t+1)}$	корректирующий коэффициент, отражающий разницу между запланированными и фактическими затратами на закупку электроэнергии в данном тарифном году
$E_{Receiv.(t+1)}$	прогнозируемый объем электроэнергии, полученный (измеренный) на пунктах приема электроэнергетической компании в течение тарифного года (кВт-ч)

Базовые нормативные затраты для данного тарифного года рассчитываются по следующей формуле:

$$RCB(t+1) = CAPEX(t+1) + cOPEX(t+1) + ncOPEX(t+1) + CNL(t+1) + CORR(t+1)$$

где

RCB(t+1)	базовые нормативные затраты в тарифном году (лари)
CAPEX(t+1)	капитальные затраты в тарифном году (лари)
cOPEX(t+1)	контролируемые операционные затраты в тарифном году (лари)
ncOPEX(t+1)	неконтролируемые операционные затраты в тарифном году (лари)
CNL(t+1)	затраты на нормативные потери в распределительных сетях в тарифном году (лари)
CORR(t+1)	коэффициент корректировки затрат, отражающий разницу между фактическими и планируемыми затратами, включаемыми в базовые нормативные затраты в данном тарифном году, а также доход, полученный от неоперационной деятельности, предусмотренной подпунктом «е» пункта 1 статьи 19 настоящей Методики, в соответствии с принципами, определяемыми настоящей Методикой (лари)

Более подробная информация о методиках расчета тарифов на электроэнергию приведена в Постановлении №14 Национальной комиссии по регулированию энергетики и водоснабжения Грузии (НКРЭВГ, 2014).

Приложение 5.A4

Тариф на закупку электроэнергии, произведенной на Худони ГЭС

Год с момента ввода ГЭС в эксплуатацию	центов США за кВт-ч
1-й год	10,5
2-й год	10,5
3-й год	10,5
4-й год	10,5
5-й год	10,5
6-й год	10,25
7-й год	10,25
8-й год	10,25
9-й год	9,75
10-й год	9,75
11-й год	9,5
12-й год	6
13-й год	5
14-й год	5
15-й год	5

Источник: Правительство Грузии (2015).

Примечания

1. В интересах межстрановой сопоставимости в данном разделе используются данные из международных источников, например, публикаций Всемирного банка и Международного энергетического агентства. Однако имеются некоторые расхождения между этими данными и национальной статистикой, в особенности данными Национального статистического бюро Грузии (Геостат). В некоторых случаях данные из национальных источников являются более актуальными. Поэтому при подготовке данной главы была сделана попытка собрать и сопоставить данные по всем основным показателям как национальных, так и из международных источников.

2. С 1 августа 2015 года вступили в действие новые потребительские тарифы на электроэнергию, повышенные на 3,348 тетри (без учета НДС). Тарифы для населения дифференцированы в зависимости от объема потребления: 0,13 лари/кВт-ч за объем менее 101 кВт-ч; 0,17 лари/кВт-ч за 101-301 кВт-ч; 0,215 лари/кВт-ч за объем, превышающий 301 кВт-ч.

Список источников

Газпром (2015), *Газпром в цифрах – справочник*, Газпром, Москва.

ГГК (2015), *Грузинская газотранспортная компания*, Тбилиси. www.gse.com.ge/home_ge. http://ggtc.ge.

ГГЭ (2015), *Грузинская государственная электросистема*, Тбилиси. www.gse.com.ge/home_ge.

Геостат (2015а), *Энергетический баланс Грузии*, Национальное статистическое бюро Грузии, Тбилиси. www.geostat.ge.

Геостат (2015б), *Валовой внутренний продукт*, Национальное статистическое бюро Грузии, Тбилиси. http://geostat.ge/index.php?action=page&p_id=119&lang=eng.

ГНГК (2015), *Официальный сайт*, Грузинская нефтегазовая корпорация, Тбилиси. www.gogc.ge/.

КазТрансГаз (2015), *Тарифы на распределение природного газа*, КазТрансГаз, Тбилиси. https://www.ktg-tbilisi.ge.

Министерство охраны окружающей среды (2016), *Первый двухгодичный доклад Грузии для РКИК*, Министерство охраны окружающей среды Грузии, Тбилиси. http://unfccc.int/files/national_reports/non-annex_i_parties/ica/application/pdf/first_bur_-_georgia.pdf.

Министерство охраны окружающей среды (2015а), *Третье национальное сообщение Грузии РКИК ООН*, Министерство охраны окружающей среды Грузии, Тбилиси. http://www.ge.undp.org/content/georgia/en/home/library/environment_energy/third-national-communication-of-georgia-to-the-un-framework-conv0.html.

Министерство охраны окружающей среды (2015б), *Ожидаемый национально определенный вклад Грузии*, Министерство охраны окружающей среды Грузии, Тбилиси.

Министерство финансов Грузии (2014), *Официальный сайт*, Министерство финансов Грузии, Тбилиси. www.mof.ge/4596.

Министерство энергетики Грузии (2016), *Подписан Протокол о присоединении Грузии к Договору Энергетического сообщества*, Министерство энергетики Грузии, Тбилиси. www.energy.gov.ge/show%20news%20mediacenter.php?id=633&lang=eng.

Министерство энергетики Грузии (2014), *Прогнозируемый баланс природного газа на 2015 год*, Министерство энергетики Грузии, Тбилиси.

Министерство энергетики Грузии (2007), *Приказ министра № 69 от 25 сентября 2007 г. О деятельности в области поставок природного газа*, Министерство энергетики Грузии, Тбилиси. (საქართველოს ენერგეტიკის მინისტრის ბრძანება №69, 2007 წლის 25 სექტემბერი. ბუნებრივი გაზის მიწოდების საქმიანობის დერეგულირებისა და ნაწილობრივი დერეგულირების შესახებ) https://matsne.gov.ge/ka/document/view/73006.

Министерство энергетики Грузии (без даты), *Баланс природного газа*, Министерство энергетики Грузии, Тбилиси. www.energy.gov.ge/legislation.php?lang=eng&id_pages=75.

Национальный банк Грузии (без даты), *Национальный банк Грузии*, Тбилиси. https://www.nbg.gov.ge/index.php?m=2.

НКРЭВГ (2016), *Годовой отчет 2015*, Национальная комиссия по регулированию энергетики и водоснабжения Грузии, Тбилиси. http://gnerc.org/ge/public-information/reports/tsliuri-angarishi.

НКРЭВГ (2015а), *О НКРЭВГ*, Национальная комиссия по регулированию энергетики и водоснабжения Грузии, Тбилиси. http://gnerc.org.

НКРЭВГ (2015б), *Годовой отчет 2014*, Национальная комиссия по регулированию энергетики и водоснабжения Грузии, Тбилиси. http://gnerc.org/files/wliuri%20angariSi/Anual_Report_Eng_opt.pdf.

НКРЭВГ (2015в), *Постановление № 33 от 4 декабря 2008 г., с изменениями и дополнениями по состоянию на июль 2015 г.*, Национальная комиссия по регулированию энергетики и водоснабжения Грузии, Тбилиси.

НКРЭВГ (2014), *Постановление № 14 от 30 июля 2014 г. Об утверждении методик расчета тарифов на электроэнергию*, Национальная комиссия по регулированию энергетики и водоснабжения Грузии, Тбилиси. http://gnerc.org/files/Acts%20in%20english/Tariff%20Setting%20%20Methodology%20for%20Electricity_opt.pdf.

Правительство Грузии (2015), *Соглашение о строительстве Худони ГЭС*, Правительство Грузии, Тбилиси. www.energy.gov.ge/projects/pdf/pages/Agreement09092015%201169%20eng.pdf.

Президент Грузии (2014), *Закон № 2 159 О конкуренции от 21 марта 2014 г.*, Президент Грузии, Тбилиси. https://matsne.gov.ge/ka/document/download/1659450/4/en/pdf.

Президент Грузии (2010), *Закон № 3591-IIs от 17 сентября 2010 г. О Налоговом кодексе Грузии*, Президент Грузии, Тбилиси. http://rs.ge/4713.

Президент Грузии (2001), *Закон №. 1 892 – IIs от 2 марта 2001 г. О нефти и газе (с изменениями и дополнениями)*, Президент Грузии, Тбилиси. https://matsne.gov.ge/ru/document/download/18424/22/en/pdf.

Президент Грузии (1999), *Закон № от 30 апреля 1999 г. Об электроэнергии и природном газе (с изменениями и дополнениями)*, Президент Грузии, Тбилиси. https://matsne.gov.ge/en/document/download/31744/29/en/pdf.

СакРусэнерго (2015), *АО Объединенная энергетическая система «СакРусэнерго»*, Тбилиси. http://sakrusenergo.ge/new/index.php?action_skin_change=yes&skin_name=english.

Тбилисский муниципалитет (2014), *Бюджет Тбилисского муниципалитета*, Тбилисский муниципалитет. http://new.tbilisi.gov.ge/news/1500.

Теласи (2015), *О Теласи*, АО «Теласи», Тбилиси. www.telasi.ge/.

ADB (2017), *Asian Development Bank: Country Overview Georgia*, Asian Development Bank, Tbilisi. www.adb.org/countries/georgia/economy.

Covenant of Mayors (б.д.), *Covenant of Mayors for Climate and Energy*, Brussels.

EBRD (2013), *Strategy for Georgia*, European Bank for Reconstruction and Development, Tbilisi. www.ebrd.com/downloads/country/strategy/georgia.pdf.

EC (2015), *Trade*, *Countries and Region*, *Georgia*, European Commission, Brussels. http://ec.europa.eu/trade/policy/countries-and-regions/countries/georgia/.

EnergoPro (2015), *Energo-Pro Georgia*, EnergoPro, Tbilisi. www.energo-pro.ge.

Energotrans (2015), *Energotrans – About Us*, Energotrans, Tbilisi. http://energotrans.com.ge/?lang=en.

ESCO (2015), *JSC Electricity System Commercial Operator "ESCO"*, Electricity System Commercial Operator, Tbilisi. http://esco.ge/index.php?article_id=1&clang=1.

ESCO (2014), *Energy Balance of Georgia*, Electricity System Commercial Operator, Tbilisi. http://esco.ge/index.php?article_id=111&clang=1.

GIZ (2015), *International Fuel Prices 2014: Data Preview, Deutsche Gesellschaft für Internationale Zusammenarbeit*, Berlin. https://www.giz.de/expertise/downloads/giz-2015-en-ifp2014.pdf.

GNIA (2015a), *Invest in Georgia – Energy*, Georgian National Investment Agency, Tbilisi. www.investingeorgia.org/en/keysectors/energy.

GNIA (2015b), *Invest in Georgia – Taxation*, Georgian National Investment Agency, Tbilisi. http://investingeorgia.org/en/georgia/taxation.

IEA (2015a), *Country Report Georgia*, International Energy Agency, Paris. www.iea.org/countries/non-membercountries/georgia/.

IEA (2015b), *Eastern Europe, Caucasus and Central Asia: Energy Policies beyond IEA Countries*, OECD/International Energy Agency, Paris. https://www.iea.org/publications/freepublications/publication/IDR_EasternEuropeCaucasus_2015.pdf.

IEA (б.д.), *Georgia Balance for 2014*, Organisation for Economic Cooperation and Development/International Energy Agency, Paris.

IGU (2015), *Wholesale Gas Price Survey – 2015 Edition*, International Gas Union.

Rzayeva, G. (2015), *The Outlook for Azerbaijani Gas Supplies to Europe: Challenges and Perspectives*, Oxford Energy Institute. https://www.oxfordenergy.org/wpcms/wp-content/uploads/2015/06/NG-97.pdf.

SGGAS (2015), *SOCAR Georgia Gas*, Tbilisi. http://sggas.ge.

Shelia, R. (2015), «What will higher gas tariffs bring us?» 12 February, *Georgian Journal*, Tbilisi. https://www.georgianjournal.ge/business/29634-what-will-higher-gas-tariffsbring-us.html.

Transparency International Georgia (2015), «Negotiations with Gazprom raise questions», Transparency International Georgia, Tbilisi. www.transparency.ge/en/node/5664.

WEG (2012), *Competition and Monopoly in Internal Energy Markets*, World Experience for Georgia, Tbilisi.

World Bank (2015a), *Country Overview Georgia*, World Bank, Tbilisi. www.worldbank.org/en/country/georgia/overview.

World Bank (2015b), *Ease of Doing Business Index*, World Bank, Washington, DC. www.doingbusiness.org/rankings.

World Bank (2015c), *World Bank World Development Indicators*, World Bank, Washington, DC. http://data.worldbank.org/country/georgia.

World Bank (2013), *Balancing Act – Cutting Energy Subsidies while Protecting Affordability*, World Bank, Washington, DC. https://openknowledge.worldbank.org/bitstream/handle/10986/12296/9780821397893.pdf?sequence=7.

Глава 6

Энергетические субсидии в Республике Молдова

В данной главе определены, задокументированы и представлены оценки субсидий в Молдове в отношении производства и потребления угля, нефти и нефтепродуктов, природного газа, а также электро- и тепловой энергии полученной на основе этих ископаемых топлив. В данной главе также кратко рассматриваются субсидии на поддержку мер по повышению энергоэффективности и развитию возобновляемых источников энергии. Глава начинается с обзора энергетического сектора страны для определения контекста рассмотренных мер поддержки. Кроме того, в главе также обсуждаются ценообразование и налоговая политика в энергетическом секторе Молдовы. В главе предоставляется анализ общего контекста, современного состояния и механизмов постоянно изменяющегося комплекса энергетических субсидий в стране.

Основные выводы

Молдова, не располагающая существенными запасами ископаемых видов топлива, полностью зависит от импорта энергоносителей. За счет импорта удовлетворяется около 90% потребностей страны в энергии. В 2014 году общая стоимость импортируемой энергии составила около 1,3 млрд долл. США, что соответствует 18,1% ВВП страны или 23,9% ее общего импорта в том же году.

Структура энергетических субсидий в Молдове в значительной степени определяется тем, что страна является нетто-импортером энергии. Практически все формы государственной поддержки адресованы потребителям энергии. Единственным механизмом поддержки производителей являются «зеленые» тарифы (льготные тарифы для производителей, использующих возобновляемые источники энергии), введенные в Молдове в 2013 году.

Анализ энергетических субсидий показывает, что Молдова устранила прямые субсидии потребителям энергии и в целом не проводит политику активного субсидирования энергии. Общий объем государственной поддержки потребления ископаемых видов топлива (природного газа, электрической и тепловой энергии, нефтепродуктов) за 2011–2015 годы составил около 0,7 млрд долл. США. В отличие от других стран Восточного партнерства (ВП), большая часть государственной поддержки энергетического сектора Молдовы предоставляется в форме налоговых льгот – пониженных налогов или освобождения от налогообложения. Согласно оценкам, только в 2015 году выпадающие доходы бюджета, связанные с субсидированием энергии и обусловленные преимущественно налоговыми льготами, составили 48,2 млн долл. США или 0,7% ВВП.

Молдова предоставляет субсидии с использованием различных механизмов. Помимо налоговых льгот, правительство поддерживает потребителей энергии за счет прямых трансфертов малообеспеченным группам населения или поддержания потребительских цен на энергоресурсы и услуги энергетических компаний на уровне ниже себестоимости. Кроме того, правительство принимает на себя риски, компенсируя потери энергетических компаний с высоким уровнем кредиторской задолженности.

Крупнейшей схемой субсидирования энергии, на которую приходится 60% общего объема субсидирования потребления ископаемого топлива в Молдове, является снижение ставок НДС на природный газ, электроэнергию и тепловую энергию для населения. Выпадающие доходы бюджета в результате снижения ставок НДС в 2015 году оцениваются на уровне 41 млн долл. США.

Как и в других странах ВП, в Молдове реформа энергетических субсидий обсуждается в контексте тарифов на услуги энергетических компаний и более широких реформ энергетического сектора. Тарифы на природный газ, электрическую и тепловую энергию регулируются Национальным агентством по регулированию в энергетике. Хотя недавно (в июле 2015 года) тарифы на газ и электроэнергию были значительно повышены (на электроэнергию – на 37%, на газ – на 15,4%), они все еще остаются на уровне, не обеспечивающем полного возмещения затрат. При этом тарифы были заморожены на протяжении нескольких лет, что привело к накоплению задолженности в расчетах и потерь энергетических компаний Молдовы. Согласно оценкам, в 2014 году общие накопленные потери энергетических компаний достигли примерно 2 млрд леев. Регулируемые тарифы для конечных потребителей ограничивают возможности энергетических компаний

Молдовы по возмещению затрат за счет установления адекватных тарифов. В 2015 году субсидии на потребление природного газа за счет установления тарифов на уровне ниже себестоимости составили 7 млн долл. США.

Государственная поддержка мер по повышению энергоэффективности и освоению возобновляемых источников энергии (ВИЭ) носит фрагментарный и непоследовательный характер. Как следствие, правительство полагается на финансовые ресурсы внешних доноров для финансирования инвестиций в этих областях. В целом, согласно оценкам, за 2010–2015 годы правительство Молдовы при поддержке доноров и МФО направило около 107 млн долл. США на финансирование проектов в области энергоэффективности и ВИЭ. Однако это количество недостаточно для удовлетворения неотложных инвестиционных потребностей, имеющихся в сферах энергоэффективности и ВИЭ.

Правительства, приступившие к реформированию энергетических субсидий, знают, что это – непростая задача. Выработка конкретных подходов к такой реформе требует дополнительных исследований и анализа. В частности, при разработке планов реформы необходимо учесть и оценить связанные с ней социальные издержки.

По итогам данной инвентаризации субсидий правительство Молдовы обратилось к ОЭСР с просьбой оценить и проанализировать эффекты реформы двух крупнейших схем господдержки – пониженной ставки НДС на потребляемый населением природный газ и освобождения от НДС электрической и тепловой энергии, потребляемой населением. Реформирование этих форм субсидий предполагает повышение НДС до стандартного уровня 20%. Это будет означать повышение тарифов на газ, электричество и тепло для населения Молдовы, что представляет собой серьезную проблему для правительства страны. В отсутствие адекватных политических мер по защите малообеспеченных потребителей реализация реформы может быть сопряжена с проблемами социального характера. В исследовании ОЭСР рассмотрены 5 различных схем социальной защиты (5 сценариев) и оценены соответствующие затраты для государственного бюджета.

Руководство Молдовы ясно осознает эти проблемы и необходимость рационализации затрат на энергетические субсидии. Во время Конференции Сторон РКИК ООН, состоявшейся в Париже в 2015 году, правительство Молдовы присоединилось к Коммюнике Группы друзей реформы субсидирования ископаемого топлива. Этот документ призывает к ускорению действий по устранению неэффективного субсидирования ископаемого топлива, осуществляемых прозрачным и эффективным образом в качестве важного вклада в борьбу с изменением климата. Обязательства такого рода имеют большое политическое значение, но требуют перевода на уровень практических мер. Реформа энергетических субсидий может способствовать снижению энергопотребления и укреплению энергетический независимости Молдовы, сделать страну более энергоэффективной и конкурентоспособной, расширить возможности государственного бюджета и улучшить состояние окружающей среды.

Обзор макроэкономической ситуации и энергетического сектора

Численность населения Молдовы составляет 3,6 млн чел., а ВВП – 7,96 млрд долл. США (по состоянию на 2014 год)[1]. После распада Советского Союза в начале 1990-х годов страна пережила серьезный экономический спад – в период с 1990 по 1999 годы средние темпы снижения ВВП составляли 9,4% в год. С 2000 года в

Молдове начался восстановительный рост со средними темпами, составлявшими 4,6% в год (в реальном исчислении). Однако рост оказался неустойчивым вследствие глобального финансового кризиса в 2009 году и экстремальных метеорологических явлений (засухи) в 2012 году. В 2015 году ВВП снизился на 0,5% в результате потрясений в банковском секторе, тяжело сказавшихся на всей национальной экономике, а также снижения спроса на продукцию страны на традиционных экспортных рынках. ВВП на душу населения (по паритету покупательной способности) в Молдове остается одним из самых низких в Европе – 4 743 долл. США в 2014 году (World Bank, 2016).

Таблица 6.1. **Макроэкономические показатели**

Основные показатели	Год и единицы	Международная статистика [a]	Национальная статистика
Численность населения	*2014, млн чел.*	3,6	3,557634
ВВП	*2014, млрд долл. США*	7,96	7,98
ВВП на душу населения	*2014, долл. США*	2239	2243
Производство энергии	*2014, млн т н. э.*	0,33	0,303
Чистый импорт энергии	*2014, млн т н. э.*	2,99	1,8
Общее предложение первичной энергии (ОППЭ)	*2014, млн т н. э.*	3,3	2,31
ОППЭ на душу населения	*2014, т н. э.*	0,93	0,6493
Потребление электроэнергии	*2014, ТВт-ч*	4,93	4,256
Потребление электроэнергии на душу населения	*2014, МВт-ч*	1,39	1,196
Выбросы CO_2	*2014, млн т CO_2*	7,25	
Выбросы CO_2	*2010, млн т CO_2*		13,276
Выбросы CO_2 на душу населения	*2014, т CO_2*	2,04	

Примечание: а. Международная статистика включает Приднестровье, тогда как национальная статистика не включает его.

Источник: IEA (2016), World Bank (2016), НБС (2015).

Экономика Молдовы существенно зависит от сектора услуг (на который приходится 68,4% ВВП), включая, в частности, транспортные и финансовые услуги (в особенности, связанные с денежными переводами из-за рубежа). Вклад сельского хозяйства и промышленности в национальную экономику ограничен и составляет 14,9% и 16,7% ВВП соответственно. Существенный вклад в ВВП страны вносят денежные переводы из-за рубежа, которые поддерживают потребление населения и общий экономический рост с 2000 года. Общий объем переводов вырос с 11,5% ВВП в 2000 году до 30% ВВП в 2008 году. Хотя поток переводов в 2009 году резко снизился, затем он вновь стал расти, достигнув 26,2% ВВП в 2015 году. Значительное уменьшение денежных переводов было скомпенсировано улучшением торгового баланса страны, главным образом, вследствие снижения цен на импортируемые энергоносители (природный газ) (IMF, 2016).

В 2014 году Молдова подписала Соглашение об ассоциации с ЕС, предполагающее политическую ассоциацию и экономическую интеграцию с этим объединением. Политика европейской интеграции лежит в основе правительственной программы реформ, но политическая напряженность в стране и слабость управления являются источниками рисков для этих реформ.

Таблица 6.2. **Средневзвешенные обменные курсы**

	2011	2012	2013	2014	2015
Средневзвешенный обменный курс, леев за 1 долл. США	11,74	12,11	12,59	14,04	18,82
Средневзвешенный обменный курс, леев за 1 евро	16,34	15,56	16,72	18,63	20,90

Источник: Национальный банк Молдовы (НБМ, 2016).

Молдова практически не имеет собственных запасов ископаемых видов топлива и полностью зависит от импорта энергоресурсов, который обеспечивает около 90% потребностей страны в энергии. В 2014 году общая стоимость импортируемой энергии составила около 1,3 млрд долл. США, что соответствует 18,1% ВВП или 23,9% общего объема импорта в том же году.

Предложение энергии

Общее предложение первичной энергии (ОППЭ) в Молдове (без учета Приднестровья) в 2014 году составило 2,3 млн т нефтяного эквивалента (млн т н. э.). Основное место в топливо-энергетическом балансе страны занимают природный газ и нефтепродукты (36,5% и 35% ОППЭ соответственно); на электроэнергию и биотопливо приходится по 12–13% ОППЭ.

Рисунок 6.1. **Общее предложение первичной энергии в 1990-2014 гг.**

Рисунок 6.2. **Структура предложения первичной энергии в 2014 году**

Источник: НБС (2015).

Молдова получает природный газ, главным образом, из Российской Федерации через территорию Украины (до конца 2014 года этот маршрут импорта газа был единственным). Газ является основным топливом для производства электрической и тепловой энергии (около 43% общего потребления газа в стране без учета Приднестровья) (World Bank, 2015a). Годовой объем импорта газа составляет примерно 2 млрд м^3. По данным Национального агентства по регулированию в энергетике (НАРЭ), 53,3% населенных пунктов подключены к сетям централизованного газоснабжения. В городах к сетям газоснабжения подключено примерно 99% домохозяйств. В 2015 году средняя цена на газ, приобретаемый у российского «Газпрома» составляла 256 долл. США за 1 000 м^3, или на 32,1% ниже, чем в 2014 году.

Правительство Молдовы предпринимает усилия по диверсификации источников энергоснабжения страны. Газопровод Унгены–Яссы, соединяющий Молдову с Румынией, был сдан в эксплуатацию в 2014 году и функционирует с 2015 года, когда в страну был поставлен 1 млн м^3 газа, закупленного у компании OMV Petrom (Nutu and Cenusa, 2016). Предполагается, что после выхода на полную мощность газопровод будет удовлетворять треть потребностей Молдовы в природном газе.

Электроэнергия в Молдове производится, главным образом, из природного газа. В 2015 году общий объем производства составил около 995 млн кВт-ч. Электричество производится на трех станциях, также являющихся источником тепловой энергии для централизованного снабжения (теплоэлектроцентралях, ТЭЦ): ТЭЦ-1, ТЭЦ-2 и ТЭЦ-Север. Все три ТЭЦ работают на газовом топливе и обеспечивают 91%–95% производства электроэнергии в Молдове без учета Приднестровья. Остальная часть производится на ГЭС в Костешты.

Рисунок 6.3. **Производство и импорт электроэнергии в 1997–2013 гг.**

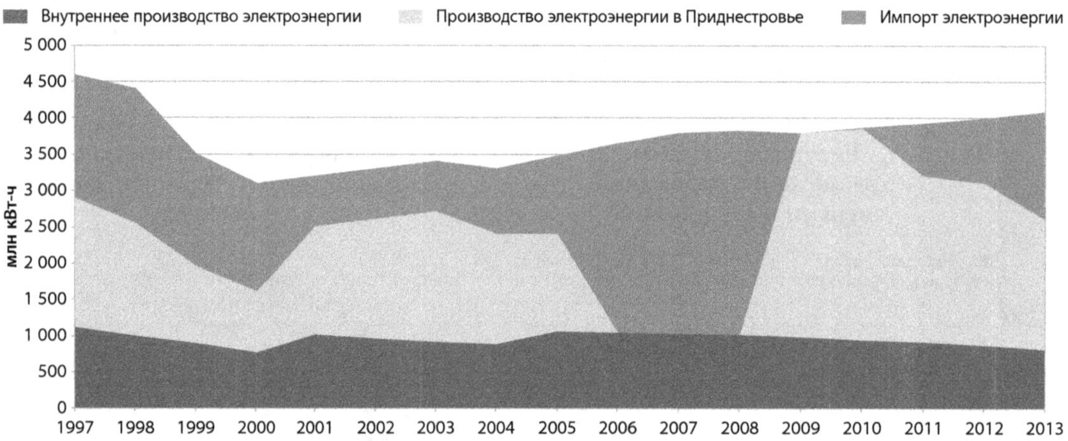

Источник: World Bank (2015a).

Рисунок 6.4. **Структура производства и импорта электроэнергии в 2013 г.**

Источник: World Bank (2015a).

Наиболее значительная для снабжения Молдовы электростанция (Молдавская ГРЭС) находится на территории Приднестровья; ее установленная мощность составляет около 90% всей установленной мощности в электроэнергетике страны. Вследствие сложностей во взаимоотношениях с Приднестровьем и износа генерирующих мощностей Молдова импортирует электроэнергию из Украины и Румынии. При этом внутреннее производство электроэнергии (без учета Приднестровья) обеспечивает менее 23% внутреннего потребления; в 2015 году оно составило 3,7 млн кВт-ч. Цены на импортируемую электроэнергию ниже, чем на производимую внутри страны.

Рисунок 6.5. **Производство электроэнергии в Молдове в 2001–2015 гг., млн кВт-ч**

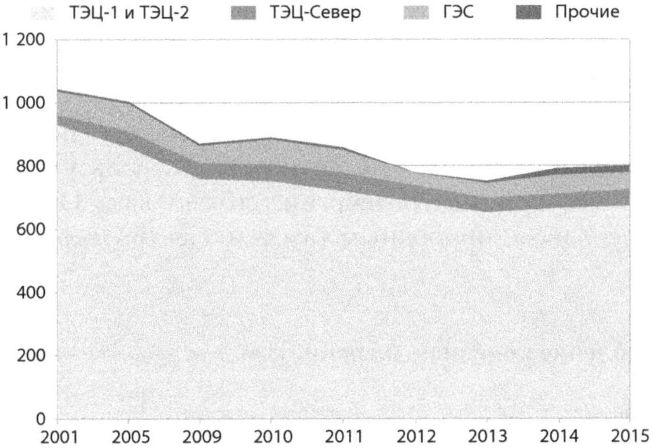

Рисунок 6.6. **Структура производства электроэнергии в Молдове в 2015 г.**

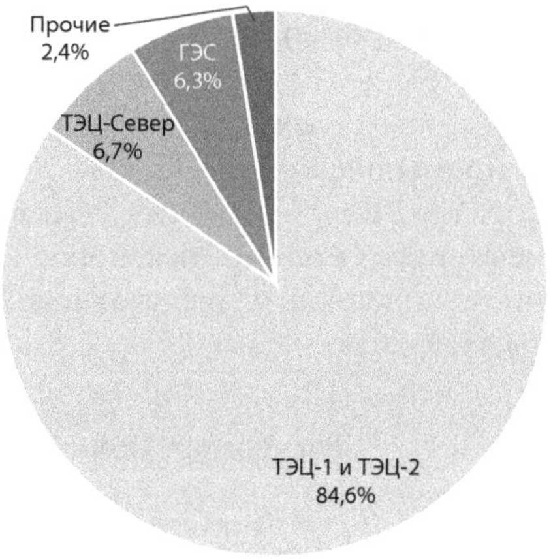

Источник: НАРЭ (2016).

Для производства тепловой энергии используется, главным образом, природный газ, тогда как мазут служит резервным топливом. В 2015 году производство тепла в Молдове (без учета Приднестровья) составило 1 875 тыс. Гкал, что более чем в два раза ниже, чем в 1990-е годы. Основной причиной столь значительного снижения является сокращение потребления тепловой энергии в промышленности. Основная часть тепловой энергии производится и используется в городах, где действуют 12 систем центрального отопления. Крупнейшие системы центрального отопления функционируют в двух городах страны с наибольшей численностью населения – Кишиневе (ТЭЦ-1, ТЭЦ-2) и Бельцах (ТЭЦ-Север).

Сектор центрального отопления в Молдове сталкивается с рядом серьезных проблем. Эти проблемы включают, в частности, низкую эффективность системы, отключение потребителей и неплатежи. Одной из наиболее серьезных проблем являются значительные объемы накопленной задолженности компаний, в особенности распределительной компании, обслуживающей потребителей в Кишиневе. Эта задолженность является результатом повышения цен на газ в сочетании с регулируемыми тарифами для конечного потребителя, не обеспечивающими возмещения затрат.

Собственные запасы нефти, которыми располагает Молдова, незначительны. Месторождения находятся на юге страны, в Кагульском и Кантемировском районах. В Кагульском районе уже ведется добыча нефти, тогда как месторождения Кантемировского района пока не разрабатываются. Для удовлетворения потребности в нефтепродуктах Молдова импортирует их из Румынии, Беларуси и Российской Федерации. Объемы импорта нефтепродуктов резко снизились с 1991 года – с 2,9 млн т до примерно 0,7 млн т в 2015 году, включая 1,607 млн т бензина, 743 тыс. т сжиженного нефтяного газа и 4,876 тыс. т дизельного топлива (НАРЭ, 2016).

Молдова также располагает некоторыми запасами природного газа в окрестностях села Викторовка (Кантемировский район). Общие запасы месторождения оцениваются на уровне 346 млн м^3 (UNDP, 2009), однако возможности его разработки ограничены (UNDP, 2002).

Потребление энергии

В 2014 году общее конечное потребление энергии (ОКПЭ) в Молдове (без учета Приднестровья) составило 2,3 млн т н. э. – почти на 10% ниже, чем в 2005 году. Крупнейшим потребителем энергии является сектор ЖКХ (41,5% ОКПЭ в 2014 году), за которым следуют транспорт (29,7%), коммерческий сектор и сектор услуг (15%) и промышленность (13,8%). ЖКХ и коммерческий сектор потребляют, главным образом, природный газ, электроэнергию и нефть. На транспорте используются нефтепродукты и некоторое количество электроэнергии, тогда как ОКПЭ промышленности представлено, в основном, природным газом и электроэнергией (НАРЭ, 2016).

Рисунок 6.7. **Общее потребление конечной энергии, тыс. т н. э.**

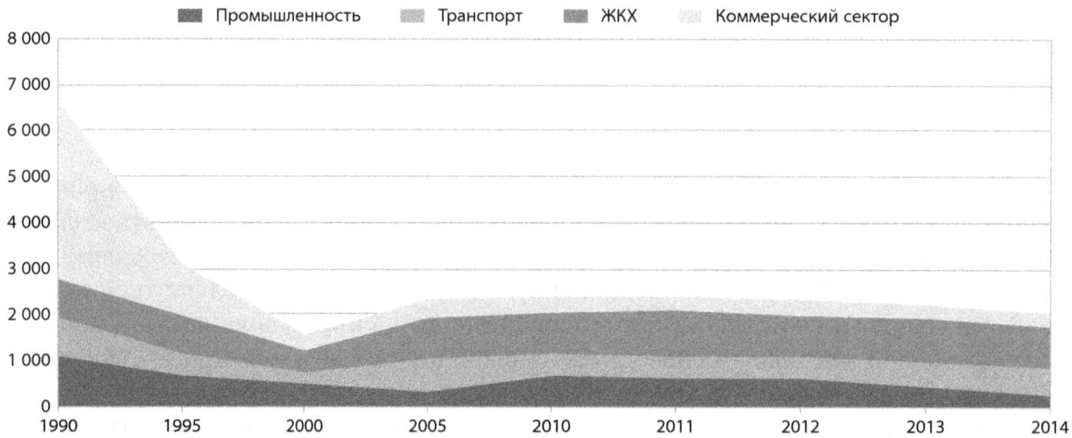

Источник: NBS (2015).

Государственное управление и структура собственности в энергетическом секторе

В настоящее время структура энергетического сектора Молдовы характеризуется частичными разукрупнением и приватизацией. Как в секторе природного газа, так и в секторе электроэнергии разделены функции производства, передачи (транспортировки) и распределения. При этом электрическая распределительная система приватизирована, тогда как компании, ответственные за производство и передачу находятся в государственной собственности.

Общее руководство энергетическим сектором Молдовы осуществляют Министерство экономики и Министерство окружающей среды. Рынки газа и электроэнергии частично разукрупнены и регулируются Национальным агентством по регулированию в энергетике (НАРЭ). Рынки нефти, нефтепродуктов и угля не регулируются (OECD/IEA, 2015).

В электроэнергетике системный оператор (СО) и операторы распределительных сетей (ОРС) юридически отделены друг от друга. До недавнего времени ОРС также выполняли функции гарантирующих поставщиков. Функции СО выполняет государственная компания «Молдэлектрика», которая также является центральным диспетчером для Приднестровского региона. На территории Молдовы на правом берегу Днестра действуют три ОРС, включая государственные компании RED Nord и RED Nord-Vest, а также частную RED Union Fenosa, обслуживающую две трети территории страны. С 1 января функции оказания универсальных услуг и гарантирующего поставщика отделены от функций ОРС. В настоящее время в энергетике Молдовы универсальные услуги оказывают две компании: Gas Natural Fenosa Furnizare Energie и Furnizarea Energiei Electrice Nord. Распределение электроэнергии в Приднестровье осуществляют две компании – RED Est и RED Sud-Est, действующие под управлением администрации Приднестровья. В Молдове действуют шесть производителей электроэнергии – четыре на правом берегу Днестра и два в Приднестровье. Структура электроэнергетического рынка Молдовы схематически представлена на рис. 6.8.

Рисунок 6.8. **Структура энергетического сектора Молдовы**

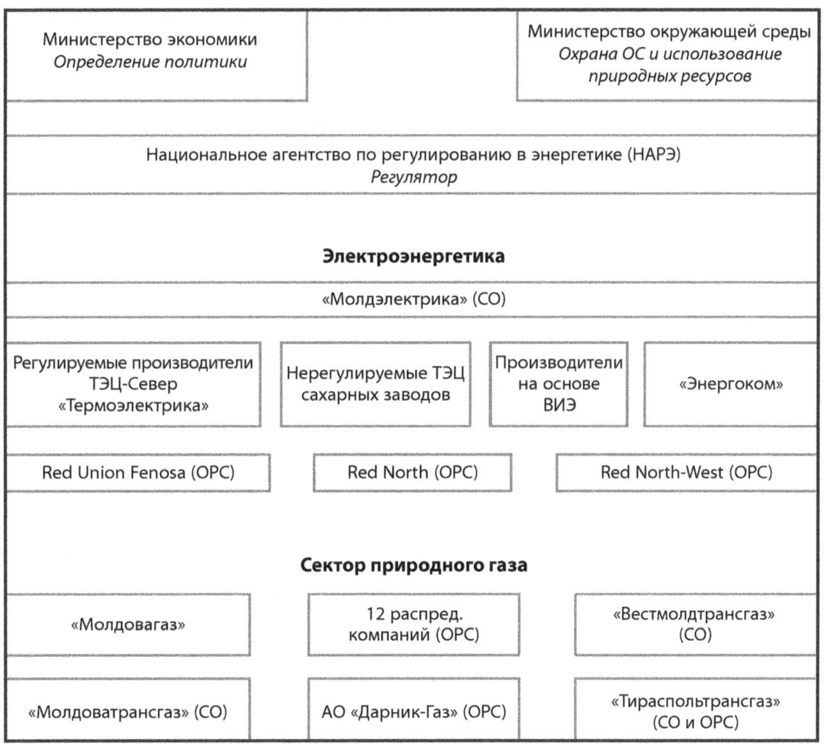

Источник: Energy Community (2015).

Рынок производства электроэнергии в Молдове не регулируется, за исключением трех ТЭЦ и одной ГЭС. Правила рынка электрической энергии ограничивают сферу действия государственного регулирования в секторе генерации четырьмя производителями, находящимися в государственной собственности. К этим производителям относятся ТЭЦ-1 (66 МВт) и ТЭЦ-2 (240 МВт), находящиеся в Кишиневе, ТЭЦ-Север (20,4 МВт) в Бельцах и ГЭС (16 МВт) в Костешты. К 2015 году производство электроэнергии снизилось примерно на 25% по сравнению с началом 2000-х годов, в особенности в Кишиневе. Это снижение обусловлено, главным образом, ростом цен на газ.

Электроэнергетическая система Молдовы соединена с энергосистемой Украины, и обе системы функционируют параллельно. Государственная компания «Энергоком» выполняет функции единого закупщика электроэнергии, импортируемой из Украины и поставляемой из Приднестровья по нерегулируемым ценам. «Энергоком» продает закупленную энергию распределительным компаниям RED Nord и RED Nord-Vest или непосредственно потребителям, имеющим право на подобные закупки (Ener2i, 2014).

В настоящее время в Молдове проводится реорганизация сектора производства и распределения тепловой энергии. Реорганизация предполагает слияние двух ТЭЦ (ТЭЦ-1 и ТЭЦ-2) и компании «Термоком» – собственника и оператора сети центрального отопления в Кишиневе.

Рисунок 6.9. **Схема электроэнергетического рынка Молдовы**

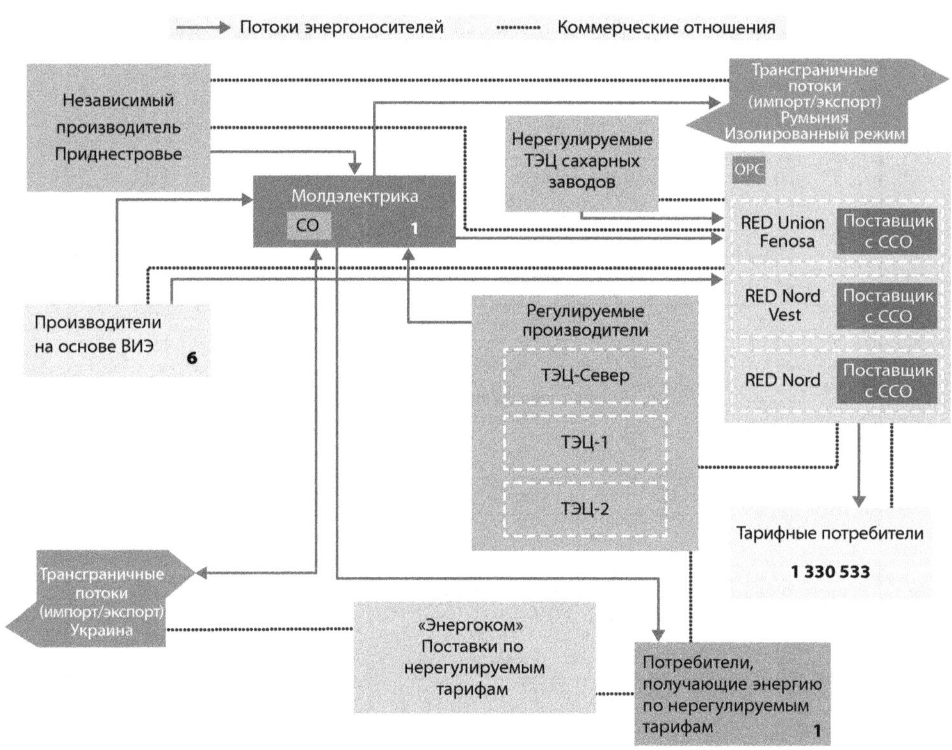

Примечание: **ССО** – специальные социальные обязательства. Это означает, что, хотя компания может быть частной, на нее возложены дополнительные социальные обязательства. Например, она не может по собственному усмотрению отключать потребителей за неуплату.

Источник: Energy Community (2015).

Рисунок 6.10. **Схема рынка природного газа в Молдове**

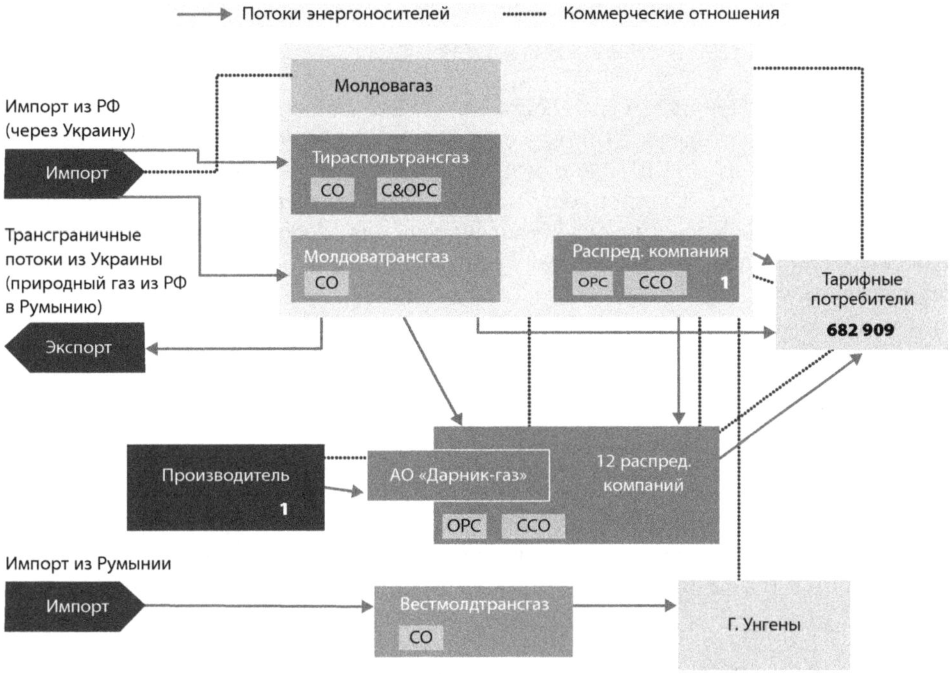

Источник: Energy Community (2015).

В секторе природного газа большинство функций, включая транспортировку, распределение и розничные продажи, выполняется вертикально интегрированной компанией «Молдовагаз», находящейся в собственности российского «Газпрома» (50%), правительства Молдовы (36,6%) и администрации Приднестровья (13,4%). Различные функции компании юридически отделены друг от друга, тогда как эксплуатацию нового газопровода Унгены–Яссы с 2015 года осуществляет государственная компания «Вестмолдтрансгаз». Основными газораспределительными компаниями в Молдове являются 12 дочерних компаний «Молдовагаза» и 11 меньших компаний, на которые приходится менее 2% распределяемого газа. «Тираспольтрансгаз», также являющийся дочерней компанией «Молдовагаза», выполняет функции системного оператора, оператора газораспределительных сетей и розничного поставщика газа в Приднестровье.

Вставка 6.1. **Задолженность «Молдовагаза» перед «Газпромом»**

«Молдовагаз» функционирует как дочерняя компания российского «Газпрома». «Газпром» поставляет природный газ как на территорию Молдовы на правом берегу Днестра, так и в Приднестровье через «Молдовагаз». При этом Приднестровье имеет контракт на поставку газа лишь с «Молдовагазом», но не с «Газпромом». Тем не менее, на протяжении 26 лет «Тираспольтрансгаз» (приднестровский оператор распределительных сетей и поставщик газа) не платит за газ, поставленный «Молдовагазом». При этом «Тираспольтрансгаз» поддерживает низкие цены для населения и промышленных потребителей Приднестровья, включая Молдавскую ГРЭС (с 2005 года находящуюся в собственности российской группы Интер РАО ЕЭС).

Вставка 6.1. **Задолженность «Молдовагаза» перед «Газпромом»** *(продолжение)*

Задолженность Приднестровья составляет 89% общей задолженности Молдовы перед «Газпромом», которая в 2016 году составляла примерно 5,8 млрд долл. США. Эта величина близка к общему ВВП Молдовы, который в 2016 году составил 6,65 млрд долл. США. Таким образом, задолженность «Молодовагаза» перед «Газпромом» является серьезной проблемой энергетической безопасности для Молодовы, и Кишинев надеется, что Москва одобрит предложенную схему реструктуризации накопленной задолженности перед «Газпромом».

Источник: Sputnik International (9 января 2016 г.), Тульев, М. (13 февраля 2017 г.).

Политика ценообразования в энергетическом секторе

НАРЭ регулирует и утверждает тарифы на электроэнергию, газ и тепловую энергию в Молдове. Вследствие того, что энергетический сектор Молдовы частично разукрупнен, НАРЭ регулирует различные виды тарифов на энергоносители и связанные с ними услуги, включая следующие (НАРЭ, 2015):

- В секторе природного газа – тарифы на:
  - поставки;
  - услуги по транспортировке;
  - услуги по распределению;
  - газ, поставляемый конечным потребителям;
- В электроэнергетике – тарифы на:
  - электроэнергию, произведенную на когенерационных станциях (ТЭЦ);
  - электроэнергию, произведенную на основе ВИЭ;
  - услуги по передаче;
  - услуги по распределению;
  - электроэнергию, поставляемую конечным потребителям;
- В секторе теплоснабжения – тарифы на:
  - тепловую энергию, произведенную на ТЭЦ;
  - услуги централизованного теплоснабжения (тарифы для потребителей).

Тарифы основаны на технических характеристиках конкретных распределительных компаний и количестве потребителей на километр сетей. Исключением в электроэнергетическом секторе является «Энергоком», государственный монополист в сфере импорта электроэнергии, который может поставлять электричество непосредственно потребителям по нерегулируемым рыночным ценам.

Компании ежегодно представляют НАРЭ расчеты тарифов на следующий год, выполненные в соответствии с методикой, утвержденной НАРЭ. При расчете тарифов учитываются плановые операционные затраты, капитальные инвестиции в строительство новых линий передач и распределительных сетей, а также затраты на модернизацию, восстановление и снижение потерь в сетях. НАРЭ рассматривает предложенные тарифы и утверждает их или формулирует рекомендации по их корректировке.

Тарифы и методики их расчетов является открытыми и публикуются в издании «Официальный монитор». Для обеспечения прозрачности процесса НАРЭ организовует общественные слушания по проектам тарифов до их утверждения.

Регулируемые тарифы на электроэнергию включают затраты на приборный учет, а также финансирование инвестиций в систему диспетчерского контроля и сбора данных, которая была внедрена в электроэнергетическом секторе. У всех конечных потребителей установлены индивидуальные приборы учета.

Природный газ и центральное отопление

Поскольку сектор природного газа разукрупнен, НАРЭ регулирует не только тарифы для конечного потребителя. В системе существуют различные виды конечных и промежуточных цен и тарифов на услуги, включая цену импорта, тариф на транспортировку до точки входа распределительной сети, цену продажи распределительным сетям, а также тарифы для различных категорий конечных потребителей. Все эти виды цен и тарифов регулируются НАРЭ.

В результате снижения мировых цен на нефть цена импорта газа, устанавливаемая на основе двусторонних контрактов, снизилась с 377 долл. США за 1 000 м^3 в 2014 году до 256 долл. США за 1 000 м^3 в 2015 году. В 2015 году тариф на транспортировку газа до точки входа в распределительную сеть был установлен на уровне 17 долл. США за 1 000 м^3, тогда как тариф на услуги газораспределительных сетей в том же году был установлен на уровне 54 долл. США за 1 000 м^3.

Тарифы на природный газ для населения дифференцированы в зависимости от уровня потребления (до 30 м^3/мес. и выше) и находились в диапазоне от 348 долл. США за 1 000 м^3 (при объеме потребления до 30 м^3/мес.) до 363 долл. США за 1 000 м^3 (при объеме потребления выше 30 м^3/мес.) в 2015 году.

Тарифы для других категорий конечных потребителей (промышленность, сфера услуг, бюджетные организации) также дифференцированы в зависимости от уровня давления получаемого ими газа: высокого, среднего или низкого. В 2015 году тарифы для таких потребителей составляли 327, 341 и 363 долл. США за 1 000 м^3, соответственно.

Самые высокие тарифы установлены для бытовых потребителей, потреблявших более 30 м^3/мес., и других групп потребителей, получавших газ низкого давления. В 2015 году тарифы для обеих категорий были установлены на одном и том же уровне – 363 долл. США за 1 000 м^3. Категория потребителей, для которой установлен наименьший уровень цен (304 долл. США за 1 000 м^3 в 2015 году), включает три ТЭЦ и котельные центрального отопления. Пониженный уровень тарифов объясняется тем, что эти предприятия являются крупнейшими потребителями газа в стране, и их снабжение сопряжено с наименьшими затратами на распределение газа.

В газовом секторе приборы учета установлены у всех промышленных и коммерческих потребителей; индивидуальные приборы учета установлены у 93% бытовых потребителей. Для остальных бытовых потребителей объемы потребления оцениваются на основе показаний домовых приборов учета. «Молдовагаз» последовательно работает над переводом всех потребителей на индивидуальный учет.

В 2012 году НАРЭ утвердило новую методику расчета тарифов на услуги центрального отопления, призванную привлечь инвестиции в сектор. Считается, что сети центрального отопления в Молдове крайне неэффективны и требуют значительных инвестиций в восстановление и модернизацию существующей и строительство новой инфраструктуры. Недавно принятый закон «О тепловой энергии и продвижении когенерации» (Закон № 92, 2014) требует от НАРЭ выдавать лицензии и устанавливать тарифы для новых участников, входящих в сектор центрального отопления. Тарифы включают средневзвешенную стоимость капитала, что должно способствовать привлечению инвестиций.

Электроэнергия

В электроэнергетическом секторе тарифы устанавливаются для производителей, операторов передающих сетей, операторов распределительных сетей и потребителей. НАРЭ утверждает индивидуальный тариф для каждого из четырех производителей (трех ТЭЦ и одной ГЭС). Тарифы для производителей варьируют в диапазоне от 0,011 долл./кВт-ч до 0,088 долл./кВт-ч. Самый высокий тариф (0,088 долл./кВт-ч) установлен для ТЭЦ-1 в Кишиневе, а самый низкий (0,011 долл./кВт-ч) – для ГЭС в Костешты, которая характеризуется относительно низкими затратами на эксплуатацию и техническое обслуживание.

Тарифы как на передачу, так и на распределение электроэнергии дифференцированы в зависимости от оператора и уровня напряжения. В 2015 году средняя величина тарифа на передачу составляла 0,008 долл./кВт-ч. В зависимости от распределительной компании и напряжения, тарифы на распределение электроэнергии находятся в диапазоне от 0,008 долл./кВт-ч до 0,044 долл./кВт-ч. Компания RED Union Fenosa предлагает услуги по конкурентоспособным для рынка Молдовы ценам.

Тарифы для потребителей электроэнергии также дифференцированы в зависимости от оператора и объема потребления. Все потребители, подключенные к низковольтным сетям, оплачивают электроэнергию по одному и тому же тарифу. По высоковольтным сетям электроэнергию получают промышленные потребители. Тарифы для потребителей находятся в диапазоне от 0,089 долл./кВт-ч до 0,124 долл./кВт-ч.

В среднем, тарифы на электроэнергию в Молдове являются одними из самых высоких в регионе Восточного партнерства. Более того, они сопоставимы с тарифами в некоторых странах Юго-Восточной Европы, включая Косово, Сербию, Албанию и Македонию, или даже превышают их. Так, по данным Евростата, в 2015 году тарифы для населения в Молдове составляли 0,088 евро/кВт-ч (или 0,098 долл./кВт-ч), тогда как в Косово они находились на уровне 0,061 евро/кВт-ч (0,068 долл./кВт-ч), в Сербии – 0,065 евро/кВт-ч (0,072 долл./кВт-ч), в Албании – 0,082 евро/кВт-ч (0,091 долл./кВт-ч), в Македонии – 0,084 евро/кВт-ч (0,093 долл./кВт-ч).

Нефтепродукты

Цены на нефтепродукты (бензин, дизельное топливо, сжиженный нефтяной газ (СНГ), в Молдове не регулируются, так же как и цены на уголь. В 2015 году средние цены на бензин, дизельное топливо и сжиженный нефтяной газ (СНГ) составляли 0,918, 0,810 и 0,507 долл./л соответственно (НАРЭ, 2015).

Поправки к закону «О рынке нефтепродуктов» (Закон № 460, 2001), принятые в 2015 году, обязывают НАРЭ применять новую методику установления предельных розничных цен на нефтепродукты, основанную на международных ценах (публикуемых агентствами Platts и Argus). Принятое в соответствии с законом постановление НАРЭ запрещает розничную продажу нефтепродуктов по ценам, превышающим предельные цены, установленные и опубликованные агентством.

Ниже приведена сводная информация о политике ценообразования на природный газ, электроэнергию, жидкие нефтепродукты и уголь в Молдове. Таблица 6.3 содержит основные сведения о политике установления тарифов или ценообразования для различных категорий энергоносителей и видов услуг.

Методика установления тарифов на тепловую и электрическую энергию была проанализирована Всемирным банком (World Bank, 2015a). Хотя в целом было признано, что система регулирования тарифов достаточно четко определена и отвечает международным принципам надлежащей практики, был отмечен и ряд недостатков. Финансовое положение энергетического сектора является весьма неблагоприятным, и в 2013–2014 годах все компании понесли убытки вследствие значительного увеличения затрат после последнего утверждения тарифов. Только компания Union Fenosa не понесла убытков, но вместо этого увеличила дебиторскую задолженность. Общий вывод публикации состоит в том, что в 2012–2014 годах НАРЭ не обеспечило уровней тарифов, обеспечивающих полное возмещение затрат, что привело к убыткам энергетических компаний. Опираясь на анализ сценариев, авторы публикации предполагают, что «ожидаемый рост тарифов на электроэнергию к 2020 году составит 73%–113%, а на тепловую энергию – 30%–78%». Кроме того, прогнозируется рост тарифов на природный газ на 50% к 2020 году.

Наиболее существенные недостатки процесса установления тарифов, описанные в публикации Всемирного банка, включают следующие:

- В методике определения тарифов на электроснабжение не определена норма рентабельности[2], а в методике определения тарифов для производителей тепловой и электрической энергии не дано достаточно детального определения этого понятия. Подходы к определению средневзвешенной стоимости капитала и оценке основных средств должны быть более четко определены и более последовательны. Эти недостатки методики ограничивают инвестиционную активность компаний, которые сталкиваются с риском того, что их инвестиции не принесут прибыли и, возможно, даже не позволят окупить стоимость капитала. Кроме того, существует потребность в оценке основных средств на основе их экономической, а не учетной стоимости. В случае амортизированных активов это различие может иметь существенное значение для способности компании профинансировать замещение старых основных средств.
- Временные рамки процесса установления и пересмотра тарифов не определены достаточно четко, и некоторые термины, использованные в методике, требуют пояснения.

В отсутствие четко определенного графика пересмотра тарифов НАРЭ оказалось неспособно пересматривать их на протяжении нескольких лет. Это оказало существенное отрицательное влияние на способность компаний возмещать свои затраты в условиях значительного колебания операционных затрат, в особенности связанных с изменением цены природного газа и курсов валют. Тарифы на газ

Таблица 6.3. **Ценовая политика в отношении различных категорий энергоносителей в Молдове, 2015 г.**

Энергоноситель	Ценовая категория		Ценовая политика	Ценовые уровни, леев	Ценовые уровни, долл. США
Природный газ	Цена импорта		Двусторонние соглашения		Средние: 256 долл. за 1 000 м³ (2015), 377 долл. за 1 000 м³ (2014)
	Транспортировка до точки входа распределительной сети		Регулируемые цены, методика «затраты плюс»	324,75 леев за 1 000 м³	17 долл. за 1 000 м³
	Услуги газораспределительных сетей			1 010,22 леев за 1 000 м³	54 долл. за 1 000 м³
	Цены для конечных потребителей	Население, в зависимости от объема потребления (до 30 м³/мес. или выше)		6 556 леев за 1 000 м³ (<30 м³) 6 830 леев за 1 000 м³ (>30 м³)	348 долл. за 1 000 м³ (<30 м³) 363 долл. за 1 000 м³ (>30 м³)
		ТЭЦ и котельные центрального отопления		5 712 леев за 1 000 м³	304 долл. за 1 000 м³
		Прочие потребители в зависимости от уровня давления (высокое, среднее или низкое)		6157 леев за 1 000 м³ (В) 6418 леев за 1 000 м³ (С) 6830 леев за 1 000 м³ (Н)	327 долл. за 1 000 м³ (В) 341 долл. за 1 000 м³ (С) 363 долл. за 1 000 м³ (Н)
Электроэнергия	Производство на ТЭЦ		Регулируемые цены, методика «затраты плюс»	ТЭЦ-1–1,6614 леев/кВт-ч	ТЭЦ-1- 0,088 долл./кВт-ч
				ТЭЦ-2–1,5863 леев/кВт-ч	ТЭЦ-2–0,084 долл./кВт-ч
				ТЭЦ-Север – 1,3711 леев/кВт-ч	ТЭЦ-Север – 0,073 долл./кВт-ч
	Производство на ГЭС			ГЭС Костешты – 0,2064 леев/кВт-ч	ГЭС Костешты – 0,011 долл./кВт-ч
	Передача		Регулируемые цены, дифференцированные в зависимости от оператора и напряжения, методика «затраты плюс»	0,145 леев/кВт-ч (средние)	0,008 долл./кВт-ч (средние)
	Распределение: сети 35-110, 6-10 и 0,4 кВ		Регулируемые цены, дифференцированные в зависимости от оператора и напряжения, методика «затраты плюс»	RED UF: 0,15, 0,42, 0,63 леев/кВт-ч	RED UF: 0,008, 0,022, 0,033 долл./кВт-ч
				RED Nord: 0,50 (6-10), 0,61 (0,4) леев/кВт-ч	RED Nord: 0,027 (6-10), 0,032 (0,4) долл./кВт-ч
				RED Nord Vest: 0,56 (6-10), 0,82 (0,4) леев/кВт-ч	RED Nord Vest: 0,030 (6-10), 0,044 (0,4) долл./кВт-ч
	Потребление		Регулируемые цены, дифференцированные в зависимости от оператора и объема потребления, методика «затраты плюс»	1,68-2,33 леев/кВт-ч	0,089-0,124 долл./кВт-ч
Жидкие нефтепродукты	Бензин		Цены дерегулированы	Средние: 17,28 леев/л	Средние: 0,918 долл./л
	Дизельное топливо			15,24 леев/л	0,810 долл./л
	СНГ			9,54 леев/л	0,507 долл./л
Уголь			Цены дерегулированы		

Примечание: все цены по состоянию на конец 2015 года, если не указано иное, цены не включают НДС.

Источник: НАРЭ (2015).

не пересматривались с 2011 по 2015 годы, а на электроэнергию – в течение трех лет, с 2012 по 2015 годы. С целью решения проблем накопления задолженности и потерь в энергетическом секторе НАРЭ лишь недавно (в конце 2015 года) повысило тарифы на электроэнергию и газ. По мнению НАРЭ, тарифы, утвержденные в 2015 году, позволяют окупить все затраты энергетических компаний и обеспечить необходимую рентабельность. Единственная составляющая, не включенная в тарифы 2015 года, представляет собой затраты на возмещение убытков, понесенных компаниями в период до утверждения новых тарифов. Предполагается, что эти убытки будут возмещены компаниям в период 2017–2020 годов (согласно Постановлению НАРЭ № 201/2016 от 15 июля 2016 года).

Рисунок 6.11. **Установление тарифов на электрическую и тепловую энергию на основе нормативных актов**

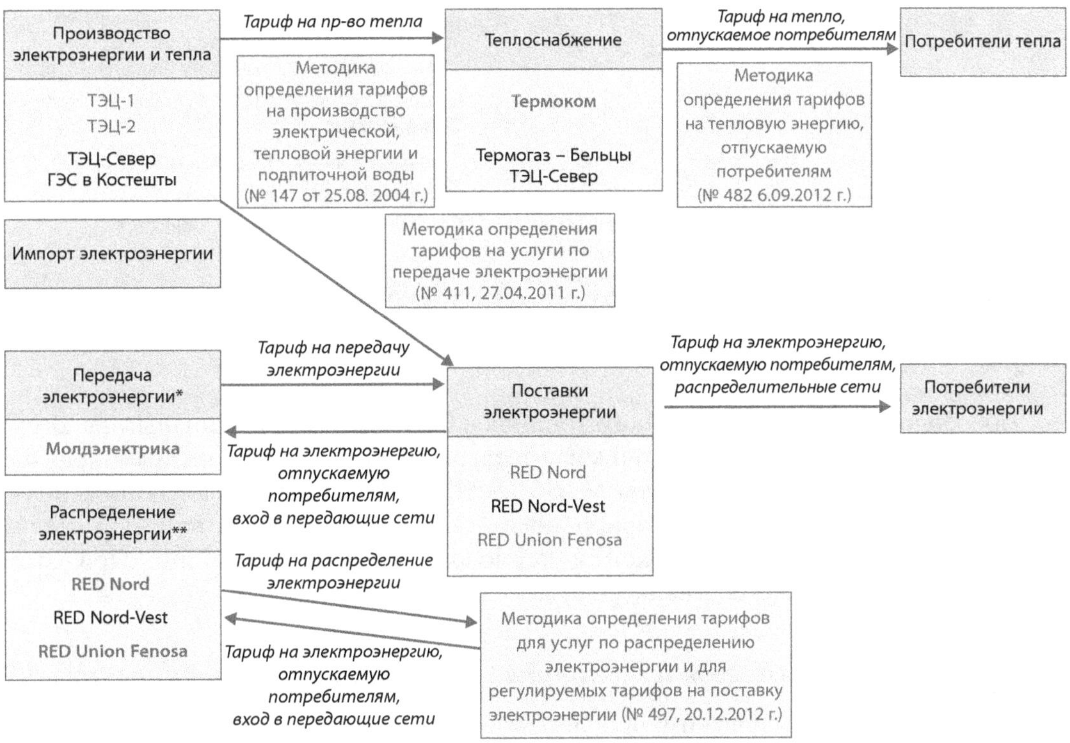

* Отдельные тарифы на передачу для населения и трансграничную передачу.

** Отдельные тарифы для сетей высокого (35-110 кВ), среднего (6-10 кВ) и низкого (≤0,4 кВ) напряжения.

Источник: World Bank (2015a).

Налоговая политика

Налоговая система Молдовы включает шесть общегосударственных налогов (налог на добавленную стоимость (НДС), акцизный налог, налог на прибыль организаций, налог на доходы физических лиц, таможенный налог и дорожный налог) и 14 местных налогов (налог на имущество, земельный налог, налог на использование природных ресурсов и т.д.). Производство энергии в Молдове не облагается никакими специальными налогами помимо общих налогов, применимых к любым видам хозяйственной деятельности.

Таблица 6.4. **Налогообложение в энергетическом секторе Молдовы**

Основные налоги	**НДС, налог на прибыль, налог на доходы физических лиц, налог на имущество, земельный налог**		
Специальные налоги	**Акцизный налог**		
Налогообложение в энергетическом секторе	**Добыча/ производство**	**Транспортировка/ переработка**	**Потребление**
Природный газ	Неприменимо	Специальные налоги не применяются	Природный газ не облагается акцизным налогом Сжатый природный газ облагается акцизным налогом
Электроэнергия	Специальные налоги не применяются	Специальные налоги не применяются	Специальные налоги не применяются
Жидкие нефтепродукты	Неприменимо	Неприменимо	Акцизным налогом облагаются бензин, дизельное топливо, сырая нефть и другие нефтепродукты, нефтяные газы и другие газообразные углеводороды за исключением природного газа Бензин: 3 714 леев за 1 000 л (2015), 197,38 долл. США за 1 000 л Дизельное топливо: 1 544 леев за 1 000 л (2015), 82 долл. США за 1 000 л
Уголь	Специальные налоги не применяются	Специальные налоги не применяются	Специальные налоги не применяются

Источник: Налоговый кодекс (1997).

Потребление бензина, дизельного топлива и СНГ облагается акцизным налогом. Природный газ, электрическая и тепловая энергия не облагаются акцизным налогом. Налоговый кодекс Молдовы (Закон № 1163 XIII, 1997) устанавливает пониженную ставку НДС (8%) для поставок природного и сжиженного газа и нулевую ставку НДС для поставок электрической и тепловой энергии населению. При этом стандартная ставка НДС составляет 20%.

Выбросы парниковых газов и политика в области изменения климата

К основным экологическим проблемам Молдовы относятся деградация почв, загрязнение поверхностных вод, недостаточно эффективная практика управления твердыми и жидкими отходами, а также рост загрязнения грунтовых вод в результате неадекватного обращения с отходами животноводства в сельской местности. Молдова достигла существенных результатов в природоохранной сфере, но остается уязвимой для эффектов изменения климата.

Экономика Молдовы отличается высокими уровнями энергоемкости и удельных выбросов парниковых газов (ПГ). В 2013 году энергоемкость национальной экономики составила 139 кг н. э. на 1 000 долл. США (по паритету покупательной способности) (Energy Community, 2015), что превышает среднюю энергоемкость экономики стран ЕС, которая в 2014 году составила 121,7 кг н. э. на 1 000 долл. США (по ППС) (Eurostat, 2016). Удельные выбросы парниковых газов (определяемые как масса выбросов CO_2 от использования энергии в килограммах на доллар ВВП в ценах 2010 года) значительно снизились с 3,43 в начале 1990-х годов до 1,03 в 2014 году. Тем не менее, удельные выбросы парниковых газов в Молдове остаются выше, чем в большинстве других стран Восточной Европы, Кавказа и Центральной Азии (IEA, 2016).

По мере экономического роста вырастет и общее потребление энергии в стране, что приведет к дальнейшему росту выбросов парниковых газов в энергетике. В то же время изношенная энергетическая инфраструктура страны нуждается в существенной модернизации. Возраст большинства электростанций Молдовы превышает 30-40 лет. Передающие сети также сильно изношены и требуют модернизации; необходимо также замещение устаревших энергетических технологий. Правительство обеспокоено тем, что высокая энергоемкость национальной экономики может быть серьезным препятствием для повышения ее конкурентоспособности.

В целях борьбы с изменением климата и повышением конкурентоспособности национальной экономики правительство Молдовы приняло ряд важных политических решений. В Энергетической стратегии на период до 2030 года (ПрМ, 2013б, Постановление № 102) правительство поставило ряд целей, достижение которых потребует серьезных усилий. Вследствие ориентации Молдовы на Европейский союз эти цели согласованы с целями энергетической стратегии ЕС. В частности, Молдова обязалась:

- снизить потребление первичной энергии на 20% до 2020 года;
- снизить выбросы парниковых газов на 20% до 2020 года;
- повысить долю возобновляемых источников энергии в общем потреблении энергии до 20% к 2020 году.

Молдова ратифицировала Рамочную конвенцию ООН об изменении климата (РКИК ООН) в 1995 году и Киотский протокол к ней в 2003 году. Будучи страной, не включенной в Приложение I к Киотскому протоколу, Молдова не имеет юридических обязательств по сокращению выбросов парниковых газов. Тем не менее, Молдова приняла ряд положений о переходе к экономике с низкими выбросами ПГ. Так, Министерство окружающей среды разработало Стратегию низкоуглеродного развития на период до 2030 года (Министерство окружающей среды, 2016) и Национальную стратегию адаптации к изменению климата (ПрМ, 2014а, Постановление № 1009). Официальные приоритеты Молдовы включают, в частности, освоение ВИЭ и повышение энергоэффективности в ЖКХ, промышленности, сельском хозяйстве и на транспорте. Адекватная правовая основа для решения этих задач была сформирована в результате принятия закона «О возобновляемой энергии» (Закон № 160, 2007), закона «Об энергоэффективности» (Закон № 142, 2010) и Национальной программы энергоэффективности на 2011–2020 годы (ПрМ, 2011, Постановление № 833). Происходит постепенное сближение национального законодательства с соответствующим законодательством ЕС.

Молдова представила свой Ожидаемый национально определенный вклад (ОНОВ) на Конференции Сторон РКИК ООН, которая состоялась в Париже в 2015 году. Согласно документу, Молдова приняла на себя безусловное обязательство «снизить свои выбросы ПГ на 64–67% по сравнению с уровнем 1990 года к 2030 году». Кроме того, Молдова обязалась снизить выбросы на величину до 78% в случае «заключения глобального соглашения, предусматривающего доступность дешевых финансовых ресурсов, передачи технологий и технического сотрудничества для всех стран в масштабах, соответствующих масштабам проблемы глобального изменения климата» (ПрМ, 2015, COP21). Согласно оценкам, достижение этого «условного» целевого показателя потребует 4,9–5,1 млрд долл. США до 2030 года (около

327–340 млн долл. США в год). Хотя оценки затрат на реализацию соответствующих сценариев различаются, несомненно, что обеспечение роста с низкими выбросами ПГ потребует привлечения значительных внутренних ресурсов в сочетании с международной поддержкой.

Определение и обсуждение энергетических субсидий

Молдова приняла определение субсидий, даваемое ВТО в Соглашении о субсидиях и компенсационных мерах. Кроме того, ежегодно после принятия закона о бюджете Министерство сельского хозяйства готовит постановление об использовании сельскохозяйственных субсидий, уточняющее понятие сельскохозяйственных субсидий в Молдове. В отчете от 27 октября 2015 года, направленном Молдовой в ВТО, отмечается, что страна не направляла уведомлений о субсидиях Комитету ВТО по субсидиям и компенсационным мерам (WTO, 2015).

Национальное законодательство Молдовы не содержит достаточно общего и широкого определения субсидий. Тем не менее, некоторые нормативные акты содержат более узкие определения субсидий, применимые в конкретных контекстах. Так, например, закон об «Об антидемпинговых, компенсационных и защитных мерах» (Закон № 820, 2000) определяет субсидии как «прямое или косвенное финансовое содействие органов публичной власти хозяйствующим субъектам в целях повышения рентабельности экспортной деятельности». Применительно к поддержке сельского хозяйства Постановление Правительства Молдовы «О порядке распределения средств фонда субсидирования сельскохозяйственных производителей» (Постановление № 135, 2014) определяет «безвозмездную и необлагаемую налогом денежную помощь, предоставленную из фонда субсидирования сельскохозяйственных производителей для поддержки инвестиций, вложенных сельскохозяйственными производителями, которые соответствуют критериям отбора». При этом упомянутый «фонд» фактически представляет собой статью расходов бюджета, а не отдельный внебюджетный фонд.

Рисунок 6.12. **Что включается в определение субсидий в национальном законодательстве Молдовы?**

Включено в национальные определения «субсидии» и «господдержки»

Включено только в национальное определение «господдержки»

Не включено в национальные определения «субсидии» и «господдержки»

Прямые бюджетные трансферты	Выпадающие налоговые доходы	Вторичные трансферты	Передача рисков правительству	Источники информации
				Министерство финансов Молдовы, Отчеты об исполнении государственного бюджета за 2011-2014 гг., www.mf.gov.md/reports Налоговый кодекс № 1163-XIII от 24 апреля 1997 г., ст. 96, ст. 104 Постановление Муниципального совета Кишинева 8/9 от 20 декабря 2012 г., www.chisinau.md/libview.php?l=ro&idc=408&id=4907

В табл. 6.5 представлены основные результаты исследований субсидий в Молдове. Эти результаты являются отправной точкой для анализа в последующих разделах данной главы.

Таблица 6.5. **Обзор субсидий**

Энергетические субсидии	Основные результаты
Прямой перевод бюджетных средств и обязательства по такому переводу	• Частично включено в национальные определения субсидий (за исключением обязательств) • Компенсация населению за высокие цены на энергоносители
Налоговые расходы (выпадающие налоговые доходы бюджета)	• Не включено в национальные определения субсидий • Правительство Молдовы не публикует отчетов о налоговых расходах • Пониженные ставки НДС для электроэнергии (0%), тепловой энергии (0%) и природного газа (8%), потребляемых населением • Низкий уровень акцизного налога на бензин и дизельное топливо • Освобождение от платежей за загрязнение окружающей среды • Налоговые льготы для «Молдовагаза» (отменены с 2014 г.)
Вторичные (косвенные) трансферты (поддержка доходов или цен в интересах производителей или потребителей)	• Не включено в национальные определения субсидий • Оценки методом ценовой разницы, выполненные МЭА или другими международными источниками, отсутствуют • Субсидирование потребителей в результате отсутствия адекватного расчета тарифов, а также отсутствия пересмотра тарифов на протяжении длительного времени
Передача рисков	• Не включено в национальные определения субсидий • Сколько-нибудь существенное обсуждение вопроса отсутствует (за исключением государственных инвестиций в развитие газотранспортной инфраструктуры и электрических сетей)

Источник: подготовлено авторами.

Государственная поддержка ископаемых видов топлива

Объемы энергетических субсидий в Молдове ограничены по сравнению с некоторыми другими странами региона Восточного партнерства. Молдова отказалась от практики прямого субсидирования потребителей и не реализует целенаправленной политики субсидирования в отношении потребления или производства энергии. Однако сочетание инвентаризации субсидий «снизу вверх» и оценки методом ценовой разницы позволило выявить несколько механизмов субсидирования ископаемых видов топлива в Молдове.

Следует отметить, что некоторые количественные показатели, приводимые в данной главе, в частности, суммы промежуточных категорий, включаемые в сводные таблицы, были округлены. Поэтому итоговые показатели, приводимые в таблицах и в тексте, могут значительно отличаться от точных сумм соответствующих промежуточных категорий.

Оценка субсидий на потребление методом ценовой разницы

Хотя Международное энергетическое агентство (МЭА) публикует выполненные методом ценовой разницы оценки субсидий конечным потребителям ископаемых видов топлива и электроэнергии для многих стран, для Молдовы подобные оценки отсутствуют. Применив данный метод к Молдове, мы не обнаружили признаков субсидирования в секторе природного газа. Оценка методом ценовой разницы для Молдовы[3] следует той же логике, что и аналогичный анализ для других стран Восточного партнерства:

Ценовая разница = Базовая цена – Нетто-тариф

Субсидия = Ценовая разница × Объем потребления

Оценка субсидий на потребление газа методом ценовой разницы

Основной проблемой при использовании метода ценовой разницы является адекватное определение базовой цены. Для стран – нетто-импортеров энергии, к которым относится Молдова, в качестве базовой используется цена импортного паритета: цена продукта на ближайшем международном хабе, при необходимости скорректированная с учетом различий в качестве топлива, с добавлением затрат на транспортировку до страны-импортера и страхование, а также затрат на распределение и сбыт внутри страны и налога на добавленную стоимость (НДС). В случае природного газа и угля для оценки затрат на транспортировку и распределение внутри страны используются данные из доступных источников.

Для Молдовы как нетто-импортера энергии базовая цена природного газа определяется как цена импорта газа с добавлением затрат на транспортировку и распределение, а также НДС. В целом, метод ценовой разницы не выявил субсидирования потребления природного газа в Молдове.

Для оценки объема субсидий на потребление необходимо знать величину ценовой разницы, а также объем потребления газа в данном году. По данным НАРЭ, в 2015 году потребители в Молдове (включая население, промышленность и транспортный сектор) использовали в общей сложности 0,93 млрд м^3 природного газа. Ценовая разница рассчитывается как разность между базовой ценой и нетто-тарифом для конечных потребителей.

Таблица 6.6. **Оценка субсидий на потребление природного газа методом ценовой разницы**

Группы потребителей	Доля	Нетто-тариф, долл. США за 1 000 м^3	Брутто-тариф, долл. США за 1 000 м^3	Объем потребления, млрд м^3	Закупочная цена, долл. США за 1 000 м^3	Ценовая разница, долл. США за 1 000 м^3	Субсидия, млн леев	Субсидия, млн долл. США
Население	29%	331	357,48 (331 + 8% НДС)	0,27	307 (256 +20% НДС)	-24	-122	-6
Промышленность и транспорт	71%	331	397,2 (331 + 20% НДС)	0,66	307 (256 + 20% НДС)	-24	-298	-16
Всего				**0,93**			**-420**	**-22**
Средневзвешенное значение			**386**		**307**	**-77,64**		

Источник: расчеты авторов на основе данных НАРЭ (2015, 2016).

В качестве базовой цены использована цена закупки газа на границе, составляющая 307 долл. США за 1 000 м^3 (или 256 долл. США за 1 000 м^3 + 20% НДС). Нетто-тариф ежегодно устанавливается НАРЭ для различных групп потребителей и, согласно оценкам, составляют 331 долл. США за 1 000 м^3. Таким образом, ценовая разница составляет –24 (307–331). Умножая ценовую разницу для каждой категории потребителей на объем газа, использованный данной категорией (с учетом различий в единицах измерения), мы получаем отрицательный объем субсидий, равный –6 млн долл. США (население) и –16 млн долл. США (промышленность и транспорт), или в общей сложности –22 млн долл. США. Иными словами, наши расчеты подтверждают отсутствие субсидий на потребление природного газа в Молдове.

Инвентаризация мер государственной поддержки ископаемых видов топлива методом «снизу вверх»

Меры государственной поддержки в секторе природного газа

Анализ характера субсидий в секторе природного газа и электроэнергетике Молдовы позволяет выявить два основных механизма субсидирования. По сути они представляют собой меры поддержки в форме снижения уровней налогообложения (выпадающие доходы бюджета) и ценовой поддержки потребителей за счет фиксации конечных цен на уровне ниже себестоимости (вторичные трансферты). Два основных механизма субсидирования включают:

- пониженные ставки НДС на электроэнергию и природный газ, потребляемые населением;
- вторичный трансферт за счет отсутствия адекватного расчета тарифов (см. описание в предыдущем разделе).

В Молдове регулируются цены на природный газ, электрическую и тепловую энергию, а также другие коммунальные услуги. Однако по сравнению с другими странами ВП политика регулирования цен более либеральна, вследствие чего тарифы для населения близки к тарифам для коммерческих потребителей, хотя и несколько ниже последних. Хотя цены (см. обсуждение политики ценообразования на энергоносители в соответсвующем разделе) близки к уровням окупаемости, правительство оказывает поддержку населения несколькими способами:

- установление пониженного тарифа для бытовых потребителей, использующих менее 30 м^3 природного газа в месяц[4];
- установление пониженной ставки НДС на природный газ, потребляемый населением, – 8% при стандартной ставке 20%;
- налоговые льготы для компании «Молдовагаз» (освобождение от налога на импорт);
- поддержание тарифа на уровне, не обеспечивающем полного возмещения затрат производителей, вследствие отсутствия регулярного пересмотра тарифов, что имело место в случае природного газа с 2011 по 2015 годы; такая форма субсидирования влияет на финансовые результаты газораспределительных компаний и готовность инвесторов вкладывать средства в сектор.

Пониженная ставка НДС на природный газ, потребляемый населением

Стандартная ставка НДС в Молдове составляет 20%. В данном случае оценка объема субсидий производится путем умножения среднего тарифа на природный газ для населения (без учета НДС) на объем поставок газа населению в данный год и на изменение ставки НДС (20%–8%). Результаты этой оценки представлены ниже в табл. 6.7.

Таблица 6.7. **Оценка объема субсидий на потребление природного газа в Молдове в 2011–2015 гг. в результате применения пониженной ставки НДС, млн номинальных долл. США 2015 г.**

Год	Средний тариф (НДС 8%) *леев за 1 000 м³*	Базовая цена (НДС 20%) *леев за 1 000 м³*	Объем продаж природного газа *млрд м³*	Ценовая разница *леев за 1 000 м³*	Субсидия *млн леев*	Субсидия *млн долл.*
2011	4 966,92	5 518,80	0,28	551,88	153,48	13,07
2012	5 294,16	5 882,40	0,28	588,24	163,59	13,51
2013	5 294,16	5 882,40	0,28	588,24	163,59	12,99
2014	5 294,16	5 882,40	0,28	588,24	163,00	11,61
2015	6 719,76	7 466,40	0,27	746,64	202,79	10,78

Источник: собственные расчеты авторов на основе отчетов НАРЭ (2012, 2013, 2014, 2015, 2016).

Наши расчеты показывают, что результатом применения льготной ставки НДС на природный газ, поставляемый населению, в 2011–2015 годах стали выпадающие доходы бюджета в размере около 62 млн долл. США.

Освобождение «Молдовагаза» от налога на импорт

Освобождение «Молдовагаза» от налога на импорт приводило к выпадающим доходам бюджета в размере 4 долл. США за 1 000 $м^3$ природного газа. Норма об освобождении действовала в 2004–2013 годах и была отменена в 2013 году, когда правительство Молдовы выкупило у «Газпрома» векселя, выпущенные Министерством финансов. Оценка объемов соответствующих субсидий в 2011–2013 годах приведена в табл. 6.8.

Таблица 6.8. **Оценка объема субсидий в результате освобождения «Молдовагаза» от налога на импорт, млн номинальных долл. США 2015 г.**

Год	Объем продаж природного газа «Молдовагазом» *млрд м³*	Субсидия на единицу объема *долл. США за 1 000 м³*	Субсидия *млн леев*	Субсидия *млн долл. США*
2011	1,02	4	47,82	4,07
2012	0,97	4	47,07	3,89
2013	0,95	4	47,61	3,78
2014	0,96	0	0,00	0,00
2015	0,93	0	0,00	0,00

Источник: собственные расчеты авторов на основе отчетов НАРЭ (2012, 2013, 2014, 2015, 2016).

Вторичные трансферты в результате регулирования цен

Тарифы на энергоносители в Молдове утверждаются НАРЭ. Общие принципы расчета тарифов являются корректными, и тарифы устанавливаются в соответствии с принципами надлежащей практики. Методики установления тарифов на тепловую и электрическую энергию соответствуют международным подходам и основаны на норме рентабельности. Однако методика установления тарифов для производителей тепловой и электрической энергии недостаточно четко прописана и не содержит определения нормы рентабельности. Тепловой и электроэнергетический сектор, а также сектор распределения природного газа испытывают значительную потребность в инвестиционных ресурсах, а привлечение капитала требует обеспечения адекватной доходности.

Поэтому НАРЭ имеет несколько возможностей предоставления субсидий за счет вторичных трансфертов:

- отсутствие пересмотра тарифов на протяжении длительного времени, что имело место в случае тарифов на природный газ с 2011 по 2015 годы;
- утверждение тарифов на тепловую энергию и природный газ независимо друг от друга, что может приводить к риску отключения потребителей от систем централизованного отопления в результате высоких тарифов на тепловую энергию;
- установление тарифов на распределение газа на уровне, не обеспечивающем полного возмещения затрат.

Анализ тарифов, утвержденных НАРЭ, указывает на значительные изменения в величине затрат на транспортировку и распределение газа, используемых при расчете тарифов. Например, в 2015 году НАРЭ утвердило затраты на транспортировку и распределение газа в размере 1 551 леев за 1 000 м^3, тогда как затраты, утвержденные в 2011 году, составляли 616,92 леев за 1 000 м^3. Такое почти троекратное увеличение затрат за четыре года является весьма значительным (особенно с учетом того, что инфляция за этот период составила всего 27,12%) и позволяет предположить, что в 2011 году тарифы на транспортировку и распределение газа поддерживались на уровне, не обеспечивавшем полного возмещения затрат и адекватной нормы рентабельности.

В то же время позиция НАРЭ состоит в том, что столь значительное увеличение тарифов обусловлено, главным образом, изменениями в методике расчета тарифов на транспортировку и распределение газа. В 2014 году НАРЭ утвердило новую методику, согласно которой стоимость потерь природного газа в распределительных сетях включается в тариф на распределение газа. До этого, в соответствии с ранее действовавшей методикой, эта стоимость включалась в тариф на газ для конечных потребителей.

Причиной резкого повышения тарифа на транспортировку газа стала утвержденная парламентом страны поправка к закону «О природном газе». Согласно этой поправке, международный транзит газа больше не регулируется НАРЭ, и большая часть затрат на транспортировку газа относится только на объемы газа, потребляемые внутри страны (около 1 млрд м^3), а не на общий объем потребляемого газа и международного транзита (около 18 млрд м^3), как это делалось раньше.

Перенос затрат с тарифа для потребителей на тариф на услуги по распределению в сочетании с изменением тарифа на транспортировку газа на фоне снижения стоимости импортируемого газа позволил, начиная с 2015 года, ввести адекватные тарифы, обеспечивающие возмещение затрат, в то же время удерживая цены для конечного потребителя на стабильном уровне.

Несмотря на эти изменения в методике определения тарифов, отсутствие пересмотра тарифов в период 2011–2015 годов[5] должно рассматриваться как форма субсидии. Обсуждение адекватного уровня тарифов на транспортировку и распределение природного газа выходит за рамки настоящего исследования, однако мы используем упрощенный подход для приблизительной оценки соответствующих субсидий.

Методика оценки субсидии, связанной с отсутствием пересмотра тарифов, основана на использовании среднегодовой цены импорта газа[6]. Предполагается, что в 2015 году был установлен адекватный тариф на транспортировку и распределение газа, и этот тариф был применен к предыдущим годам (2012-2014 годы) с поправкой на обменный курс. Хотя такая оценка является очень грубой, она позволяет получить приблизительное представление о масштабах субсидии.

Результаты оценки представлены в табл. 6.9. Наши оценки указывают на значительное сокращение объема субсидии потребителям газа в 2015 году по сравнению с предыдущими годами. В 2015 году данная субсидия составила около 7 млн долл. США.

Таблица 6.9. **Оценка вторичных трансфертов в секторе природного газа Молдовы, обусловленных уровнем тарифов, в 2011–2015 гг., млн номинальных долл. США 2015 г.**

Год	Средневзвешенный тариф для конечных потребителей	Среднегодовая цена импорта (закупочная цена)	Предполагаемые затраты на распределение и транспортировку	Базовая цена	Объем продаж природного газа	Ценовая разница	Субсидия	Субсидия
	леев за 1 000 м³	*леев за 1 000 м³*	*леев за 1 000 м³*	*леев за 1 000 м³*	*млрд м³*	*леев за 1 000 м³*	*млн леев*	*млн долл. США*
2011	4 599,00	3 983,73	1 551,00	5 534,73	1,02	935,73	952,80	81,16
2012	4 902,00	4 770,98	1 551,00	6 321,98	0,97	1 419,98	1 379,95	113,95
2013	4 902,00	4 779,16	1 551,00	6 330,16	0,95	1 428,16	1 350,04	107,23
2014	4 902,00	5 294,48	1 551,00	6 845,48	0,96	1 943,48	1 863,70	132,74
2015	6 222,00	4 816,92	1 551,00	6 367,92	0,93	145,92	135,36	7,19

Примечания: **базовая цена** = закупочная цена + предполагаемые затраты на транспортировку и распределение;
ценовая разница = базовая цена – средневзвешенный тариф для потребителей;
субсидия = ценовая разница × объем продаж природного газа.

Источник: собственные расчеты авторов на основе отчетов НАРЭ (2012, 2013, 2014, 2015, 2016).

Освобождение от экологических платежей (платы за загрязнение атмосферы)

Тогда как с крупных предприятий, сжигающих топливо, в Молдове взимается плата за загрязнение атмосферы (например, выбросы NO_x), малые котельные и индивидуальные системы отопления освобождены от этой платы. Это дает мелким котельным преимущество по сравнению с централизованным производством тепловой энергии. Поскольку средние выбросы на единицу произведенной полезной энергии, как правило, ниже на крупных предприятиях, освобождение малых систем отопления от экологических платежей может рассматриваться в качестве субсидии, вредной для окружающей среды.

Ставка платежа за загрязнение атмосферы составляет 18 леев за одну условную тонну[7] выброшенного загрязняющего вещества. Общий объем данной субсидии оценивается путем умножения потребления газа малыми системами отопления

(107 млн м^3 в год) на удельные выбросы на единицу сожженного газа и на ставку платежа (18 леев). Стандартный коэффициент выбросов при сжигании природного газа составляет 0,4855608 кг на 1 000 м^3. Таким образом, общий объем платежей за выбросы в атмосферу при использовании малых систем отопления составил бы 932 леев (49 долл. США). Эта сумма представляет собой выпадающие доходы бюджета в результате освобождения малых котельных и индивидуальных систем отопления от экологических платежей.

В таблице 6.10 продемонстрирован расчет соответствующей субсидии.

Таблица 6.10. **Оценка субсидий на потребление за счет освобождения от экологических платежей в 2015 г., млн номинальных долл. США 2015 г.**

Год	Потребление газа в малых системах отопления	Удельные выбросы	Субсидия	Субсидия
	млн м^3	*усл. кг на 1 000 м^3*	*леев*	*долл. США*
2015	107	0,4855608	932	49

Источник: собственные расчеты авторов на основе отчетов НАРЭ (2012, 2013, 2014, 2015, 2016).

Общая оценка субсидий на потребление в секторе природного газа Молдовы

Общая оценка субсидий на потребление в секторе природного газа Молдовы представлена в табл. 6.11 (она включает также описанные выше вторичные трансферты).

Таблица 6.11. **Оценка субсидий на потребление в секторе природного газа Молдовы в 2011–2015 гг., млн номинальных долл. США 2015 г.**

Год	Вторичные трансферты в результате регулирования цен	Пониженная ставка НДС	Освобождение «Молдовагаза» от налога на импорт	Освобождение от экологических платежей	Всего	
	млн леев	*млн леев*	*млн леев*	*млн леев*	*млн леев*	*млн долл.*
2011	952,80	153,48	47,82	0,00	1 154,10	98,30
2012	1 379,95	163,59	47,07	0,00	1 590,62	131,35
2013	1 350,04	163,59	47,61	0,00	1 561,24	124,01
2014	1 863,70	163,00	0,00	0,00	2 026,71	144,35
2015	135,36	202,79	0,00	0,00	338,14	17,97
Всего	5 681,00	846,00	142,00	0,00	6 670,00	515,98

Источник: собственные расчеты авторов.

В целом, за период 2011–2015 гг. общая государственная поддержка потребления в секторе природного газа, предоставленная в форме налоговых льгот и вторичных трансфертов, составила около 515 млн долл. США. Из этого количества выпадающие доходы бюджета в результате отказа от сбора некоторых налогов или установления пониженных ставок налогов составили 73,70 млн долл. США.

Меры государственной поддержки в электроэнергетике

Освобождение от НДС бытовых потребителей электроэнергии

Около половины электроэнергии, потребляемой в Молдове, производится в Приднестровье. Источником данной субсидии является пониженный уровень налогообложения: для электроэнергии, потребляемой населением, установлена нулевая ставка НДС. В табл. 6.12 представлена оценка объема субсидирования бытовых потребителей электроэнергии в результате установления нулевой ставки НДС.

Таблица 6.12. **Оценка субсидий на потребление в электроэнергетическом секторе Молдовы в 2011–2015 гг., млн номинальных долл. США 2015 г.**

Год	Средний тариф для населения (НДС 0%) *бани/кВт-ч*	Базовая цена (НДС 20%) *бани/кВт-ч*	Продажи электроэнергии населению *млн кВт-ч*	Субсидия *млн леев*	Субсидия *млн долл.*
2011	142,75	171,30	1 542,80	264,28	22,51
2012	152,60	183,12	1 574,90	288,40	23,81
2013	156,81	188,17	1 605,20	302,05	23,99
2014	156,86	188,23	1 656,20	311,75	22,20
2015	167,76	201,31	1 663,30	334,85	17,80
Всего				1 501,00	110,32

Источник: собственные расчеты авторов на основе отчетов НАРЭ (2012, 2013, 2014, 2015, 2016).

Повышение тарифов на электроэнергию для населения привело к повышению общего объема соответствующей субсидии в национальной валюте. Однако вследствие снижения курса лея размер субсидии в долларах США снизился в 2015 году по сравнению с предыдущими годами. Общий объем данной субсидии в 2011–2015 годах составил 110,3 млн долл. США. Эта величина представляет собой доходы бюджета, недополученные в результате освобождения потребляемой электроэнергии от НДС.

Поддержка тарифов для производителей электроэнергии на основе ВИЭ

Гарантированный льготный тариф для производителей электроэнергии на основе ВИЭ был введен в Молдове в 2013 году. Согласно Закону № 160 от 2007 года, т.н. «зеленый» тариф на электроэнергию, произведенную из ВИЭ, рассчитывается на основе специальной методики, утвержденной НАРЭ. Методика предполагает срок окупаемости инвестиций в секторе ВИЭ до 15 лет при условии, что норма рентабельности превышает уровень рентабельности в секторе традиционной генерации не более чем в два раза.

Мы оцениваем объем вторичных трансфертов в пользу производителей «чистой» электроэнергии на основе средневзвешенного «зеленого» тарифа на энергию из ВИЭ (биогаза, энергии солнца и ветра), используя данные из годового отчета НАРЭ за 2015 год (НАРЭ, 2015). В качестве базовой цены использована цена электроэнергии, импортируемой из Украины.

Хотя ставка «зеленого» тарифа постоянно снижалась с момента его введения, общий объем соответствующих субсидий производителям электроэнергии на основе

ВИЭ в национальной валюте повышался в 2013–2015 годах. Однако вследствие значительного падения курса лея объем субсидии в долларах США снизился в 2015 году по сравнению с 2014 годом. Общий объем субсидирования производителей электроэнергии на основе ВИЭ через механизм «зеленых» тарифов в 2013–2015 годах составил 1,33 млн долл. США.

Таблица 6.13. **Оценка субсидий в пользу производителей электроэнергии на основе ВИЭ в Молдове в 2011-2015 гг., млн номинальных долл. США 2015 г.**

	Средний «зеленый» тариф	Базовая цена (импорт)	Продажи «зеленой» электроэнергии внутренним потребителям	Субсидия	Субсидия
Год	*бани/кВт-ч*	*бани/кВт-ч*	*млн кВт-ч*	*млн леев*	*млн долл.*
2013	1,80	0,87	1,91	1,76	0,14
2014	1,76	0,96	3,10	2,50	0,80
2015	1,72	1,29	17,20	7,35	0,39

Источник: собственные расчеты авторов на основе данных НАРЭ (2014, 2015, 2016).

Государственная поддержка в секторе тепловой энергии

Источником данной субсидии является пониженный уровень налогообложения: для тепловой энергии, потребляемой населением, установлена нулевая ставка НДС. В табл. 6.14 представлена оценка объема субсидирования бытовых потребителей тепловой энергии в результате установления нулевой ставки НДС.

Таблица 6.14. **Оценка субсидий на потребление в секторе тепловой энергии Молдовы в 2011-2015 гг., млн номинальных долл. США 2015 г.**

	Средний тариф для населения (НДС 0%)	Базовая цена (НДС 20%)	Продажи тепла населению	Субсидия	Субсидия
Год	*леев/Гкал*	*леев/Гкал*	*млн Гкал*	*млн леев*	*млн долл.*
2011	923,43	1 108,11	1,268	234,31	19,96
2012	995,24	1 194,29	1,206	240,08	19,83
2013	996,92	1 196,30	1,089	217,19	17,25
2014	998,46	1 198,15	1,092	217,98	15,53
2015	999,14	1 198,97	1,171	234,12	12,44
Всего				1 143,00	85,01

Источник: собственные расчеты авторов на основе отчетов НАРЭ (НАРЭ, 2012, 2013, 2014, 2015, 2016).

Годовые объемы данного вида субсидий, выраженные в национальной валюте, находились на стабильном уровне в 2011-2015 годах, хотя в долларовом исчислении они снизились за тот же период. В целом, в результате данной субсидии государственный бюджет недополучил 85 млн долл. США в 2011–2015 годах.

Целевые субсидии для малообеспеченных групп населения (Кишинев)

В стране действует несколько государственных программ целевой помощи малообеспеченным группам населения, однако эти программы: (1) охватывают ограниченный круг потребителей; (2) применимы лишь к потреблению не выше установленного предельного уровня. Наиболее масштабная программа такого рода действует в столице страны – Кишиневе. Жители города, чьи доходы не превышают установленный минимальный уровень, получают компенсацию в размере 40% расходов на отопление. Общий объем данной субсидии составляет 52–77 млн леев в год (данные взяты без изменений из муниципального бюджета Кишинева).

Итоговая оценка энергетических субсидий

В таблицах 6.15, 6.16 и на рис. 6.13 представлена сводная информация об объемах субсидий на потребление энергии в Молдове в 2011–2015 годах, выраженная как в леях, так и в долларах США.

Таблица 6.15. **Оценка субсидий на потребление энергии в Молдове в 2011–2015 гг., млн леев**

	Природный газ	Электроэнергия	Тепло	Всего
Год	*млн леев*	*млн леев*	*млн леев*	*млн леев*
2011	1 154,10	264,28	234,33	1 652,71
2012	1 590,62	288,40	240,14	2 119,15
2013	1 561,24	302,05	217,18	2 080,47
2014	2 026,71	311,75	218,04	2 556,50
2015	338,14	334,85	234,07	907,06
Всего	6 670,80	1 501,33	1 143,76	9 315,89

Источник: собственные расчеты авторов.

Таблица 6.16. **Оценка субсидий на потребление энергии в Молдове в 2011–2015 гг., млн номинальных долл. США 2015 г.**

	Природный газ	Электроэнергия	Тепло	Всего
Год	*млн долл.*	*млн долл.*	*млн долл.*	*млн долл.*
2011	98,30	22,51	19,96	140,78
2012	131,35	23,81	19,83	174,99
2013	124,01	23,99	17,25	165,25
2014	144,35	22,20	15,53	182,09
2015	17,97	17,80	12,44	48,21
Всего	515,98	110,32	85,01	711,31

Источник: собственные расчеты авторов.

В целом, общий объем субсидий, выраженный в долларах США, находился на стабильном уровне (хотя и с некоторыми отклонениями), за исключением 2015 года, когда снижение импортных цен на природный газ создало условия для более полного отражения затрат на транспортировку и распределение газа в соответствующем тарифе, что привело к снижению объема вторичных трансфертов.

Рисунок 6.13. **Оценка субсидий на потребление энергии в Молдове**

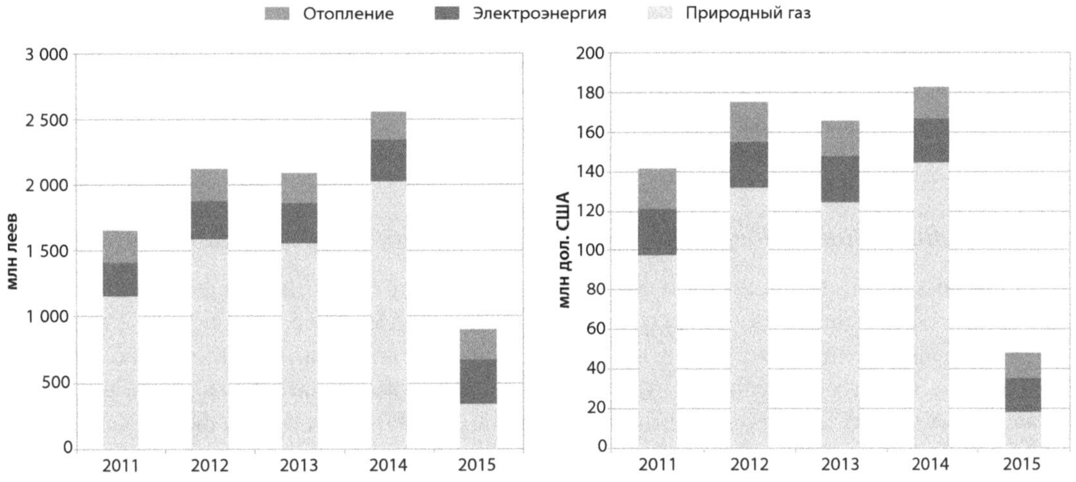

Источник: собственные расчеты авторов.

В целом, общий объем государственной поддержки потребления ископаемых видов топлива в Молдове в 2011–2015 годах составил примерно 711 млн долл. США. Это – относительно небольшая величина по сравнению с другими странами Восточного партнерства. Данная оценка не включает государственную поддержку производителей электроэнергии на основе ВИЭ (льготные закупочные тарифы), а также целевые субсидии для малообеспеченного населения Кишинева.

Государственная поддержка повышения энергоэффективности и ВИЭ

Молдова является полноправным членом Энергетического сообщества и обязалась ввести нормы, предусмотренные документами сообщества и в значительной степени основанные на законодательстве ЕС. Повышение энергоэффективности и освоение ВИЭ играют важную роль в достижении целей государств – членов ЕС в области энергетики и изменения климата. Принимая во внимание уязвимость экономики Молдовы и благосостояния ее населения к изменению климата, правительство страны поставило ряд целей в области изменения климата, достижение которых потребует серьезных усилий.

Особенно острой проблемой для Молдовы является энергоэффективность зданий. Ориентиром для политики Молдовы в данной сфере является документ, регулирующий вопросы энергоэффективности в странах ЕС, – Директива об эффективности конечного использования энергии и энергосервисных услугах (EU, 2006).

Национальная стратегия развития «Молдова – 2020» (Закон № 166, 2012) устанавливает конкретные цели, которые включают модернизацию 10% общественных зданий к 2020 году и сокращение энергопотребления в зданиях на 10% к той же дате. В рамках проекта по модернизации местных коммунальных услуг[8]. Германское общество международного сотрудничества (GIZ) оказывает правительству Молдовы в лице Министерства строительства и регионального развития помощь по переводу этих целей на уровень конкретных действий в рамках региональных секторальных программ по повышению энергоэффективности общественных зданий. Согласно оценкам, общий объем инвестиций, необходимый для 100%-ной модернизации зданий учреждений образования и здравоохранения (без учета остальных общественных зданий) в Молдове, составляет 760 млн евро и 135 млн евро, соответственно, за исключением Кишинева. Для сравнения можно отметить, что бюджет третьего конкурса заявок, организованного Фондом энергоэффективности Молдовы, составил 5,7 млн евро, а бюджет программы ремонта школьных зданий, профинансированной Всемирным банком, – около 25 млн евро.

Государственная поддержка мер по повышению энергоэффективности

Основными национальными организациями, участвующими в финансировании проектов по повышению энергоэффективности в Молдове, являются Агентство по энергоэффективности, Фонд энергоэффективности, Национальный экологический фонд, Фонд социальных инвестиций и Национальный фонд регионального развития. Однако из перечисленных организаций Национальный фонд регионального развития до сих пор не профинансировал никаких проектов по повышению энергоэффективности.

Цели Агентства по энергоэффективности, годовой бюджет которого находится в диапазоне от 1 до 25 млн леев, включают реализацию государственной политики и конкретных мероприятий в сфере энергоэффективности, а также мониторинг деятельности в данной области. В 2012 году бюджетное финансирование деятельности агентства составило всего 1,2 млн леев, в 2013 году – 7,9 млн леев, в 2014 году – 25,7 млн леев, а в 2015 году – 14,5 млн леев. Кроме того, в 2014 году на мероприятия по повышению энергоэффективности было направлено 5,8 млн евро из местных бюджетов (АЭЭ, 2015).

Фонд энергоэффективности (ФЭЭ) финансирует проекты в следующих областях:

- меры по энергосбережению, например, теплоизоляция стен и крыш, замена окон и входных дверей;
- восстановление и модернизация источников и систем отопления и горячего водоснабжения;
- возобновляемые источники энергии;
- освещение общественных пространств.

ФЭЭ распределяет средства на основе конкурсов заявок, а не годовых инвестиционных программ. До настоящего момента было проведено три конкурса. Первый конкурс, проведенный в 2013 году, был ориентирован на государственные организации (включая школы и учреждения здравоохранения). По итогам конкурса было отобрано 86 проектов с общим объемом финансирования 135 млн леев (в среднем около 78 тыс. евро на проект). Второй конкурс был организован для частных организаций, но, в конечном счете, ни один проект не был реализован. Третий конкурс, проведенный в 2014 году, вновь был ориентирован на государственные организации. По результатам конкурса было отобрано 92 проекта с общим объемом финансирования 114 млн леев (в среднем 62 тыс. евро на проект). ФЭЭ предоставляет финансирование в форме грантов, кредитов, лизинга и гарантий (ФЭЭ, 2015). В 2014 и 2015 годах было запланировано распределение 172 и 125 млн леев соответственно, но средства не были перечислены из государственного бюджета в силу недостатка ресурсов.

В 2013–2014 годах Фонд социальных инвестиций Молдовы (ФСИМ) реализовал проекты общей стоимостью 30 млн леев, причем 3,4 млн леев было выделено из местных бюджетов, а 5,2 млн леев – из Национального экологического фонда (государственного бюджета). ФСИМ также управляет грантовой программой правительства Румынии в объеме 20 млн евро, которая включает проекты по повышению энергоэффективности. Как правило, от получателей финансирования требуется собственный вклад в размере 15% от общей стоимости проекта.

Поддержка мер по повышению энергоэффективности со стороны доноров

В дополнение к проектам, описанным в предыдущем разделе, 144 проекта по повышению энергоэффективности в государственном секторе общей стоимостью 14 млн евро были профинансированы в рамках проекта «Энергия и биомасса в Молдове» (ЭБМ). При этом 28,3 млн леев из этого количества были выделены органами местного самоуправления (EC/UNDP, 2015). Проект направлен на повышение уровней теплового комфорта в зданиях государственных организаций (школ, детских садов и т.п.) в сельской местности за счет использования биомассы, образующейся в результате деятельности местных сельскохозяйственных предприятий. В дальнейшем проект был продлен с выделением дополнительных средств в размере 9,4 млн евро. Дополнительное финансирование будет использовано, в частности, для расширения географии проекта (в т.ч. на Приднестровье, Гагаузию и Тараклийский район), а также для повышения устойчивости рынка биомассы в Молдове.

В 2016–2018 годах Европейский союз планирует поддержать реализацию инвестиционных проектов в учреждениях образования и здравоохранения, разработанных в рамках вышеупомянутого проекта ЭБМ, в размере до 10 млн евро. В рамках проекта ЭБМ были разработаны проекты тепловой модернизации зданий девяти приоритетных школ и трех приоритетных больниц (технико-экономическое обоснование и концептуальное проектирование). Для еще 20 проектов было подготовлено резюме проекта, и еще 30 проектов были определены как приоритетные в рамках региональных секторальных программ повышения энергоэффективности общественных зданий.

Кроме того, в начале 2015 года ЕС начал три проекта, поддержанные в рамках Программы демонстрационных проектов по устойчивому городскому развитию. Общая стоимость проектов составляет 2,7 млн евро, причем вклад ЕС составляет 2 млн евро, а остальные средства выделяются заинтересованными муниципалитетами. В рамках проекта будут поддержаны инвестиции в повышение энергоэффективности и освоение ВИЭ в пяти муниципалитетах: городах Унгены, Оргеев, Окница, Сороки и Кантемир.

ЕБРР открыл кредитную линию в размере 42 млн евро, которая также предусматривает гранты в размере 5–20% от суммы кредита. Кредиты предоставляются компаниям и физическим лицам в Молдове через местные банки-партнеры. Две специализированные программы финансирования – Программа финансирования устойчивой энергетики в Молдове и Программа финансирования энергоэффективности в жилищном секторе Молдовы (MoSEFF и MoREEF соответственно) – предусматривают также техническое содействие в реализации проектов. Финансирование предоставляется для инвестиций в устойчивую энергетику и освоение ВИЭ. До 2014 года было выделено около 2 150 кредитов общим объемом 8,66 млн евро. Правительство Молдовы не участвует в финансировании этих проектов.

Таблица 6.17. **Поддержка проектов по повышению энергоэффективности и освоению ВИЭ в 2010–2015 гг.**

Источник финансирования	Оценка финансирования, леев или евро	Оценка финансирования, долл. США
Государственная поддержка		
1. Агентство по энергоэффективности	49,3 млн леев	2,62 млн долл.
2. Фонд энергоэффективности	249 млн леев	13,23 млн долл.
3. Фонд социальных инвестиций	30 млн леев	1,59 млн долл.
4. Национальный экологический фонд		
• Энергоэффективность	5,2 млн леев	0,276 млн долл.
• ВИЭ	16,3 млн леев	0,866 млн долл.
5. Местные бюджеты	37,5 млн леев	1,99 млн долл.
Доноры		
6. Всемирный банк – Программа ремонта зданий	25 млн евро	28 млн долл.
7. Правительство Румынии	20 млн евро	22,42 млн долл.
8. ЕС и ПРООН – проект «Энергия и биомасса в Молдове»	23,4 млн евро	26,24 млн долл.
9. ЕБРР	8,6 млн евро	9,71 млн долл.
Всего		**106,942** млн долл.

Примечание: данные приведенные в этой таблице не включают поддержку в форме «зеленых» тарифов.
Источник: составлено авторами.

Государственная поддержка производителей энергии на основе ВИЭ

В поддержке освоения ВИЭ участвуют те же организации, которые оказывают поддержку деятельности по повышению энергоэффективности. Как правило, отчетность этих организаций включает финансирование проектов в области энергоэффективности и ВИЭ в одну и ту же категорию. Согласно годовым отчетам Национального экологического фонда, в 2011–2013 годах данная организация профинансировала 10 проектов по освоению ВИЭ общей стоимостью 16,3 млн леев.

Как обсуждалось выше в этой главе, государство также оказывает поддержку производителям энергии на основе ВИЭ в форме льготных «зеленых» тарифов, которые были впервые введены в Молдове в 2013 году. Общий объем данной субсидии в 2013–2015 годах составил 1,33 млн долл. США.

Подробное описание схем субсидирования в Молдове приведено в приложениях 6.A1 и 6.A2.

Приложение 6.A1

Субсидии на ископаемые виды топлива в Молдове

Таблица 6.A1.1. **Компенсация затрат на энергоресурсы населению Кишинева**

Категория	Прямой перевод денежных средств
Стимулируемые виды деятельности	Потребление тепловой энергии
Наименование субсидии	**Компенсация затрат на энергоресурсы населению Кишинева**
Административный уровень	Муниципальный
Законодательный акт/орган	• Ст. 131 (5) Налогового кодекса (ПМ, 1997) • Ст. 14 (2) и 19 (4) Закона о местном публичном управлении (Закон № 436, 2006) • Постановление Муниципального совета Кишинева № 8/9 от 20 декабря 2012 года
Цель государственной политики	Компенсация цен на потребляемую энергию уязвимым группам населения
Конечные получатели субсидии	Население (малообеспеченные группы)
Период применения	2012–2015 годы
Справка	На фоне существенного роста цен на энергоресурсы, наблюдаемого в Молдове в последние годы, правительство реализует схемы компенсации для защиты наиболее уязвимых групп населения. Подобные схемы существуют как на национальном, так и на местном уровнях. Схемы компенсации на национальном уровне предполагают выплату фиксированных сумм (например, на семью или на душу населения) независимо от количества потребленной энергии. Однако некоторые схемы муниципального уровня (например, компенсация малообеспеченному населению Кишинева) предполагают субсидию в размере определенной доли платежей за потребленную энергию. Такая форма поддержки потенциально представляет угрозу для окружающей среды (в той мере, в какой установленная плата за энергию пропорциональна ее фактическому потреблению). С 2012 года, согласно Постановлению Муниципального совета Кишинева № 8/9 от 20 декабря 2012 года, жители Кишинева с доходом, не превышающим установленного порогового уровня (который в 2015 году составлял 2 500 леев на человека в месяц), получают компенсацию за используемые для отопления энергетические ресурсы (централизованное отопление, электричество, природный газ, дрова и уголь) в размере 40% от суммы соответствующих счетов. Общий размер субсидии оценивается на уровне 52–77 млн леев или 4–6 млн долл. США (данные взяты без изменений из муниципального бюджета Кишинева).
Размер предоставленной субсидии	2012: 77,1 млн леев (6,37 долл. США) 2013: 74,3 млн леев (5,9 млн долл. США) 2014: 52,5 млн леев (3,74 млн долл. США)
Источники информации	МСК (2012), Постановление № 8/9 от 20 декабря 2012 года (МСК, 2013) Отчет о ходе отопительного сезона 2012–2013 гг. (УЖКХ, 2014) Годовые отчеты за 2013 и 2014 гг.

Таблица 6.A1.2. **Пониженная ставка НДС на природный газ, потребляемый населением**

Категория	Выпадающие доходы бюджета
Стимулируемые виды деятельности	Потребление природного газа населением
Наименование субсидии	**Пониженная ставка НДС на природный газ, потребляемый населением**
Административный уровень	Национальный
Законодательный акт/орган	Ст. 96 Налогового кодекса № 1163-XIII от 24 апреля 1997 г. (Налоговый кодекс, 1997)
Цель государственной политики	Основной целью данной субсидии является снижение финансовой нагрузки на население, потребляющее природный газ
Конечные получатели субсидии	Население, за счет снижения платы за потребляемый газ Некоммерческие и государственные организации, за счет снижения платы за потребляемый газ
Период применения	С 1997 года по настоящее время
Справка	Согласно законодательству Молдовы, поставки природного газа и СНГ облагаются НДС по пониженной ставке 8%, тогда как стандартная ставка данного налога в Молдове составляет 20%. Хотя данное положение не оказывает существенного влияния на деятельность коммерческих компаний (которые в большинстве случаев могут принять к вычету НДС, включенный в стоимость приобретаемых товаров), оно ведет к снижению цен на энергоресурсы для населения, а также некоммерческих и государственных организаций. Авторы оценивают доходы бюджета, выпадающие в результате применения данной нормы, исходя из средних тарифов и объемов потребления природного газа населением, приводимых в годовых отчетах НАРЭ.
Размер предоставленной субсидии	2011: 1 154 млн леев (98,30 млн долл. США) 2012: 1 590 млн леев (131,35 млн долл. США) 2013: 1 561 млн леев (124,01 млн долл. США) 2014: 2 026 млн леев (144,35 млн долл. США) 2015: 338 млн леев (17,97 млн долл. США)
Источники информации	Налоговый кодекс (ПМ, 1997), НАРЭ (2013, 2014, 2015, 2016) Годовые отчеты за 2012, 2013, 2014 и 2015 гг.

Таблица 6.A1.3. **Пониженная ставка НДС на электроэнергию, потребляемую населением**

Категория	Выпадающие доходы бюджета
Стимулируемые виды деятельности	Потребление электроэнергии населением
Наименование субсидии	**Пониженная ставка НДС на электроэнергию, потребляемую населением**
Административный уровень	Национальный
Законодательный акт/орган	Ст. 104 Налогового кодекса № 1163-XIII от 24 апреля 1997 г. (Налоговый кодекс, 1997)
Цель государственной политики	Основной целью данной субсидии является снижение финансовой нагрузки на население, потребляющее электроэнергию
Конечные получатели субсидии	Население, за счет снижения платы за потребляемую электроэнергию
Период применения	С 1997 года по настоящее время
Справка	Согласно законодательству Молдовы, поставки электроэнергии облагаются НДС по нулевой ставке, тогда как стандартная ставка данного налога в Молдове составляет 20%. Хотя данное положение не оказывает существенного влияния на деятельность коммерческих компаний (которые в большинстве случаев могут принять к вычету НДС, включенный в стоимость приобретаемых товаров), оно ведет к снижению цен на энергоресурсы для населения, а также некоммерческих и государственных организаций. Авторы оценивают доходы бюджета, выпадающие в результате применения данной нормы, исходя из средних тарифов и объемов потребления электроэнергии населением, приводимых в годовых отчетах НАРЭ.
Размер предоставленной субсидии	2011: 264 млн леев (22,51 млн долл. США) 2012: 288 млн леев (23,81 млн долл. США) 2013: 302 млн леев (23,99 млн долл. США) 2014: 311 млн леев (22,20 млн долл. США) 2015: 334 млн леев (17,80 млн долл. США)
Источники информации	Налоговый кодекс (ПМ, 1997), НАРЭ (2013, 2014, 2015, 2016) Годовые отчеты за 2012, 2013, 2014 и 2015 гг.

Таблица 6.A1.4. **Пониженная ставка НДС на тепловую энергию, потребляемую населением**

Категория	Выпадающие доходы бюджета
Стимулируемые виды деятельности	Потребление тепловой энергии населением
Наименование субсидии	**Пониженная ставка НДС на тепловую энергию, потребляемую населением**
Административный уровень	Национальный
Законодательный акт/орган	Ст. 104 Налогового кодекса № 1163-XIII от 24 апреля 1997 г. (Налоговый кодекс, 1997)
Цель государственной политики	Основной целью данной субсидии является снижение финансовой нагрузки на население, потребляющее тепловую энергию
Конечные получатели субсидии	Население, за счет снижения платы за потребляемую тепловую энергию
Период применения	С 1997 года по настоящее время
Справка	Согласно законодательству Молдовы, поставки тепловой энергии облагаются НДС по нулевой ставке, тогда как стандартная ставка данного налога в Молдове составляет 20%. Хотя данное положение не оказывает существенного влияния на деятельность коммерческих компаний (которые в большинстве случаев могут принять к вычету НДС, включенный в стоимость приобретаемых товаров), оно ведет к снижению цен на энергоресурсы для населения, а также некоммерческих и государственных организаций. Авторы оценивают доходы бюджета, выпадающие в результате применения данной нормы, исходя из средних тарифов и объемов потребления тепловой энергии населением, приводимых в годовых отчетах НАРЭ.
Размер предоставленной субсидии	2011: 234 млн леев (19,96 млн долл. США) 2012: 240 млн леев (19,83 млн долл. США) 2013: 217 млн леев (17,25 млн долл. США) 2014: 218 млн леев (15,53 млн долл. США) 2015: 234 млн леев (12,44 млн долл. США)
Источники информации	Налоговый кодекс (ПМ, 1997), НАРЭ (2013, 2014, 2015, 2016) Годовые отчеты за 2012, 2013, 2014 и 2015 гг.

Таблица 6.A1.5. **Вторичный (косвенный) трансферт за счет отсутствия адекватного расчета тарифов на природный газ**

Категория	Вторичный (косвенный) трансферт
Стимулируемые виды деятельности	Потребление природного газа населением
Наименование субсидии	**Вторичный (косвенный) трансферт за счет отсутствия адекватного расчета тарифов на природный газ**
Административный уровень	Национальный
Законодательный акт/орган	Нормативные акты НАРЭ
Цель государственной политики	Основной целью данной субсидии является снижение финансовой нагрузки на население, потребляющее природный газ
Конечные получатели субсидии	Потребители природного газа
Период применения	С 2000 года по настоящее время
Справка	Общие принципы расчета тарифов в Молдове являются корректными, и тарифы устанавливаются в соответствии с принципами надлежащей практики. Методики установления тарифов на тепловую и электрическую энергию соответствуют международным подходам и основаны на норме рентабельности. Однако методика установления тарифов для производителей тепловой и электрической энергии недостаточно четко определена и не содержит определения нормы рентабельности. Тепловой и электроэнергетический сектор, а также сектор распределения природного газа испытывают значительную потребность в инвестиционных ресурсах, а привлечение капитала требует обеспечения адекватной доходности. Правительство Молдовы имеет несколько возможностей предоставления субсидий за счет вторичных трансфертов в результате деятельности НАРЭ: • отсутствие пересмотра тарифов на протяжении длительного времени, что имело место в случае тарифов на природный газ с 2011 по 2015 годы; • утверждение тарифов на тепловую энергию и природный газ независимо друг от друга, что может приводить к отключению потребителей от систем централизованного отопления в результате высоких тарифов на тепловую энергию; • установление тарифов с использованием недостаточно четкого определения нормы рентабельности.

Таблица 6.A1.5. **Вторичный (косвенный) трансферт за счет отсутствия адекватного расчета тарифов на природный газ** *(продолжение)*

Размер предоставленной субсидии	2011: 952 млн леев (81,16 млн долл. США) 2012: 1 379 млн леев (113,95 млн долл. США) 2013: 1 350 млн леев (107,23 млн долл. США) 2014: 1 863 млн леев (132,74 млн долл. США) 2015: 135 млн леев (7,19 млн долл. США)
Источники информации	Налоговый кодекс (ПМ, 1997), НАРЭ (2013, 2014, 2015, 2016) Годовые отчеты за 2012, 2013, 2014 и 2015 гг.

Таблица 6.A1.6. **Освобождение от экологических платежей (платы за загрязнение атмосферы)**

Категория	Выпадающие доходы бюджета
Стимулируемые виды деятельности	Население и малые предприятия, использующие природный газ и другие ископаемые виды топлива для отопления
Наименование субсидии	**Освобождение от экологических платежей (платы за загрязнение атмосферы)**
Административный уровень	Национальный
Законодательный акт/орган	Закон о плате за загрязнение окружающей среды, № 1540 от 25 февраля 1998 г.
Цель государственной политики	Основной целью данной субсидии является снижение финансовой нагрузки на владельцев индивидуальных систем отопления
Конечные получатели субсидии	Население и малые предприятия
Период применения	1998 год
Справка	Тогда как с крупных предприятий, сжигающих топливо, в Молдове взимается плата за загрязнение атмосферы (например, выбросы NO_x), малые котельные и индивидуальные системы отопления освобождены от этой платы. Это дает мелким котельным преимущество по сравнению с централизованным производством тепловой энергии. Поскольку средние выбросы на единицу произведенной полезной энергии, как правило, ниже на крупных предприятиях, освобождение малых систем отопления от экологических платежей может рассматриваться в качестве субсидии, вредной для окружающей среды. Ставка платежа за загрязнение атмосферы составляет 18 леев за одну условную тонну выброшенного загрязняющего вещества. Общий объем данной субсидии оценивается путем умножения потребления газа малыми системами отопления (107 млн м^3 в год) на удельные выбросы на единицу сожженного газа и на ставку платежа (18 леев). Стандартный коэффициент выбросов при сжигании природного газа составляет 0,4855608 кг на 1 тыс. м^3. Таким образом, общий объем платежей за выбросы в атмосферу при использовании малых систем отопления составил бы 932 леев.
Размер предоставленной субсидии	2015: 932 леев (49,53 долл. США)
Источники информации	Закон № 1540 (1998), Годовые отчеты НАРЭ за 2015 г. И 2016 г.

Таблица 6.A1.7. **Освобождение «Молдовагаза» от налогов**

Категория	Выпадающие доходы бюджета
Стимулируемые виды деятельности	Потребление природного газа населением, а также государственными и частными организациями
Наименование субсидии	**Освобождение «Молдовагаза» от налогов**
Административный уровень	Национальный
Законодательный акт/орган	Закон о государственном бюджете на 2013 год, ст. 13 (Закон № 249, 2012)
Цель государственной политики	Основной целью данной субсидии является сокращение кредиторской задолженности «Молдовагаза» и содействие финансовому оздоровлению компании
Конечные получатели субсидии	АО «Молдовагаз»
Период применения	2012–2013 годы

Таблица 6.A1.7. **Освобождение «Молдовагаза» от налогов** *(продолжение)*

Справка	С 2004 года НАРЭ одобряло включение в тариф на природный газ надбавки (4 долл. США за 1 000 м^3), которая поступала АО «Молдовагаз» и перечислялась им в государственный бюджет. Согласно ст. 13 Закона о государственном бюджете на 2013 год, соответствующие средства не включаются в облагаемый налогом доход компании.
Размер предоставленной субсидии	2011: 47 млн леев (4,07 млн долл. США) 2012: 47 млн леев (3,89 млн долл. США) 2013: 47 млн леев (3,78 долл. США)
Источники информации	Закон № 249 (2012)

Таблица 6.A1.8. **Государственные инвестиции в развитие газотранспортных и электрических сетей**

Категория	Прямой перевод денежных средств
Стимулируемые виды деятельности	Потребление природного газа и электроэнергии
Наименование субсидии	**Государственные инвестиции в развитие *газотранспортных* и электрических сетей**
Административный уровень	Национальный
Законодательный акт/орган	• Национальная стратегия развития «Молдова – 2020» (Закон № 166, 2012) • Энергетическая стратегия Республики Молдова до 2030 года (Постановление Правительства № 102 от 5 февраля 2013 г.) • Министерство экономики
Цель государственной политики	Расширение газотранспортной и электроэнергетической инфраструктуры
Конечные получатели субсидии	Население, государственные и частные организации
Период применения	2014–2020 гг.
Справка	Согласно Энергетической стратегии Республики Молдова до 2030 года (утверждена Постановлением Правительства № 102 от 5 февраля 2013 г.), одним из основных приоритетов страны в данной сфере является расширение возможностей для транзита природного газа и электроэнергии за счет расширения соответствующей инфраструктуры. С этой целью предполагается строительство дополнительных межсетевых линий (139 км линий электропередач и 40 км газопроводов к 2020 году). Новый газопровод Яссы–Унгены действует с 2015 года. Затраты государства на реализацию этого проекта составили 141,8 млн леев. Предполагается, что следующий газопровод Унгены–Кишинев будет построен к 2020 году (необходимые для этого инвестиции оцениваются на уровне 92 млн евро). Кроме того, в 2014 году было подготовлено ТЭО для строительства новых соединений национальной энергосистемы с системой ENTSO-E (Европейская сеть операторов систем передачи электроэнергии), предполагающее вклад правительства в размере 18,5 млн. Данная схема субсидирования не отражена в общем объеме субсидий в Молдове, поскольку проект находится в процессе осуществления, государственная поддержка не завершена, и полный объем субсидий еще не выделен.
Размер предоставленной субсидии	2012: 2,6 млн леев (0,215 млн долл. США) 2013: 29,6 млн леев (2,35 млн долл. США) 2014: 128,1 млн леев (9,12 млн долл. США)
Источники информации	Министерство финансов (2014)

Таблица 6.A1.9. **Реструктуризация задолженности энергетических компаний**

Категория	Передача рисков правительству
Стимулируемые виды деятельности	Потребление природного газа и электроэнергии
Наименование субсидии	**Реструктуризация задолженности энергетических компаний**
Административный уровень	Национальный
Законодательный акт/орган	• Постановление правительства № 318 от 7 мая 2014 г. • Постановление КМС № 9/53 от 18 декабря 2013 г. • АО «Термоэлектрика»
Цель государственной политики	Снижение налоговой задолженности АО «Термоэлектрика» государственному бюджету
Конечные получатели субсидии	Население, государственные и частные организации
Период применения	2001–2015 годы
Справка	Одной из наиболее острых проблем для энергетического сектора Молдовы является значительный объем кредиторской задолженности, накопленный теплоснабжающей компанией «Термоком», – 2,3 млрд леев (или 3,5% ВВП страны). Эта задолженность образовалась в результате повышения цен на газ в сочетании с установлением регулируемых тарифов на уровне, не обеспечивающем полного возмещения затрат. В 2011 году правительство Молдовы приняло решение, предусматривающее ряд шагов по решению проблемы, включая: совершенствование законодательной базы (содействие развитию когенерации); реорганизацию сектора (слияние трех компаний: ТЭЦ-1, ТЭЦ-2 и «Термоком»), а также реструктуризацию задолженности (оценку активов, продажу неиспользуемых активов, списание задолженности, образовавшейся до 2002 года). План реорганизации сектора был выполнен (в 2015 году была создана новая компания – АО «Термоэлектрика»), тогда как окончательное решение по реструктуризации задолженности еще не принято.
Размер предоставленной субсидии	2015: 1 285 млн леев (68,29 млн долл. США)
Источники информации	Постановление Правительства № 318 (2014)

Приложение 6.A2

Государственная поддержка мер по повышению энергоэффективности и освоению возобновляемых источников энергии

Таблица 6.A2.1. **Государственная поддержка (софинансирование) внутренних и международных источников финансирования проектов в области энергоэффективности и возобновляемых источников энергии**

Категория	Прямой перевод денежных средств
Стимулируемые виды деятельности	Повышение энергоэффективности и производство энергии из возобновляемых источников
Наименование субсидии	**Государственная поддержка мер по повышению энергоэффективности и освоению возобновляемых источников энергии (ВИЭ)**
Административный уровень	Национальный
Законодательный акт/орган	**Нормативные акты** • Национальная стратегия развития «Молдова – 2020», утверждена Законом № 166 от 11 июля 2012 г. • Энергетическая стратегия Республики Молдова до 2030 года, утверждена Постановлением Правительства № 102 от 5 февраля 2013 г. • Закон о возобновляемой энергии № 160-XVI от 12 июля 2007 г. • Проект поправок к Закону о возобновляемой энергии, утвержденный на заседании Правительства Молдовы 27 февраля 2014 г. • Национальный план действий в области возобновляемых источников энергии на 2013–2020 годы, утвержден Постановлением Правительства № 1073 от 27 декабря 2013 г. • Национальная программа энергоэффективности на 2011–2020 годы, утверждена Постановлением Правительства № 833 от 10 ноября 2011 г. • Закон о тепловой энергии и продвижении когенерации № 92 от 29 мая 2014 г. • Закон о требованиях к экологическому проектированию энергопотребляющих изделий № 151 от 17 июля 2014 г. • Закон об оценке воздействия на окружающую среду № 86 от 29 мая 2014 г. • Закон об энергетической эффективности зданий № 128 от 11 июля 2014 г. • Закон о маркировке энергопотребляющих изделий № 44 от 27 марта 2014 г. **Организации** • Агентство по энергоэффективности • Фонд энергоэффективности • Национальный экологический фонд • Фонд социальных инвестиций Молдовы
Цель государственной политики	Стимулирование мер по повышению энергоэффективности и освоению ВИЭ за счет софинансирования проектов, финансируемых из других внутренних и международных источников
Конечные получатели субсидии	Производители энергии на основе ВИЭ
Период применения	С 2011 года по настоящее время

Таблица 6.A2.1. **Государственная поддержка (софинансирование) внутренних и международных источников финансирования проектов в области энергоэффективности и возобновляемых источников энергии** *(продолжение)*

Справка	С 2011 года правительство Молдовы реализует программы, направленные на поддержку мер по повышению энергоэффективности и освоению ВИЭ. В поддержке соответствующих проектов участвует несколько ведомств и государственных организаций. Государственная поддержка проектов по повышению энергоэффективности через Фонд энергоэффективности составила 100 млн леев в 2012 году и 192,5 млн леев в 2013 году. В 2013–2014 годах Фонд социальных инвестиций Молдовы реализовал проекты общей стоимостью более 30 млн леев. В рамках проекта «Энергия и биомасса в Молдове» было поддержано 144 проекта, предполагающих использование ВИЭ. Кроме того, органы местного самоуправления участвуют в местных проектах по повышению энергоэффективности в государственном секторе, как правило, внося вклад в размере 15–20% от общей стоимости проекта. Как правило, данный тип субсидий предполагает благоприятные последствия для окружающей среды. Однако в некоторых случаях возможно отрицательное воздействие на окружающую среду (например, в связи с использованием земельных ресурсов для получения биотоплива).
Размер предоставленной субсидии	2011–2015 (106,94 млн долл. США)
Источники информации	АЭЭ (2015), ФЭЭ (2014)

Таблица 6.A2.1. **Льготные тарифы на закупку электроэнергии, произведенной из возобновляемых источников**

Категория	Вторичные трансферты
Стимулируемые виды деятельности	Производство энергии из возобновляемых источников
Наименование субсидии	**Льготные тарифы на закупку электроэнергии, произведенной из возобновляемых источников**
Административный уровень	Национальный
Законодательный акт/орган	Ст. 12.а Закона о возобновляемой энергии (Закон № 160, 2007)
Цель государственной политики	Стимулирование развития возобновляемой энергетики
Конечные получатели субсидии	Производители энергии из возобновляемых источников
Период применения	С 2013 года
Справка	Льготный тариф для производителей энергии из возобновляемых источников был введен в Молдове в 2013 году. Согласно Закону № 160 от 2007 года, т.н. «зеленый» тариф на электроэнергию, произведенную из ВИЭ, рассчитывается на основе специальной методики, утвержденной НАРЭ. Методика предполагает срок окупаемости инвестиций в секторе ВИЭ до 15 лет при условии, что норма рентабельности превышает уровень рентабельности в секторе традиционной генерации не более чем в два раза. Тариф рассчитывается и утверждается для конкретного производителя по его запросу. Авторы оценивают объем вторичных трансфертов в пользу производителей «чистой» электроэнергии на основе средневзвешенного «зеленого» тарифа на энергию из ВИЭ (биогаза, энергии солнца и ветра), используя данные из годовых отчетов НАРЭ.
Размер предоставленной субсидии	2013: 1,76 млн леев (0,15 млн долл. США) 2014: 2,5 млн леев (0,20 млн долл. США) 2015: 37,35 млн леев (2,66 млн долл. США)
Источники информации	Годовой отчет НАРЭ за 2015 (2016)

Примечания

1. Территория Приднестровья, расположенная между р. Днестр и Украиной и не контролируемая правительством Молдовы, не включена в анализ в рамках настоящего доклада.

2. НАРЭ не вполне согласно с этими выводами. По мнению НАРЭ, методики установления тарифов содержат конкретные формулы и определяют все компоненты, используемые в формулах (в т.ч. в форме указания источников, из которых могут быть получены эти компоненты), а для всех компаний, тарифы на услуги которых регулируются, ясно, какую норму рентабельности они могут ожидать на протяжении периода регулирования.

3. В отличие от нефти, газа и угля, электроэнергия не является предметом масштабной международной торговли, в силу чего получение надежной международной цены для использования в оценках МЭА оказалось невозможным. Поэтому в качестве основы для определения базовых цен МЭА использовало среднегодовую себестоимость электроэнергии в каждой стране (взвешенную в соответствии с объемами производства из каждого источника). Иными словами, выбранные базовые цены отражали затраты на производство, передачу и распределение электроэнергии, но не иные затраты, например, на строительство новых мощностей. Производственные затраты определялись на основе базовых цен на соответствующие виды топлива и среднегодовых значений КПД для генерации на основе этих видов топлива. Для учета затрат на передачу и распределение к себестоимости производства была добавлена величина 15 долл./МВт-ч и 40 долл./МВт-ч для промышленных и бытовых потребителей соответственно. Во избежание переоценки величина себестоимости электроэнергии была ограничена сверху полной приведенной стоимостью электроэнергии при производстве на газовой турбине комбинированного цикла (ГТКЦ).

4. Мы не смогли оценить размер этой субсидии вследствие отсутствия подробной информации о потреблении газа домохозяйствами.

5. НАРЭ приняло решение о постепенной компенсации энергетическим компаниям потерь, понесенных ими с 2011 по 2015 годы, за счет регулируемых тарифов в 2017–2020 годах. Однако поскольку конкретные параметры компенсации неизвестны, и неясно, будет ли сумма компенсации скорректирована с учетом инфляции, отсутствие пересмотра тарифов на газ в период, рассматриваемый в данном исследовании (2011–2015 годы), считается формой субсидии.

6. Мы используем среднегодовой цены импорта газа, а не цену импортного паритета, поскольку цена импорта не включает затрат на транспортировку, а мы хотим учесть эти затраты в расчетах.

7. Для расчета платежей используется удельный коэффициент выбросов загрязняющих веществ (например, SO_2, NO_2 или CO).

8. Проект получил финансирование от правительств Германии, Швеции, Швейцарии, Румынии и Европейского союза.

Список источников

АЭЭ (2015), *Годовой отчет за 2014 год*, Агентство по энергоэффективности, Кишинев.

Министерство окружающей среды (2016), *Стратегия низкоуглеродного развития на период до 2030 года*, Министерство окружающей среды Республики Молдова, Кишинев.

Министерство финансов (2014), *Отчеты об исполнении государственного бюджета за 2012, 2013, 2014 годы*, Министерство финансов Республики Молдова, Кишинев.

МСК (2013), *Отчет о ходе отопительного сезона 2012–2013 в Кишиневском муниципалитете*, Муниципальный совет Кишинева, Кишинев. www.chisinau.md/pageview.php?l=ro&idc=462&id=5393.

МСК (2012), *Постановление № 8/9 от 20 декабря 2012 года о компенсации малообеспеченному населению платежей за энергетические ресурсы в отопительном сезоне 2012–2013 годов*, Муниципальный совет Кишинева, Кишинев. www.chisinau.md/libview.php?l=ro&idc=408&id=4907.

НАРЭ (2016), *Годовой отчет за 2015 год*, Национальное агентство по регулированию в энергетике, Кишинев.

НАРЭ (2015a), *Годовой отчет за 2014 год*, Национальное агентство по регулированию в энергетике, Кишинев.

НАРЭ (2015б), *Тарифная модель и регуляторное стимулирование в Республике Молдова*, Национальное агентство по регулированию в энергетике, Кишинев.

НАРЭ (2014), *Годовой отчет за 2013 год*, Национальное агентство по регулированию в энергетике, Кишинев.

НАРЭ (2013), *Годовой отчет за 2012 год*, Национальное агентство по регулированию в энергетике, Кишинев.

НБМ (2016), *Сайт Национального банка Молдовы – Официальные курсы обмена валют*, Национальный банк Республики Молдова, Кишинев. https://www.bnm.md/en/content/official-exchange-rates.

НБС (2015), *Энергетический баланс – Топливно-энергетические ресурсы*, Национальное бюро статистики Республики Молдова, Кишинев. www.statistica.md/category.php?l=en&idc=128.

ПМ (2014a), *Закон № 151 о требованиях к экологическому проектированию энергопотребляющих изделий*, Парламент Республики Молдова, Кишинев.

ПМ (2014б), *Закон № 128 об энергетической эффективности зданий*, Парламент Республики Молдова, Кишинев.

ПМ (2014в), *Закон № 86 об оценке воздействия на окружающую среду*, Парламент Республики Молдова, Кишинев.

ПМ (2014г), *Закон № 44 о маркировке энергопотребляющих изделий*, Парламент Республики Молдова, Кишинев.

ПМ (2014д), *Закон № 92 о тепловой энергии и продвижении когенерации*, Парламент Республики Молдова, Кишинев.

ПМ (2012а), *Закон № 249 о государственном бюджете на 2013 год*, Парламент Республики Молдова, Кишинев.

ПМ (2012б), *Закон № 166 об утверждении Национальной стратегии развития «Молдова – 2020»*, Парламент Республики Молдова, Кишинев.

ПМ (2010), *Закон № 142 об энергоэффективности*, Парламент Республики Молдова, Кишинев.

ПМ (2007), *Закон № 160 о возобновляемой энергии*, Парламент Республики Молдова, Кишинев.

ПМ (2006), *Закон № 436-XVI о местном публичном управлении*, Парламент Республики Молдова, Кишинев.

ПМ (2001), *Закон № 461 о рынке нефтепродуктов (с изменениями и дополнениями по состоянию на 2015 год)*, Парламент Республики Молдова, Кишинев.

ПМ (2000), *Закон № 820 об антидемпинговых, компенсационных и защитных мерах*, Парламент Республики Молдова, Кишинев.

ПМ (1998), *Закон № 1540 о плате за загрязнение окружающей среды*, Парламент Республики Молдова, Кишинев.

ПМ (1997), *Налоговый кодекс Республики Молдова, № 1163-XIII*, Парламент Республики Молдова, Кишинев.

ПрМ (2015), *Ожидаемый национально определенный вклад (ОНОВ) Республики Молдовы на Конференции Сторон РКИК ООН, представленный на COP21, Рамочная конвенция Организации Объединенных Наций об изменении климата*, Бонн. http://www4.unfccc.int/submissions/INDC/Published%20Documents/Republic%20of%20Moldova/1/INDC_Republic_of_Moldova_25.09.2015.pdf.

ПрМ (2014а), *Постановление № 1009 об утверждении Стратегии адаптации к изменению климата в Республике Молдова до 2020 года и Плана действий по ее внедрению*, Правительство Молдовы, Кишинев.

ПрМ (2014б), *Постановление № 318 о реорганизации некоторых предприятий теплоэнергетического сектора*, Правительство Молдовы, Кишинев.

ПрМ (2014в), *Постановление № 135 о порядке распределения средств фонда субсидирования сельскохозяйственных производителей*, Правительство Молдовы, Кишинев.

ПрМ (2013а), *Постановление № 1073 об утверждении Национального плана действий в области возобновляемых источников энергии на 2013–2020 годы*, Правительство Молдовы, Кишинев.

ПрМ (2013б), *Постановление № 102 об Энергетической стратегии Республики Молдова до 2030 года*, Правительство Молдовы, Кишинев.

ПрМ (2011), *Постановление № 833 о Национальной программе энергоэффективности на 2011–2020 годы*, Правительство Молдовы, Кишинев.

Тульев, М. (2017), «Российский газ для Молдавии: кто заплатит по долгам?», EurAsia Daily, 13 февраля. https://eadaily.com/ru/news/2017/02/13/rossiyskiy-gaz-dlya-moldavii-kto-zaplatit-po-dolgam.

УЖКХ (2014), *Годовые отчеты за 2013 и 2014 годы*, Главное управление жилищно-коммунального хозяйства, Кишинев.

ФЭЭ (2015), *Годовой отчет за 2014 год*, Фонд энергоэффективности, Кишинев.

ФЭЭ (2014), *Годовой отчет за 2013 год*, Фонд энергоэффективности, Кишинев.

Coady, D. et al. (2015), «How Large are Global Energy Subsidies?», *IMF Working Paper WP 15/105*, May 2015, Fiscal Affairs Department, International Monetary Fund, Washington, DC. https://www.imf.org/external/pubs/ft/wp/2015/wp15105.pdf.

DHP (2014), *Annual Reports for 2013 and 2014*, Department for Housing and Planning, Chisinau Municipal Housing, Chisinau.

EBRD (2011), *The Low Carbon Transition*, European Bank for Reconstruction and Development, London. www.ebrd.com/news/publications/special-reports/special-report-on-climate-change-the-low-carbon-transition.html.

EC/UNDP (2015), *Final Report of the Moldova Energy and Biomass Project 2011-2014*, European Commission/United Nations Development Programme, Chisinau.

Ener2i (2014), *Reinforcing Co-operation with ENP Countries on Bridging the Gap between Energy Research and Energy Innovation, Energy Research to Innovation Project*. https://ener2i.eu/object/news/50/attach/cross-countries_report_pre_final_version_18_11_2014.pdf.

Energy Community (2015), *Energy Community Web-Page – Moldova Overview*, Energy Community, Brussels.

EU (2006), *Directive 2006/32/EC on Energy End-Use Efficiency and Energy Services and Repealing Council Directive 93/76/EEC and Directive 2010/31/EU on the Energy Performance of Buildings*, European Commission, Brussels.

Eurostat (2016), *Eurostat Web-Page*, Eurostat, Brussels. http://ec.europa.eu/eurostat/tgm/refreshTableAction.do?tab=table&plugin=1&pcode=tsdec360&language=en.

GSI (2014), *Comparison of Fossil-Fuel Subsidy and Support Estimates*, Global Subsidies Initiative, Geneva. www.iisd.org/gsi/sites/default/files/ffs_methods_estimationcomparison.pdf.

IEA (2016), *World Energy Balances*, Organisation for Economic Co-operation and Development / International Energy Agency, Paris.

IEA (2014), *Energy Balances of Non-OECD Countries*, International Energy Agency, Paris.

IEA (2013), *CO_2 Emissions from Fuel Combustion*, International Energy Agency, Paris.

IMF (2016), *The Republic of Moldova, Staff Report for the 2015 Article IV Consultation and Third Post-Progress Monitoring Discussions – Press Release; Staff Report; and Statement by the Executive Director for the Republic of Moldova*, IMF Country Report

No. 16/19, January 2016, International Monetary Fund, Washington, DC. www.imf.org/external/pubs/ft/scr/2016/cr1619.pdf.

Nutu, A. O. and Cenusa, D. (2016), *Interconnecting Moldova's Gas Market: The Iasi-Ungheni Case*, February 2016, Expert Grup, Centru Analitic Independent, Chisinau.

OECD/IEA (2015), *Eastern Europe, Caucasus and Central Asia – Energy Policies beyond IEA Countries*, Organisation for Economic Co-operation and Development/International Energy Agency, Paris. https://www.iea.org/publications/freepublications/publication/IDR_EasternEuropeCaucasus_2015.pdf.

OECD (2013), *Analysing Subsidies in the Countries of Eastern Europe, Caucasus and Central Asia*, Organisation for Economic Co-operation and Development, Paris. https://www.oecd.org/env/outreach/EHS%20report_20%20August%202013_ENG.pdf.

Sputnik International (2016), «Going Halves: Moldova Blames Transnistria for Unpaid Russian Gas Debt», Sputnik International, Moscow, 9 January. http://sptnkne.ws/dH3q.

UNDP (2009), *Republic of Moldova: National Energy Policy Information for Regional Analysis*, United Nations Development Programme, Chisinau.

UNDP (2002), *Technology Needs Assessment, Report Elaborated under the United Nations Framework Convention on Climate Change*, United Nations Development Programme, Chisinau.

World Bank (2016), *Moldova Overview*, World Bank website. www.worldbank.org/en/country/moldova/overview.

World Bank (2015a), *District Heating and Electricity Tariff and Affordability Analysis Report No: ACS 13855*, World Bank, Chisinau.

World Bank (2015b), *World Development Indicators*, World Bank, Washington, DC. http://data.worldbank.org/country/moldova.

WTO (1996), *Agreement on Subsidies and Countervailing Measures*, World Trade Organization, Geneva. https://www.wto.org/english/docs_e/legal_e/24-scm_01_.

Глава 7

Энергетические субсидии в Украине

В данной главе определены, задокументированы и представлены оценки субсидий в Украине в отношении производства и потребления угля, нефти и нефтепродуктов, природного газа, а также электро- и тепловой энергии, полученной на основе этих ископаемых топлив. В данной главе также кратко рассматриваются субсидии на поддержку мер по повышению энергоэффективности и развитию возобновляемых источников энергии. Глава начинается с обзора энергетического сектора страны для определения контекста рассмотренных мер поддержки. Кроме того, в главе также обсуждаются ценообразование и налоговая политика в энергетическом секторе Украины. В главе предоставляется анализ общего контекста, современного состояния и механизмов постоянно изменяющегося комплекса энергетических субсидий в стране.

Основные выводы

На фоне остальных стран Восточного партнерства ЕС Украина выделяется как масштабами энергетических субсидий, так и наличием активной программы их реформирования. Ряд государственных ведомств участвуют в обсуждении реформы наряду с другими заинтересованными сторонами, а также предпринимают действия по ее реализации.

На протяжении ряда лет в Украине принимались различные стратегические документы и государственные программы, содержащие планы реформирования энергетических субсидий, однако правительство старалось отложить эти политически чувствительные решения на неопределенное будущее. Установленные для населения тарифы на электроэнергию, газ и тепло длительное время оставались замороженными, несмотря на рост мировых цен на энергоносители и производственных затрат поставщиков коммунальных услуг. Как следствие, правительство разработало множество механизмов поддержки, призванных скомпенсировать потери этих поставщиков в результате оказания услуг по заниженным ценам. Это привело к росту государственных расходов в энергетическом секторе, увеличению государственного долга и, в случае электроэнергии, перекладыванию затрат на промышленных потребителей, что способствовало снижению их конкурентоспособности.

По данным детальной инвентаризации энергетических субсидий в Украине, результаты которой представлены в этой главе, общий объем государственной поддержки как производства, так и потребления ископаемых видов топлива достиг максимума – 202,8 млрд грн. (17 млрд долл. США) в 2014 году. Однако в результате ряда мер, предпринятых правительством, в 2015 году общий объем энергетических субсидий в Украине уменьшился до 153,2 млрд грн. (7 млрд долл. США). Ожидается, что в 2016 году эта величина снизится еще сильнее в результате отказа от нескольких масштабных схем субсидирования.

Вследствие исключительно сложной политической и экономической ситуации на протяжении последних двух лет, Украина оказалась неспособна нести растущее бремя энергетических субсидий, и правительство было вынуждено предпринять некоторые радикальные меры по реформированию системы субсидий. Тарифы на коммунальные услуги были значительно повышены в 2014, 2015 и 2016 годах. В этом году тарифы на газ для населения были повышены до рыночного уровня, что фактически устранило любые прямые и косвенные субсидии на потребление. К 2017 году предполагается полностью отказаться от перекрестного субсидирования в электроэнергетике. В то же время правительство усиливает механизмы целевой поддержки наиболее уязвимых социальных групп.

Поскольку повышение тарифов на коммунальные услуги является весьма чувствительным политическим вопросом, имеются определенные риски сворачивания реформы. Во всех странах подобные риски, как правило, возрастают перед выборами. Поэтому для долгосрочного успеха реформы важно деполитизировать вопросы установления тарифов на энергоресурсы, сделав проблему настолько технической, насколько это возможно. Успешный опыт других стран показывает, что эффективным подходом может быть установление автоматического механизма ценообразования. Правительство Украины может утвердить специальный механизм или формулу, обеспечивающие регулярную автоматическую корректировку тарифов в зависимости от колебания цен на международных энергетических рынках и вне зависимости от внутриполитической повестки дня.

Еще одной важной проблемой, заслуживающей внимания, является обеспечение наиболее эффективного распределения субсидий. Малообеспеченные семьи могут быть защищены от роста тарифов на коммунальные услуги не только посредством субсидий для оплаты счетов, но и за счет введения полного учета потребления энергоресурсов и стимулирования мер по энергосбережению. В этой связи важно содействовать установке домовых приборов учета потребления тепла, поскольку в настоящее время около половины семей проживают в зданиях, не оборудованных такими приборами, и, как следствие, вынуждены оплачивать тепло по нормативным объемам, которые в некоторых случаях значительно превышают фактические.

Хотя существующий механизм целевых субсидий обеспечивает необходимую социальную поддержку незащищенных групп, одновременно он может препятствовать стимулированию энергосбережения на уровне домохозяйств. Это особенно актуально в свете того, что около трети семей в настоящее время получают частичную компенсацию расходов на оплату коммунальных услуг на основе нормативных объемов потребления. Это, в свою очередь, может тормозить давно назревшую модернизацию в жилищном секторе. Один из возможных способов решения этой проблемы – предоставление субсидий малообеспеченным семьям в форме обусловленных трансфертов (т.е. перечисления средств только после полной оплаты коммунальных счетов), что может создать стимулы для сокращения потребления ресурсов и использования сэкономленных средств на другие цели, круг которых может быть ограничен мерами по повышению энергоэффективности. Однако такой шаг требует детального анализа и планирования с тем, чтобы избежать риска неплатежей и одновременно разработать механизм, достаточно простой для эффективной практической реализации.

В последние годы правительство Украины предпринимает значительные усилия по реформированию субсидий на ископаемые виды топлива, что уже позволило снизить как дефицит бюджета, так и национальный долг. При этом часть высвобождаемых средств направляется на целевые субсидии для малообеспеченных групп населения и повышение энергоэффективности в жилищном секторе. В целом, в Украине имеются все предпосылки для успешной реформы энергетических субсидий при условии, что правительство выполнит свои обязательства по реформе энергетического сектора и предпримет адекватные меры по предотвращению возможного отката реформ. Хотя краткосрочные эффекты роста тарифов на коммунальные услуги всегда являются источником сложностей, можно ожидать, что в средне- и долгосрочной перспективе реформа приведет к многочисленным положительным результатам, включая макроэкономическую стабилизацию, сокращение энергопотребления и, как следствие, снижение зависимости от импорта энергоресурсов. Возможны также значительные положительные эффекты в результате улучшения состояния окружающей среды и связанного с этим улучшения здоровья населения.

Обзор макроэкономической ситуации и энергетического сектора

Период после получения независимости в 1991 году был отмечен для Украины рядом серьезных политических и экономических изменений. Вскоре после значительных событий в политической жизни страны, имевших место в 2014 году, правительство Украины начало работу над реформаторской повесткой дня, приоритетами которой стали дерегулирование, децентрализация, демонополизация, приватизация государственных предприятий, а также реформа энергетического сектора и финансовых рынков.

Таблица 7.1. **Макроэкономические показатели**

	Международная статистика		Национальная статистика	
Численность населения	*млн чел., 2015 г.*	45,2	*млн чел., декабрь 2015 г.*	42,8
ВВП	*млрд долл. США, 2015 г.*	90,6	*млрд грн., 2015 г.*	1 979,5
ВВП на душу населения	*долл. США, 2015 г.*	2115	*грн., 2015 г.*	46 201
Прирост ВВП	*%, 2015 г.*	-9,9%	*%, 2015 г.*	-9,9%
Производство энергии	*млн т н. э., 2013 г.*	85,93	*млн т н. э. 2014 г.*	76,93
Чистый импорт энергии	*млн т н. э., 2013 г.*	31,68	*млн т н. э., 2014 г.*	27,47
Общее предложение первичной энергии (ОППЭ)	*млн т н. э., 2013 г.*	116,14	*млн т н. э., 2014 г.*	105,68
ОППЭ на душу населения	*т н. э., 2013 г.*	2,55	*т н. э., 2014 г.*	2,47
Потребление электроэнергии	*ТВт-ч, 2013 г.*	163,77		
Потребление электроэнергии на душу населения	*МВт-ч, 2013 г.*	3,6		
Выбросы CO_2 [a]	*млн т CO_2, 2013 г.*	265,05		
Выбросы CO_2 на душу населения	*т CO_2, 2013 г.*	5,83		
Общие выбросы ПГ			*млн т CO_2-экв. без ЗИЗЛХ, 2014 г.*	385,9

Примечание: a. Выбросы CO_2 только от сжигания топлива.

Источник: составлено авторами по данным IEA (2016), World Bank (2016), Государственная служба статистики Украины (2016), Министерство экологии и природных ресурсов Украины (2016).

После распада Советского Союза экономика Украины столкнулась с глубоким кризисом. Девяностые годы прошлого века стали периодом резкого экономического спада; так, в 1994 году национальный ВВП снизился на 22% по сравнению с предыдущим годом. Восстановление экономики началось в 2000 году, и в 2004 году были достигнуты максимальные темпы годового прироста ВВП – 12%. Однако в конце десятилетия экономика пострадала от глобальной экономической рецессии (в 2009 году снижение ВВП составило 15%) и не восстановилась в полной мере до настоящего момента (World Bank, 2016). В настоящее время Украина переживает многомерный кризис, связанный с вооруженным конфликтом на востоке страны. Однако четырехлетняя расширенная программа финансирования (EFF) в размере 17,5 млрд долл. США, предоставленная МВФ, дала толчок долгожданным макроэкономическим реформам. Результатом стала некоторая стабилизация экономики в 2015 году, а в 2016 и 2017 годах ожидается прирост ВВП на 1,6% и 3,3% соответственно (ИЭИ, 2016).

Таблица 7.2. **Средневзвешенный курс**

	2012	2013	2014	2015	2016 (июль)
Средневзвешенный обменный курс, грн. за 1 долл. США	8,0	8,0	11,9	21,8	24,8

Источник: Национальный банк Украины (2016).

После присоединения к Договору Энергетического сообщества и подписания Соглашения об ассоциации с ЕС украинское правительство приняло ряд обязательств по либерализации энергетических рынков, включая реформу тарифов, в течение нескольких следующих лет. Эти обязательства отражены также в Коалиционном соглашении, подписанном пятью политическими партиями (Верховная Рада Украины, 2014), и Плане приоритетных действий правительства на 2016 год (Кабинет

Министров, 2016). Перспективы украинской экономики зависят от разрешения конфликта на востоке страны, а также от эффективности объявленных реформ.

Производство энергии

Общее предложение первичной энергии (ОППЭ) снизилось на 46% с 1990 по 1998 годы (см. рис. 7.1). Этот показатель незначительно повысился лишь в 2003 году, но затем продолжил снижение вследствие реструктуризации экономики – значительного сокращения промышленного производства и увеличения доли сектора услуг. В 2013 году ОППЭ составило 116 млн т н. э., что все еще было на 14% ниже уровня 2008 года. Внутреннее производство обеспечивало 74% ОППЭ, причем наибольший вклад в него внесли уголь (40,7 млн т н. э.), атомная энергия (21,8 млн т н. э.) и природный газ (16 млн т н. э.). Вклад других источников энергии незначителен (сырая нефть – 3,2 млн т н. э., биотопливо – 1,9 млн т н. э., гидроэнергия – 1,2 млн т н. э.) (IEA, 2016).

Рисунок 7.1. **Общее предложение первичной энергии, 1990-2013 гг.**

Источник: составлено авторами по данным IEA (2016).

Как показано на рис. 7.1, уголь и природный газ исторически были основными источниками ОППЭ – в 1990 году на каждый из этих видов топлива приходилось около трети общего предложения энергии. К 1996 году доля природного газа выросла до 50%, тогда как доля угля снизилась до 26%. Однако экономический спад 2009 года и повышение цен на импортируемый газ побудили Украину перейти к политике замещения импортируемого газа производимым в стране углем. В 2013 природный газ и уголь обеспечивали 34% и 36% энергетического баланса соответственно (см. рис. 7.2). Однако добыча угля, играющего важнейшую роль в удовлетворении внутреннего спроса на энергию, снизилась на 22,4% в 2014 году (64,9 млн т) вследствие военных действий в Донбасском регионе, где находятся основные месторождения этого вида топлива (IEA, 2015a). Вклад атомной энергии в ОППЭ постепенно вырос с 8% в 1990-е годы до 19% в 2013 году, тогда как доля нефти и нефтепродуктов снизилась с 23% до 8% за тот же период. Вклад биотоплива и других возобновляемых источников энергии (ВИЭ) несколько повысился, но, согласно имеющимся данным, остается незначительным.

Рисунок 7.2. **Структура предложения первичной энергии по видам топлива в 2013 г.**

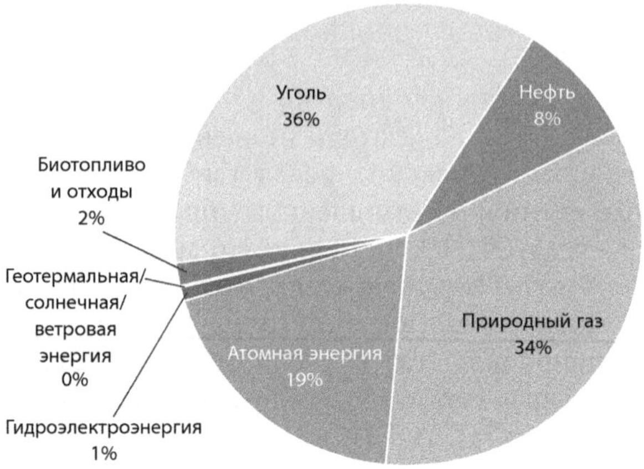

Источник: составлено авторами по данным IEA (2016).

В 2013 году общее производство электроэнергии составило 194 ТВт-ч или 65% от уровня 1990 году. При этом наблюдается тенденция к повышению этого показателя за счет роста генерации на атомных и угольных электростанциях (см. рис. 7.3). На атомную энергетику приходится 43% общего производства электроэнергии в Украине, тогда как доля угольных электростанций несколько ниже – 42% (см. рис. 7.4). Доля гидроэнергетики остается относительно стабильной на протяжении последнего десятилетия, тогда как вклад других ВИЭ незначителен.

Рисунок 7.3. **Производство электроэнергии с разбивкой по источникам, ГВт-ч**

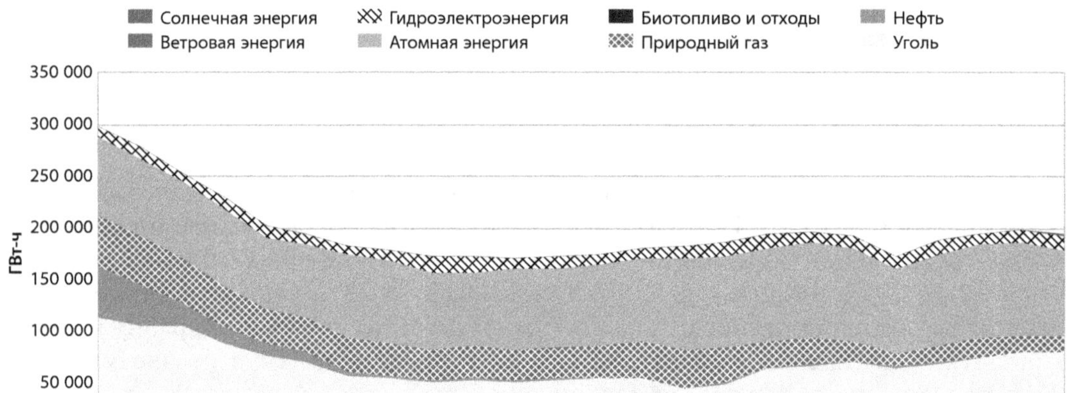

Источник: составлено авторами по данным IEA (2016).

В Украине широко распространены системы централизованного теплоснабжения, к которым подключено более 40% домохозяйств (Секретариат Энергетической хартии, 2013). В 2013 году производство тепла составило 586,2 ПДж – на 66% ниже уровня 1990 года. Основным топливом для производства тепловой энергии является природный газ, на который приходится более 70%, тогда как доля угля составляет около 22%, а биотоплива – всего 1,9%. Хотя в абсолютных величинах использование газа для производства тепла с 1990 года снизилось на 70% до 427 ПДж, доля этого вида топлива остается относительно стабильной (IEA, 2016). В последние годы правительство Украины приняло ряд инициатив, направленных на расширение производства тепловой энергии на основе твердой биомассы (IEA, 2015a).

Рисунок 7.4. **Производство электроэнергии, ГВт-ч, с разбивкой по источникам, в 2013 г.**

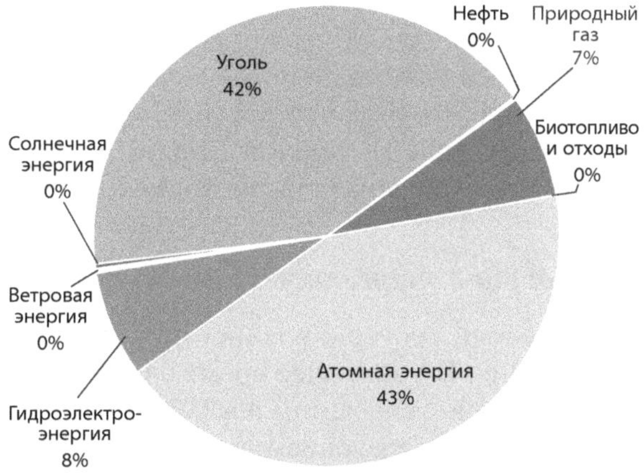

Источник: составлено авторами по данным IEA (2016).

Украина является нетто-импортером энергии, однако доля чистого импорта в ОППЭ значительно снизилась – с 43,6% в 2002 году до 27,3% в 2013 году, причем этот показатель продолжает снижаться в результате сокращения потребления, вызванного экономическим кризисом. В 2013 году Украина импортировала 27,5 млрд м^3 газа (на 15% меньше, чем в 2012 году), причем 92% этого количества поступило из Российской Федерации, а остальной объем был приобретен у Германии, Венгрии, Австрии и Польши. Однако ситуация существенно изменилась в результате широкого использования реверсивных потоков: в 2014 году Украина импортировала 5,1 млрд м^3 (26%) природного газа из Европейского Союза, тогда как импорт из Российской Федерации снизился до 14,3 млрд м^3 (74%) (IEA, 2015a). Процессы диверсификации газового импорта продолжились в 2015 году, когда более 10 компаний из стран ЕС поставили 10,3 млрд м^3, тогда как импорт из Российской Федерации сократился до 6,1 млрд м^3 (Нафтогаз, 2016a).

В 2013 году импорт сырой нефти составил 0,8 млн т н. э. (на 50% ниже уровня 2012 года), причем основными поставщиками были Российская Федерация (67%) и Казахстан (33%). В то же время импорт нефтепродуктов вырос в пять раз по сравнению с 2002 годом. Основными источниками нефтепродуктов являются Беларусь (36%) и Российская Федерация (31,2%), а остальные объемы поступают из стран Европы и Центральной Азии (IEA, 2015a).

Хотя Украина добывает значительные объемы угля и располагает существенными запасами этого топлива, страна является нетто-импортером угля. В 2013 году было ввезено 10,1 млн т н. э. каменного угля, главным образом из Российской

Федерации (70,2%) и США (22,4%). Военные действия на востоке Украины привели к дальнейшему увеличению импорта угля в силу невозможности доставки угля, добываемого в Донбасском регионе, на ТЭС в других регионах страны (IEA, 2015a).

Потребление энергии

В 2013 году общее конечное потребление энергии (ОКПЭ) составило 70,1 млн т н. э., причем на промышленность пришлось 31,2% этой величины, а на сектор ЖКХ – более 33,4%. В отличие от промышленности и ЖКХ, в которых на протяжении последних десяти лет наблюдалось снижение энергопотребления, потребление на транспорте и в секторе услуг выросло, достигнув в 2013 году 16,9% и 8,2% ОКПЭ, соответственно (IEA, 2016). Годовое потребление тепловой энергии варьирует в диапазоне 130–140 млн Гкал/год. Примечательно, что в 2014 году потребление природного газа снизилось до исторического минимума – 42,4 млрд м^3 (на 7,8% ниже, чем в 2013 году), что стало следствием снижения спроса в результате экономического кризиса, политики замещения газа, а также утраты контроля над Крымом и зоной вооруженного конфликта на востоке Украины (IEA, 2015a).

Структура собственности в энергетическом секторе

С 1990 года энергетический сектор Украины прошел через несколько стадий реформ и этапов приватизации. В настоящее время электроэнергетическая отрасль состоит из отдельного сектора генерации и оператора оптового рынка, тогда как передача объединена с распределением и розничным рынком. Оператором оптового рынка электроэнергии (ОРЭ), созданного в 1996 году и основанного на модели единого закупщика, является государственная компания «Энергорынок». Все участники рынка обязаны присоединиться к ОРЭ, который к концу 2014 года насчитывал более 370 участников. Объединенная энергетическая система Украины, в состав которой входят передающие сети и соединения с соседними странами, находится в собственности и под управлением государственной Национальной энергетической компании (НЭК) «Укрэнерго». Большинство тепловых электростанций (ТЭС) полностью или частично приватизированы; наибольшая доля данного рынка контролируется частной компанией ДТЭК. В 1995 году в каждом административном регионе были созданы региональные распределительные и розничные компании («облэнерго»). До настоящего времени прошло несколько волн их приватизации (IEA, 2015a).

В Украине действует более 8 тыс. компаний, производящих тепловую энергию. Около 22% всего тепла производится на когенерационных станциях (теплоэлектроцентралях или ТЭЦ), одновременно производящих тепловую и электрическую энергию, тогда как около 60% приходится на специализированные станции теплоснабжения. Национальная акционерная компания (НАК) «Нафтогаз Украины» владеет пакетами акций как крупных, так и небольших ТЭЦ. При этом последние часто контролируются облэнерго или промышленными компаниями. Кроме того, в стране действует около 900 местных компаний теплоснабжения («теплокоммунэнерго» или ТКЭ), находящихся в собственности и под управлением органов местного самоуправления. ТКЭ эксплуатируют находящиеся в их собственности станции теплоснабжения и сети централизованного отопления, отвечая за поставки тепловой энергии конечным потребителям (IEA, 2012).

Деятельность по разведке нефти и газа осуществляется государственной компанией НАК «Недра Украины», образованной в 2000 году в результате слияния тринадцати геологических и специализированных предприятий (IEA, 2012). НАК «Нафтогаз Украины» является крупнейшей государственной вертикально интегрированной компанией, выполняющей полный цикл операций по разведке и разработке нефтяных и газовых месторождений, до переработки и поставки природного и сжиженного газа потребителям. На компанию вместе с дочерними предприятиями приходится более 90% добычи нефти и газа в Украине (Нафтогаз, 2015a). Управление компанией осуществляет Министерство экономического развития и торговли. В Украине действует ряд частных нефтяных и газовых компаний, однако на них приходится менее 10% общей добычи этих ресурсов (IEA, 2015a).

Добыча угля осуществляется примерно на 300 шахтах. Рентабельные шахты приватизированы, главным образом, компанией ДТЭК, тогда как нерентабельные остаются в государственной собственности и существенным образом зависят от государственных субсидий. Крупнейшие угольные месторождения Украины находятся в Донбасском регионе, часть которого затронута военными действиями, приведшими к нарушению добычи и поставок угля (IEA, 2015). В 2013 году на 53 шахтах, находящихся в частной собственности (39,3% от общего количества), было добыто 60,2 млн т угля из 84,3 млн т, произведенных в Украине в указанном году. В 2013 году на энергетические угли пришлось 68,9% (43,6 млн т) от общего объема угля, предназначенного для продажи на рынке, тогда как доля коксующихся углей составила 31% (НИСИ, 2014).

Государственное управление энергетическим сектором

В регулировании рынка энергоресурсов участвует ряд государственных органов. Министерство энергетики и угольной промышленности отвечает за формирование общей энергетической политики и межведомственную координацию в данной сфере. Кроме того, оно отвечает за регулирование розничного рынка нефтепродуктов и установление диапазона («коридора») розничных цен на нефтепродукты. Продажа нефтепродуктов по ценам за пределами коридора может привлечь внимание антимонопольных или налоговых органов, однако коридор не носит обязательного характера, и в целом ценообразование в данном секторе носит рыночный характер (IEA, 2015a). В 2014 году была создана Национальная комиссия по государственному регулированию в сфере энергетики и коммунальных услуг (НКРЭКУ), заменившая две отдельные комиссии, отвечавшие за регулирование рынков энергоресурсов и коммунальных услуг соответственно. Новая комиссия отвечает за регулирование рынков природного газа и электроэнергии, а также сектора централизованного отопления и других коммунальных услуг. Комиссия подотчетна Верховной Раде (парламенту) и подчинена президенту Украины.

Политика ценообразования в энергетическом секторе

Природный газ

До недавнего времени политика ценообразования в газовом секторе предполагала дифференциацию поставок и тарифов в зависимости от происхождения газа, т.е. от того, был ли он добыт в Украине или импортирован. Согласно Постановлению Кабинета Министров № 1729 от 27 декабря 2001 года (с изменениями и дополнениями), газ, добытый в Украине, поставлялся населению (требование применялось к компаниям с долей государственной собственности 50% и более), тогда как импортированный газ поставлялся всем остальным категориям потребителей. Указанное постановление утратило силу с 16 июля 2016 года.

До 1 октября 2015 года цены на природный газ для всех групп потребителей, а также тарифы на его транспортировку, распределение, хранение и поставки подлежали государственному регулированию в соответствии с процедурами, определенными постановлением НКРЭКУ № 466, 2011. Цены на газ для населения включали средневзвешенную цену газа как сырья (приобретаемого у внутренних производителей, находящихся в государственной собственности), эксплуатационные расходы, специальную наценку, тарифы на транспортировку и поставки, а также НДС. Предельные (максимальные) цены для промышленных потребителей и бюджетных организаций определялись на основе цен на импортируемый газ и затрат «Нафтогаза» и регулярно пересматривались (НКРЭКУ, 2015а).

Процедуры установления тарифов существенно изменились с вступлением в силу Закона № 329-VIII «О рынке природного газа» 1 октября 2015 года (Верховная Рада, 2015б). Закон предусматривает, с одной стороны, государственное регулирование монополистических рынков (транспортировка, распределение, хранение, услуги установок СПГ), а с другой – развитие добросовестной конкуренции на рынке природного газа. В этой связи предусматривается либерализация цен на оптовом и розничном рынках газа (за исключением случая возложения специальных обязанностей на субъектов рынка Кабинетом Министров), а также свободный выбор поставщиков газа.

В переходный период с 1 октября 2015 года по 30 апреля 2016 года цены на газ для населения и производителей тепловой энергии (ТКЭ), поставляющих ее населению, определяется в соответствии с постановлением №758 Кабинета Министров (Кабинет Министров, 2015) «Об утверждении Положения о возложении специальных обязанностей на субъектов рынка природного газа для обеспечения общественных интересов». Цены на газ для промышленных и других потребителей, на которых не распространяется действие указанного постановления, определяются и устанавливаются субъектами рынка природного газа самостоятельно.

На протяжении многих лет цены на газ для населения были значительно ниже, чем для промышленных потребителей, однако этот разрыв сократился в результате недавнего пересмотра цен. В апреле 2015 НКРЭКУ приняла решение о повышении тарифов на газ для населения примерно втрое, причем были установлены дифференцированные тарифы в зависимости от объемов потребления и времени года (НКРЭКУ, 2015г). Цены на газ для производителей тепловой энергии также были значительно повышены в апреле 2015 года – до уровня 2 994 грн. за 1 000 $м^3$ или в 2,3 раза (НКРЭКУ, 2015в).

27 апреля 2016 года Кабинет Министров утвердил изменения к Постановлению №758 от 1 октября 2015 года, фактически установив тарифы на газ для населения на рыночном уровне (принцип импортного паритета). С 1 мая 2016 года оптовая цена на газ установлена на уровне 4 942 грн. за 1 000 $м^3$, что включает прогнозируемую цену на немецком газовом хабе NCG (согласно бюллетеню European Gas Daily агентства Platts) и затраты на транспортировку до границ Украины. Именно по этой цене (без учета НДС и затрат на транспортировку внутри страны и распределение) НАК «Нафтогаз Украины» в настоящее время поставляет газ производителям тепловой энергии и горячей воды. Предельный уровень розничных цен установлен на уровне 6 879 грн. (246 евро) за 1 000 $м^3$, что включает оптовую цену, средневзвешенные затраты на транспортировку внутри страны, тарифы на распределение и торговую наценку поставщика. Кроме того, оптовая закупочная цена для внутренних производителей газа (с долей государственной собственности 50% и более) также была повышена в три раза до рыночного уровня 4 849 грн. (173 евро) за 1 000 $м^3$ с 1 мая 2016 года. Предполагается, что 50% закупочной цены газа для внутренних производителей

будет изыматься в государственный бюджет в форме ренты и использоваться для социальной поддержки незащищенных групп. Это решение призвано способствовать росту инвестиций во внутреннюю добычу газа и ее повышению на 30% к 2020 году (Министерство экономического развития и торговли, 2016).

Тепловая энергия

Тарифы на тепловую энергию и горячее водоснабжение устанавливаются НКРЭКУ и органами местного самоуправления в соответствии с процедурами, определенными постановлениями НКРЭКУ (№ 377, 2016; № 528, 2016). Теплоснабжающие компании рассчитывают затраты и представляют их на утверждение НКРЭКУ. Цены для конечного пользователя зависят от структуры затрат (включая стоимость первичного топлива) каждой конкретной компании и варьируют от региона к региону. Как отмечено выше, до недавнего времени ТКЭ приобретали природный газ для теплоснабжения населения у «Нафтогаза» по ценам ниже рыночных. Для других потребителей, включая бюджетные организации и промышленные предприятия, были установлены значительно более высокие тарифы, основанные на цене импортируемого газа. Повышение цен на газ для ТКЭ в апреле 2015 года привело к повышению тарифов на тепловую энергию для населения на 67%. Дальнейшее повышение цен на газ для ТКЭ до рыночного уровня привело к росту тарифов на тепловую энергию на 75–90% в зависимости от используемого топлива (производство тепла на основе угля обходится дешевле).

Хотя предполагается, что тарифы должны включать расходы на амортизацию, ремонт и модернизацию основных фондов, а также обеспечивать нормативную прибыль, на протяжении десятилетий они устанавливались на слишком низком уровне, что не позволяло аккумулировать достаточные средства для поддержания тепловых сетей в надлежащем состоянии и их модернизации. Согласно исследованию Всемирного банка (World Bank, 2012), расходы на амортизацию составляют около 3% общих затрат ТКЭ, что в 5–8 раз ниже, чем требуется для обеспечения необходимого качества услуг. Как следствие, основные фонды систем централизованного теплоснабжения близки к исчерпанию планового срока службы или эксплуатируются за его пределами, что ведет к серьезному риску аварий или нарушения теплоснабжения. Тревожным примером является крупная авария систем теплоснабжения в Алчевске в середине зимы 2006 года, в результате которой возникла необходимость эвакуации населения из города.

Большинство населения до сих пор проживает в зданиях, не оборудованных домовыми приборами учета. Согласно оценкам, жители зданий, не оборудованных приборами учета, в среднем платят на 30% больше (фактически оплачивая неиспользуемые ими услуги), чем жители зданий, в которых установлены такие приборы (Шлапак, 2015).

Электроэнергия

Оптовые цены для некоторых групп производителей, продающих электроэнергию на ОРЭ (прежде всего, АЭС, крупных ГЭС и когенерационных станций) устанавливаются НКРЭКУ методом «затраты плюс». В то же время оптовые закупочные цены для ТЭС определяются ежедневно, преимущественно на основе конкуренции на оптовом рынке (производители представляют заявки оператору рынка, но НКРЭКУ может устанавливать предельные уровни для некоторых составляющих цены, например, затрат на топливо).

Оптовая цена для энергосбытовых и распределительных компаний определяется как средневзвешенная величина цены закупки электроэнергии у всех производителей, затрат на диспетчеризацию и содержание магистральных и международных электросетей, затрат на обеспечение функционирования Оптового рынка электроэнергии (ОРЭ), а также дополнительных государственных сборов (например, специального сбора и «дотационных сертификатов» для компенсации льготных тарифов, установленных, главным образом, для населения). Оптовая цена электроэнергии формируется на ОРЭ и ежемесячно утверждается НКРЭКУ. Доля оптовой цены электроэнергии в структуре розничных тарифов составляет около 80% (НКРЭКУ, 2015a).

Таблица 7.3. **Ценовая политика**

Энергоноситель	Ценовая политика	Ценовые категории	Ценовые уровни
Природный газ	Предельные цены установлены для населения и религиозных организаций, регулируемые цены установлены для местных теплоснабжающих компаний -переходный период (1 мая 2016–31 марта 2017 гг.) согласно Постановлению № 758 (2015) Тарифы для промышленных потребителей и бюджетных организаций дерегулированы.	Дифференцированы в зависимости от категории потребителей (население, бюджетные организации, религиозные организации и т.д.).	Предельная цена (включая все тарифы и налоги) для населения – 6 879 грн. за 1 000 м^3, для религиозных организаций – 3 913 грн. за 1 000 м^3. Регулируемый тариф (без тарифов на транспортировку и распределение газа и налогов) для местных производителей, поставляющих тепло и горячую воду населению – 4 942 грн. за 1 000 м^3, для религиозных организаций – 2 471 грн. за 1 000 м^3. Тарифы для других потребителей (т.е., промышленных потребителей и бюджетных организаций) определяются и устанавливаются субъектами рынка самостоятельно. Тарифы пересматриваются ежемесячно, актуальная информация доступна из источника (Нафтогаз, 2016b).
Электричество	Метод «затраты плюс», но в тариф заложено перекрестное субсидирование.	Высоко дифференцированные тарифы в зависимости от категории потребителей, объема потребления, времени суток и т.д.	По состоянию на август 2016 г., тарифы для организаций (без НДС) составляли: первый класс – 1,44 грн./кВт-ч, второй класс – 1,8 грн./кВт-ч (Постановление № 1309, 2016); тарифы для населения (включая НДС): 0,57–1,56 грн./кВт-ч (НКРЭКУ, 2016d).
Тепло	Метод «затраты плюс», тарифы обеспечивают полную окупаемость затрат с июля 2016 г.	Дифференцированные тарифы в зависимости от категории потребителей (население, бюджетные организации, религиозные организации и т.д.). Тарифы для населения дифференцированы в зависимости от наличия приборов учета.	Тарифы устанавливаются по отдельности для 169 ТКЭ, обслуживающих жилищный сектор. Актуальные тарифы для населения доступны из источника (НКРЭКУ, 2016c), для бюджетных организаций, религиозных организаций и других потребителей – из (НКРЭКУ, 2016b).
Жидкие нефтепродукты	Ценообразование и рынок полностью либерализованы (IEA, 2015).		
Уголь	Цены не регулируются, но государственные шахты получают компенсации из бюджета в том случае, если производственные затраты превышают закупочные цены.		

Источник: составлено авторами по данным IEA (2015); НКРЭКУ (2015a).

Розничные тарифы, также устанавливаемые методом «затраты плюс», включают оптовую цену электроэнергии на ОРЭ, тариф на передачу электроэнергии в местных сетях, тариф поставщика и нормативные потери в местных сетях. Для промышленных потребителей электроэнергии на всей территории Украины установлены единые тарифы, дифференцированные только по классу напряжения (первый класс – 27,5 кВ и выше, второй класс – ниже 27,5 кВ).

В то же время для некоторых категорий потребителей (прежде всего, для населения, но также угледобывающих предприятий, муниципального электрического транспорта и т.д.) установлены фиксированные льготные тарифы на уровне существенно ниже себестоимости. Как следствие, энергосбытовые компании несут потери, которые компенсируются за счет «дотационных сертификатов», включаемых в оптовую цену электроэнергии. Поэтому тарифы на электроэнергию для промышленных потребителей значительно выше, чем для населения (величины тарифов приведены в табл. 7.3).

На протяжении длительного времени тарифы на электроэнергию для населения оставались неизменными. В 2006 году тариф для населения был дважды повышен на 25%, а следующий пересмотр тарифов был предпринят 2011–2012 годах (причем были введены дифференцированные тарифы в зависимости от объемов потребления). В июне 2014 года тарифы для населения были повышены в среднем на 14% (на 10–40% в зависимости от объема потребления) (НКРЭКУ, 2015в). 26 февраля 2015 года НКРЭКУ приняла Постановление № 220, согласно которому тарифы для населения с апреля 2015 года были повышены в среднем на 45,2%, а также был принят план поэтапного повышения тарифов до рыночного уровня к марту 2017 года. Предполагается, что к этому моменту тарифы для населения достигнут уровня 0,9–1,68 грн./кВт-ч.

Налоговая политика

В результате налоговой реформы, предпринятой в 2015 году, ранее существовавшее большое количество налогов было сокращено. В настоящее время в Украине существует всего семь видов налогов, собираемых на национальном уровне (налог на прибыль предприятий, налог на доходы физических лиц, налог на добавленную стоимость, акцизный налог, экологический налог, рентная плата за пользование природными ресурсами и таможенные сборы), и четыре вида местных налогов (налог на недвижимое имущество, т.н. «единый налог», парковочный сбор и туристический сбор). В Украине не применяются какие-либо дополнительные налоги, установленные специально для энергетического сектора, хотя до недавнего времени в тарифы на газ для конечных потребителей включалась специальная наценка (отмененная с 1 января 2016 года). Краткая информация о налогообложении производства и потребления энергии в Украине представлена в табл. 7.4. Налоговый кодекс Украины (с изменениями и дополнениями на 13 августа 2015 года) предусматривает ряд мер стимулирования (например, льготы по налогу на прибыль, освобождение от НДС и акцизного налога) для поддержки капитальных инвестиций в развитие и модернизацию инфраструктуры, проектов по энергосбережению, а также для стимулирования развития ВИЭ.

Таблица 7.4. **Налогообложение в энергетическом секторе Украины**

Вид деятельности, подлежащей налогообложению	Основные налоги: НДС, налог на прибыль, налог на доходы физических лиц, экологический налог, таможенные сборы (национальный уровень), налог на имущество (местный уровень)	Рентная плата за пользование природными ресурсами	Акцизный налог
Предприятия по добыче и переработке нефти и газа	Применяются в установленном порядке	Дифференцирована в зависимости от глубины месторождений, в некоторых случаях применяется корректирующий коэффициент	Применяется в установленном порядке
Предприятия по добыче угля	Применяются в установленном порядке	Дифференцирована в зависимости от типа угля, в некоторых случаях применяется корректирующий коэффициент	Не применяется
Потребители жидких нефтепродуктов и СНГ	Применяются в установленном порядке	Не применяется	Дифференцирован в зависимости от вида продукции, использование биоэтанола облагается по ставке 0%
Производители электроэнергии	Применяются в установленном порядке	Не применяется	Не применяется
Потребители электроэнергии	Применяются в установленном порядке	Не применяется	Не применяется

Источник: составлено авторами на основе Налогового кодекса (Верховная Рада, 2010в).

Выбросы парниковых газов и политика в области изменения климата

В результате экономического спада, последовавшего за распадом Советского Союза, выбросы парниковых газов (ПГ) в Украине снизились с 912,7 млн т CO_2-экв. в 1990 году до 408,6 млн т CO_2-экв. в 2000 году. Хотя после 2000 года начался процесс экономического восстановления с высокими темпами роста ВВП, динамика выбросов ПГ следовала иной траектории. Достигнув 451,6 млн т CO_2-экв. в 2007 году, выбросы затем снизились и колеблются вокруг уровня около 400 млн т CO_2-экв. (Министерство экологии и природных ресурсов, 2016). Это является следствием существенных структурных изменений в экономике Украины и частичного замещения неэффективных энергоемких отраслей сферой услуг и сельскохозяйственным производством. Кроме того, энергоэффективность экономики повышается по мере постепенной модернизации устаревших основных фондов.

В настоящее время (по состоянию на 2014 год) выбросы ПГ в Украине на 62,7% ниже уровня 1990 года (Министерство экологии и природных ресурсов, 2016). Энергетический сектор является крупнейшим источником выбросов ПГ в стране, обеспечивая 67,7% их общего объема, тогда как доли промышленных процессов и сельского хозяйства составляют 16,7% и 12,6% соответственно. Согласно Ожидаемому национально определенному вкладу (ОНОВ) Украины, представленному в рамках РКИК ООН к Парижской Конференции Сторон в конце 2015 года, Украина «не превысит 60% уровня выбросов 1990 года в 2030 году» (Министерство экологии и природных ресурсов, 2015).

В последнее время предпринималось несколько попыток разработать национальную стратегию развития с пониженными выбросами парниковых газов, но до настоящего момента такая стратегия не была утверждена правительством Украины.

Определение и обсуждение энергетических субсидий в Украине

В Украине отсутствует достаточно широкое официальное определение субсидий, хотя в законодательстве о бюджетной политике и государственной поддержке используются различные термины, которые могут быть соотнесены с элементами гораздо более широких определений, принятых международными организациями (см. рис. 7.5). Узкое определение субсидий приведено в «Инструкции об экономической классификации расходов бюджета», утвержденной Приказом Министерства финансов Украины № 333 от 12 марта 2012 года. Инструкция определяет субсидии как:

> «все текущие выплаты предприятиям, которые не предусматривают компенсации в виде специально обусловленных выплат или товаров и услуг в обмен на проведенные платежи, а также расходы, связанные с возмещением убытков государственных предприятий.»

В то же время бюджетное законодательство Украины предусматривает ряд субвенций, дотаций и других видов трансфертов (Государственная казначейская служба Украины, 2016), которые не считаются субсидиями согласно национальному законодательству, но являются таковыми де-факто в соответствии с международными определениями. Кроме того, термин «субсидии» не применяется к налоговым льготам, но правительство Украины в некоторых случаях рассматривает налоговые льготы как выпадающие доходы бюджета (Государственная фискальная служба Украины, 2015), и Министерство финансов Украины оценивает соответствующие потери бюджета.

Рисунок 7.5. **Что включается в определение субсидий в национальном законодательстве Украины?**

Включено в национальные определения «субсидии» и «господдержки»

Включено только в национальное определение «господдержки»

Не включено в национальные определения «субсидии» и «господдержки»

Прямые бюджетные трансферты	Выпадающие налоговые доходы	Вторичные трансферты	Передача рисков государству	Источники информации
				Приказ № 333 от 2012 г. Министерства финансов Украины содержит очень узкое определение субсидий, сводящееся к прямым трансфертам. Другие документы правительства рассматривают налоговые льготы в качестве формы государственной поддержки. Вторичные трансферты в форме перекрестного субсидирования тарифов также широко обсуждаются, в т.ч. регулятором энергетических рынков.

Источник: составлено авторами.

Кроме того, поскольку Украина является членом ВТО с 16 мая 2008 года, определение «субсидий», учитываемых этой организацией в категории *Субсидии и компенсационные меры (СКМ)*, автоматически применимо к нормативным актам, принимаемым в Украине. Украина регулярно направляет уведомления об СКМ, которые, в частности, отражают государственную поддержку угледобывающей отрасли (WTO, 2015).

Основным источником информации о прямых трансфертах является отчетность Государственной казначейской службы Украины (Государственная казначейская служба Украины, 2016). Государственная фискальная служба Украины регулярно публикует Справочник налоговых льгот, в котором перечислены все налоговые льготы, действующие в данном году, но не приведена оценка доходов бюджета, выпадающих в результате этих мер (Государственная фискальная служба Украины, 2015). Ежегодные отчеты регулятора энергетического рынка содержат подробную информацию о политике ценообразования, включая сведения о перекрестном субсидировании потребителей и льготных тарифах для производителей электроэнергии на основе ВИЭ, см., например (НКРЭКУ, 2015а; НКРЭ, 2014). Кредитные гарантии и вложения в капитал компаний, как правило, отражены в документах бюджетного планирования, утверждаемых постановлениями Кабинета Министров. В то же время в Украине не существует общенационального каталога или реестра, который охватывал бы все энергетические субсидии, имеющиеся в стране.

На уровне международных организаций Украина регулярно направляет информацию в Комитет по субсидиям и компенсационным мерам ВТО (WTO, 2015). Данные, сопровождающие публикацию МЭА «Прогноз мировой энергетики 2014», включают оценку субсидий на потребление всех видов ископаемого топлива в Украине в 2014 году на уровне 6,4 млрд долл. США (IEA, 2015б).

Кроме того, недавно были опубликованы два исследования, затрагивающие вопросы энергетических субсидий в Украине. Одно из них (Hölzler et al., 2015) представляет собой углубленный анализ различных форм государственной поддержки

Таблица 7.5. **Обзор субсидий**

Энергетические субсидии	Основные результаты
Прямой перевод бюджетных средств и обязательства по такому переводу	• Включено в национальное определение субсидий (за исключением обязательств). • Выявлены различные формы прямых бюджетных трансфертов, предусмотренные бюджетным законодательством Украины. • В качестве основного источника информации по прямым трансфертам использована отчетность Государственного казначейства Украины (Государственная казначейская служба Украины, 2016). • Оценки, приведенные в (Огаренко и Денисенко, 2015; WTO, 2015; Hölzler et.al., 2015).
Налоговые расходы (выпадающие налоговые доходы)	• В Налоговом кодексе Украины выявлено несколько видов налоговых льгот, применимых к энергетическому сектору. • Государственная фискальная служба Украины (2015) публикует Справочник налоговых льгот, в котором перечислены все льготы, действующие в данном году, но не приводятся оценки налоговых доходов, выпадающих вследствие этих льгот. • Оценки объемов налоговых льгот для всех секторов экономики, включая энергетический, выполнены Министерством финансов (цитируются в Hölzler et.al., 2015).
Вторичные (косвенные) трансферты (поддержка доходов или цен)	• Практика перекрестного субсидирования цен на энергоресурсы, например, субсидирования тарифов на электричество для населения за счет промышленных потребителей, широко распространена в Украине. «Зеленые» льготные тарифы для производителей электроэнергии также являются примером косвенного трансферта. • Ежегодные отчеты регулятора энергетического рынка содержат подробную информацию о политике ценообразования, включая сведения о перекрестном субсидировании и льготных тарифах для производителей электроэнергии на основе ВИЭ, см. (НКРЭКУ, 2015а; НКРЭ, 2014).
Передача рисков государству	• Кредитные гарантии и вложения в капитал компаний, как правило, отражены в документах бюджетного планирования, утверждаемых постановлениями Кабинета Министров, и включаются в отчетность Министерства финансов (2015). • Докапитализация НАК «Нафтогаз Украины» кратко обсуждается в (Огаренко и Денисенко, 2015); квазифискальная деятельность «Нафтогаза» и кредитные гарантии подробно описаны в (Hölzler et.al., 2015).

Источник: составлено авторами.

предприятий (в т.ч. в энергетическом секторе), выполненный в рамках финансируемого ЕС проекта «Гармонизация системы государственных закупок в Украине со стандартами ЕС». Другое исследование, выполненное Огаренко и Денисенко (2015), посвящено анализу расходов бюджета на поддержку энергетического сектора Украины. Авторы показали, что огромные средства расходуются на субсидирование нерентабельных угольных шахт, находящихся в государственной собственности, и на компенсацию тарифов на тепловую энергию для населения, не окупающую затрат, тогда как бюджетная поддержка проектов по повышению энергоэффективности остается крайне ограниченной.

В соответствии с методикой ОЭСР (OECD, 2013), в табл. 7.5 представлен обзор основных данных и источников информации по различным типам энергетических субсидий в Украине.

Государственная поддержка ископаемых видов топлива

Оценка субсидий на потребление газа методом ценовой разницы

Применяемый МЭА метод ценовой разницы предполагает количественную оценку субсидий конечным потребителям ископаемых видов топлива и электроэнергии на основе разницы между средним потребительским тарифом и базовой ценой. Поскольку Украина является нетто-импортером энергоресурсов, в качестве базовой цены для оценки субсидий в газовом секторе принята цена импортируемого газа на ближайшем международном хабе с добавлением затрат на транспортировку и распределение, а также налога на добавленную стоимость (НДС). Для оценки субсидий на ископаемые виды топлива, формируемых через цену на электроэнергию, которая не является предметом международной торговли в значительных объемах, используется среднегодовая себестоимость производства на газотурбинной установке комбинированного цикла с добавлением затрат на передачу и распределение, но не на строительство новых мощностей (IEA, 2015б).

В табл. 7. 6 представлены наиболее актуальные оценки субсидий на ископаемые виды топлива в Украине, приведенные в публикации МЭА «Прогноз мировой энергетики 2015» (IEA, 2015c). Согласно оценкам МЭА, в 2012 году субсидии на потребление газа и электроэнергии составили 10 млрд долл. США и 4,2 млрд долл. США соответственно. К 2014 году общий объем субсидий снизился более чем вдвое, что объясняется не столько реформой государственной политики в энергосекторе, сколько резким снижением международных цен на газ, которые МЭА использует в качестве базовых. Хотя в 2014 году правительство Украины начало пересмотр

Таблица 7.6. **Оценки субсидий на потребление ископаемых видов топлива в Украине, выполненные МЭА методом ценовой разницы, млрд реальных долл. США 2013 г.**

Субсидируемый энергоресурс	2012	2013	2014
Нефть	-	-	-
Электроэнергия	4,2	4,4	2,7
Газ	10,0	8,0	3,7
Уголь	-	-	-
Всего	**14,1**	**12,4**	**6,4**

Источник: IEA (2015c).

тарифов на энергоресурсы для населения, эти изменения были недостаточно велики для того, чтобы объяснить сколько-нибудь существенную долю столь резкого снижения субсидий на потребление.

Исходя из того, что рынок нефти и нефтепродуктов в Украине либерализован, МЭА пришло к выводу об отсутствии субсидий в нефтяном секторе. Кроме того, согласно табл. 7.6, в Украине отсутствуют субсидии на потребление угля, поскольку метод ценовой разницы учитывает лишь те действия государства, которые влияют на цену для конечного потребителя. Однако государственные угольные шахты в Украине получают субсидии на производство, которые подробно обсуждаются в следующем разделе.

Авторы данного исследования, используя метод ценовой разницы, выполнили собственную оценку субсидий на потребление газа в Украине в 2015 году. В качестве базовой цены использована средневзвешенная цена импортируемого газа, рассчитанная по данным (Нафтогаз, 2016в); были также использованы прогнозы объемов потребления газа на 2015 год, опубликованные «Нафтогазом» (Нафтогаз, 2015а). Результаты, полученные для 2015 года, представлены в табл. 7.7. Оценки демонстрируют дальнейшее снижение объема субсидий по сравнению с оценками МЭА для 2014 года примерно до 3,1 млрд долл. США, что может быть объяснено резким повышением тарифов на газ и тепло для населения в сочетании с дальнейшим снижением цен на газ на международном рынке в 2015 году.

Таблица 7.7. **Оценка субсидий на потребление газа в Украине в 2015 году методом ценовой разницы (номинальных долл. США 2015 г.)**

Тарифы для групп потребителей	Нетто-тариф/ 1 000 м³ [а]	Млрд м³ [б]	Базовая цена/ 1 000 м³	Ценовая разница/1 000 м³	Субсидии, млн долл.
Полный тариф для населения (главным образом, для приготовления пищи)	231,2	5,8	277	46	264
Сниженный тариф для населения (для использования в индивидуальных системах отопления с некоторыми ограничениями)	99,3	8,7	277	178	1 551
Тариф для местных котельных, обслуживающих население	82,7	6,8	277	194	1 322
Промышленность и бюджетные организации [в]	255,0	7,1	277	22 [г]	157 [г]
Всего					**3 137**

Примечания: а. Без учета налогов и затрат на транспортировку и распределение; в закупочную цену также не включены НДС и затраты на транспортировку.

б. Оценка «Нафтогаза» за 12 мес., начиная с 1 мая 2015 г.

в. Вследствие отсутствия оценок за 2015 г. используются объемы за 2014 г.; использован максимальный тариф, установленный в апреле 2015 г.; для расчета нетто-тарифа использована средняя наценка, включенная в различные тарифы для населения.

г. Эта величина объясняется скорее неточностью исходных данных, чем неадекватным ценообразованием. Ценовая разница для промышленных потребителей должна быть равна нулю, поскольку тарифы на газ для промышленности и бюджетных организаций полностью отражают цену импортируемого газа и регулярно пересматриваются. Поэтому данная величина не включена в общую сумму субсидий.

Источник: собственные оценки на основе данных Нафтогаза (2015б, 2015в, 2016а).

Будучи нетто-импортером газа, Украина, тем не менее, ежегодно добывает 13–15 млрд м^3 газа, которые должны направляться для снабжения населения (требование применимо к производителям с государственной долей 50% и более). Поэтому приведенные выше оценки методом ценовой разницы отражают как явные субсидии – прямые трансферты и другие меры, необходимые для компенсации потерь поставщиков энергоресурсов, снабжающих население по ценам ниже себестоимости, так и неявные субсидии – упущенную выгоду местных производителей от возможной продажи газа по международным ценам.

Инвентаризация государственной поддержки ископаемых видов топлива методом «снизу вверх»

Обзор результатов инвентаризации государственной поддержки ископаемых видов топлива

В таблицах 7.8а и 7.8б представлены сводные результаты анализа мер государственной поддержки энергетического сектора в Украине, выполненного методом «снизу вверх», предполагающим инвентаризацию и оценку отдельных видов субсидий с последующей консолидацией полученных оценок. Крупнейшая по

Таблица 7.8 а. **Оценки основных энергетических субсидий в Украине, млн грн.**

	2012	2013	2014	2015	2016 п.
Явные субсидии потребителям газа	24 342,8	10 052,5	109 032,7	34 385,1	0
Неявные субсидии потребителям газа	43 168,1	44 493,0	36 678,7	54 141,6 п.	.
Субсидии потребителям электроэнергии	34 466,5	37 557,1	40 824,6	43 848,0	.
Субсидии государственным угольным шахтам	12 998,2	15 290,3	9 405,4	1 998,0	1 345,6
Целевая поддержка малообеспеченных семей	7 455,8	6 779,0	6 887,5	19 116,0	41 474,2
Выпадающие налоговые доходы	2 438,6	761,0	.	.	.
Всего	**124 870,0**	**114 932,9**	**202 828,9**	**153 488,6**	.

Примечание: **п.** – предварительно.

Источник: оценки авторов на основе данных Государственной казначейской службы Украины (2016), НКРЭКУ (2015а), НКРЭ (2014), Министерства финансов Украины (цитируются в Hölzler et.al., 2015), Нафтогаз (2015в) и постановлений НКРЭКУ.

Таблица 7.8 б. **Оценки основных энергетических субсидий в Украине, млн долл. США**

	2012	2013	2014	2015	2016 п.
Явные субсидии потребителям газа	4 284,5	2 201,0	9 752,1	1 577,3	0
Неявные субсидии потребителям газа	5 402,1	5 566,5	3 085,7	2 483,6 п.	.
Субсидии потребителям электроэнергии	4 313,2	4 698,8	3 434,5	2 011,4	.
Субсидии государственным угольным шахтам	1 626,6	1 913,0	791,3	91,6	54,3
Целевая поддержка малообеспеченных семей	933,0	848,1	579,4	876,9	1 672,3
Выпадающие налоговые доходы	305,2	95,2	.	.	.
Всего	**15 626,3**	**14 379,2**	**17 063,5**	**7 040,8**	.

Примечание: **п.** – предварительно.

Источник: оценки авторов на основе данных Государственной казначейской службы Украины (2016), НКРЭКУ (2015а), НКРЭ (2014), Министерства финансов Украины (цитируются в Hölzler et.al., 2015), Нафтогаз (2015в) и постановлений НКРЭКУ.

объему группа субсидий охватывает меры по прямой компенсации энергетическим компаниям потерь в результате поставок газа и тепла населению по регулируемым тарифам. В 2014 году общий объем таких субсидий составил 109 млрд грн. (9,2 млрд долл. США). Неявные субсидии в результате упущенной выгоды внутренних производителей от возможной продажи энергоресурсов по рыночным ценам колебались в диапазоне от 5,4 млрд долл. США в 2012 году до 2,5 млрд долл. США в 2015 году, в зависимости от цен на мировых рынках.

Следующей по величине мерой государственной поддержки является перекрестное субсидирование, объем которого в гривнах значительно вырос (тогда как объем в долларах снизился вследствие изменения курсов валют). В Украине отсутствуют субсидии на потребление угля (за исключением целевой помощи малообеспеченным семьям), но прямые бюджетные трансферты предприятиям угольной отрасли ложатся тяжелым бременем на государственный бюджет. Однако в последние годы объем таких субсидий последовательно снижается, в частности, вследствие того, что большинство угольных шахт находится на территории, затронутой военным конфликтом. В секторе моторного топлива не было выявлено субсидий ни на производство, ни на потребление, поскольку данный сектор полностью либерализован.

Государственная поддержка в форме налоговых льгот (было выявлено всего две меры такого рода) в 2012–2013 годах была весьма ограниченной; данные за последующие годы отсутствуют. Первым видом налоговых льгот было освобождение от НДС на импортируемый природный газ, используемый для нужд промышленных потребителей. Эта мера была введена с целью поддержки конкурентоспособности национальной промышленности в условиях растущих цен на импортируемый газ и применялась с 6 августа 2011 года до 1 июля 2012 года. Согласно оценке Министерства финансов, выпадающие доходы бюджета в результате применения этой льготы в 2012 году составили примерно 1,5 млрд грн. (цитируется в Hölzler et.al., 2015).

Вторым видом налоговых льгот для энергетического сектора было освобождение от налогообложения прибыли предприятий энергетики на сумму расходов в рамках инвестиционных программ, утвержденных Национальной комиссией по регулированию электроэнергетики (НКРЭ). Такие программы могли включать капитальные вложения по строительству (реконструкции, модернизации) межгосударственных, магистральных и распределительных (локальных) электрических сетей, электрических станций, теплоэлектроцентралей, магистральных газопроводов и т.д., а также расходы на возврат кредитов, полученных с целью финансирования вышеуказанной деятельности. Согласно оценкам Министерства финансов (цитируемым в Hölzler et.al., 2015), выпадающие доходы бюджета в результате этой льготы составили 975 млн грн. и 761 млн грн. в 2012 и 2013 годах соответственно; с 2015 года льгота была отменена.

Расходы на прямые трансферты малообеспеченным семьям выросли в 2015 году, поскольку правительство приступило к повышению тарифов на услуги ЖКХ и частичной переориентации мер поддержки с компенсации потерь энергоснабжающих компаний на целевую поддержку уязвимых групп населения. Более подробное обсуждение конкретных мер государственной поддержки приводится ниже (методические подходы к количественной оценке основных энергетических субсидий описаны в табл. 7.А2.1).

Несмотря на то, что в процессе оценки было уделено должное внимание сбору наиболее точных данных и предотвращению двойного счета, не удалось избежать расхождения между результатами анализа субсидий методом ценовой разницы, приведенными в предыдущем разделе, и результатами инвентаризации мер государственной поддержки «снизу вверх». Причинами этого могут быть оставшиеся расхождения в данных, а также возможные задержки компенсации «Нафтогазу» потерь в результате поставок газа для снабжения населения по регулируемым тарифам.

Меры государственной поддержки в газовом секторе

Газ, тепло и другие жилищно-коммунальные услуги традиционно поставлялись населению по ценам существенно ниже уровня окупаемости (см. обсуждение политики ценообразования), тогда как предприятия-поставщики несли огромные потери. Например, общий дефицит «Нафтогаза», в результате продаж газа распределительным компаниям, обслуживающим население, за последние десять лет (2005–2014 годы) составил около 20 млрд долл. США. В 2014 году разница между стоимостью закупленного газа (включая как импортированный, так и добытый в стране газ) и стоимостью его продаж населению достигла 18,7 млрд грн. (Нафтогаз, 2015в).

Правительство разрабатывало различные схемы компенсации потерь поставщиков энергоресурсов и коммунальных услуг, накапливающихся в результате неэффективной политики ценообразования. В частности, осуществлялись либо прямые бюджетные трансферты в пользу «Нафтогаза» (до 2012 года), либо непрямые трансферты – через субвенции местным бюджетам из национального бюджета (см. рис. 7.6, табл. 7.9а и 7.9б). Последний механизм, за реализацию которого отвечает Министерство регионального развития, строительства и ЖКХ, весьма сложен. Его целью является финансирование погашения задолженности, возникшей в результате разницы между фактической стоимостью тепловой энергии и услуг по централизованному водоснабжению и водоотведению, с одной стороны, и регулируемыми тарифами на эти услуги – с другой (дополнительная информация по данному вопросу приведена в табл. 7.А2.3).

Рисунок 7.6. **Бюджетные трансферты для компенсации потерь поставщиков энергоресурсов и коммунальных услуг**

Источник: составлено авторами по данным Государственной казначейской службы Украины (2016).

Прямые бюджетные трансферты не всегда осуществлялись своевременно и были недостаточны для полного покрытия дефицита «Нафтогаза», образующегося в результате продажи импортируемого газа населению по регулируемым ценами. По этой причине «Нафтогаз» был вынужден привлекать заемные средства для покрытия дефицита ликвидности и обеспечения своевременных платежей за импортируемый газ. Значительная часть этих кредитов должна была быть погашена в 2014 году. Выплаты кредиторам составили 21% (39 млрд грн.) всех расходов компании в 2014 году (Нафтогаз, 2015в). Тем не менее, «Нафтогаз» не смог бы погасить задолженность без дополнительных мер государственной поддержки, которые описаны ниже.

С целью покрытия дефицита «Нафтогаза» без дополнительного увеличения дефицита государственного бюджета Кабинет Министров разработал еще одну сложную схему, которая продемонстрирована на рис. 7.7. В рамках этой схемы была одобрена эмиссия специальных государственных облигаций с целью рекапитализации «Нафтогаза», и, таким образом, предоставления ему капитала для финансирования дефицита (это привело к увеличению внутреннего долга государства). Министерство финансов выпускало государственные облигации для покрытия дефицита «Нафтогаза» в 2012–2015 годах. Общая стоимость облигаций со сроком обращения от 3 до 10 лет и доходностью 9,95%–14,5% годовых составила 142,1 млрд грн. (дополнительная информация представлена на рис. 7.8 и в 7.A2.1). Эти облигации обычно появлялись в портфеле Национального банка Украины (через государственные банки) на следующий день после выпуска из-за недостаточного спроса со стороны других игроков финансового рынка.

Рисунок 7.7. **Увеличение уставного капитала Национальной акционерной компании «Нафтогаз Украины» с использованием механизма эмиссии государственных облигаций для покрытия дефицита компании**

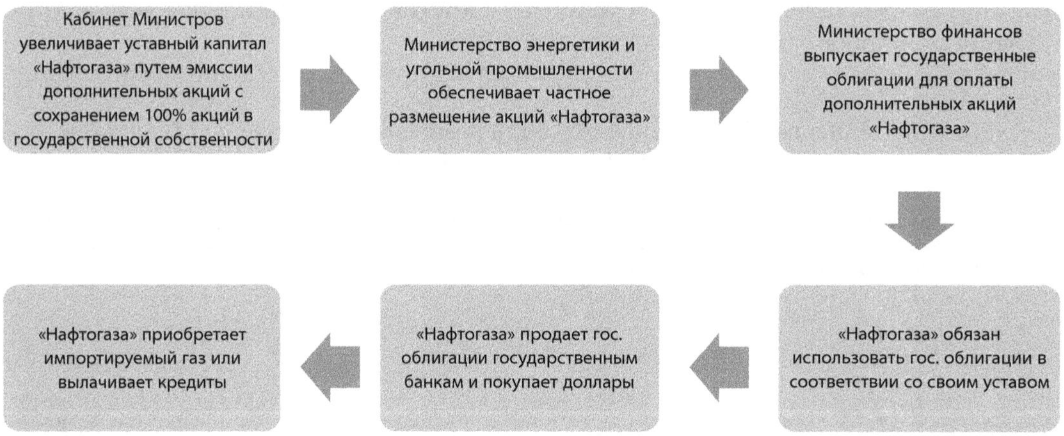

Источник: собственная презентация авторов на основе Постановления Кабинета Министров № 13 (2015в).

Правительство разрабатывало вышеперечисленные меры поддержки с целью компенсации «Нафтогазу» разницы между регулируемыми тарифами для населения и гораздо более высокой ценой импортируемого газа.

Рисунок 7.8. **Вливание капитала в НАК «Нафтогаз Украины»**

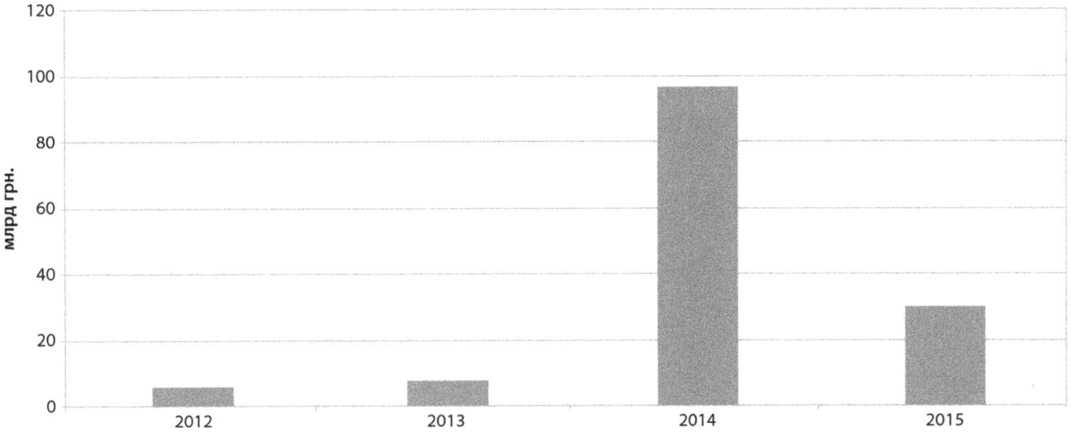

Источник: составлено авторами на основе постановлений Кабинета Министров.

Кроме того, требование к внутренним добывающим компаниям, находящимся в государственной собственности (с долей государства 50% или более), о продаже газа населению по регулируемым тарифам, устанавливаемым НКРЭКУ, фактически представляет собой неявную субсидию населению. В результате цены, по которым внутренние производители продают газ, позволяют окупить текущие затраты, но не позволяют финансировать модернизацию производства и разведку новых месторождений. В частности, такие добывающие компании, как «Укргазвыдобування» и «Чорноморнафтогаз», были обязаны продавать газ по цене около 45 долл. США за 1 000 м^3, тогда как на газовом рынке ЕС цена в 2012–2013 годах превышала 400 долл. США за 1 000 м^3 (оценки упущенной выгоды внутренних производителей представлены на рис. 7.9).

Рисунок 7.9. **Упущенная выгода внутренних производителей газа**

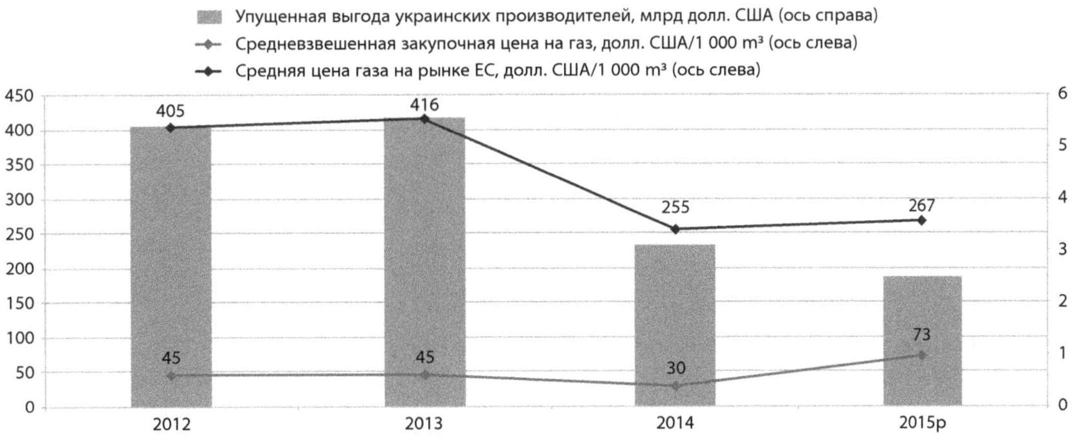

Источник: оценки авторов на основе данных World Bank (2015), Нафтогаза (2015в).

В 2015 году НКРЭКУ повысило тарифы для внутренних производителей до 73 долл. США за 1 000 м^3, тогда как цена газа на рынке ЕС снизилась до 270 долл. США за 1 000 м^3. Поскольку правительство приняло решение повысить оптовую цену газа для внутренних производителей до рыночного уровня (на основе паритета импорта) с мая 2016 года, ценовой разрыв между импортируемым и добываемым в стране газом к настоящему времени устранен (дополнительная информация представлена в табл. 7.9а и 7.9б, а также табл. 7.A2.2). Однако положения, обязывающие компанию «Укргазвыдобування» продавать добытый газ для удовлетворения потребностей населения, все еще сохраняют силу, что было подтверждено Постановлением Кабинета Министров № 758 от 1 октября 2015 года.

Таблица 7.9 а. **Основные меры государственной поддержки в газовом секторе, млн грн.**

Субсидия	Тип субсидии	2012	2013	2014	2015	2016 п.
Увеличение уставного капитала «Нафтогаза» путем выпуска государственных облигаций для покрытия дефицита	Субсидия на потребление, передача риска правительству	6 000	8 000	96 609,6	29 700	0
Требование к внутренним производителям газа (доля государства 50% и более) о продаже газа для нужд населения по регулируемым ценам	Субсидия на потребление, вторичный трансферт	43 168,1	44 493,0	36 678,7	53 893	.
Субвенции (трансферты) из национального бюджета местным бюджетам на погашение задолженности, возникшей в результате несоответствия фактической стоимости тепловой энергии и услуг по централизованному водоснабжению и водоотведению регулируемым тарифам	Субсидия на потребление, прямой трансферт	14 442,8	2 052,5	12 423,1	4 685	н.п.
Компенсация «Нафтогазу» разницы между ценой импортируемого газа и регулируемой ценой продаж для производства тепла	Субсидия на потребление, прямой трансферт	3 900	н.п.	н.п.	н.п.	н.п.
Всего		**67 511**	**54 545**	**145 711**	**88 526,7**	**.**

Примечания: **н.п.** – неприменимо, **п.** – предварительно.

Источник: составлено авторами на основе данных Государственной казначейской службы Украины (2016), постановлений Кабинета Министров; оценки упущенной выгоды внутренних производителей основаны на данных World Bank (2015), Нафтогаза (2015в) и постановлений НКРЭКУ.

Таблица 7.9 б. **Основные меры государственной поддержки в газовом секторе, млн долл. США**

Субсидия	Тип субсидий	2012	2013	2014	2015	2016 п.
Увеличение уставного капитала «Нафтогаза» путем выпуска государственных облигаций для покрытия дефицита	Субсидия на потребление, передача риска правительству	750,8	1 000,9	8 127,5	1 362,4	0
Требование к внутренним производителям газа (доля государства 50% и более) о продаже газа для нужд населения по регулируемым ценам	Субсидия на потребление, вторичный трансферт	5 402,1	5 566,5	3 085,7	2 483,6	.
Субвенции (трансферты) из национального бюджета местным бюджетам на погашение задолженности, возникшей в результате несоответствия фактической стоимости тепловой энергии и услуг по централизованному водоснабжению и водоотведению регулируемым тарифам	Субсидия на потребление, прямой трансферт	1 807,4	256,8	1 045,1	214,9	н.п.
Компенсация «Нафтогазу» разницы между ценой импортируемого газа и регулируемой ценой продаж для производства тепла	Субсидия на потребление, прямой трансферт	488,0	н.п.	н.п.	н.п.	н.п.
Всего		**8 448,4**	**6 824,2**	**12 258,4**	**4 068,8**	.

Примечания: **н.п.** – неприменимо, **п.** – предварительно.

Источник: составлено авторами на основе данных Государственной казначейской службы Украины (2016), постановлений Кабинета Министров; оценки упущенной выгоды внутренних производителей основаны на данных World Bank (2015), Нафтогаза (2015в) и постановлений НКРЭКУ.

Недавнее решение правительства о повышении тарифов на газ для населения до рыночного уровня фактически означает отказ от всех явных и неявных субсидий в газовом секторе, описанных выше. Кроме того, Министерство экономического развития и торговли (2016) заявляет об отказе от любых компенсаций потерь НАК «Нафтогаз Украины» и теплопроизводящих компаний в будущем.

Меры государственной поддержки в электроэнергетике

Разница между регулируемыми тарифами для населения и других льготных категорий потребителей, с одной стороны, и себестоимостью электроэнергии, с другой, компенсируется за счет субсидий, источником которых являются повышенные тарифы для промышленных потребителей, железнодорожного транспорта и бюджетных организаций. В результате перекрестного субсидирования эти три категории потребителей оплачивают электроэнергию по тарифам, повышенным в среднем на 26% (дополнительная информация по данному вопросу приведена в табл. 7.А2.8). В то же время, население получает электроэнергию по льготным расценкам, которые в январе 2015 года покрывали лишь 21% затрат на генерацию, передачу и распределение электроэнергии. С 2006 по 2015 годы общий объем перекрестного субсидирования вырос примерно в 7,6 раз, с 5,4 млрд грн. до 43,8 млрд грн. (НКРЭКУ, 2015в; НКРЭКУ, 2016а). Дополнительная информация представлена ниже в табл. 7.10а и 7.10б.

Рисунок 7.10. **Перекрестное субсидирование в электроэнергетике**

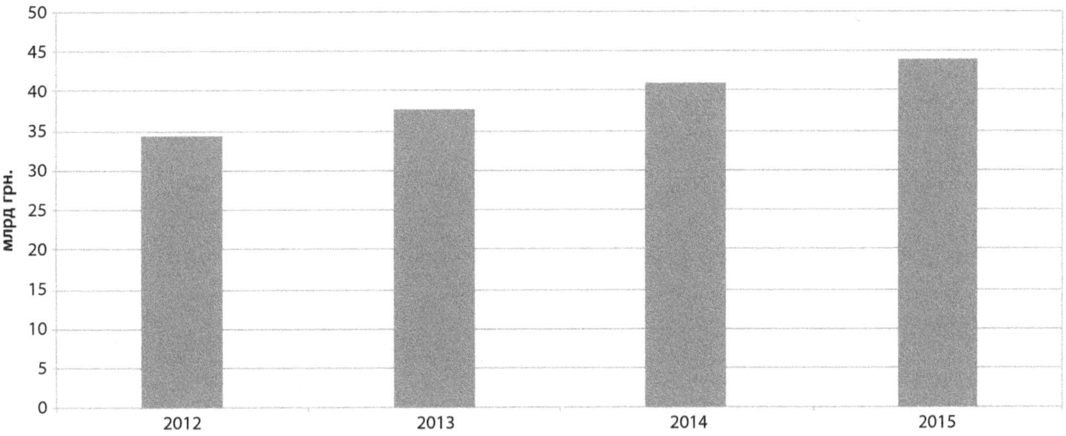

Источник: составлено авторами по данным НКРЭ (2014), НКРЭКУ (2015а, 2016а, 2016а).

Поставщики электроэнергии получают компенсации за снабжение до 10 категорий потребителей (точное число варьирует от года к году) по регулируемым тарифам, однако более 90% общего объема таких субсидий связано со снабжением населения (40,3 млрд грн. в 2015 году). Субсидии организациям, пользующимся дифференцированным тарифом, составляют 5% от общего объема (2,2 млрд грн.), электрическому муниципальному транспорту – 1,8% (0,8 млрд грн.), а около 1% общего объема используется для поддержки других категорий льготных потребителей (например, уличного освещения, компаний, реализующих инновационные проекты и т.д.). Рудодобывающие и химические предприятия также пользовались льготными тарифами до 2010 года, когда эта практика была отменена (НКРЭ, 2014; НКРЭКУ,

2015а). Кроме того, в 2015 году были отменены льготные тарифы для угледобывающих предприятий и экономических субъектов, реализующих инновационные проекты. Эти решения позволили сократить объемы перекрестного субсидирования примерно на 2,8 млн грн. (без НДС) по сравнению с 2014 годом (НКРЭКУ, 2016а).

Подобно субсидиям в угольном секторе, перекрестное субсидирование в электроэнергетике неоднократно объявлялось предметом реформирования, однако ни одна из реформ, предпринятых до настоящего времени, не была эффективной. Например, действующая Энергетическая стратегия предусматривала ликвидацию практики перекрестного субсидирования к 2014 году, однако эта цель так и не была достигнута (Постановление Кабинета Министров № 1071, 2013). Коалиционное соглашение, подписанное участниками правящей коалиции в Верховной Раде, предусматривает ликвидацию перекрестного субсидирования к 2017 году. Кроме того, соглашение предполагает мораторий на введение новых льготных цен на электроэнергию и природный газ (Верховная Рада Украины, 2014).

Несмотря на неудачи прежних попыток реформ, недавние изменения в политике могут положить начало выполнению указанных обязательств. Наиболее важными шагами в этом направлении стали недавний пересмотр тарифов на электроэнергию для населения и утверждение планов поэтапного повышения тарифов до уровня, обеспечивающего полную окупаемость затрат, к марту 2017 года.

Таблица 7.10 а. **Перекрестное субсидирование в электроэнергетике, млн грн.**

Субсидия	Тип субсидии	2012	2013	2014	2015	2016
Компенсация потерь энергоснабжающих компаний в результате снабжения определенных категорий потребителей по льготным тарифам при помощи системы дотационных сертификатов (перекрестное субсидирование)	Субсидия на потребление, вторичные трансферты	34 467	37 557	40 825	43 848	.

Источник: составлено авторами по данным НКРЭ (2014), НКРЭКУ (2015а), НКРЭКУ (2016б).

Таблица 7.10 б. **Перекрестное субсидирование в электроэнергетике, млн долл. США**

Субсидия	Тип субсидии	2012	2013	2014	2015	2016
Компенсация потерь энергоснабжающих компаний в результате снабжения определенных категорий потребителей по льготным тарифам при помощи системы дотационных сертификатов (перекрестное субсидирование)	Субсидия на потребление, вторичные трансферты	4 313	4 699	3 434	2 011	.

Источник: составлено авторами по данным НКРЭ (2014), НКРЭКУ (2015а), НКРЭКУ (2016б).

Меры государственной поддержки в угольном секторе

Большая часть государственных угольных шахт характеризуется чрезвычайно сложными геологическими условиями. В результате постепенного истощения пластов и смещения добычи в более глубокие горизонты себестоимость производства угля за последние десять лет резко выросла. В 2005 году себестоимость товарного угля, добытого на государственных шахтах, составляла в среднем 274 грн./т, тогда как цена реализации составляла 219 грн./т. В 2013 году цена реализации покрывала лишь 36% себестоимости (1 352 грн./т). В отличие от государственных шахт, шахты, принадлежащие вертикально интегрированным металлургическим и энергетическим компаниям, являются рентабельными и не получают никаких прямых трансфертов из бюджета. Частные шахты опережают государственные по использованию производственных мощностей (в среднем более 90%), производительности труда (в 2–3 раза выше) и размеру заработной платы (на 20–25% выше, чем на государственных шахтах) (НИСИ, 2014).

Хотя общее количество государственных шахт снизилось с 145 в 2005 году до 82 в 2013 году, а объемы добычи уменьшились с 46,1 млн т до 24,1 млн т за тот же период, объем бюджетных трансфертов предприятиям отрасли рос от года к году, как показано на рис. 7.11. Государственная поддержка в форме компенсации потерь нерентабельных шахт выросла с 0,9 млрд грн. в 2005 году (НИСИ, 2014) до 13,3 млрд грн. в 2013 году и 8,7 млрд грн. в 2014 году (Государственная казначейская служба Украины, 2016). Использование бюджетных средств, выделяемых для частичной компенсации потерь угледобывающих предприятий, регулируется Постановлением Кабинета Министров № 153 от 23 февраля 2011 года. Согласно этому документу, средства могут использоваться для оплаты труда и потребляемой электроэнергии (дополнительная информация приведена в табл. 7.A2.4). Кроме того, предоставлялась поддержка для финансирования строительства объектов по добыче угля и торфа и их технического перевооружения, которая составила 1,7 млрд грн. за период с 2012 по 2014 годы. Государственные расходы на мероприятия по обеспечению безопасности (например, на установку современного оборудования по контролю параметров качества воздуха и дегазации в подземных выработках) составили 80 млн грн.; более 1 млрд грн. было затрачено на горноспасательные операции в период с 2012 по 2014 годы. Кроме того, выделялось финансирование на различные мероприятия в рамках программы реструктуризации угольной и торфодобывающей промышленности (дополнительная информация приведена в табл. 7.A2.5).

Рисунок 7.11. **Меры государственной поддержки в угольном секторе**

Примечания: **п.** – предварительно.

Источник: составлено авторами по данным Государственной казначейской службы Украины (2011–2016).

Общий объем прямых государственных расходов на поддержку угольного сектора достиг максимума в 2013 году, составив 15,3 млрд грн. или 3,8% всех расходов бюджета. В 2014 году в рамках бюджетных программ по поддержке государственных угледобывающих предприятий было выделено 9,4 млрд грн. (2,2% всех расходов бюджета). В 2015 году объем государственной поддержки для покрытия потерь государственных угледобывающих предприятий был сокращен до 1,2 млрд грн. (Государственная казначейская служба Украины, 2016), поскольку большинство нерентабельных шахт оказалось на территории Донбасского региона, затронутой вооруженным конфликтом. На территории, контролируемой правительством Украины, расположено лишь 35 государственных шахт, тогда как остальные (около 55) находятся на оккупированной территории Донбасса (Коваль, 2015). В 2015 году затраты на программу реструктуризации составили 206 млн грн., а на горноспасательные мероприятия было выделено 234 млн грн. Кроме того, было запланировано потратить 146 млн грн. на строительство шахты «Нововолынская № 10» и 200 млн грн. на пополнение капитала государственных угледобывающих предприятий с целью погашения задолженности по заработной плате. В государственном бюджете на 2016 год (по состоянию на февраль 2016 года) запланирована государственная поддержка угольного сектора в размере 1,4 млрд грн. (Государственная казначейская служба Украины, 2016).

На протяжении ряда лет различные стратегические документы и государственные программы украинского правительства включали планы по поэтапной отмене субсидий в угольном секторе и выводу из эксплуатации нерентабельных шахт в сочетании с социальными программами для высвобождаемых шахтеров. Однако темпы реформ были весьма медленными. Согласно Коалиционному соглашению, подписанному пятью парламентскими партиями в 2014 году, все потенциально рентабельные угледобывающие предприятия должны быть приватизированы к 2016 году, а остальные должны быть либо выведены из эксплуатации, либо законсервированы. При этом должны быть реализованы программы социальной поддержки высвобождаемого персонала. Кроме того, к 2020 году предполагается оптимизировать программы государственной поддержки, в том числе отказаться от всех мер поддержки угольной отрасли, за исключением финансирования водоотведения и природоохранных мероприятий (Верховная Рада Украины, 2014).

В 2015 году Кабинет Министров утвердил перечень шахт, подлежащих приватизации (Постановление № 271, 2015б), а остальные 11 шахт были признаны исчерпавшими запасы (для 6 из них была запланирована консервация, а для 5 – ликвидация) (Коваль, 2015). В таблицах 7.11а и 7.11б представлена информация об объемах государственной поддержки угольного сектора в Украине.

Целевые субсидии малообеспеченным семьям

Целевые субсидии уязвимым группам населения предоставляются в Украине с начала 1990-х годов. Помимо малообеспеченных семей, имеющих право на частичную компенсацию затрат на оплату коммунальных услуг в соответствии с порядком, установленным Постановлением Кабинета Министров № 848 от 21 октября 1995 года, существует множество категорий потребителей, которые могут претендовать на весьма значительные льготы (от 25% до 100% от стоимости) при оплате коммунальных услуг. Правовые основания для предоставления таких льгот содержатся в большом количестве нормативных актов. В частности, установлены льготы для граждан, пострадавших в результате катастрофы на Чернобыльской АЭС, участников и инвалидов Второй мировой войны, лиц, удостоенных наград (в т.ч. звания Героя Советского Союза), бывших узников концентрационных лагерей, бывших сотрудников Службы безопасности Украины, семей с тремя или более детьми и т.д. (полный список приведен в п. 3–4 с. 102 Бюджетного кодекса, Верховная Рада Украины, 2010а). До недавнего времени все эти потребители пользовались льготами независимо от своего фактического дохода. Порядок предоставления

Таблица 7.11 а. **Государственная поддержка угольного сектора в Украине, млн грн.**

Субсидия	Тип субсидии	2012	2013	2014	2015	2016 п.
Государственная поддержка угледобывающих предприятий для частичного покрытия расходов, включаемых в себестоимость готовой товарной продукции	Субсидия на производство, прямой трансферт	10 172	13 302	8 705	1 212	250
Реструктуризация угольной и торфодобывающей промышленности	Субсидия на производство, прямой трансферт	1 078	1 178	355	206	306
Горноспасательные мероприятия на угледобывающих предприятиях	Субсидия на производство, прямой трансферт	414	430	288	234	290
Государственная поддержка строительства или технического перевооружения объектов по добыче угля и торфа	Субсидия на производство, прямой трансферт	1 293	343	54	н.п.	н.п.
Мероприятия по повышению безопасности на угледобывающих предприятиях, например, установка современного оборудования для контроля параметров качества воздуха и дегазации в шахтах	Субсидия на производство, прямой трансферт	40	37	3	н.п.	н.п.
Пополнение оборотного капитала или увеличение уставного капитала угледобывающих предприятий для погашения задолженности по заработной плате по состоянию на 1 января 2015 года	Субсидия на производство, прямой трансферт	н.п.	н.п.	н.п.	200	500
Государственная поддержка строительства шахты «Нововолынская № 10»	Субсидия на производство, прямой трансферт	н.п.	н.п.	н.п.	146	н.п.
Всего		**12 998**	**15 290**	**9 405**	**1 998,0**	**1 345,6**

Примечания: **н.п.** – неприменимо, **п.** – предварительно.

Источник: Государственная казначейская служба Украины (2016).

Таблица 7.11 б. **Государственная поддержка угольного сектора в Украине, млн долл. США**

Субсидия	Тип субсидии	2012	2013	2014	2015	2016 п.
Государственная поддержка угледобывающих предприятий для частичного покрытия расходов, включаемых в себестоимость готовой товарной продукции	Субсидия на производство, прямой трансферт	1 273	1 664	732	56	10
Реструктуризация угольной и торфодобывающей промышленности	Субсидия на производство, прямой трансферт	135	147	30	9	12
Горноспасательные мероприятия на угледобывающих предприятиях	Субсидия на производство, прямой трансферт	52	54	24	11	12
Государственная поддержка строительства или технического перевооружения объектов по добыче угля и торфа	Субсидия на производство, прямой трансферт	162	43	5	н.п.	н.п.
Мероприятия по повышению безопасности на угледобывающих предприятиях, например, установка современного оборудования для контроля параметров качества воздуха и дегазации в шахтах	Субсидия на производство, прямой трансферт	5	5	0,2	н.п.	н.п.
Пополнение оборотного капитала или увеличение уставного капитала угледобывающих предприятий для погашения задолженности по заработной плате по состоянию на 1 января 2015 года	Субсидия на производство, прямой трансферт	н.п.	н.п.	н.п.	9	20
Государственная поддержка строительства шахты «Нововолынская № 10»	Субсидия на производство, прямой трансферт	н.п.	н.п.	н.п.	7	н.п.
Всего		**1 627**	**1 913**	**791**	**91,6**	**54,3**

Примечания: **н.п.** – неприменимо, **п.** – предварительно.

Источник: Государственная казначейская служба Украины (2016).

им льгот был изменен с принятием Закона № 76-VIII от 28 декабря 2014 года (Верховная Рада Украины, 2015a). Начиная с июля 2015 года, среднемесячный доход семьи должен приниматься во внимание при предоставлении льгот по квартплате, оплате коммунальных услуг и оплате топлива для индивидуального отопления для большинства вышеперечисленных категорий потребителей в соответствии с порядком, установленным Постановлением Кабинета Министров № 389 от 4 июня 2015 года. Тем не менее, от целого ряда категорий не требуется предоставления декларации о доходах для получения льгот по оплате коммунальных услуг (104. ua, 2016). Как целевые субсидии для малообеспеченных семей, так и льготы для отдельных категорий потребителей финансируются за счет субвенций (трансфертов) из национального бюджета в местные бюджеты в соответствии с процедурами, установленными в Постановлении Кабинета Министров № 256 от 4 марта 2002 года.

Поскольку до недавнего времени тарифы на коммунальные услуги традиционно сохранялись на низком уровне (существенно ниже уровня окупаемости), а процедура оформления целевой субсидии была весьма сложной, общее количество ее получателей было относительно небольшим – 1,2 млн семей в 2014 году, согласно Войтко (2015). Поэтому общее бремя на бюджет, связанное с этими субсидиями, было ниже, чем, например, величина трансфертов угольному сектору. В частности, в период с 2012 по 2014 год правительство ежегодно выделяло 6–7 млрд грн. на частичную компенсацию расходов малообеспеченных семей на оплату коммунальных услуг и 715–738 млн на приобретение сжиженного газа, твердого и жидкого печного топлива (см. рис. 7.12).

Рисунок 7.12. **Целевые субсидии малообеспеченным семьям и льготы отдельным категориям потребителей**

Примечания: **п.** – предварительно.

Источник: Государственная казначейская служба Украины (2016).

Поскольку в начале 2015 года тарифы на коммунальные услуги существенно выросли, объем средств, выделяемых на целевые субсидии малообеспеченным семьям и льготы отдельным категориям потребителей вырос в несколько раз, достигнув 19,1 млрд грн. (Государственная казначейская служба Украины, 2016). Правительство также упростило процедуру получения субсидий – было сокращено количество необходимых документов и были отменены некоторые требования к потенциальным получателям. В результате количество заявок резко выросло.

За первые 11 месяцев 2015 года около 5,1 млн семей (из общего количества 15 млн) подали заявления о предоставлении целевых субсидий на оплату коммунальных услуг, причем 4,6 млн заявлений было удовлетворено, что в четыре раза превышает аналогичный показатель за соответствующий период 2014 года. К ноябрю 2015 года было выделено 14,8 млрд грн. в рамках таких субсидий малообеспеченным семьям, 66% которых проживает в городах. Кроме того, 483,5 тыс. семей (78% заявителей) получили денежные субсидии для частичной компенсации расходов на приобретение сжиженного газа, твердого и жидкого печного топлива; большинство получателей этого вида субсидий проживает в сельской местности (80%) (Войтко, 2015). На данную программу из бюджета было выделено 1,1 млрд грн. (Государственная казначейская служба Украины, 2016). Оценки общего объема целевых субсидий приведены в табл. 7.12а и 7.12б.

Таблица 7.12 а. **Целевые субсидии малообеспеченным семьям, млн грн.**

Субсидия	Тип субсидии	2012	2013	2014	2015	2016 п.
Субвенция (трансферт) из государственного бюджета местным бюджетам для предоставления льгот и жилищных субсидий малообеспеченным семьям на оплату электроэнергии, природного газа, тепла, водоснабжения и водоотведения, квартирной платы (содержание зданий и прилегающих территорий), вывоза твердых бытовых и жидких отходов	Субсидия на потребление, прямой трансферт	6 718	6 046	6 173	17 995	40 269
Субвенция (трансферт) из государственного бюджета местным бюджетам для предоставления льгот и жилищных субсидий малообеспеченным семьям на приобретение твердого и жидкого печного топлива, и сжиженного газа	Субсидия на потребление, прямой трансферт	738	733	715	1 121	1 205
Всего		**7 456**	**6 779**	**6 888**	**19 116**	**41 474**

Примечание: **п.** – предварительно.

Источник: Государственная казначейская служба Украины (2016).

Таблица 7.12 б. **Целевые субсидии малообеспеченным семьям, млн долл. США**

Субсидия	Тип субсидии	2012	2013	2014	2015	2016 п.
Субвенция (трансферт) из государственного бюджета местным бюджетам для предоставления льгот и жилищных субсидий малообеспеченным семьям на оплату электроэнергии, природного газа, тепла, водоснабжения и водоотведения, квартирной платы (содержание зданий и прилегающих территорий), вывоза твердых бытовых и жидких отходов	Субсидия на потребление, прямой трансферт	841	756	519	825	1 624
Субвенция (трансферт) из государственного бюджета местным бюджетам для предоставления льгот и жилищных субсидий малообеспеченным семьям на приобретение твердого и жидкого печного топлива, и сжиженного газа	Субсидия на потребление, прямой трансферт	92	92	60	51	49
Всего		**933**	**848**	**579**	**876,9**	**1 672,3**

Примечание: **п.** – предварительно.

Источник: Государственная казначейская служба Украины (2016).

Недавнее решение правительства о повышении цен на газ для населения до рыночного уровня привело к почти двукратному повышению расценок на центральное отопление и горячее водоснабжение для населения в зависимости от региона и вида топлива, используемого для производства тепла. С учетом ожидаемого дальнейшего роста количества семей, получающих субсидии на оплату услуг ЖКХ, соответствующая программа социальной поддержки была усилена и предусмотренный объем бюджетного финансирования повышен с 36,2 млрд грн. до 40,3 млрд грн. К июню 2016 года в рамках этой программы был выделен 21 млрд грн. (Государственная казначейская служба Украины, 2016).

Государственная поддержка мер по повышению энергоэффективности

До недавнего времени государственная поддержка мер по повышению энергоэффективности оставалась крайне ограниченной (см. рис. 7.13). Хотя еще в 2010 году была принята Государственная целевая экономическая программа энергоэффективности и развития возобновляемых источников энергии (Постановление Кабинета Министров № 243, 2010), она оказалась неэффективной вследствие отсутствия действенных стимулов для проектов по повышению энергоэффективности и постоянного недофинансирования. В табл. 7.13а и 7.13б приведены объемы финансирования этой программы по данным официальной отчетности.

Таблица 7.13 а. **Государственная поддержка мер по повышению энергоэффективности, млн грн.**

Субсидия	Тип субсидии	2012	2013	2014	2015	2016 п.
Реализация государственной целевой экономической программы энергоэффективности на 2010–2016 гг.	Субсидия на потребление, прямой трансферт	57	0	2	302	790

Примечание: **п.** – предварительно.
Источник: Государственная казначейская служба Украины (2016).

Таблица 7.13 б. **Государственная поддержка мер по повышению энергоэффективности, млн долл. США**

Субсидия	Тип субсидии	2012	2013	2014	2015	2016 п.
Реализация государственной целевой экономической программы энергоэффективности на 2010–2016 гг.	Субсидия на потребление, прямой трансферт	7	0	0,2	14	32

Примечание: **п.** – предварительно.
Источник: Государственная казначейская служба Украины (2016).

Однако с 2014 года в действующие нормативные акты был внесен целый ряд существенных изменений. В частности, в 2015 году была усилена Государственная целевая программа энергоэффективности. В настоящее время она предусматривает предоставление населению льготных кредитов на реализацию некоторых конкретных мероприятий, предусмотренных программой. В частности, программа предусматривает возмещение 20% суммы кредита (но не более 12 тыс. грн.) на установку котлов, использующих любой вид топлива, кроме природного газа и электричества, 30% – на реализацию мер по повышению энергоэффективности для семей, проживающих в индивидуальных домах (но не более 14 тыс. грн.), 40% – на реализацию мер по повышению энергоэффективности в многоквартирных домах (но не более 14 тыс. грн. на квартиру) (Постановление Кабинета Министров № 1056, 2011). Кроме того, недавно принятые дополнения к Государственной целевой программе предусматривают дополнительные стимулы для получателей целевых субсидий на частичную оплату расходов по оплате коммунальных услуг. Эта категория семей может претендовать на возмещение до 70% суммы кредитов (от 40% до 70% в многоквартирном доме в зависимости от количества жителей, получающих целевые субсидии).

По данным Государственного агентства по энергоэффективности и энергосбережению Украины, в 2015 году было предоставлено около 80 тыс. кредитов общей стоимостью 1,3 млрд грн., из которых 302 млн грн. было возмещено из бюджета (ГАЭЭ, 2015). В 2016 году планируется выделить около 790 млн грн. на эту программу, причем к июню 2016 года было использовано 38,7% этой суммы (Государственная казначейская служба Украины, 2016).

Государственная поддержка производителей энергии на основе ВИЭ

Льготные тарифы для производителей электроэнергии на основе ВИЭ (или «зеленые тарифы», согласно терминологии украинского законодательства), применимые к малым ГЭС и генерации на основе энергии солнца, ветра и биомассы, являются основной мерой политики по стимулированию данного сектора. «Зеленые» тарифы были введены в Украине в 2009 году, что привело к быстрому росту генерации на основе ВИЭ со всего 51,8 млн кВт-ч в 2009 году до более 1,8 млрд кВт-ч в 2015 году, хотя доля ВИЭ в общем производстве электроэнергии остается незначительной (около 1%) (НКРЭКУ, 2015a; НКРЭКУ, 2016a). Вследствие быстрого роста сектора общий объем вторичных трансфертов производителям электроэнергии на основе ВИЭ вырос с 1,7 млрд грн. в 2009 году до 6 млрд грн. в 2015 году (дополнительная информация по данному вопросу приведена в табл. 7.A3.1).

Кроме того, до недавнего времени производители энергии на основе возобновляемых источников освобождались от налога на прибыль. Согласно оценкам, выпадающие доходы бюджета в результате применения этой меры составили 752 млн грн. и 2773 млн грн. в 2012 и 2013 годах соответственно (Министерство финансов, цит. по Hölzler et.al., 2015). Кроме того, освобождение от налога на прибыль распространялось на производство биотоплива, а также на ТЭЦ и ТЭС, использующие биотопливо. Однако все льготы по налогу на прибыль, связанные с ВИЭ, были отменены с

Рисунок 7.13. **Государственная поддержка производителей электроэнергии на основе ВИЭ и внедрения мер по энергоэффективности**

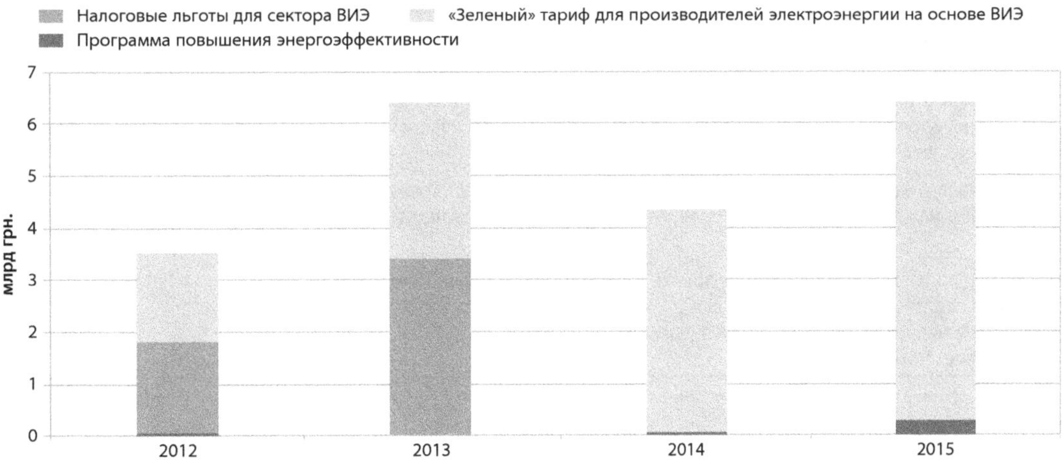

Источник: рассчитано и составлено авторами по данным НКРЭКУ (2015a), Министерства финансов Украины (цит. по Hölzler et.al., 2015), Государственной казначейской службы Украины (2016).

января 2015 года. Единственной сохраняющейся налоговой льготой является нулевая ставка акциза на 100%-ный биоэтанол. Общий объем выявленных мер государственной поддержки сектора ВИЭ составил 3,5 млрд в 2013 году и 6 млрд грн. в 2015 году (см. рис. 13, табл. 7.14а и 7.14б). Это – крайне незначительная величина по сравнению с объемами поддержки традиционных источников энергии, оценки которых приведены выше.

Таблица 7.14 а. **Государственная поддержка производителей электроэнергии на основе ВИЭ, млн грн.**

Субсидия	Тип субсидии	2012	2013	2014	2015
Льготный тариф на электроэнергию, произведенную на основе ВИЭ (ветра, солнца, биомассы, малых ГЭС и т.д.)	Вторичный трансферт, субсидия на производство	1 700	3 029	4 322	6 095
Нулевая ставка акциза на 100%-ный биоэтанол	Выпадающие налоговые доходы, субсидия на производство	752	2 773	.	.
Освобождение от налога на прибыль производителей электроэнергии, генерирующих электричество исключительно на основе ВИЭ	Выпадающие налоговые доходы, субсидия на производство	454	594	.	н.п.
Освобождение от налога на прибыль в части прибыли производителей биотоплива, полученной от продаж биотоплива	Выпадающие налоговые доходы, субсидия на производство	15	18	.	н.п.
Освобождение от налога на прибыль в части прибыли от одновременного производства электрической и тепловой энергии и/или производства тепловой энергии с использованием биотоплива	Выпадающие налоговые доходы, субсидия на производство	548	0,01	.	н.п.
Всего		**3 470**	**6 414**	**4 322**	**6 095**

Примечание: **н.п.** – неприменимо.

Источник: оценка вторичных трансфертов выполнена авторами по данным НКРЭКУ (2015а), Министерства финансов Украины (цит. по Hölzler et.al., 2015).

Таблица 7.14 б. **Государственная поддержка производителей электроэнергии на основе ВИЭ, млн долл. США**

Субсидия	Тип субсидии	2012	2013	2014	2015
Льготный тариф на электроэнергию, произведенную на основе ВИЭ (ветра, солнца, биомассы, малых ГЭС и т.д.)	Вторичный трансферт, субсидия на производство	213	379	364	279,6
Нулевая ставка акциза на 100%-ный биоэтанол	Выпадающие налоговые доходы, субсидия на производство	94	347	.	.
Освобождение от налога на прибыль производителей электроэнергии, генерирующих электричество исключительно на основе ВИЭ	Выпадающие налоговые доходы, субсидия на производство	57	74	.	н.п.
Освобождение от налога на прибыль в части прибыли производителей биотоплива, полученной от продаж биотоплива	Выпадающие налоговые доходы, субсидия на производство	2	2	.	н.п.
Освобождение от налога на прибыль в части прибыли от одновременного производства электрической и тепловой энергии и/или производства тепловой энергии с использованием биотоплива	Выпадающие налоговые доходы, субсидия на производство	69	0,001	.	н.п.
Всего		**434**	**802**	**364**	**279,6**

Примечание: **н.п.** – неприменимо.

Источник: оценка вторичных трансфертов выполнена авторами по данным НКРЭКУ (2015а), Министерства финансов Украины (цит. по Hölzler et.al., 2015).

Приложение 7.A1

Методические подходы, использованные для количественной оценки основных энергетических субсидий в Украине

Механизм субсидирования	Метод количественной оценки
Увеличение уставного капитала Национальной акционерной компании «Нафтогаз Украины»	Оценки размера субсидий взяты из официальных источников: постановлений Кабинета Министров («Об увеличении уставного капитала НАК "Нафтогаз Украины"» № 139 от 22 февраля 2012 года, № 12 от 9 января 2013 года, № 302 от 4 января 2014 года, № 151 от 29 мая 2014 года, № 40 от 12 февраля 2014 года, № 13 от 23 января 2015 года
Требование к национальным производителям газа, находящимся в государственной собственности, о продаже газа для удовлетворения потребностей населения по регулируемым ценам	Расчеты авторов: разница между средней ценой газа на рынке ЕС (World Bank, 2015) и установленными НКРЭКУ закупочными ценами на газ, добытый компаниями «Укргазвыдобування» и «Чорноморнафтогаз», умноженная на объем внутренней добычи газа (Нафтогаз, 2015в)
Компенсация потерь поставщиков коммунальных услуг	Оценки размера субсидий взяты из официальных источников: Государственная казначейская служба Украины (2016)
Государственная поддержка угледобывающих предприятий с целью частичной компенсации затрат на производство готовой товарной угольной продукции	Оценки размера субсидий взяты из официальных источников: Государственная казначейская служба Украины (2016)
Государственная поддержка реструктуризации угольной и торфодобывающей промышленности	Оценки размера субсидий взяты из официальных источников: Государственная казначейская служба Украины (2016)
Целевые субсидии малообеспеченным семьям (частичная компенсация затрат на оплаты жилищно-коммунальных услуг)	Оценки размера субсидий взяты из официальных источников: Государственная казначейская служба Украины (2016)
Целевые субсидии малообеспеченным семьям (частичная компенсация затрат на приобретение твердого и жидкого печного топлива, а также сжиженного газа)	Оценки размера субсидий взяты из официальных источников: Государственная казначейская служба Украины (2016)
Перекрестное субсидирование в электроэнергетическом секторе	Оценки размера субсидий взяты из официальных источников: НКРЭ (2014), НКРЭКУ (2015а), НКРЭКУ (2016а)
Льготный тариф для производителей электроэнергии на основе ВИЭ	Расчеты авторов: разница между средневзвешенным «зеленым» тарифом и средним тарифом для традиционных генерирующих компаний (ТЭС), умноженная на количество электроэнергии, произведенной на основе ВИЭ, согласно отчету НКРЭКУ (2015а)

Приложение 7.А2

Субсидии на ископаемые виды топлива в Украине

Таблица 7.А2.1. **Увеличение уставного капитала Национальной акционерной компании «Нафтогаз Украины»**

Категория	Передача риска правительству
Стимулируемые виды деятельности	Потребление природного газа
Наименование субсидии	**Увеличение уставного капитала Национальной акционерной компании «Нафтогаз Украины» с использованием механизма выпуска государственных облигаций для покрытия дефицита компании**
Административный уровень	Национальный
Законодательный акт/орган	Постановления Кабинета Министров № 139 от 22 февраля 2012 года, № 12 от 9 января 2013 года, № 302 от 4 января 2014 года, № 151 от 29 мая 2014 года, № 40 от 12 февраля 2014 года, № 13 от 23 января 2015 года
Цель государственной политики	Сокращение дефицита НАК «Нафтогаз Украины», образовавшегося в результате продажи газа населению по регулируемым ценам
Конечные получатели субсидии	НАК «Нафтогаз Украины» получает компенсацию за свои потери, но конечным выгодополучателем является население
Период применения	2009–2015
Краткая справка	НАК «Нафтогаз Украины» накопила значительный дефицит в результате продаж газа населению, а также теплоснабжающим компаниям, обслуживающим население, по ценам ниже закупочных цен на импортируемый газ. Для покрытия этого дефицита был разработан сложный механизм из нескольких этапов. На первом этапе Кабинет Министров увеличивал уставный капитал компании за счет дополнительной эмиссии акций, сохраняя 100% акций в государственной собственности. Затем Министерство энергетики и угольной промышленности организовывало частное размещение этих акций. Одновременно с этим Министерство финансов выпускало облигации государственного займа, которые от имени государства вносились в уставный фонд НАК «Нафтогаз Украины» в счет вновь выпущенных акций. Компания была обязана использовать полученные облигации в соответствии со своим уставом, в частности, использовать средства, вырученные от их продажи, для оплаты импортируемого природного газа. Поскольку с мая 2016 года правительство повысило цены на газ для населения до рыночного уровня, в дальнейшем не возникнет необходимости в повторной реализации подобной схемы.
Размер предоставленной субсидии	2012: 6 млрд грн. (750,8 млн долл. США) 2013: 8 млрд грн. (1 млрд долл. США) 2014: 96,6 млрд грн. (8,1 млрд долл. США) 2015: 29,7 млрд грн. (1,4 млрд долл. США)
Источники информации	Постановления Кабинета Министров («Об увеличении уставного капитала НАК "Нафтогаз Украины"» № 139 от 22 февраля 2012 года, № 12 от 9 января 2013 года, № 302 от 4 января 2014 года, № 151 от 29 мая 2014 года, № 40 от 12 февраля 2014 года, № 13 от 23 января 2015 года)

Таблица 7.A2.2. **Требование к национальным производителям газа, находящимся в государственной собственности, о продаже газа по регулируемым ценам для удовлетворения потребностей населения**

Категория	Поддержка доходов или цен → Поддержка цен на рынках и регулирование рынков → Установление регулируемых цен для населения на уровне ниже рыночных
Стимулируемые виды деятельности	Потребление природного газа
Наименование субсидии	**Требование к национальным производителям газа, находящимся в государственной собственности, о продаже газа по регулируемым ценам для удовлетворения потребностей населения**
Административный уровень	Национальный
Законодательный акт/орган	Ст. 10 Закона № 2467-VI от 2010 г.; (Верховная Рада, 2010б)
Цель государственной политики	Обеспечение надежного газоснабжения населения и поддержание тарифов на низком уровне
Конечные получатели субсидии	Население
Период применения	Как минимум, с 2001 по 2016 годы
Краткая справка	Согласно Закону № 2467-VI (2010) «Об основах функционирования рынка природного газа», предприятия, находящиеся в государственной собственности (с долей государства в уставном капитале 50% и более), были обязаны продавать весь производимый в Украине газ населению по регулируемым тарифам, устанавливаемым НКРЭКУ (Верховная Рада, 2010б). С октября 2015 года этот закон утратил силу в связи с принятием нового Закона № 329-VIII (2015) «О рынке природного газа», и правительство приняло решение повысить оптовую цену газа для внутренних производителей до рыночного уровня (на основе импортного паритета) с мая 2016 года (Верховная Рада, 2015б). Однако положения, обязывающие компанию «Укргазвыдобування» продавать добытый газ для удовлетворения потребностей населения, все еще сохраняют силу, что было подтверждено Постановлением Кабинета Министров № 758 от 1 октября 2015 года (Кабинет Министров, 2015а). Объем данного вида неявного субсидирования населения оценивается как упущенная выгода национальных производителей (т.е., дополнительная выручка, которая могла бы быть получена в результате продажи газа на полностью либерализованном рынке). При расчетах использовались данные о среднегодовой цене на газ на рынке ЕС, установленных НКРЭКУ закупочных ценах на газ, добытый компаниями «Укрвыдобування» и «Чорноморнафтогаз», а также объемах добычи газа в Украине.
Размер предоставленной субсидии	2012: 43,2 млрд грн. (5,4 млрд долл. США) 2013: 44,5 млрд грн. (5,6 млрд долл. США) 2014: 36,7 млрд грн. (3 млрд долл. США) 2015 (предварительно): 53,9 млрд грн. (2,5 млрд долл. США)
Источники информации	World Bank (2015), Нафтогаз (2015в) и постановления НКРЭКУ об установлении закупочных цен на газ, добытый компаниями «Укргазвыдобування» и «Чорноморнафтогаз» в Украине

Таблица 7.A2.3. **Компенсация потерь поставщиков коммунальных услуг**

Категория	Прямой и косвенный перевод денежных средств или обязательства по такому переводу → Прямое финансирование → Целевое финансирование
Стимулируемые виды деятельности	Потребление энергии и других видов коммунальных услуг
Наименование субсидии	**Субвенция (трансферт) из национального бюджета местным бюджетам на погашение задолженности, образовавшейся в результате несоответствия фактической стоимости тепловой энергии и услуг централизованного водоснабжения и водоотведения тарифам, утвержденным и/или одобренным органами государственной власти и местного самоуправления**
Административный уровень	Национальный и/или местный
Законодательный акт/орган	Бюджетный кодекс Украины (ст. 2, п. 48) и законы о бюджете, принятые Верховной Радой (парламентом) Украины; Распоряжение Кабинета Министров № 692-р от 1 августа 2012 года; постановления Кабинета Министров № 517 от 11 июня 2012 года, № 375 от 20 марта 2013 года; № 30 от 29 января 2014 года, № 375 от 4 июня 2015 года
Цель государственной политики	Поддержание низких тарифов на коммунальные услуги для населения
Конечные получатели субсидии	Поставщики коммунальных услуг получают компенсацию за свои потери, однако конечным выгодополучателем является население

Таблица 7.A2.3. **Компенсация потерь поставщиков коммунальных услуг** *(продолжение)*

Период применения	Дата начала применения неясна, действие механизма прекращено в 2016 году
Краткая справка	Поставщики коммунальных услуг получали компенсацию за потери, понесенные в результате несоответствия фактической стоимости тепловой энергии и услуг централизованного водоснабжения и водоотведения регулируемым тарифам. Эта компенсация финансировалась за счет субвенций (трансфертов) из национального бюджета местным бюджетам. Распоряжением № 692-р Кабинета Министров от 1 августа 2012 года услуги по тепло- и водоснабжению населения по тарифам ниже экономически обоснованных производственных затрат были отнесены к «квазифискальным операциям». Кабинет Министров ежегодно утверждал порядок предоставления данной субвенции. Ответственность за реализацию данного механизма была возложена на Министерство регионального развития, строительства и ЖКХ. Поскольку с мая 2016 года правительство повысило цены на газ для населения до рыночного уровня, в дальнейшем не возникнет необходимости в повторной реализации подобной схемы.
Размер предоставленной субсидии	2012: 14,4 млрд грн. (1,8 млрд долл. США) 2013: 2,1 млрд грн. (256,8 млн долл. США) 2014: 12,4 млрд грн. (1 млрд долл. США) 2015: 4,7 млрд грн. (214,9 млн долл. США)
Источники информации	Доклады Казначейства об исполнении бюджета (Государственная казначейская служба Украины, 2016); Распоряжение Кабинета Министров № 692-р от 1 августа 2012 года «Об утверждении перечня квазифискальных операций и органов власти (управления), ответственных за оценку возможного воздействия таких операций на показатели бюджета» (Кабинет Министров, 2012а; Кабинет Министров, 2012б); и аналогичные постановления Кабинета Министров, принятых в последующие годы (№ 375 от 20 марта 2013 года; № 30 от 29 января 2014 года, № 375 от 4 июня 2015 года)

Таблица 7.A2.4. **Государственная поддержка угледобывающих предприятий с целью частичной компенсации затрат на производство готовой товарной угольной продукции**

Категория	Прямой и косвенный перевод денежных средств или обязательства по такому переводу → Прямое финансирование → Целевое финансирование
Стимулируемые виды деятельности	Производство угля
Наименование субсидии	**Государственная поддержка угледобывающих предприятий с целью частичной компенсации затрат на производство готовой товарной угольной продукции**
Административный уровень	Национальный
Законодательный акт/орган	Бюджетный кодекс Украины (Закон № 2456-VI от 8 июля 2010, ст. 20, п. 7) и законы о бюджете, принятые Верховной Радой (парламентом) Украины; Постановление Кабинета Министров № 153 от 23 февраля 2011 года
Цель государственной политики	Государственная поддержка нерентабельных угледобывающих предприятий, находящихся в государственной собственности
Конечные получатели субсидии	Государственные предприятия и хозяйственные субъекты, 100% акций которых находится в государственной собственности, а также предприятия, действующие на основании договора концессии или аренды, зарегистрированного Министерством энергетики и угольной промышленности
Период применения	С начала 2000-х годов; предполагается полностью отказаться от схемы к 2020 году
Краткая справка	Согласно Постановлению Кабинета Министров № 153, бюджетные средства используются для финансового оздоровления угледобывающих предприятий путем частичной компенсации затрат, включаемых в себестоимость готовой товарной угольной продукции, и могут быть использованы для оплаты труда и потребленной электроэнергии. Угледобывающие предприятия готовят прогноз технико-экономических показателей деятельности и представляют его на рассмотрение Министерства энергетики и угольной промышленности. Министерство распределяет бюджетные средства между угледобывающими предприятиями, если стоимость продукции по прогнозируемым ценам не покрывает прогнозируемой себестоимости. Кроме того, оно утверждает ежемесячные показатели деятельности угледобывающих предприятий (включая объемы производства), а также определяет для каждого предприятия себестоимость и потери исходя из ассортимента продукции, показателей качества и прогнозируемых цен.

Таблица 7.A2.4. **Государственная поддержка угледобывающих предприятий с целью частичной компенсации затрат на производство готовой товарной угольной продукции** *(продолжение)*

Размер предоставленной субсидии	2012: 10,2 млрд грн. (1,3 млрд долл. США) 2013: 13,3 млрд грн. (1,7 млрд долл. США) 2014: 8,7 млрд грн. (732 млн долл. США) 2015: 1,2 млрд грн. (56 млн долл. США) 2016 (предварительно): 250 млн грн. (10 млн долл. США)
Источники информации	Доклады Казначейства об исполнении бюджета (Государственная казначейская служба Украины, 2011–2016); Постановление Кабинета Министров № 153 от 23 февраля 2011 года «Об утверждении порядка использования средств, предусмотренных в государственном бюджете для частичного покрытия затрат угледобывающих предприятий, включаемых в себестоимость готовой товарной угольной продукции» (Кабинет Министров, 2011в)

Таблица 7.A2.5. **Государственная поддержка реструктуризации угольной и торфодобывающей промышленности**

Категория	Прямой и косвенный перевод денежных средств или обязательства по такому переводу → Прямое финансирование → Целевое финансирование
Стимулируемые виды деятельности	Ликвидация угледобывающих предприятий
Наименование субсидии	**Государственная поддержка реструктуризации угольной и торфодобывающей промышленности**
Административный уровень	Национальный
Законодательный акт/орган	Бюджетный кодекс Украины (Закон № 2456-VI от 8 июля 2010 года, ст. 20, п. 7) и законы о бюджете, принятые Верховной Радой (парламентом) Украины; Постановление Кабинета Министров № 236 от 11 марта 2011 года
Цель государственной политики	Повышение эффективности функционирования угольной промышленности путем осуществления мероприятий по подготовке к ликвидации угледобывающих, углеперерабатывающих и торфодобывающих предприятий, мероприятий по ликвидации (юридической, физической) таких предприятий, а также обеспечения безопасной эксплуатации комплексов водоотведения
Конечные получатели субсидии	Государственные угледобывающие и торфодобывающие предприятия, которые готовятся к ликвидации
Период применения	Не позднее, чем с начала 2000-х годов; предполагается полностью отказаться от схемы к 2020 году
Краткая справка	Согласно Порядку использования средств, предусмотренных в государственном бюджете для реструктуризации угольной и торфодобывающей промышленности (Кабинет Министров, 2011б), эти средства могут выделяться для подготовки угледобывающих предприятий к ликвидации (например, подготовки к передаче или списанию запасов угля и оборудования; сокращения численности работников; погашения задолженности по выплате заработной платы и социальных платежей; разработки проекта ликвидации и проведения государственной экспертизы и т.д.), ликвидации угледобывающих, углеперерабатывающих и торфодобывающих предприятий (физической ликвидации, охраны окружающей природной среды, обеспечения гидроэкологической безопасности действующих предприятий и прилегающих территорий и т.д.), безопасной эксплуатации комплексов водоотведения, погашения задолженности за электроэнергию, потребленную в прошлые периоды. Перечень работ (услуг) и затрат по проектам ликвидации угледобывающих, углеперерабатывающих и торфодобывающих предприятий согласовывается Министерством энергетики и угольной промышленности с Министерством экономического развития и торговли и Министерством финансов. Министерство энергетики и угольной промышленности является главным распорядителем бюджетных средств и ответственным исполнителем национальной программы по реструктуризации угольной и торфодобывающей промышленности.
Размер предоставленной субсидии	2012: 1,1 млрд грн. (135 млн долл. США) 2013: 1,2 млрд грн. (147 млн долл. США) 2014: 355 млн грн. (30 млн долл. США) 2015: 206 млн грн. (9 млн долл. США) 2016 (предварительно): 306 млн грн. (12 млн долл. США)
Источники информации	Отчеты Казначейства об исполнении бюджета (Государственная казначейская служба Украины, 2016); Кабинет Министров (2011б)

Таблица 7.A2.6. **Целевые субсидии малообеспеченным семьям**

Категория	Прямой и косвенный перевод денежных средств или обязательства по такому переводу → Прямое финансирование → Целевое финансирование
Стимулируемые виды деятельности	Потребление энергии и других жилищно-коммунальных услуг
Наименование субсидии	**Субвенция (межбюджетный трансферт) из государственного бюджета местным бюджетам для предоставления льгот и жилищных субсидий малообеспеченным семьям на оплату электроэнергии, природного газа, тепла, водоснабжения и водоотведения, квартирной платы (содержание зданий и прилегающих территорий), вывоза твердых бытовых и жидких отходов**
Административный уровень	Национальный
Законодательный акт/орган	Бюджетный кодекс Украины (Закон № 2456-VI от 8 июля 2010 года, ст. 2, п. 48, ст. 102, п. 3) и законы о бюджете, принятые Верховной Радой (парламентом) Украины; Постановления Кабинета Министров № 256 от 4 марта 2002 года, № 848 от 21 октября 1995 года и № 1156 от 27 июля 1998 года
Цель государственной политики	Целевая социальная поддержка малообеспеченных семей (главным образом, в городах) и предоставление льгот по оплате жилищно-коммунальных услуг отдельным категориям потребителей
Конечные получатели субсидии	Малообеспеченные семьи и отдельные группы потребителей, перечисленные в ст. 102 (п.3) Бюджетного кодекса Украины
Период применения	Как минимум, с 1995 года до настоящего времени
Краткая справка	Семьи с совокупным доходом ниже определенного уровня имеют право на частичное возмещение расходов на оплату жилищно-коммунальных услуг в соответствии с порядком, определенным Постановлением Кабинета Министров № 848 от 21 октября 1995 года. При определении достаточности дохода семьи используется формула, учитывающая прожиточный минимум (Постановление №1156, 1998). Помимо малообеспеченных семей, отдельные категории потребителей, перечисленные в ст. 102, п. 3 Бюджетного кодекса могут претендовать на льготы в размере 25%-100% по оплате квартиры и услуг ЖКХ, а также затрат на приобретение топлива для индивидуального отопления в соответствии с процедурами, определенными Постановлением Кабинета Министров № 389 от 4 июня 2015 года. Финансирование расходов местных бюджетов, связанных с реализацией национальных программ социальной защиты, производится за счет субвенций (трансфертов) из национального бюджета за данный год в соответствии с Постановлением Кабинета Министров № 256 от 4 марта 2002 года. Распорядителями средств, выделяемых для предоставления субсидий семьям, являются региональные управления социальной защиты, которые также осуществляют контроль за целевым использованием средств. Персонифицированный учет получателей субсидий, и компенсация затрат поставщиков жилищно-коммунальных услуг (на основе ежемесячных отчетов об оказании услуг семьям, имеющим право на льготы) также осуществляются на местном уровне.
Размер предоставленной субсидии	2012: 6,7 млрд грн. (841 млн долл. США) 2013: 6 млрд грн. (756 млн долл. США) 2014: 6,2 млрд грн. (519 млн долл. США) 2015: 18 млрд грн. (825 млн долл. США) 2016 (предварительно): 40,3 млрд грн. (1,6 млрд долл. США)
Источники информации	Отчеты Казначейства об исполнении бюджета (Государственная казначейская служба Украины, 2016), постановления Кабинета Министров (Постановление № 256, 2002; Постановление № 848, 1995; Постановление №1156, 1998)

Таблица 7.A2.7. **Целевые субсидии малообеспеченным семьям**

Категория	Прямой и косвенный перевод денежных средств или обязательства по такому переводу → Прямое финансирование → Целевое финансирование
Стимулируемые виды деятельности	Потребление энергии
Наименование субсидии	**Субвенция (трансферт) из государственного бюджета местным бюджетам для предоставления льгот и жилищных субсидий малообеспеченным семьям на приобретение твердого и жидкого печного топлива и сжиженного газа**
Административный уровень	Национальный
Законодательный акт/орган	Бюджетный кодекс Украины (Закон № 2456-VI от 8 июля 2010 года, ст. 2, п. 48, ст. 102, п. 4) и законы о бюджете, принятые Верховной Радой (парламентом) Украины; Постановления Кабинета Министров № 256 от 4 марта 2002 года, № 848 от октября 1995 года и № 1156 от октября 1995 года
Цель государственной политики	Целевая социальная поддержка малообеспеченных семей (главным образом, в сельской местности) и предоставление льгот по оплате жилищно-коммунальных услуг отдельным категориям потребителей
Конечные получатели субсидии	Малообеспеченные семьи и отдельные группы потребителей, перечисленные в ст. 102 (п.4) Бюджетного кодекса Украины
Период применения	Как минимум, с 1995 года до настоящего времени
Краткая справка	Право на льготы и субсидии для частичной компенсации затрат на приобретение твердого и жидкого печного топлива и сжиженного газа имеют малообеспеченные семьи, дома которых не подключены к системам централизованного отопления и газоснабжения. Процедуры определения семей, имеющих право на субсидию, и распределения средств аналогичны процедурам, применяемым в рамках программы целевого субсидирования затрат на оплаты коммунальных услуг и определенным Постановлениями Кабинета Министров № 256 от 4 марта 2002 года, № 848 от 21 октября 1995 года и № 1156 от 27 июля 1998 года. Однако субсидии на приобретение твердого и жидкого печного топлива и сжиженного газа предоставляются ежегодно и в денежной форме.
Размер предоставленной субсидии	2012: 737,6 млн грн. (92 млн долл. США) 2013: 733 млн грн. (92 млн долл. США) 2014: 714,7 млн грн. (60 млн долл. США) 2015:1,1 млрд грн. (51 млн долл. США) 2016 (предварительно): 1,2 млрд грн. (49 млн долл. США)
Источники информации	Отчеты Казначейства об исполнении бюджета (Государственная казначейская служба Украины, 2016), Постановление Кабинета Министров № 256 от 4 марта 2002 года «Об утверждении Порядка финансирования расходов местных бюджетов на осуществление мероприятий по выполнению государственных программ социальной защиты населения за счет субвенций из государственного бюджета», Постановление Кабинета Министров № 848 от 21 октября 1995 года «Об упрощении порядка предоставления населению субсидий для возмещения затрат на оплату жилищно-коммунальных услуг, приобретение сжиженного газа, твердого и жидкого печного бытового топлива», Постановление Кабинета Министров №1156 от 27 июля 1998 года «О новом размере затрат на оплату жилищно-коммунальных услуг, приобретение сжиженного газа, твердого и жидкого печного бытового топлива в случае предоставления жилищной субсидии»

Таблица 7.A2.8. **Перекрестное субсидирование в электроэнергетическом секторе**

Категория	Поддержка доходов или цен → Поддержка цен на рынках и регулирование рынков → Установление регулируемых цен для населения на уровне ниже рыночных
Стимулируемые виды деятельности	Потребление электроэнергии
Наименование субсидии	**Перекрестное субсидирование населения за счет промышленных потребителей**
Административный уровень	Национальный
Законодательный акт/орган	Постановления Национальной комиссии в сфере энергетики № 184 от 26 февраля 2001 года, № 1487 от 16 ноября 2006 года, № 27 от 18 января 2007 года, № 198 от 21 февраля 2008 года, № 996 от 26 июля 2007 года, № 387 от 2 апреля 2009 года, № 408 от 11 апреля 2013 года
Цель государственной политики	Поддержание тарифов на электроэнергию на уровне, приемлемом для всех групп населения независимо от их уровня доходов
Конечные получатели субсидии	Льготные группы потребителей (до 10 различных групп)
Период применения	Как минимум, с 2001 года; планируется полная отмена к 2019 году
Краткая справка	Перекрестное субсидирование льготных категорий потребителей за счет промышленных потребителей осуществляется с помощью системы так называемых «дотационных сертификатов». С целью компенсации затрат энергетических компаний, поставляющих электроэнергию льготным категориям потребителей по регулируемым тарифам (значительно ниже уровня окупаемости), стоимость «дотационных сертификатов» включается в цену электричества на оптовом рынке. В 2014 году доля «дотационных сертификатов» в оптовой цене электроэнергии составляла около 30,5% (0,25 грн./кВт-ч). Общий объем перекрестного субсидирования вырос с 18 млрд грн. в 2009 году (НКРЭКУ, 2015a) до 43,8 млрд грн. в 2015 году (НКРЭКУ, 2016a), несмотря на постепенное сокращение круга льготных потребителей. Так, с 2011 года были отменены льготы для рудодобывающих и химических предприятий (НКРЭ, 2014); в 2015 году были отменены льготы для угледобывающих предприятий и экономических субъектов, осуществляющих инновационные проекты. К концу 2015 года оставалось шесть льготных групп потребителей (НКРЭКУ, 2016a).
Размер предоставленной субсидии	2012: 34,5 млрд грн. (4,3 млрд долл. США) 2013: 37,65 млрд грн. (4,7 млрд долл. США) 2014: 40,82 млрд грн. (3,4 млрд долл. США) 2015: 43,85 млрд грн. (2 млрд долл. США)
Источники информации	Постановление Национальной комиссии по регулированию в сфере энергетики № 184 от 26 февраля 2001 года «Об утверждении Положения о порядке предоставления лицензиатам по поставке электрической энергии по регулируемому тарифу компенсации потерь от осуществления поставки электроэнергии бытовым потребителям» и аналогичные постановления, касающиеся других льготных групп потребителей (№ 1487 от 16 ноября 2006 года, № 27 от 18 января 2007 года, № 198 от 21 января 2008 года, № 996 от 26 июля 2007 года, № 387 от 2 апреля 2009 года, № 408 от 11 апреля 2013 года); Постановление НКРЭКУ № 971 от 31 марта 2015 года «Об утверждении Отчета о результатах деятельности НКРЭКУ в 2014 году» (НКРЭКУ, 2015a); Постановление НКРЭ № 348 от 27 марта 2014 года «Об утверждении Отчета о результатах деятельности НКРЭ в 2013 году» (НКРЭ, 2014)

Приложение 7.A3

Государственная поддержка производителей электроэнергии на основе ВИЭ

Таблица 7.A3.1. **Льготный тариф для производителей электроэнергии на основе ВИЭ**

Категория	Поддержка доходов или цен → Поддержка цен на рынках и регулирование рынков → Льготный тариф для производителей энергии на основе ВИЭ
Стимулируемые виды деятельности	Производство энергии на основе ВИЭ
Наименование субсидии	**Льготный тариф для производителей электроэнергии на основе ВИЭ**
Административный уровень	Национальный
Законодательный акт/орган	Статья 17.1 Закона «Об электроэнергетике» № 575/97-ВР (Верховная Рада Украины, 1997)
Цель государственной политики	Стимулирование развития сектора ВИЭ
Конечные получатели субсидии	Производители электроэнергии на основе ВИЭ
Период применения	С 2009 года
Краткая справка	Льготный тариф для производителей электроэнергии был введен в Украине в 2009 году. Согласно закону «Об электроэнергетике» (Закон № 575/97-ВР, 1997), так называемый «зеленый» тариф для производителей электроэнергии на основе ВИЭ устанавливается на основе розничного тарифа для потребителей второго класса напряжения по состоянию на январь 2009 года, умноженного на «зеленый» коэффициент, определяемый для каждого типа ВИЭ (ст. 17.1). Согласно тому же закону, НКРЭКУ должна пересматривать «зеленые» тарифы ежемесячно с учетом официального обменного курса гривны по отношению к евро, установленного Национальным банком Украины. Авторы оценивают объем косвенных трансфертов на основе средневзвешенного «зеленого» тарифа, среднего тарифа для традиционных генерирующих предприятий (ТЭС) и объема производства электроэнергии на основе ВИЭ. Источником данных являются ежегодные отчеты НКРЭКУ (2015a).
Размер предоставленной субсидии	2012: 1,7 млрд грн. (213 млн долл. США) 2013: 3 млрд грн. (379 млн долл. США) 2014: 4,3 млрд грн. (364 млн долл. США) 2015: 6,1 млрд грн. (280 млн долл. США)
Источники информации	Ежегодные отчеты Национальной комиссии по государственному регулированию энергетики и коммунальных услуг (НКРЭКУ, 2015a)

Список источников

104.ua (2016), *Как рассчитываются льготы и субсидии по новой процедуре*, 104.ua. https://104.ua/ua/news/id/informacija-dlja-pilgovikiv-18319#sub18320.

Верховная Рада Украины (2015а), *Закон Украины № 80-VIII от 28 декабря 2014 года О государственном бюджете Украины на 2015 год (с изменениями и дополнениями)*, Верховная Рада Украины, Киев.

Верховная Рада Украины (2015б), *Закон Украины № 329-VIII от 09 апреля 2015 года О рынке природного газа*, Верховная Рада Украины, Киев.

Верховная Рада Украины (2014), *Соглашение о коалиции депутатских фракций Европейская Украина*, Верховная Рада Украины, Киев.

Верховная Рада Украины (2010а), *Бюджетный кодекс Украины № 2456-VI от 8 июля 2010 г. (с изменениями и дополнениями)*, Верховная Рада Украины, Киев.

Верховная Рада Украины (2010б), *Закон Украины № 2467-VI от 8 июня 2010 года Об основах функционирования рынка природного газа (с изменениями и дополнениями)*, Верховная Рада Украины, Киев.

Верховная Рада Украины (2010в), *Налоговый кодекс Украины № 2755-VI от 02 декабря 2010 года (с изменениями и дополнениями)*, Верховная Рада Украины, Киев.

Верховная Рада Украины (2008), *Закон Украины № 250-VI от 10 апреля 2008 года О ратификации Протокола о вступлении Украины во Всемирную торговую организацию*, Верховная Рада Украины, Киев.

Верховная Рада Украины (1997), *Закон Украины № 575/97-ВР от 16 октября 1997 года Об электроэнергетике (с изменениями и дополнениями)*, Верховная Рада Украины, Киев.

Войтко, А. (2015), «Затраты на субсидии в этом году «обошли» прошлогодние на миллиарды». http://statistic.jkg-portal.com.ua/ua/publication/one/vitrati-u-comu-roc-na-subsidji-objshli-minulorchn-na-mljardi-45933.

ГАЭЭ (2015), *Выполнение основных задач ГАЭЭ в 2015 году*, Государственное агентство по энергоэффективности и энергосбережению Украины, Киев.

Государственная казначейская служба Украины (2016), *Отчетность об исполнении государственного бюджета*, Государственная казначейская служба Украины, Киев. www.treasury.gov.ua/main/uk/doccatalog/list?currDir=146477.

Государственная служба статистики Украины (2016а), *Энергетический баланс Украины в 2014 году*, Государственная служба статистики Украины, Киев. www.ukrstat.gov.ua/.

Государственная служба статистики Украины (2016б), *Экспресс-выпуски статистической информации*, Государственная служба статистики Украины, Киев. www.ukrstat.gov.ua/.

Государственная фискальная служба Украины (2015), *Справочник налоговых льгот*, Государственная фискальная служба Украины, Киев.

ИЭИ (2016), *Макроэкономический прогноз Украины – появление позитивных сигналов*, Институт экономических исследований, Киев. www.ier.com.ua/ua/publications/regular_products/forecast?pid=5310.

Кабинет Министров (2016), *Распоряжение № 418-р от 27 мая 2016 года Об утверждении Плана приоритетных действий Правительства*, Кабинет Министров Украины, Киев.

Кабинет Министров (2015а), *Постановление № 758 от 1 октября 2015 года Об утверждении Положения о возложении специальных обязательств на субъектов рынка природного газа для обеспечения общественных интересов*, Кабинет Министров Украины, Киев.

Кабинет Министров (2015б), *Постановление № 271 от 12 мая 2015 года О проведении прозрачной и конкурентной приватизации в 2015 году*, Кабинет Министров Украины, Киев.

Кабинет Министров (2015в), *Постановление № 13 от 23 января 2015 года Об увеличении уставного капитала НАК «Нафтогаз Украины»*, Кабинет Министров Украины, Киев.

Кабинет Министров (2013), *Постановление № 1071 от 24 июля 2013 года Об одобрении Энергетической стратегии Украины на период до 2030 года*, Кабинет Министров Украины, Киев.

Кабинет Министров (2012а), *Распоряжение № 692-р от 1 августа 2012 года Об утверждении перечня квазифискальных операций и органов власти (управления), ответственных за проведение оценки возможного влияния таких операций на показатели бюджета*, Кабинет Министров Украины, Киев.

Кабинет Министров (2012б), *Постановление № 517 от 11 июня 2012 года Об утверждении порядка и условий предоставления субвенции из государственного бюджета местным бюджетам на погашение задолженности, возникшей в связи с несоответствием фактической стоимости тепловой энергии и услуг центрального водоснабжения...*, Кабинет Министров Украины, Киев.

Кабинет Министров (2011а) *Постановление № 1056 от 17 октября 2011 года Некоторые вопросы использования средств в сфере энергоэффективности и энергосбережения (с изменениями и дополнениями)*, Кабинет Министров Украины, Киев.

Кабинет Министров (2011б), *Постановление № 236 от 11 марта 2011 года Об утверждении Порядка использования средств, предусмотренных в государственном бюджете, для реструктуризации угольной и торфодобывающей промышленности*, Кабинет Министров Украины, Киев.

Кабинет Министров (2011в), *Постановление № 153 от 23 февраля 2011 года Об утверждении порядка использования средств, предусмотренных в государственном бюджете, для частичного покрытия затрат угледобывающих предприятий, включаемых в себестоимость готовой товарной угольной продукции*, Кабинет Министров Украины, Киев.

Кабинет Министров (2010), *Постановление № 243 от 1 марта 2010 года Об утверждении Государственной целевой экономической программы энергоэффективности на 2010–2016 годы*, Кабинет Министров Украины, Киев.

Кабинет Министров (2002), *Постановление № 256 от 4 марта 2002 года Об утверждении Порядка финансирования расходов местных бюджетов на осуществление мероприятий по выполнению государственных программ социальной защиты населения за счет субвенций из государственного бюджета*, Кабинет Министров Украины, Киев.

Кабинет Министров (2001), *Постановление № 1729 от 27 декабря 2001 года Об обеспечении потребителей природным газом (с изменениями и дополнениями)*, Кабинет Министров Украины, Киев.

Кабинет Министров (1998), *Постановление №1156 от 27 июля 1998 года О новом размере затрат на оплату жилищно-коммунальных услуг, приобретение сжиженного газа, твердого и жидкого печного бытового топлива в случае предоставления жилищной субсидии*, Кабинет Министров Украины, Киев.

Кабинет Министров (1995), *Постановление № 848 от 10 октября 1995 года Об упрощении порядка предоставления населению субсидий для возмещения затрат на оплату жилищно-коммунальных услуг, приобретение сжиженного газа, твердого и жидкого печного бытового топлива*, Кабинет Министров Украины, Киев.

Коваль, И. (2015), *Распродажа шахт: условия будут диктовать покупатели.* http://forbes.ua/ua/nation/1397002-rozprodazh-shaht-umovi-budut-diktuvati-pokupci.

Министерство экологии и природных ресурсов (2016), *Национальный кадастр выбросов парниковых газов в Украине за 1990–2014 гг.*, Министерство экологии и природных ресурсов Украины, Киев.

Министерство экологии и природных ресурсов (2015), *Ожидаемый национально определенный вклад Украины*, Министерство экологии и природных ресурсов Украины, Киев. http://www4.unfccc.int/submissions/INDC/Published%20Documents/Ukraine/1/150930_Ukraine_INDC.pdf.

Министерство экономического развития и торговли (2016), *Почему и как изменяются цены на газ и тепло с 1 мая 2016?*, Министерство экономического развития и торговли Украины, Киев. https://issuu.com/mineconomdev/docs/ministrypresentation11-2.

Министерство финансов (2015), *Кредиты под государственные гарантии*, Министерство финансов Украины, Киев.

Министерство финансов (2012), *Приказ № 333, 2012 Об утверждении инструкции Об экономической классификации расходов бюджета, № 333 от 12 марта 2012 года (с изменениями и дополнениями)*, Министерство финансов Украины, Киев.

Нафтогаз (2016a), *Прейскуранты на газ для потребителей*, Нафтогаз, Киев. www.naftogaz.com/www/3/nakweb.nsf/0/D71B09681A380951C2257F48004BF67B?OpenDocument.

Нафтогаз (2016б), *В 2015 году Украина обеспечила 63% потребностей в импорте газа поставками из Европы*, Нафтогаз, Киев. www.naftogaz.com/www/3/nakweb.nsf/0/DDF058F6412F06C8C2257F4900584C01?OpenDocument.

Нафтогаз (2016в), *Статистика цен на импортируемый газ в 2015 году*, Нафтогаз, Киев. http://naftogaz.com/www/3/nakweb.nsf/0/553F49E6579520EDC2257F5300371CCE?OpenDocument.

Нафтогаз (2015а), *Годовой отчет за 2014 год*, Нафтогаз, Киев. www.naftogaz.com/files/Zvity/Naftogaz%20Annual%20Report%202014.pdf.

Нафтогаз (2015б), *Компания*, Нафтогаз, Киев. www.naftogaz.com/www/3/nakweb.nsf/0/3A25D65C2606A6C9C22570D800318869?OpenDocument.

Нафтогаз (2015в), *Почему необходимо повышать цены на газ?*, Нафтогаз, Киев. www.naftogaz.com/files/Information/Tariffs.pdf.

Национальный банк Украины (2015), *Официальные обменные курсы валют*, Национальный банк Украины, Киев. http://bank.gov.ua/files/Exchange_r.xls.

НИСИ (2014), *Приоритеты и рычаги модернизации угольной отрасли в Украине*, Национальный институт стратегических исследований, Киев. www.niss.gov.ua/articles/1495/#_ftn1.

НКРЭ (2014), *Отчет о результатах деятельности НКРЭ в 2013 году*, Национальная комиссия по регулированию электроэнергетики Украины, Киев.

НКРЭ (2001), *Постановление № 184 от 26 февраля 2001 года Об утверждении Положения о порядке предоставления лицензиатам по поставке электрической энергии по регулируемому тарифу компенсации потерь от осуществления поставки электроэнергии бытовым потребителям*, Национальная комиссия по регулированию электроэнергетики Украины, Киев.

НКРЭКУ (2016а), *Годовой отчет за 2015 год*, Национальная комиссия по государственному регулированию в сфере энергетики и коммунальных услуг Украины, Киев.

НКРЭКУ (2016б), *Тарифы на электроэнергию*, Национальная комиссия по государственному регулированию в сфере энергетики и коммунальных услуг Украины, Киев. www.nerc.gov.ua/?id=15011.

НКРЭКУ (2016в), *Тарифы на услуги централизованного отопления для населения*, Национальная комиссия по государственному регулированию в сфере энергетики и коммунальных услуг Украины, Киев. www.nerc.gov.ua/?id=19309.

НКРЭКУ (2016г), *Тарифы на тепловую энергию для юридических лиц*, Национальная комиссия по государственному регулированию в сфере энергетики и коммунальных услуг Украины, Киев. www.nerc.gov.ua/?id=19599.

НКРЭКУ(2016д), *Постановление № 1309 от 22 июля 2016 года Об установлении на август 2016 года единых розничных тарифов на электрическую энергию для всех классов потребителей, кроме населения*, Национальная комиссия по государственному регулированию в сфере энергетики и коммунальных услуг Украины, Киев.

НКРЭКУ (2016е), *Постановление № 528 от 31 марта 2016 года Об утверждении Процедуры установления тарифов на тепловую энергию, ее производство, транспортировку и поставку*, Национальная комиссия по государственному регулированию в сфере энергетики и коммунальных услуг, Киев.

НКРЭКУ (2015а), *Отчет о результатах деятельности НКРЭКУ в 2014 году*, Национальная комиссия по государственному регулированию в сфере энергетики и коммунальных услуг Украины, Киев.

НКРЭКУ (2015б), *Обращение НКРЭКУ к органам местного самоуправления по вопросам установления тарифов на коммунальные услуги*, Национальная комиссия по государственному регулированию в сфере энергетики и коммунальных услуг Украины, Киев. www.nerc.gov.ua/data/filearch/Zvernennya_rad.pdf.

НКРЭКУ (2015в), *Постановление № 584 от 3 марта 2015 года Об утверждении предельного уровня цен на природный газ для хозяйствующих субъектов, производящих тепловую энергию*, Национальная комиссия по государственному регулированию в сфере энергетики и коммунальных услуг, Киев.

НКРЭКУ (2015г), *Постановление № 583 от 03 марта 2015 года Об установлении розничных цен на природный газ, используемый для потребностей населения*, Национальная комиссия по государственному регулированию в сфере энергетики и коммунальных услуг, Киев.

НКРЭКУ (2015д), *Постановление № 220 от 26 февраля 205 года Об установлении тарифов на электроэнергию, отпускаемую населению*, Национальная комиссия по государственному регулированию в сфере энергетики и коммунальных услуг, Киев.

НКРЭКУ (2011), *Постановление № 466 от 31 марта 2011 года Об утверждении Порядка установления розничных цен на газ для населения (с изменениями и дополнениями)*, Национальная комиссия по регулированию электроэнергетики Украины, Киев.

Огаренко, Ю. и Денисенко, А. (2015), *Государственные расходы на энергетический сектор и перекрестное субсидирование в Украине, 2009–2015 гг.*, Национальный экологический центр Украины, Киев.

Секретариат Энергетической хартии (2013), *Углубленный обзор политики и программ Украины в области энергоэффективности*, Секретариат Энергетической хартии, Брюссель.

Шлапак, М. (2015), «Украинцев «нагревают», считая тепло на глаз». http://gazeta.dt.ua/energy_market/ukrayinciv-nagrivayut-rahuyuchi-teplo-na-oko-_.html.

Energy Charter Secretariat (2013), *In-Depth Review of Energy Efficiency Policy of Ukraine*, 2013, Energy Charter Secretariat, Brussels.

Hölzler, H. et al. (2015), *Harmonisation of Public Procurement System in Ukraine with EU Standards. Study on State Support for Undertakings in Ukraine*, Crown Agents. www.amc.gov.ua/amku/doccatalog/document?id=120933&schema=main.

IEA (2016), *Ukraine: Indicators for 2013*, International Energy Agency, Paris.

IEA (2015a), *Eastern Europe, Caucasus and Central Asia: Energy Policies Beyond IEA Countries*, Organisation for Economic Co-operation and Development/International Energy Agency, Paris. https://www.iea.org/publications/freepublications/publication/IDR_EasternEuropeCaucasus_2015.pdf.

IEA (2015b), *Fossil-Fuel Subsidies: Methodology and Assumptions*, International Energy Agency, Paris. www.worldenergyoutlook.org/resources/energysubsidies/methodology.

IEA (2015c), *World Energy Outlook 2015*, International Energy Agency, Paris. www.worldenergyoutlook.org/weo2015/.

IEA (2012), *Ukraine 2012: Energy Policies Beyond OECD Countries*, Organisation for Economic Co-operation and Development/International Energy Agency, Paris. www.iea.org/publications/freepublications/publication/Ukraine2012_free.pdf.

OECD (2013), *Analysing Energy Subsidies in the Countries of Eastern Europe, Caucasus and Central Asia*, OECD Publishing, Paris. https://www.oecd.org/env/outreach/EHS%20report_20%20August%202013_ENG.pdf.

USAID (2015), *GHG Emissions Forecasting of Ukraine by 2030*, United States Agency for International Development, Kyiv.

World Bank (2016), *World Development Indicators*, World Bank, Washington, DC. http://data.worldbank.org/country/ukraine.

World Bank (2015), *Commodity Markets Monthly Data*, World Bank, Washington, DC. www.worldbank.org/en/research/commodity-markets.

World Bank (2012), *Modernization of the District Heating Systems in Ukraine: Heat Metering and Consumption-Based Billing*, World Bank, Washington, DC. http://hdl.handle.net/10986/17147.

WTO (2015), *Ukraine: New and Full Notification Pursuant to Article XVI:1 of the GATT 1994 and Article 25 of the Agreement on Subsidies and Countervailing Measures*, WTO Committee on Subsidies and Countervailing Measures, World Trade Organization, Geneva.

ОРГАНИЗАЦИЯ ЭКОНОМИЧЕСКОГО СОТРУДНИЧЕСТВА И РАЗВИТИЯ

ОЭСР представляет собой уникальный форум, в рамках которого правительства совместно работают над решением экономических, социальных и экологических проблем, возникающих в условиях глобализации. ОЭСР также находится на переднем плане усилий, направленных на обеспечение понимания новых тенденций и оказание помощи правительствам в решении связанных с этим задач, таких как корпоративное управление, информационная экономика и проблемы стареющего населения. Организация предоставляет площадку, где правительства могут обмениваться своим опытом в области экономической политики, вести поиск решения схожих проблем, узнавать о положительном опыте других стран и координировать свою национальную и внешнюю политику.

К числу членов ОЭСР относятся Австралия, Австрия, Бельгия, Великобритания, Венгрия, Германия, Греция, Дания, Израиль, Ирландия, Исландия, Испания, Италия, Канада, Корея, Ла́твия, Люксембург, Мексика, Нидерланды, Новая Зеландия, Норвегия, Польша, Португалия, Словацкая Республика, Словения, Соединенные Штаты Америки, Турция, Финляндия, Франция, Чешская Республика, Чили, Швейцария, Швеция, Эстония и Япония. В работе ОЭСР также принимает участие Европейский Союз.

Издательство ОЭСР распространяет среди широкого круга пользователей статистическую информацию, собранную Организацией, и результаты исследований на экономические, социальные и экологические темы, а также конвенции, руководства и стандарты, принятые странами-членами.

OECD PUBLISHING, 2, rue André-Pascal, 75775 PARIS CEDEX 16
(97 2017 72 8 P) ISBN 978-92-64-04655-9 – 2018

www.ingramcontent.com/pod-product-compliance
Lightning Source LLC
LaVergne TN
LVHW080640011026
849160LV00014B/1279
9789264046559